La Loire à Vélo

Chinon

© BODY Philippe/hemis.fr

Cofondateurs : Philippe GLOAGUEN et Michel DUVAL
Coauteurs : Philippe GLOAGUEN et Philippe COUPY

Directeur de collection
Philippe GLOAGUEN

Secrétaire général
Gavin's CLEMENTE-RUIZ

Rédacteurs en chef
Amanda KERAVEL (France)
Benoît LUCCHINI (Étranger)

Directrice administrative
Bénédicte GLOAGUEN

Direction éditoriale
Élise ERNEST

Rédaction
Philippe COUPY
Emmanuelle BAUQUIS
Véronique de CHARDON

Responsable voyages
Carole BORDES

Conseiller à la rédaction
Pierre JOSSE

hachette

Table des matières

ITINÉRAIRE 5 : DE TOURS À SAUMUR • 82 KM •

ITINÉRAIRE 6 : DE SAUMUR À ANGERS • 89 KM •

ITINÉRAIRE 7 : D'ANGERS À NANTES • 103 KM •

ITINÉRAIRE 8 : DE NANTES À L'OCÉAN • 64 KM •

Remerciements

Les membres des équipes des organismes suivant pour leur implication dans la réalisation de cet ouvrage :
Conseil régional du Centre-Val de Loire ; Conseil régional des Pays de la Loire ; Comité Régional du Tourisme Centre-Val de Loire ; Solutions & Co (Agence de développement économique de la région des Pays de la Loire).
Nièvre Attractive ; Tourisme & Territoires du Cher ; Tourisme Loiret ; Agence de Développement Touristique Val de Loire – Loir-et-Cher ; Agence Départementale du Tourisme de Touraine ; Agence Départementale du Tourisme de l'Anjou ; Loire-Atlantique Développement ; Conseil Départemental de Loire-Atlantique.
Les offices de tourisme, les EPCI, et les Agglomérations de l'itinéraire pour leurs précieuses informations.

Étienne LEBORGNE, INDDIGO, pour ses conseils affutés.

Un remerciement tout particulier à Laurent SAVIGNAC,
Région Centre-Val de Loire, promoteur aussi talentueux qu'infatigable de La Loire à Vélo depuis son origine.

Lara Tantawi et Simon Hafi, pour leur participation active à l'édition de ce guide.

Direction : Sidonie Chollet
Direction éditoriale : Élise Ernest
Édition : Olga Krokhina
Cartographie : Frédéric Clémençon et Aurélie Huot
Fabrication : Liza Sacco et Aude Cauchet
Silhouette Routard : Clément Gloaguen d'après Solé
Maquette : Chrystel Arnould
Photogravure : Chromostyle
Contact partenariats : Jérôme Denoix • jeromedenoix@gmail.com •

Nos coups de cœur

1 Au bec d'Allier, entre Nevers et Cuffy, s'échapper au crépuscule sur le superbe *sentier du passeur,* dans l'espoir d'apercevoir des castors en pleine effervescence.

2 De la grande levée Napoléon, découvrir sur l'autre rive La Charité-sur-Loire et son magnifique pont de pierre qui défie les crues depuis des siècles.

3 Grimper sur le piton de Sancerre, pour une découverte aussi gouleyante que spectaculaire du panorama sur des collines coiffées de vignes prestigieuses.

4 Observer les nuées d'oiseaux sur les îles sauvages et les bancs de sable de la réserve naturelle du Val de Loire entre Couargues et Pouilly-sur-Loire.

5 Percer les mystères de l'art roman au *Belvédère* de Saint-Benoît-sur-Loire puis à Germigny-des-Près, où une merveilleuse mosaïque du IXe s représente la main de Dieu sortant d'un arc-en-ciel entouré de chérubins et d'archanges.

6 **S'ébahir de l'ingéniosité de l'élégant pont-canal de Briare jeté sur la Loire, où les bateaux passent dans un décor d'opérette au-dessus du fleuve royal.**

7 **Passer un riche après-midi au musée de Châteauneuf-sur-Loire pour tout savoir de la marine de Loire qui contribua à la prospérité de la vallée durant des siècles.**

8 **Au sortir d'une allée forestière, assister à un feu d'artifice de cheminées, lucarnes et lanternons qui pétaradent au-dessus du château de Chambord.**

9 **Arpenter les ruelles médiévales du vieux Tours à la rencontre de la joyeuse animation de la place Plumereau où les terrasses débordent de vie.**

10 Grimper au sommet du donjon de la fabuleuse forteresse de Chinon, **pour le panorama sur un précieux vignoble** et se requinquer par la dégustation d'une délicieuse tarte vigneronne.

11 Observer les toues cabanées sur la Loire au pied du château de Montsoreau **avant de s'enfoncer à travers les sites troglodytiques de Turquant et de Souzay-Champigny.**

12 Débarquer à Saumur un jour d'*Anjou Vélo Vintage* au milieu de milliers de joyeux cyclistes en costume d'époque **et en profiter pour** visiter les caves de la Maison Ackerman **où l'on déguste parmi les plus fines bulles de la vallée.**

13 S'émouvoir au petit matin de la blancheur des bâtisses d'Angers, **une ville d'art et d'histoire dont on ne se lasse pas de la douceur,** et découvrir la tapisserie de l'Apocalypse, un véritable chef-d'œuvre.

14 À Bouchemaine, savourer la beauté du confluent de la Maine et de la Loire, **s'en remettre à coups de fricassée d'anguilles à la terrasse d'une guinguette, puis d'un coup de pédale, aller déguster les grands crus de Savennières tout à côté.**

15 Se laisser surprendre par l'impressionnante tour d'Oudon et remonter en kayak le cours bucolique de la rivière du Hâvre **avant de retrouver le fleuve où les derniers pêcheurs de Loire capturent anguilles, lamproies et silures.**

16 S'offrir un festival de guinguettes sur la levée de la Divatte **au pied des coteaux où l'on produit le fameux muscadet, et y apprendre les secrets de la sauce au beurre blanc.**

17 À Nantes, se promener à dos d'éléphant **au milieu des** fabuleuses Machines de l'Île, **puis rejoindre d'un coup de Navibus la** butte Saint-Anne pour le panorama sur le port et les Anneaux de Buren.

18 S'émerveiller du foisonnement d'œuvres d'art contemporain *Estuaire*, **plus folles les unes que les autres,** qui jalonnent les bords de Loire **entre Nantes et l'océan.**

19 Faire un détour au format XXL par le port de Saint-Nazaire, embarquer à bord d'*Escal'Atlantic* **et revivre l'aventure des paquebots transatlantiques.**

20 À Saint-Brevin-les-Pins, se mettre les doigts de pieds en éventail sur le sable fin **face au pacifique Serpent d'océan, et rêver à son prochain voyage à vélo...**

La trousse à outils

Le ***Routard,*** France Vélo Tourisme et les collectivités locales s'associent pour vous faire découvrir les plus beaux itinéraires de tourisme à vélo en France à travers la collection Le Routard à vélo.
France Vélo Tourisme est une association réunissant des acteurs professionnels privés et publics, avec pour objectif de promouvoir la destination France à Vélo tout en développant une filière touristique respectueuse de l'environnement et créatrice d'emplois durables.
France Vélo Tourisme apporte pour chaque guide ***Le Routard à vélo*** ses conseils pratiques et sa connaissance des itinéraires. *• francevelo tourisme.com •*

⇛ AVANT LE DÉPART

Préparer son vélo

Pour une balade de plusieurs jours, optez pour un vélo de randonnée ou un ***vélo tous chemins*** (VTC), solide et bien équipé : selle confortable, éclairage, porte-bagages et au moins 21 vitesses pour franchir les coteaux. Un VTT équipé de porte-bagages peut faire l'affaire. Les vélos de route à pneus fins sont inadaptés à cet itinéraire. Vérifiez le bon état général du vélo ou faites-le réviser par un mécanicien compétent. ***Réglez-le bien à votre taille (selle, guidon).***
Coté accessoires, une ***sacoche de guidon*** vous permettra d'avoir sous les yeux votre *Routard* et de transporter de menus objets tels que portefeuille, appareil photo, plans de ville, téléphone... Les ***sacoches latérales*** sont indispensables dans le cas d'une randonnée en itinérance, à moins que vous ne fassiez appel aux services d'une agence pour le transfert de bagages. Les sacs à dos sont à éviter pour deux raisons : risque de douleurs aux cervicales (dues au poids) et transpiration après plusieurs kilomètres (due au frottement).
Pour les enfants, remorque et « troisième roue » sont plus ludiques et confortables qu'un siège bébé, fatiguant au long cours.
Emportez toujours un ***petit nécessaire de réparation :*** matériel pour crevaison, chambres à air, outil multifonction, pompe et raccord adapté à vos valves. ***N'oubliez pas un solide antivol pour les arrêts en ville.***

Astuce France Vélo Tourisme
Gonflez vos pneus à la pression maximale (indiquée sur le flanc du pneu) de l'ordre de 4 bars : vous minimiserez grandement le risque de crevaison et limiterez la fatigue.

Louer un vélo

Un réseau de loueurs de vélos professionnels existe aujourd'hui dans la plupart des villes traversées par *La Loire à Vélo*. Souvent présents à proximité d'une gare SNCF, ces loueurs vous proposent des vélos adaptés (et VAE) à la journée, à la semaine ou au mois, ainsi que des équipements tels que sacoches, sièges enfants, remorques, 3ᵉ roue... Idéal pour les voyageurs arrivant en train ! Possédant souvent plusieurs enseignes le long de l'itinéraire, ils vous permettent de découvrir *La Loire à Vélo* à votre rythme... et surtout sans retour imposé au point de départ ! De cette manière, vous pouvez arriver sur l'itinéraire et en repartir d'où bon vous semble sans avoir à transporter votre vélo. Ce service en aller simple, facturé en plus de la location, est dégressif en fonction du nombre de vélos.
Ces loueurs apparaissent dans les adresses utiles de l'agglomération où ils sont établis (avec l'office de tourisme). Labellisés « Accueil Vélo », ils sont tenus de respecter un engagement de qualité national.

– Les tarifs oscillent autour de 15 €/j. ; un tarif dégressif est appliqué selon la durée de la location.
– Une caution (dépôt de garantie) vous sera demandée sous forme de chèque ou d'empreinte de carte de paiement, ainsi qu'une pièce d'identité à jour. Prenez soin du matériel que vous louez, il en va de la récupération finale de votre caution !
– N'hésitez pas à demander antivols, kit de réparation, sacoches, gilet fluorescent et casque. Ces éléments de sécurité et de confort sont généralement compris dans le prix de la location. *Voir aussi « Services vélo » sur • loireavelo.fr •*

Bon à savoir :
– Certains hébergements et OT proposent la location de vélos.
– la SNCF recense les loueurs « Accueil Vélo » à proximité des gares : *• sncf.com/fr/offres-voyageurs/avant-apres-la-gare/offre-velo/louez-un-velo •*
– Les vélos urbains en libre-service ne sont pas adaptés au vélotourisme.

Assurance

À vélo, vous êtes responsable des accidents qui pourraient survenir à votre préjudice ou à celui d'un tiers, du fait de l'inadaptation de votre comportement aux règles du Code de la route, aux conditions de circulation et aux dangers prévisibles en milieu naturel. ***Vous devez être obligatoirement assuré en responsabilité civile.*** Votre assurance habitation peut couvrir les risques liés aux activités de loisirs.

Votre équipement

D'une manière générale, il est préférable de porter des ***matières synthétiques respirantes,*** qui évacuent l'humidité, à l'inverse du coton. Prévoyez des ***vêtements de pluie et coupe-vent*** contre les aléas climatiques, avec des coupes ajustées pour minimiser la prise au vent, et une polaire pour le soir et la visite des sites troglodytiques. Les lunettes ne sont pas que pour la frime, elles sont indispensables pour se protéger de la poussière et des insectes. Gants et chaussures de vélo, cuissard ou short cycliste sont vivement conseillés pour les longs parcours afin d'éviter les bobos inutiles.
Emportez de quoi boire, des barres énergétiques ou des fruits secs pour éviter les coups de fatigue. Et n'oubliez pas la ***crème solaire.***
Ne surestimez pas vos capacités, encore moins celles de vos enfants ! Commencez votre randonnée par des étapes courtes. Pour approfondir la préparation de votre parcours, lisez les encarts dans les cartes du guide et consultez les sites internet *• loireavelo.fr •* et *• francevelotourisme.com •*

Conseil France Vélo Tourisme
Le ***« cuissard »*** est appréciable pour les longues distances à vélo. Il se porte à même la peau. La peau de chamois (aujourd'hui en synthétique) évite tous les désagréments dus aux frottements sur la selle, grâce à ses coutures plates.

Séjours clés en main

Pour voyager l'esprit et le vélo légers, plusieurs agences spécialisées ont façonné une gamme de services spécifiques pour les touristes à vélo. Elles proposent l'organisation de séjours de A à Z, le transfert des bagages d'une étape à la suivante, des idées de circuits, des carnets de voyage détaillés et une assistance. Nombreuses formules en itinérance (parcours linéaire) ou en excursions à partir d'un lieu de séjour fixe (parcours en marguerite) et des « packages » complets du w-e à la quinzaine :
Abicyclette *• abicyclette-voyages.com •* ***Cheverny Voyages*** *• loirevelo.com •* ***Grand Angle*** *• grandangle.fr •* ***La Bicyclette Verte*** *• bicyclette-verte.fr •* ***Le Vélo Voyageur*** *• levelovoyageur.com •* ***Rando Vélo*** *• randovelo.fr •* ***Safrantours*** *• safrantours.com •* ***Terres d'Aventure*** *• terdav.com •*
Voir aussi « Séjours clés en main » sur • loireavelo.fr •

Transport de bagages

Pour rouler légers, les touristes à deux-roues peuvent profiter d'un service de transport de bagages le long de *La Loire à Vélo,* dans les deux sens. *Bagafrance* assure le transfert des bagages, des équipements, des vélos, ainsi que le convoyage de véhicules entre tous les hébergements situés dans un couloir de 15 km de part et d'autre de *La Loire à Vélo.* ***Bagafrance :*** *• bagafrance.com • Voir aussi « Services vélo » sur • loireavelo.fr •*

⇛ BUDGET

Votre budget va dépendre essentiellement de votre ***hébergement.*** Il faut compter en moyenne autour de 60-80 € par nuit pour une chambre double dans un hôtel de moyenne gamme en province et en moyenne saison. Dans les zones très touristiques, compter jusqu'à 30 % de plus. Dans les grandes villes, vous pouvez bénéficier de tarifs avantageux le week-end. Le prix des chambres d'hôtes est proche de celui des hôtels, mais le petit déjeuner y est compris, et vous aurez un contact privilégié avec vos hôtes, qui pourront vous faire partager leurs bons tuyaux.

Attention, certains hébergements, en particulier certains campings, n'acceptent pas les paiements par carte bleue. Prévoyez toujours de l'argent liquide et/ou un chéquier.

Campings, lieux d'accueil privilégiés des cyclistes

Les solutions les plus économiques sont les campings, les auberges de jeunesse et de rares gîtes d'étapes. Comptez entre 8 et 30 €/pers par nuit. De nombreux campings adaptent leur offre aux cyclistes et proposent des tarifs spécifiques *La Loire à Vélo* – mentionnés dans ce guide. Beaucoup proposent désormais des structures légères et prêtes à l'emploi, déjà en place sur le camping (ce qui évite de transporter une tente). *Voir • loireavelo.fr • « Hébergements/Campings/Filtres/Catégories/Voyager Léger ».*

Réseau Group'AVélo

Ce réseau relie des hébergements de tourisme sociaux et solidaires situés en Pays de la Loire (sur *La Loire à Vélo, La Vélo Francette, La Vélodyssée*), labellisés « Accueil Vélo » et engagés dans une démarche locale ou environnementale. Ils facilitent votre voyage et proposent des hébergements à différentes étapes à 40 km environ les unes des autres, en vous mettant en relation avec d'autres prestataires (transport de bagage, lieux de visite...) tout en réduisant les coûts. Le repas du soir est souvent proposé. Un super-plan pour les groupes et tribus familiales.
• groupavelo.fr •

Pour la restauration, les prix s'échelonnent en moyenne entre 10 et 30 € pour un repas classique selon les formules (le midi, les prix sont souvent moins élevés).
Le pique-nique, lui, permet de concilier des points de vue imprenables avec de belles économies ! Nous vous signalons des spécialités ou des lieux à même de fournir des sandwichs savoureux, des producteurs locaux et marchés pour se ravitailler au meilleur prix en circuit court et des sites ou aires d'arrêt pour goûter aux joies du casse-croûte sorti des sacoches, et de la vue sur la Loire ou sur un élément du riche patrimoine ligérien.
Le budget moyen des cyclistes itinérants est d'environ 70 € par jour et par personne, avec de grandes disparités selon les choix d'hébergements, de repas, et le prix d'entrée des sites touristiques.

⇛ CLIMAT : QUAND PARTIR ?

Du printemps à l'automne, vous bénéficierez de bonnes conditions climatiques. Les avants et arrières saisons sont particulièrement agréables. ***Météo France :*** ☎ *32-50. • meteofrance.com •*

⇛ LANGUE : QUELQUES DÉFINITIONS UTILES !

Voies vertes : ce sont des voies réservées à la circulation non motorisée, destinées aux piétons, cyclistes, rollers et personnes à mobilité réduite. Elles sont généralement aménagées sur les chemins de halage des canaux et rivières, d'anciennes voies ferrées, des promenades littorales, des routes forestières ou dans les parcs urbains. On parle aussi de ***« voies en site propre ».*** Elles sont adaptées aux balades familiales faciles et accessibles aux enfants.

Voies partagées : ce sont des voies existantes déjà empruntées par des véhicules motorisés. Elles sont à faible trafic et vitesse modérée.

Véloroute : c'est un ***itinéraire cyclable touristique*** à moyenne ou longue distance, fléché et sécurisé, reliant villes et régions entre elles, sur des petites routes à faible circulation et, autant que possible, sur des pistes cyclables et autres voies vertes. Les véloroutes conviennent à des cyclistes expérimentés, car certains passages dans la circulation réclament de la vigilance. *La Loire à Vélo* est la véloroute la plus réputée de France.

⇛ RÉPARER SON VÉLO

En cas d'avarie importante sur votre machine, vous trouverez facilement sur *La Loire à Vélo* des magasins de cycles pour la réparer. Les loueurs et réparateurs de vélo « Accueil Vélo » en particulier peuvent vous dépanner ; ils offrent un service optimal, notamment avec l'ouverture le dimanche (pour les loueurs).

Ils apparaissent dans les adresses utiles de l'agglomération où ils sont établis (avec l'office de tourisme).

Conseil France Vélo Tourisme

La Loire à Vélo est un itinéraire très fréquenté durant la belle saison – c'est une chance supplémentaire de pouvoir, si besoin, se faire dépanner en demandant l'assistance d'une ou d'un vélotouriste de passage !

⇛ SÉCURITÉ ROUTIÈRE

Respectez le Code de la route, auquel sont soumis les cyclistes. Souvenez-vous qu'en cas d'infraction, vous êtes passible d'une amende. Sur les routes, soyez vigilant, particulièrement aux intersections et en agglomération.

La législation française impose :

– le port du casque pour les enfants jusqu'à 12 ans (bien que recommandé à tous) ;

– Le gilet fluorescent de nuit ou par temps couvert, hors agglomération ;

– un éclairage fonctionnel et une sonnette en bon état.

Bien que ce ne soit pas obligatoire, sur les voies vertes, laissez la priorité aux piétons et signalez-vous d'un coup de sonnette pour ne pas les surprendre.

Sur routes partagées, signalez bien vos intentions : bras tendu pour tourner. Ne roulez jamais à plusieurs de front en occupant toute la chaussée, façon *Tour de France.*

Pompiers : 📱 *112* à partir d'un mobile ou ☎ *18* depuis un fixe.

Gendarmerie : ☎ *ou* 📱 *17.*

Attention, les ponts sur la Loire sont pour certains étroits et non aménagés pour les cyclistes : pas de bandes ni de pistes cyclables. Dans ce cas, pour une traversée en toute sécurité, n'hésitez pas à emprunter les trottoirs vélo à la main. Nous donnons dans ce guide des conseils précis sur les ponts délicats au fil des étapes.

⇛ SIGNALISATION

Au fil des 680 km (pour le parcours direct de Cuffy à Saint-Brevin) et sur plus de 900 km au total (avec les différentes variantes), l'itinéraire emprunte des voies vertes – sections en bord de fleuve et de rivières – mais aussi des petites routes à faibles trafics, des pistes et bandes cyclables, des chemins carrossables, tous bien indiqués. ***L'itinéraire est jalonné dans les 2 sens.***

⇛ SERVICES VÉLO

« Accueil Vélo », une marque au service des touristes à vélo

Bien plus qu'un itinéraire, *La Loire à Vélo,* c'est aussi un accueil et un ensemble de services et d'équipements spécifiques adaptés aux besoins des touristes à vélo ! Plus de 750 prestataires touristiques de la marque « Accueil Vélo » sont accoutumés à recevoir les cyclistes sur l'itinéraire le plus fréquenté de France. De nombreux prestataires proposent des solutions inédites et astucieuses pour découvrir leur environnement et voyager à la carte, sans stress et sans galères, sur le parcours de *La Loire à Vélo.*

Qu'est-ce que la marque « Accueil Vélo » ?

La marque nationale « Accueil Vélo » est mise en place et gérée par les collectivités territoriales à l'échelle de la France. Le Comité Régional du Tourisme Centre-Val de Loire (qui en a été le créateur) et France Vélo Tourisme en sont copropriétaires. Son objectif est de réserver le meilleur accueil aux cyclistes partout en France.

Un établissement « Accueil Vélo », c'est la garantie pour le cycliste de :

– se trouver à moins de 5 km d'un itinéraire touristique cyclable.

Dans les hébergements :

– de disposer d'équipements adaptés : abri à vélos sécurisé, kit de réparation ;

– de bénéficier d'un accueil attentionné : infos et conseils utiles (circuits, météo, services sur le parcours...) ;

– de disposer de services adaptés aux cyclistes : transfert de bagages, lavage et séchage du linge, lavage des vélos...

Sur le terrain, les prestataires sont repérables par le ***logo vert « Accueil Vélo »,*** sur l'ensemble des itinéraires vélos et des régions cyclables de France.

Hébergements, restaurants, offices de tourisme, loueurs et réparateurs de vélo, sites de visite et de loisirs : chaque professionnel répond à un référentiel qualité propre à sa catégorie, afin de satisfaire les attentes et les besoins des cyclistes.

Tout au long de ce guide, vous reconnaîtrez les établissements labellisés « Accueil vélo » grâce à ce symbole.

Attention : « Accueil vélo » signifie « cyclistes bienvenus », mais n'est pas synonyme de « petit budget » ! En effet, des cyclotouristes en tout genre arpentent *La Loire à Vélo.* Il ne faut donc pas s'étonner de voir labellisés « Accueil Vélo » des campings parmi les plus simples, mais aussi des établissements luxueux. C'est à ces établissements qu'il incombe de vous recevoir au mieux, quelle que soit votre tenue (cuissard ou autre) ou votre état. Ils ont signé pour ça !

Le site • *loireavelo.fr* • et la page Facebook de *La Loire à Vélo* informent sur les actualités, les concours, les plans malins et les nouveautés qui jalonnent le parcours.

⇛ NAVIGUER SUR LA LOIRE

Une batellerie ressuscitée

La circulation sur le plus long fleuve de France, jadis axe commercial majeur du pays, parut condamnée par l'apparition du train au XIXe s. Mais, alors que les gestes anciens étaient presque oubliés, quelques nostalgiques et néanmoins énergiques personnalités ont remis au goût du jour la batellerie traditionnelle. Une petite communauté redonne vie à cette « rivière de Loire », avec une soixantaine de beaux bateaux en bois, gabares, chalands, sapines, fûtreaux et autres coches d'eau. Il y avait longtemps que l'on n'avait pas vu ça sur ce « chemin d'eau » !

En circulation douce

Bateau croisière, toue, péniche, canoë, kayak, embarcation à pédales, stand-up paddle, les possibilités sont multiples. Voici quelques moyens de voguer sur la Loire :

– ***À Saint-Thibault, Le Raboliot*** fait des balades à thèmes avec dégustation de produits ligériens (vins, crottins de chavignol, verrines de poisson de Loire). *• leraboliot.com •*

– ***À Saint-Satur,*** randonnée Castor en canoë ou en radeau, pour tout savoir sur ce mammifère. *• loirenaturedecouverte.com •*

– ***À Châtillon-sur-Loire,*** sur la toue *La Sterne,* on pénètre dans l'univers des plantes sauvages comestibles. *• mercilaloire.com •*

– Naviguez sur un bateau identique à ceux qui contribuèrent à la construction du château de Chambord, avec ***les marins du port de Chambord, à Saint-Dyé-sur-Loire.*** *• marins-port-chambord.fr •*

– ***L'Observatoire de Loire,*** à ***La Chaussée-Saint-Victor,*** propose des promenades au fil du fleuve pour une sensibilisation au patrimoine écologique ligérien. *• observatoireloire.fr •*

– ***Entre Blois et Tours,*** partez à la découverte du fleuve sur une toue au départ d'Amboise ou de Chaumont-sur-Loire avec ***Millière Raboton*** (12 personnes par bateau avec un guide-pilote). *• milliere-raboton.net •*

– ***La Rabouilleuse, école de Loire,*** est une association de passionnés de navigation fluviale, qui propose de faire découvrir le fleuve au niveau d'Amboise. *• larabouilleuse-ecoledeloire.com •*

– À la confluence de la Vienne avec la Loire, frontière entre Anjou et Touraine, ***Candes-Saint-Martin*** et ***Montsoreau*** sont les ports d'attache de ***L'Amarante*** et de ***La Belle Adèle,*** deux bateaux pour découvrir des paysages chargés d'histoire. *• bateauamarante.com •*

– À Saumur, croisières dînatoire et découverte avec ***Saumur Loire.*** *• croisieressaumurloire.fr •*

– Au ***Thoureil, Rêves de Loire et d'ailleurs*** propose à bord d'une toue sablière (bateau traditionnel) de vivre des expériences Loire nature, avec la philosophie d'un tourisme responsable : balade découverte, coucher de soleil ou soleil levant, balade dégustation, bivouac… *• revesdeloire.fr •*

– À ***La Possonnière, Terre & Loire*** mixe découverte du fleuve et de l'île de Rochefort. Encadrés par un pêcheur professionnel et pilote de Loire, différents types de balades sont proposées. *06-30-05-55-40.*

– Pour s'évader doucement sur la Loire, ***L.A Kayak*** propose un duo inédit pour découvrir le fleuve : celui de remonter les bords de *La Loire à Vélo* et de la redescendre en canoë-kayak ! De ***Champtoceaux,*** plusieurs formules au choix avec des boucles d'une demi-journée, d'un jour ou de deux. *• locationkayak-loire.com •*

– Au départ de ***Nantes,*** d'avril à octobre, possibilités de voguer vers ***Saint-Nazaire*** pour découvrir les œuvres ***Estuaire.*** Plusieurs formules de retour sont proposées : bus, bateau ou train. Une manière sympa de découvrir l'art contemporain au grand air. *Rens à l'OT de Nantes (voir p. 215).*

– À proximité de Paimbœuf et de Saint-Brevin-les-Pins, ***Le Quai Vert, à Frossay,*** invite à des randonnées nautiques, en kayak, en canoë ou encore en stand-up paddle. *• quai-vert.com •*

– Croisière ***entre Paimbœuf et Lavau-sur-Loire*** : découvrez la diversité des paysages de l'estuaire depuis Paimbœuf : *• terredestuaire.com •*

⇛ TRANSPORTS

Franchir la Loire en bateau

À Nantes et en aval de Nantes

– À Nantes, pour le prix d'un ticket de tram, combinez le Navibus avec un parcours rive nord/rive sud entre la gare maritime et Trentemoult mais aussi avec la liaison du hangar à Bananes à Bas-Chantenay (voir p. 215).

– En aval, on peut franchir la Loire à 2 endroits avec les bacs départementaux entre Basse-Indre et Indre et entre Couëron et Le Pellerin, et combiner ainsi un parcours sur les 2 rives du fleuve (gratuit ; voir p. 219).

Bus + vélo

– ***Briare – Gien – Orléans :*** car Rémi ligne 3, permet sur réservation d'emporter les vélos. *Tte l'année les w-e et j. fériés et en sem d'avr à fin sept (voir Briare ; p. 56). Résa : ☎ 0-800-00-45-00 (appel gratuit). • remi-centreval deloire.fr •*

– ***Pour franchir le pont de Saint-Nazaire :*** navette régionale Aleop ligne 317, qui dessert Saint-Brevin-les-Pins et Saint-Nazaire, a une capacité d'embarquement de 8 vélos *(résa obligatoire au ☎ 02-40-21-50-87).* Sinon, autre navette du département *(gratuite)* en juillet-août. Des taxis peuvent aussi vous faire traverser en chargeant vos vélos (voir p. 225). *Voir sur • loireavelo.fr • la rubrique « Se déplacer sur l'itinéraire ».*

Train + vélo

Sur La Loire à Vélo, train et vélo font bon ménage. Les trains régionaux – qui longent la quasi-totalité du parcours entre Orléans et Le Croisic – embarquent ***gratuitement*** les vélos toute l'année. Cerise sur le gâteau, de ***mi-juin à mi-septembre, le Train Loire à Vélo*** permet de faire voyager son vélo gratuitement et sans réservation dans des voitures spécialement aménagées à l'initiative des 2 régions. L'embarquement, le rangement et le débarquement sont effectués par du personnel dédié. Voir horaires sur *• loireavelo.fr •*

De même, depuis Paris, de nombreux trains acceptant les vélos rejoignent les bords de Loire. Ainsi, de la gare de Paris-Austerlitz, on rejoint Orléans en 1h15 ou Blois en 1h30 par trains Intercités et TER équipés d'emplacements vélo. Également intéressants, les Intercités (sur réservation) et TER de Paris-Bercy à Cosne-Cour-sur-Loire, La Charité-sur-Loire, Pouilly-sur-Loire et Nevers (2h).

Par ailleurs***, la plupart des TER*** Centre-Val de Loire (Rémi) et Pays de la Loire (Aléop) permettent d'emporter gratuitement votre vélo, en fonction des places disponibles à bord. Ceci permet d'infinies combinaisons avec les autres itinéraires cyclables du secteur et de rejoindre *La Loire à Vélo* depuis les grandes villes environnantes. ***Attention,*** nombre de vélos acceptés limité, patience et flexibilité parfois nécessaires. Avant de partir, vérifiez les offres SNCF sur les fiches horaires.

SNCF : *☎ 36-35. • sncf.com • velo.sncf.com •*

TER Centre-Val de Loire et Pays de la Loire : *• ter.sncf.com/centre-val-de-loire • ter.sncf.com/pays-de-la-loire •*

Sur le site de La Loire à Vélo : *• loireavelo.fr/se-deplacer-sur-litineraire/le-train-velo-loire •*

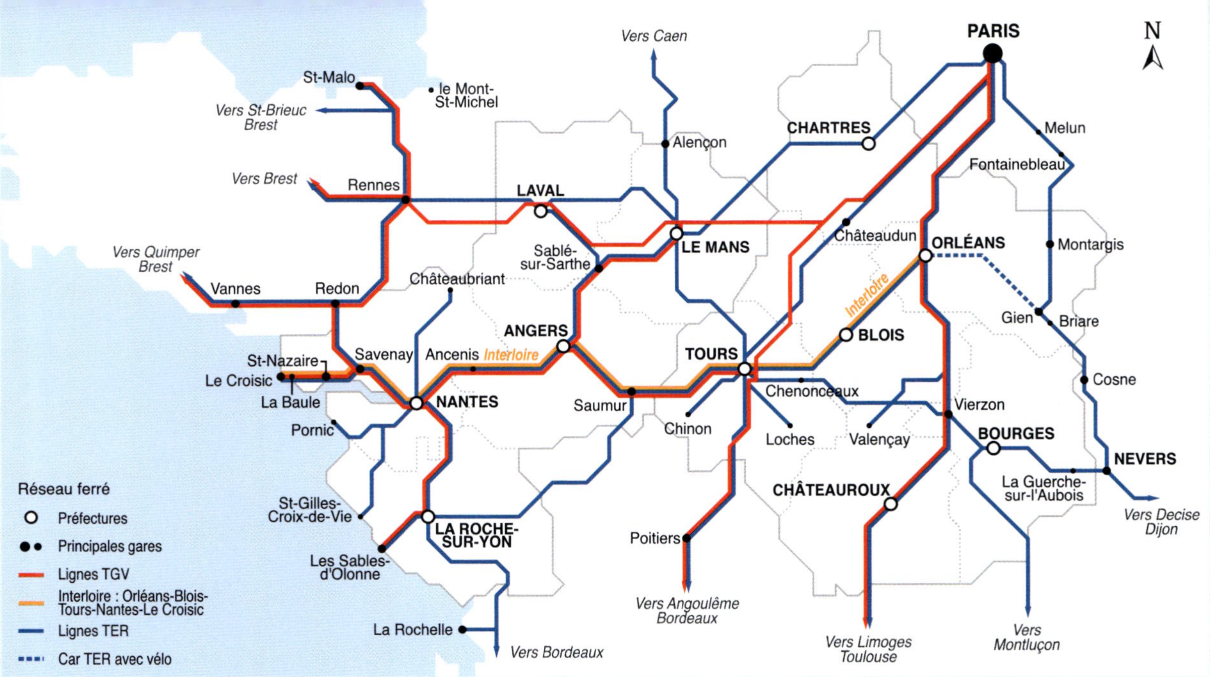

PARIS
N
Vers Caen
St-Malo
le Mont-St-Michel
Vers St-Brieuc Brest
Alençon
CHARTRES
Melun
Fontainebleau
Vers Brest
Rennes
LAVAL
LE MANS
Châteaudun
ORLÉANS
Montargis
Vers Quimper Brest
Sablé-sur-Sarthe
Vannes
Redon
Châteaubriant
Interloire
Gien
Briare
ANGERS
BLOIS
TOURS
St-Nazaire
Savenay
Ancenis
Interloire
Le Croisic
La Baule
NANTES
Saumur
Chenonceaux
Cosne
Vierzon
Pornic
Chinon
Loches
Valençay
BOURGES
NEVERS
La Guerche-sur-l'Aubois
CHÂTEAUROUX
St-Gilles-Croix-de-Vie
LA ROCHE-SUR-YON
Poitiers
Vers Decise Dijon
Les Sables-d'Olonne
Vers Angoulême Bordeaux
La Rochelle
Vers Bordeaux
Vers Limoges Toulouse
Vers Montluçon
Réseau ferré
Préfectures
Principales gares
Lignes TGV
Interloire : Orléans-Blois-Tours-Nantes-Le Croisic
Lignes TER
Car TER avec vélo

Pour en connaître un rayon

Carnet de route

Sur un trajet longtemps emprunté par les mariniers qui remontaient le fleuve avec toues et gabares, du port de Nantes à Orléans et au-delà : authentique et raffinée, historique et actuelle, ***La Loire à Vélo*** conjugue l'activité de la tête et des jambes, les plaisirs des yeux et ceux du palais.
Les ***régions Centre-Val de Loire et Pays de la Loire*** ont créé un itinéraire cyclable, balisé et sécurisé, le long du fleuve royal, qui permet de rallier ***Cuffy*** (dans le Cher, près de Nevers) à ***Saint-Brevin-les-Pins*** (en Loire-Atlantique) sur ***680 km pour le parcours le plus direct,*** enrichi de nombreuses variantes, le tout parfaitement fléché. 20 ans d'efforts, 52 millions d'euros d'investissement, pour un résultat à la hauteur, parcourant le Val de Loire en partie classé au Patrimoine mondial par l'Unesco. 6 départements (le Cher, le Loiret, le Loir-et-Cher, l'Indre-et-Loire, le Maine-et-Loire et la Loire-Atlantique) et 6 agglomérations (Orléans, Blois, Tours, Saumur, Angers et Nantes) participent activement à la réussite de cette opération d'envergure.
Malgré l'émergence de nombreux autres itinéraires, ***La Loire à Vélo reste LA référence pour le tourisme à vélo en France,*** tant pour la qualité du parcours et du patrimoine que des services proposés.
Si la Loire m'était contée… Le cours du fleuve murmure à votre oreille les riches heures de l'histoire de la France, des plus belles et des plus tragiques ; ses paysages et ses châteaux plantent le décor.
N'attendez plus, enfourchez votre si bien nommée petite reine et lancez-vous à l'assaut des levées et des coteaux viticoles !

⇛ L'ITINÉRAIRE DU ROUTARD

Présenté en *8 grands itinéraires* reliant de grandes villes faciles d'accès, **divisés en 40 étapes** (dont 4 assorties de variantes « bis ») et 4 échappées, l'itinéraire peut être pratiqué en ***excursion à la journée, le temps d'un week-end, ou encore en itinérance sur plusieurs jours ou semaines.*** Avec les multiples itinéraires connexes à ***La Loire à Vélo,*** indiqués dans ce guide (voir plus bas), vous pouvez aussi composer votre propre boucle pour revenir à votre point de départ. ***La Loire à Vélo*** permet de composer une infinité de combinaisons pour découvrir tous les recoins du Val de Loire. Confort suprême, de nombreux loueurs de vélos vous permettent de prendre un vélo à un endroit et de vous en séparer ailleurs (voir p. 10-11). Et vos bagages peuvent vous suivre sans vous peser (voir p. 12) : ce n'est plus du vélo, c'est du tapis volant ! Cerise sur le gâteau, le ***Train Loire à Vélo*** vous transporte vous et votre monture dans une voiture spéciale en saison ! (Voir p. 16-17.)
À une allure tranquille, sur un terrain ne présentant pas de difficulté particulière, en étant chargé raisonnablement, en incluant de douces haltes et autres pauses photo, comptez une moyenne autour de 10 km/h. Mais bien sûr, à chacun de vivre à sa manière et à son rythme ***La Loire à Vélo*** en fonction de ses capacités et de ses envies de découvrir les sites et châteaux qui jalonnent le parcours.

Une véloroute hyper connectée

Elle s'inscrit, en premier lieu, dans l'***EuroVelo 6, de l'Atlantique à la mer Noire*** qui relie les grands fleuves sauvages d'Europe (Loire, Rhin, Danube) à travers 10 pays sur 3 600 km, en passant par la Bourgogne voisine via Nevers et Decize ! Elle roule de Nantes à Saint-Brevin-les-Pins de concert avec ***La Vélodyssée*** (partie française de l'***EuroVelo 1 Norvège-Portugal***), itinéraire de plus de 1 200 km qui court du nord Bretagne aux Pays de la Loire via le canal de Nantes à Brest, puis longe l'Atlantique jusqu'à la côte basque en empruntant, entre autres, le réseau Vendée Vélo. Européenne encore, elle accueille sur ses plates-bandes cyclables ***La Scandibérique (EuroVelo 3)*** de Briare à Tours.

Plus localement, à Saint-Brevin-les-Pins et Saint-Nazaire, elle croise ***Vélocéan,*** qui propose une envolée iodée sur la façade littorale de la Loire-Atlantique. À Angers, elle connecte ***La Vallée du Loir à Vélo*** qui furète le long de ce cours d'eau bucolique jusqu'à Illiers-Combray près de Chartres. À Angers encore, voici ***La Vélo Francette Ouistreham – La Rochelle,*** qui fait route avec ***La Loire à Vélo*** jusqu'à Saumur. À Saumur, elle ouvre la porte de ***La Vélobuissonnière,*** cette échappée belle qui file avec ***La Sarthe à Vélo*** jusqu'au Mans et Alençon pour rejoindre ***La Véloscénie Paris-Mont-Saint-Michel ;*** d'autres parcours aussi en Anjou vers les coteaux du Layon et de l'Aubance ; ou encore elle s'entrelace à Blois et à Chambord avec les 500 km d'itinéraires sécurisés des ***Châteaux à Vélo.*** Depuis Bréhémont, en bord de Loire, ***L'Indre à Vélo*** rejoint Azay-le-Rideau, Chenonceaux, Montrichard et Loches en direction de Châteauroux. À Tours, elle rencontre ***La Saint-Jacques à Vélo,*** cette voie cycliste des pèlerins, via Chartres, qui ralliera demain Saint-Jacques-de-Compostelle, et la ***Cœur de France à Vélo,*** qui depuis l'île Balzac à Tours longe le Cher en direction du Berry. Sans compter des centaines de kilomètres d'itinéraires proposés localement. **Vous trouvez ces connexions présentées plus en détail dans les étapes concernées de ce guide** (tracés roses) et sur • *francevelotourisme.com* • Pour près de 5 000 km d'itinéraires cyclables en région Centre-Val de Loire : • *enroue libre-centrevaldeloire.com/pedaler* • Et pour les Pays de la Loire :• *velo. enpaysdelaloire.com* •

⇛ ARCHITECTURE

Dans son inépuisable générosité, la Loire a fourni avec le couvert le gîte, ou du moins une matière première de premier ordre : le ***tuffeau,*** un calcaire dont on fait de belles pierres à bâtir toutes blanches.

Et quand la carrière s'épuise, on vient y creuser son trou ! Été comme hiver, il y fait 14 °C, et s'il manque un meuble, on le taille dans le rocher : four, pétrin, pressoir, chapelle, pigeonnier, éventuellement le luxe d'une façade. Quoi de plus insolite que cette architecture en creux ? Ni bois, ni pierres, ni tuiles, ni ardoises… : le ***troglodyte*** (celui qui habite un « troglo ») a trop de matière, il en enlève même. Jusqu'au XVIe s, on s'entasse dans la même paroi, toutes classes confondues, sur plusieurs niveaux reliés par des ruelles ou des escaliers. Mais le XVIIe s a changé les normes du confort : on laisse ces « caves demeurantes » (ces « antres », disait Ronsard) aux pauvres. Les villageois du XIXe s ne s'en serviront plus que comme ateliers, chais ou appentis. Elles sont aujourd'hui réhabilitées comme ateliers d'artistes, échoppes d'artisans, voire restaurants ou hébergements de charme.

Architecture et art : le Val de Loire et ses châteaux, Patrimoine mondial de l'Unesco, et autres chefs-d'œuvre

De ***Sully-sur-Loire*** (Loiret) à ***Chalonnes-sur-Loire*** (Maine-et-Loire), ce sont quelque 280 km qui ont été distingués comme constituant un paysage culturel vivant d'exception, témoignage précieux de l'harmonieux échange d'influences créé entre l'homme et son environnement, à travers 2 000 ans d'histoire. Une myriade de sites historiques s'égrène au fil de l'itinéraire de ***La Loire à Vélo*** : à elle seule, la région Centre-Val de Loire recèle 6 des 12 châteaux les plus visités de France. • *valdeloire.org* •
Somptueux, extravagants ou intimistes, 23 grands sites du Val de Loire se dressent tels des géants de pierre, entre Sully-sur-Loire et Nantes. Une perspective d'autant plus attirante que la conception même des visites a été totalement revue. Visites guidées ou théâtralisées, enquêtes, jeux de rôles, expositions, jardins enivrants, les châteaux de la Loire combinent nature et culture dans une belle modernité, apte à séduire toute la famille. • *valdeloire-france.com/loire-chateaux* • Pour faire de belles économies et gagner du temps, on peut acheter ses billets à l'avance avec • *tickets-chateaux.com* •
Côté estuaire de la Loire, le Château des ducs de Bretagne à Nantes marque la fin des visites de châteaux. Mais les rives de l'estuaire de la Loire entre Nantes et Saint-Brevin-les-Pins et Saint-Nazaire se transforment alors en galerie d'art contemporain à ciel ouvert, déployant une collection unique d'œuvres monumentales *Estuaire* réalisées par des artistes internationaux • *estuaire.info* • Du patrimoine à l'avant-garde, un changement de perspective rafraîchissant !

⇛ CUISINE

De Sancerre au vignoble nantais, le fleuve irrigue les ***terroirs de plus de 80 appellations,*** promesses de découvertes gustatives gourmandes et insolites. Accordez-vous le temps d'une dégustation pour vous initier aux cépages, le cabernet franc des vins d'Anjou ou le chenin du Saumurois. Tranquilles ou pétillants, vous les découvrirez dans des caves mises en valeur par des visites guidées passionnantes.
Ces nectars accompagneront les spécialités locales, elles aussi engendrées par la géographie. Dans le fleuve bordé de vallées riches en légumes et de coteaux où prospèrent des vins de fraîcheur, les poissons abondent et finissent dans l'assiette, nappés de beurre blanc ou en friture de Loire. Le Pays nantais est la Mecque des légumes : d'exquises carottes presque sucrées, mais aussi des oignons, des navets, de fameux poireaux nains et une mâche qui a conquis l'Europe entière. Et pour une note florale, les Pays de la Loire produisent 85 % du muguet français, particulièrement entre Saint-Julien-de-Concelles et La Chapelle-Basse-Mer ! Mais occupons-nous littéralement de nos oignons et de leurs accompagnements. On sert les champignons de Paris dans les restos troglodytiques sous le nom de « galipettes », car, en s'épanouissant, ils perdent pied et font la culbute. L'andouille de Jargeau se marie avec un verre de vin des coteaux du Giennois ou de l'Orléanais, comme le crottin de Chavignol avec le sancerre, quand fouaces et cochonnailles ressuscitent les héros rabelaisiens...
L'arrivée près du littoral constitue la promesse d'un poisson en provenance directe de l'océan, ou d'un beau plateau de fruits de mer arrosé d'un muscadet ou d'un gros-plant bien frais qui vous fera accélérer la cadence. Vous n'aurez que l'embarras du choix entre les sardines grillées, la sole, les crevettes, les moules de bouchot et les huîtres pour vous récompenser de tous vos efforts, voire un homard choisi dans le vivier rien que pour vous.

⇛ ENVIRONNEMENT

Classée partiellement au ***Patrimoine mondial de l'Unesco en 2000, la Loire*** abrite une faune très riche, où le saumon a fait son grand retour parmi d'autres poissons migrateurs, comme l'anguille et la lamproie. La région Centre-Val de Loire, d'abord, regroupe une grande diversité de paysages et de milieux naturels, des terres agraires aux forêts tempérées en passant par les bocages, constituant des niches écologiques. Les territoires autour des châteaux de la Loire s'avèrent être de véritables corridors naturels, protégeant la biodiversité et les espèces menacées qui y trouvent refuge (le balbuzard pêcheur en forêt, le butor étoilé sur les étangs, les guifettes). Sur cet axe majeur des circuits migratoires pour de nombreuses espèces d'oiseaux (cigognes noires, sternes, râles des genêts), et pour les poissons, les parcs naturels régionaux se sont multipliés, comme le Loire-Anjou-Touraine, où a été réintroduit le castor, véritable façonneur des rives et îlots du fleuve, nids privilégiés des sternes naines et des pierregarins. La région Pays de la Loire, elle, jouit d'un microclimat océanique assez unique en Europe, grâce à l'immense courant d'air océanique que la Loire draine jusqu'au cœur de ses terres. Saules pas toujours pleureurs, frênes taillés en « têtard », pins méditerranéens et même palmiers s'y sont acclimatés tout en douceur.

⇛ GÉOGRAPHIE

Incohérente unité

Dans notre mythologie nationale, la Loire incarne des valeurs lumineuses : amabilité, douceur et art de vivre. Elle est pourtant aussi un fleuve encore partiellement sauvage, et l'un des plus capricieux. Moins impétueuse que le Rhône, moins sinueuse que la Seine, elle a opté pour les records de tour de taille et d'endurance. L'unité de la Loire, c'est son incohérence. Tributaire des climats du Massif central, la Loire des débits ordinaires accuse d'incroyables amplitudes. Un hiver, elle déverse dans l'océan 50 m³/s, un printemps, elle pousse à 9 000 m³/s. On ne s'étonnera pas que les gabares chargées à ras bord qui firent, 2 000 ans durant, la fortune d'Orléans aient plus mal résisté qu'ailleurs.

Du Puy-en-Velay jusqu'à Nantes, ce sont 1 000 km de course de fond où la Loire engloutit dans la foulée tout ce qui se présente : l'Allier auvergnat, le Beuvron solognot, l'Indre et le Cher berrichons, la Vienne poitevine et la Maine angevine viennent grossir cette longue autoroute liquide où flotte tout un monde d'îlots chevelus. La Loire a arrêté les invasions anglaises et propulsé les Auvergnats vers les vignobles angevins jusqu'aux comptoirs de la France du Nord. Baudelaire la voyait en vert, Heredia en blond, Jules Lemaître en bleu et La Fontaine en cristal... Alors, qui est vraiment la Loire ?

Gargamelle indomptable

À force de voir l'Anjou dévasté par les crues tous les 10 ans, on rêva d'apprivoiser le monstre. En 1856, les levées de terre se trouvèrent épaulées par quelque 85 retenues d'eau qui devaient remédier tant aux crues de printemps qu'à la sécheresse estivale. Mais le danger demeure : aujourd'hui, une crue d'amplitude historique laisserait sur le carreau quelque 200 000 sinistrés. C'est pourquoi dans les années 1980, les élus locaux ont soumis au gouvernement un projet de régulation du fleuve au moyen de 4 nouveaux barrages.

Mais voilà : pendant que les riverains se réjouissent, les écologistes de tous les pays s'unissent pour crier au scandale. Regroupés au sein de l'association *SOS Loire vivante (• rivernet.org/soslv.htm •),* ces croisés de la nature préservée dénoncent la destruction d'une faune très riche… Le barrage des Verts s'est montré efficace, et peu à peu le fleuve reprend des couleurs, couronné par le classement d'un tronçon au Patrimoine mondial de l'Unesco.

La marine de Loire : une renaissance

La Loire est longtemps restée le principal axe de circulation des marchandises et des voyageurs dans l'ouest de la France. Au Moyen Âge, les seigneurs riverains percevaient des droits de péage sur chaque marchandise transportée par les ***gabares***, ces bateaux à voiles carrées, disparus au XIXe s. Quelque 800 mariniers et pêcheurs travaillaient autour de Champtoceaux. Mais l'arrivée du train en 1851 fut fatale à leur activité maritime. Dommage collatéral, celle-ci fut remplacée un temps par l'extraction du sable, entraînant une accélération du courant, une dégradation des rives et une menace pour les ponts…

Aujourd'hui, l'essor du tourisme ligérien a permis la résurrection des bateaux traditionnels. Pour se repérer : sur le fleuve circulent des embarcations de la grande famille des ***chalands,*** qui assuraient le transport des marchandises, d'où l'expression « un commerce bien achalandé » ! Ces vaisseaux à fond plat sont dotés d'une levée à l'avant. Celle-ci permet de disposer en permanence d'eau sous la coque, facilitant le départ d'un banc de sable sur lequel le capitaine se serait posé.

La ***toue*** relève de la famille des chalands, mais ses dimensions plus modestes la destinaient aux trajets de proximité. Un chaland pouvait en effet mesurer jusqu'à 30 m de long et 5 de large, quand la toue présente plutôt une longueur de 10 m et une largeur de 3 m… Les pêcheurs de Loire se protégeaient des intempéries au moyen d'une construction légère, d'où la variante des ***« toues cabanées ».***

Enfin le ***fûtreau,*** encore plus petit et léger – 6-8 m de long pour 1 m de large, littéralement de la taille d'un fût d'arbre – jouait le rôle de bateau à tout faire pour les seigneurs du fleuve : annexe, navette et surtout poisson pilote, repérant les passes, tractant les navires les plus lourds.

Mais la fameuse ***gabare*** (ou gabarre) ? ce sont en fait des bateaux d'estuaire, traditionnellement peu présents en Loire moyenne. Contrairement aux chalands, dont la levée menaçait de se rompre sous le choc des vagues, les gabarres étaient dotées d'une étrave pour briser ces vagues. Autrefois, en fonction de leur origine et de leur destination, les marchandises pouvaient donc se trouver transférées d'une gabare à un chaland et réciproquement : c'était l'une des spécialités du port d'Ancenis.

Aujourd'hui, ces embarcations constituent une modalité privilégiée de locomotion douce, promesse d'explorations écologiques, d'apéros sur l'eau et de nuits au rythme du clapotis ! Le couronnement de vos expériences ligériennes…

⇛ PERSONNAGES CÉLÈBRES

Rois et reines, génies de la langue française ou du roman d'aventures, illuminés et visionnaires : de nombreuses célébrités hantent les bords de Loire. Depuis Nantes, ***Anne de Bretagne*** dirigeait son duché ; ***Jeanne d'Arc*** y a clos la guerre de Cent ans en sauvant Orléans ; ***François I***er y a continué l'œuvre de bâtisseur initiée par ses royaux aïeux et y a convié ***Léonard de Vinci ; Ronsard, Du Bellay*** y ont donné ses lettres de noblesse à la langue française ; ***Rabelais, Racine, Balzac*** et ***Julien Gracq*** l'y ont portée à son apothéose ; ***Jules Verne*** a fait rêver les Français par milliers. À votre tour, inscrivez-vous dans cette histoire, dans cette langue – car il se dit que c'est ici qu'il se parle le plus pur des français. Votre monture vous attend ; quelques coups de pédales et vous voilà sur les bords de la Loire en fort bonne compagnie ! À vous d'y rêver…

Mode d'emploi

- Les lieux indiqués dans ce guide, tout particulièrement dans les carnets d'adresses, connaissent des **périodes de fermeture** non mentionnées ici. En règle générale, il est vivement conseillé de réserver avant de vous présenter dans un établissement, au moins de téléphoner avant de vous y rendre.

- Les **tarifs** des chambres d'hôtes et des hôtels sont indiqués sur une base d'une nuit pour 2 personnes, de la chambre la plus basique en basse saison à la chambre la plus luxueuse en haute saison. Le petit déjeuner est généralement inclus dans le prix d'une chambre d'hôtes, et non dans le prix d'une nuit d'hôtel.

- Les tarifs des chambres dans les **hôtels de chaîne** varient selon la saison et le taux de remplissage. C'est pourquoi nous ne les avons pas indiqués. On peut facilement faire des simulations sur Internet.

- Bien des hôtels et des chambres d'hôtes proposent des **chambres familiales,** d'une capacité d'accueil supérieure à la chambre double présentée systématiquement ici comme référence de prix. Renseignez-vous en fonction de vos besoins.

- Les **tarifs des campings** sont établis sur la base d'une nuit pour 2 personnes + un emplacement tente, au plus bas de la saison et au plus haut de la saison.

- Certains campings proposent des **tarifs spécifiquement conçus pour les cyclistes.** Dans la mesure du possible, et s'il y a une différence, nous avons indiqué ces prix en haute et en basse saisons.

- Les **tarifs** sont mentionnés **à titre indicatif.** Ils n'engagent en rien les établissements ou les sites.

- Certains établissements ne fournissent certaines prestations, comme la location de vélos, que pendant la période estivale.

- Les **kilométrages** ont été ici arrondis, les points de départ et d'arrivée de chacun pouvant différer.

- Sur les cartes des étapes, les **pictogrammes** sont placés par rapport à la commune de rattachement d'un établissement ou d'un site, non par rapport à sa localisation géographique. C'est l'adresse qui vous permet de déterminer cette localisation exacte.

- Une formule intéressante : les **villes** d'une certaine taille proposent des *pass,* incluant la visite d'un certain nombre de sites pour une somme forfaitaire. Renseignez-vous auprès des offices de tourisme.

- Les **liaisons** mentionnées en parallèle de l'itinéraire ne font pas partie du parcours officiel. Pour agrémenter et compléter votre voyage, *Le Routard* vous propose des **variantes** et des **échappées** hors du circuit officiel. On est venu, on a vu, on n'a pas été vaincu mais convaincu !

- **Pass *pour la visite des châteaux du Val de Loire* :** il vous permet de combiner la visite de plusieurs châteaux à prix réduit avec un billet coupe-file (17 formules au choix 34-127 € ; *pass* à commander et régler sur • *bloischambord.com* •, il sera envoyé par lettre recommandée sous 8 j. ; sinon, à acheter directement au comptoir des offices de tourisme de Blois, Chambord, Cheverny et Chaumont-sur-Loire).

- De nombreux offices de tourisme du secteur vendent des ***pass, forfaits et billets*** à l'unité pour les sites majeurs du département. Un vrai bon plan, car il s'agit souvent de tarifs privilégiés et de coupe-file. Que d'argent et de temps gagnés !

NORD
EuroVelo 6 vers Decize, Bâle
NEVERS
Km 0
étape 1
étape 2
étape 3
étape 4
étape 5
étape 6
étape 7
Le Bec d'Allier
L'Allier
Cuffy
Apremont-sur-Allier
La Guerche-sur-l'Aubois
Marseilles-lès-Aubigny
La Loire
La Charité-sur-Loire
La Chapelle-Montlinard
Sancergues
Réserve naturelle du Val de Loire
Pouilly-sur-Loire
Couargues
St-Satur
Sancerre
Cosne-Cours-sur-Loire
Léré
Boulleret
Beaulieu-sur-Loire
Châtillon-sur-Loire
Briare
St-Sauveur-en-Puisaye
St-Amand-en-Puisaye
St-Fargeau
Scandibérique vers Montargis, Paris
NIÈVRE (58)
YONNE (89)
CHER (18)
LOIRET (45)
A 77
N 151
N 7
D 981
D 13
D 977
D 38
D 1
D 2
D 33
D 957
D 955
D 965
D 85
D 45
D 920
D 6
D 10
D 976
D 2076
D 926
0
5
10 km

© LENAIN Hervé/hemis.fr

114 km

Itinéraire
1

DE NEVERS À BRIARE

C'est du magnifique bec d'Allier que ***La Loire à Vélo*** s'élance à travers la réserve naturelle du Val de Loire saupoudrée d'îles sauvages. Autour, le Berry, bois, haies et rivières ondoyantes qui filent vers le fleuve. Et de premières pépites à glaner, vignobles prestigieux et villages médiévaux de Sancerre et de Pouilly-sur-Loire, chefs-d'œuvre de l'art roman comme La-Charité-sur-Loire et son église mondialement célèbre, foulée par les pèlerins de Saint-Jacques depuis le XIIe s. Un parcours facile, entre la levée de Loire et le canal qui mène à Briare pour une superbe touche finale.

NEVERS

Posée sur la rive droite de la Loire, au confluent de la Nièvre (souterraine de son entrée dans la vieille ville jusqu'au fleuve royal) et à 10 km en amont du bec d'Allier, Nevers est de ces villes tranquilles au beau patrimoine architectural. C'est aussi la 3e agglomération de Bourgogne avec ses entreprises de pointe, comme la fameuse marque de vélos sportifs Look, et ses boutiques, bars à vins et restaurants branchés n'ayant rien à envier à Dijon. Flâner rue François-Mitterrand, longue et étroite voie piétonne toujours animée, s'asseoir en terrasse place Guy-Coquille, coller son nez aux vitrines des faïenciers, s'arrêter face au palais ducal, admirer la cathédrale gothique Saint-Cyr-et-Sainte-Julitte ou l'église Saint-Étienne, romane à souhait, voilà un agréable programme en perspective avant de rejoindre ***La Loire à Vélo.***

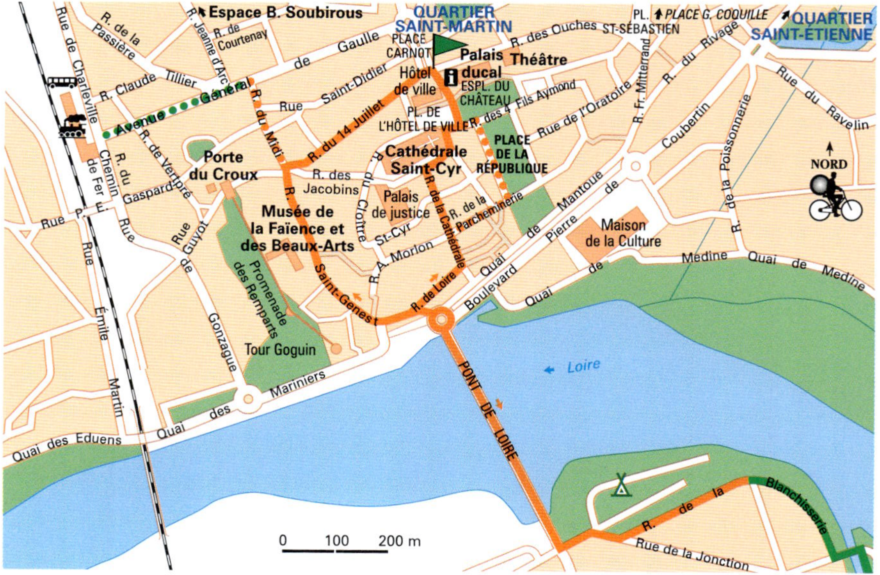

Office de tourisme : ***palais ducal.*** ☎ ***03-86-68-46-00.*** ● ***nevers-tourisme.com*** ● En été, visites guidées, randonnées pédestres et toutes sortes de sorties originales. Consigne. Pour découvrir la ville, 2 itinéraires piétons matérialisés par une ligne bleue sur les trottoirs permettent de visiter les principaux monuments et hôtels particuliers du quartier Saint-Étienne (1er itinéraire) ou de la Butte (2d itinéraire, passant par les faïenciers).

La célèbre ***faïence de Nevers,*** bleu et jaune sur fond blanc (mais pas uniquement), renaît un peu. Ainsi, plusieurs faïenciers tiennent encore atelier et boutique à Nevers (liste à l'OT). On peut par exemple s'arrêter dans la ***galerie de Clair Bernard,*** maître faïencier, située juste à côté de l'OT.

Vélo Touk Touk : 46, av. du Général-de-Gaulle. ***06-84-75-28-73.*** ● ***velotouktouk.com*** ● Une équipe de passionnés près de la gare. Location de VTC, vélos enfants et VAE avec tout l'équipement. Possibilité d'aller simple avec remise à Cosne-Cours-sur-Loire et Gien (tarifs sur le site) et ailleurs (sur devis).

– ***Marchés : mar-sam aux halles Carnot (le mat) et à Saint-Arigle.***

Café Vélo Nevers : 7, pl. Mosse, en bas de la ville près du pont. ***07-86-29-96-67.*** ● ***cafevelonevers.fr*** ● ***Fermé lun-mar.*** La petite adresse conviviale où l'on vient parler vélo (avec l'accent anglais), boire un bon café, un vin fin ou une bière du coin et grignoter d'excellents sandwich et pâtisseries maison.

Boulangerie Le Fournil Saint-Arigle : 9, rue du Pont-Cizeau. ☎ ***03-86-61-49-40.*** Une vraie boulangerie artisanale près du petit marché Saint-Arigle. Bon choix de pains au levain et bio.

Le palais ducal : *rue Sabatier (entrée par l'office de tourisme). Juil-sept, lun-sam 9h-18h ; dim et j. fériés 10h-13h, 15h-18h. Avr-juin, lun-sam 9h-12h30, 14h-18h. Oct-avr, 10h-12h30, 14h-17h30 (fermé dim-lun et j. fériés). GRATUIT.* Élégante construction réalisée de 1464 à 1565, dans la belle pierre ocre clair du pays, et qu'on doit essentiellement aux Clèves puis aux Gonzague, ducs de Nevers. Sur un mur, une plaque rappelle que 2 princesses nivernaises, Louise-Marie de Gonzague et sa suivante, Marie de Lagrange-d'Arquian, devinrent reines de Pologne au XVIIe s en épousant des Polonais bien nés : le vieux roi Ladislas IV et Jean Sobieski. C'est tout à fait un « château de la Loire », de style Renaissance, à la façade sud d'une grande harmonie : tourelles polygonales, hautes fenêtres stylées et toiture de rêve. À l'intérieur, totalement remanié, le rez-de-chaussée accueille un petit espace muséographique. Aux étages que l'on gravit par un élégant escalier contemporain, des expos temporaires. Jeter un œil à la salle de réception et à celle du conseil municipal où officia Pierre Bérégovoy en tant que maire, de 1983 à 1993.

Accolé au palais, voir le mignon ***théâtre*** construit au début du XIXe s, avec décor à l'italienne.

En face, charmante ***place de la République,*** du XVIIe s, tout en longueur et donnant sur la Loire. D'ici on peut rejoindre les bords de Loire de la rue de l'Évêché par les ruelles qui serpentent (attention aux sens uniques !).

La cathédrale Saint-Cyr-et-Sainte-Julitte : *au sommet de la Butte. En hiver, tlj 9h-17h ; en été, tlj 9h-18h30.* La cathédrale de Nevers présente une grande diversité de styles. Initialement bâtie au milieu du XIe s, les derniers travaux (chapelles, tour) ne furent achevés qu'en 1528, soit 5 siècles d'architecture. Particularité assez exceptionnelle, les 2 absides opposées : l'une romane à l'ouest, l'autre gothique à l'est.

Après avoir fait le tour extérieur de cet impressionnant vaisseau de 101 m de long, extrêmement décoré dans ses parties gothiques (portail sud et haute tour de style flamboyant, un vrai délire d'ornementation), on entre pour découvrir l'abside et le transept romans. Belle voûte en cul-de-four abritant une grande fresque du XIIe s. Dans la crypte, remarquable *Mise au tombeau* d'inspiration flamande, du XVe s. La nef, du XIIIe s, s'élève gracieusement, et on peut observer de pittoresques personnages sculptés à la base des colonnettes du triforium (galerie courant à mi-hauteur). Le chœur, du XIVe s, complète élégamment l'ensemble.

Les ***vitraux*** ayant été détruits par un bombardement en juillet 1944, un programme de restauration ambitieux a été entrepris : avec 1 052 m² de verrière, c'est l'un des plus importants chantiers européens qui s'est achevé au début du XXIe s. Raoul Ubac a signé les vitraux du chœur roman occidenté – c'est-à-dire tourné vers l'ouest – à l'opposé du chœur gothique orienté vers le sud, dont les verrières ont été réalisées par Claude Viallat. Les vitraux des chapelles du déambulatoire, aux couleurs très vives – le damassé rouge du vêtement de saint Matthieu est étonnant –, ont été réalisés par Jean-Michel Alberola. Les chapelles latérales sont l'œuvre de François Rouan, les fenêtres hautes, une ponctuation divine dans un ciel quadrillé, de Gottfried Honegger.

La porte du Croux : au cœur de l'ancien quartier des faïenciers, au caractère médiéval assez marqué. Imposante porte de la fin du XIVe s, bel exemple de ce que pouvaient faire les militaires quand ils se piquaient d'architecture. Mâchicoulis, échauguettes, pont-levis, rien ne manquait. Elle abrite le ***musée archéologique du Nivernais*** *(ouv de mi-juin à sept, tlj 14h-18h ; entrée 2 €).* Dans le jardin des Remparts voisin, quelques vestiges des anciennes fortifications (XIIe-XIIIe s).

Le musée de la Faïence et des Beaux-Arts : *16, rue Saint-Genest ; accessible également par les jardins du musée et la promenade des Remparts. ☎ 03-86-68-44-60. • culture.nevers.fr • Mer-dim 10h-13h et 14h-18h ; nocturne jusqu'à 21h30 1er mer du mois. Fermé en janv. Entrée : 10 € ; réduc.* Remarquez tout d'abord l'ingénieuse architecture de pierre et de bois, alliant l'ancien de l'abbaye et le contemporain de la rénovation. Ce musée atypique regroupe une collection de faïences et de verres émaillés (rare !) dits verres filés, des arts qui ont fait la réputation de Nevers surtout du XVIe au XIXe s. Nombreux objets de faïence d'inspiration italienne destinés à la noblesse puis peu à peu plus usuels, religieux, etc. Notez le fameux « bleu de Nevers », tirant sur le bleu très foncé. Quant aux personnages, boîtes et saynètes en verre émaillé, le tout peut paraître aussi inattendu que surchargé, voire kitsch, il faut bien le dire ! Également des tableaux et dessins des XVIe-XXe s, dont une petite section sur les « artistes en Nivernais », enfants du pays ou peintres inspirés par les bords de Loire. Parmi eux, d'intéressantes œuvres d'Hector Hanoteau.

Le quartier Saint-Martin et le quartier Saint-Étienne : de la place Carnot part la rue Saint-Martin, bordée de quelques hôtels particuliers (hôtels de Saulieu-Saincaize ou hôtel Flamen-d'Assigny, du XVIIIe s) et de l'étonnante *chapelle Sainte-Marie,* de style baroque (unique en son genre dans la Nièvre), bâtie vers 1640. Cette rue Saint-Martin mène à la *rue François-Mitterrand,* ex-rue du Commerce (toujours appelée ainsi par une majorité de Nivernais), où se trouve le beffroi : Nevers est l'une des rares villes du Centre à en posséder un du XVe s.

De là, par la rue de Nièvre, on accède au *quartier Saint-Étienne,* avec sa belle église romane (voir plus bas) et, là encore, d'intéressantes demeures historiques dans la petite *rue Creuse*. Au n° 12, imposant hôtel de Maumigny flanqué d'une tour XVe s. Au n° 7 vécut, en 1923-1924, Simenon, alors secrétaire du marquis de Tracy. Rebelote dans la *rue Saint-Étienne* (hôtel Tiersonnier, du XVIIIe s, et belle maison à pignons du XVIe s). La *porte de Paris,* modeste arc de triomphe élevé en 1746, et l'*église Saint-Pierre* du XVIIe s, à la façade classique (voûtes décorées de fresques de Sabadini et Gherardini), ferment ce vieux quartier au nord.

L'église Saint-Étienne : *rue Saint-Étienne.* Enclavée sur une charmante placette, la discrète église Saint-Étienne se révèle une petite merveille d'art roman bourguignon (mâtiné d'auvergnat, disent les spécialistes). Elle n'a guère subi d'altération majeure depuis le XIe s. Haute et sobre façade, en faire le tour extérieur pour admirer le chevet. À l'intérieur, pas de fioritures mais des lignes pures, des proportions et une lumière parfaites. Chœur avec déambulatoire et vitraux anciens.

L'Espace Bernadette-Soubirous : *34, rue Saint-Gildard. ☎ 03-86-71-99-50. • www.sainte-bernadette-soubirous-nevers.com • Chapelle ouv tlj 10h-12h et 14h-17h. Visite gratuite (musée, chapelle, grotte) avec livret, donnant accès aux jardins. Vidéo 25 mn : 2 €.* Chaque année, des dizaines de milliers de visiteurs se rendent à la maison mère des sœurs de la Charité de Nevers pour se recueillir sur la châsse de sainte Bernadette. Eh oui, c'est bien la Bernadette Soubirous de Lourdes ! Elle a passé les 13 dernières années de sa vie dans ce lieu, au sein de cette congrégation qu'elle avait connue à l'hospice de Lourdes, où elle a appris à lire et à écrire. Au musée, une petite scénographie moderne et intelligemment conçue retrace les principales étapes de sa vie, et présente quelques objets ayant appartenu à la sainte, dont le fauteuil où elle rendit son dernier souffle. Passer ensuite devant la reconstitution de la grotte de Lourdes avant de rejoindre la chapelle (XIXe s) où est présenté, dans une châsse, le corps de la sainte, menu mais étonnamment conservé. Dans les beaux jardins en terrasses (accès payant), un petit itinéraire permet de découvrir la chapelle Saint-Joseph où Bernadette fut enterrée de 1879 à 1925, puis, tout au fond du jardin, une émouvante statue de Notre-Dame-des-Eaux. Également des hébergements économiques (voir le carnet d'adresses p. 51).

L'EuroVelo 6 : *départ du port de la Jonction, itinéraire commun avec la liaison vers La Loire à Vélo et Cuffy jusqu'à l'écluse de Verville.* On croise ici la mythique véloroute européenne qui file vers l'est le long du canal latéral à la Loire vers Decize puis Chalon-sur-Saône en direction de Bâle et de la mer Noire. Infos dans le ***Routard EuroVelo 6 de Bâle à Nevers.***

Le sentier du Ver-Vert : *départ du sq. Henri-Virlogeux, route des Saulaies (D 504), à 20 mn à pied du centre-ville.* Sentier thématique (7 km aller-retour) à la découverte de la faune et de la flore des bords de Loire. Accessible aux VTT. Descriptif disponible à l'office de tourisme.

Avant le km zéro

Fléchage vélo « EV 6 ». **À Nevers :** de la gare, monter l'av. du Gal-de-Gaulle (piste cyclable au début) à d. vers la Loire par les petites rues. **Prendre le pont,** et aussitôt à g. la rue de la Blanchisserie (ou le chemin parallèle). Rejoindre le port de la Jonction (halte fluviale avec services vélo). Suivre jusqu'à l'écluse de Verville par le chemin de halage. Traverser l'écluse. À d. voie verte vers Le Guétin (ici jonction avec l'EV 6 vers Decize, 32 km). À Gimouille, traverser le village pour rejoindre le canal au bout du port. **Pont-canal du Guétin :** vélo à la main.

À la sortie du pont-canal du Guétin :
– À gauche, **variante fléchée vers Apremont-sur-Allier** (6 km) et la gare de La Guerche-sur-l'Aubois (17 km).

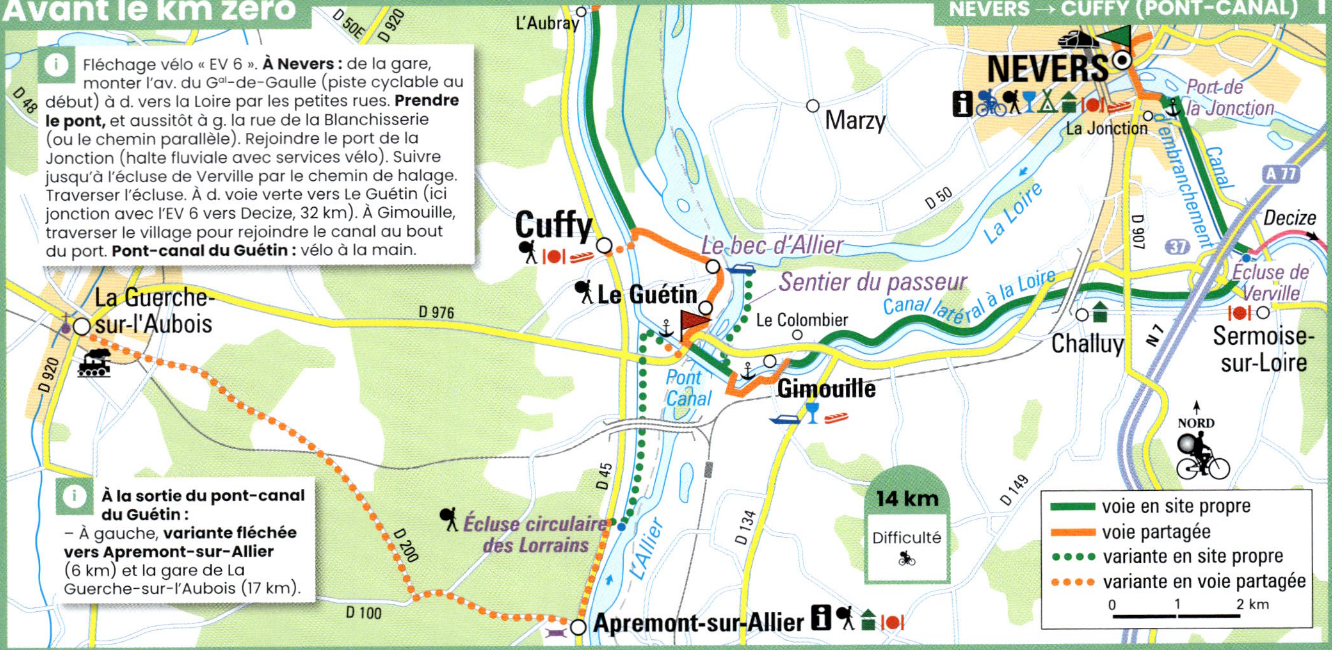

Belle entrée en matière depuis la bonne ville de Nevers, qui offre d'emblée un chouette panorama sur la Loire. On arrive très vite au pont-canal du Guétin, pour un passage époustouflant au-dessus du bec d'Allier. Avec une possible première échappée belle.

GIMOUILLE

Un adorable petit port batelier sur le canal latéral à la Loire qui mène au bec d'Allier.

***Épicerie Venta La Cabana Gimouille** : 1, rue des Pêcheurs. ☎ 03-86-60-23-61. Tlj en saison, sinon fermé le mar.* Épicerie multi-service avec des produits locaux et basques (fromage, charcuterie) plats cuisinés, pain et viennoiseries. Petite restauration et terrasse pour la pause-café.

***Promenade en bateau** : 06-65-96-28-25. Avr-sept : départs de Gimouille. Durée 1h30. Compter 9 €, réduc.* Sur l'Allier sauvage et les écluses en escalier du pont-canal. Aussi des croisières-repas.

ÉCHAPPÉE APREMONT-SUR-ALLIER

Un village étonnant, avec son château en surplomb, son parc floral, ses vieilles maisons et l'Allier qui coule au pied. Non seulement l'un des « Plus Beaux Villages de France », mais aussi tout à la fois l'un des plus préservés et des plus originaux par sa conception même.

***L'écluse circulaire des Lorrains** : sur l'échappée.* Sur le canal d'alimentation du canal latéral à la Loire, elle servait autrefois d'accès sur le réseau aux bateaux construits en amont sur l'Allier. Sa forme circulaire a été dictée par la nécessité d'orienter son entrée en rivière vers l'aval, afin d'en éviter l'ensablement. Les bateaux effectuaient une rotation presque complète dans le sas.

***Maison du parc** : ☎ 02-48-77-55-06. • apremont-sur-allier.com • Entrée : 12 € ; réduc. Inclut musée des Calèches, expo temporaire et remparts du château.*

Le village et le château** : château fermé au public.* Un décor de conte de fées. L'ancienne forteresse médiévale des ducs de Bourgogne, surplombant le bourg et l'Allier, veille toujours avec ses 5 tours crénelées (15 autrefois !) qui rappellent le rôle militaire de l'édifice à l'époque de la guerre de Cent Ans. Y grimper vous donnera une superbe vue d'ensemble sur l'Allier, le village, les écuries... Dans les superbes écuries ***(musée des Calèches), l'ancien et le moderne se croisent. Le ***village***, avec ses maisons en grès doré, toutes fleuries, s'étire au pied du château. Un ensemble paisible et harmonieux.

Le parc floral** :* une certaine idée du bonheur. Ce parc labellisé « Jardin remarquable », accueille 1 500 espèces de plantes sur environ 5 ha. Le pont chinois, le pavillon turc, le belvédère, ces trois « folies » ponctuent une promenade qui relie les bords de l'Allier au pied du château. C'est Gilles de Brissac qui décida de créer cet ensemble dans les années 1970, dans un esprit fin XVIIIe s. Le résultat est somptueux et poétique. *Allée des Glycines,* petit ***musée présentant l'histoire du parc et du village *(fin mars-début oct, tlj 10h30-12h30 et 14h-18h30 ; exposition à thème – annuelle – dans les écuries du château).*

Fléchage « La Loire à Vélo ». **Au Guétin :** à la sortie du pont-canal, traverser la D 976, prendre à d. en contrebas la petite rue des Écluses devant les restaurants. Au rond-point, à g., allée du Déversoir. Suivre la petite route pour le bec d'Allier (1,5 km du pont-canal). On rejoint le canal à environ 2,5 km pour rouler ensuite sur la levée de Loire.
Pour Marseille-lès-Aubigny : après le Poids-de-Fer, suivre la D 45 partiellement aménagée en bord de Loire. Au niveau du village, à la bifurcation, à g., monter vers l'église et le port.
Variante plus agréable : juste avant le Poids-de-Fer, à g. puis à d., rejoindre le canal mal revêtu, traverser la D 26, suivre jusqu'au port.

Bienvenue dans le département du Cher ! Dans le Berry précisément, cette ancienne province aux paysages de bois, de haies et de rivières ondoyantes qui filent vers une Loire sauvage saupoudrée d'îles désertes. La Loire à Vélo nous entraîne d'emblée sur des voies vertes à la portée de tous.

⇛ CUFFY

Le pont-canal du Guétin : un peu en amont du bec d'Allier, ce bel ouvrage, de 340 m et 2 écluses, fut ouvert à la navigation en 1838 pour permettre au canal latéral à la Loire d'enjamber l'Allier. En contre-bas du pont, côté Guétin, un parking aménagé et un accès à l'Allier avec un petit coin idéal pour un pique-nique.

Le point zéro de La Loire à Vélo : *au Guétin.* Comme l'indique la ***plaque de bronze du point zéro,*** c'est ici qu'est donné le véritable départ de la véloroute. On admire le rapprochement de la Loire et de l'Allier (le bec), qui apporte un sentiment de sérénité rare. Carte et panneaux sur la vie des mariniers. Une belle entrée en matière.

Le bec d'Allier et le sentier du Passeur : au confluent de la Loire et de l'Allier, 2 des derniers cours d'eau sauvages d'Europe, un milieu naturel exceptionnel, et un paysage magnifique. Belle balade « le sentier du Passeur » balisée (panneau sur la voie verte juste avant le pont-canal). Au bout, un observatoire panoramique. Oiseaux, castors en effervescence au crépuscule.

L'église Saint-Maurice : *dans le bourg. Juil-août, visite guidée sam ap-m ou sur rdv. 06-07-18-46-21.* Église romane du XIIe s, première trace d'un Berry roman qui ponctue tout le parcours dans le Cher (et début d'un trajet des églises du Berry roman). Très belle maquette de bateau du XIXe s, en hommage à saint Nicolas, patron de la confrérie de mariniers.

Le canal de jonction de Givry : au XIXe s, cet embranchement permettait aux bateaux venant du canal latéral à la Loire d'accéder aux énormes forges de Fourchambault situées en rive droite. En l'année 1846 par exemple, près de 2 000 bateaux y ont transité !

⇛ MARSEILLES-LES-AUBIGNY

Ce « village d'eaux », l'un des derniers ports fluviaux du Cher, autrefois le théâtre d'une intense activité batelière, laisse aujourd'hui surtout une impression de quiétude.

Mairie et accueil touristique : *3, rue du Port. ☎ 02-48-76-44-99.* • ***marseilles-les-aubigny.fr*** • Belle halte fluviale accessible aux cyclistes : douche, toilettes et point d'eau avec une petite terrasse pour la pause pique-nique. En face, boulangerie ***(ouv tte la journée)*** et boucherie ***(ouv seulement le mat).***

Le Port : point de rencontre entre le canal latéral et le canal de Berry, ce port fut un véritable « hub » entre différentes voies d'eau. Il permettait le transbordement de péniches de différents gabarits : les berrichonnes au gabarit du canal de Berry (26,60 m x 2,60 m), les batards (30 m x 5 m) et les péniches « Freycinet » (38,50 m x 5 m) adaptées au canal latéral. Le dernier chantier naval en activité, désormais tourné vers la plaisance, rappelle le temps où transitait ici quotidiennement jusqu'à 400 bateaux de commerce. Aujourd'hui, avec ses 2 écluses et son pont-levis, c'est une agréable halte.

La ferme de Marc & Rachel : *17, rue des Loges. 06-34-50-04-89. Lun et mer 17h-19h ; sam 9h-12h, 17h-19h sauf janv-fév.* Visite de la ferme, dégustation et achat de crottin de Chavignol sur rdv.

Fléchage « La Loire à Vélo ». **À Marseille-lès-Aubigny :** de l'écluse, courte voie verte le long du canal pour traverser la D 45 et rejoindre la levée de Loire.

Échappée Vers Beffes : après 2 km, à g. fléchage Camping vers le bourg. **Pour le site de Chabrolles :** au canal latéral à la Loire, passer le pont (passerelle) et avant le restaurant ***À La Bonne Époque***, prendre à d. voie verte le long du canal jusqu'au port et direction Camping. **Pour Argenvières :** juste avant le pont, voie verte fléchée le long du canal. À Argenvières, on retrouve « La Loire à Vélo » à côté de l'aire d'accueil (belvédère).

Vers La Charité : court passage sur N 151 (attention) jusqu'à **l'île du Faubourg.** On peut faire le tour de l'île et prendre le pont de pierre côté aval (passerelle piétonne). Tt droit vers l'église.

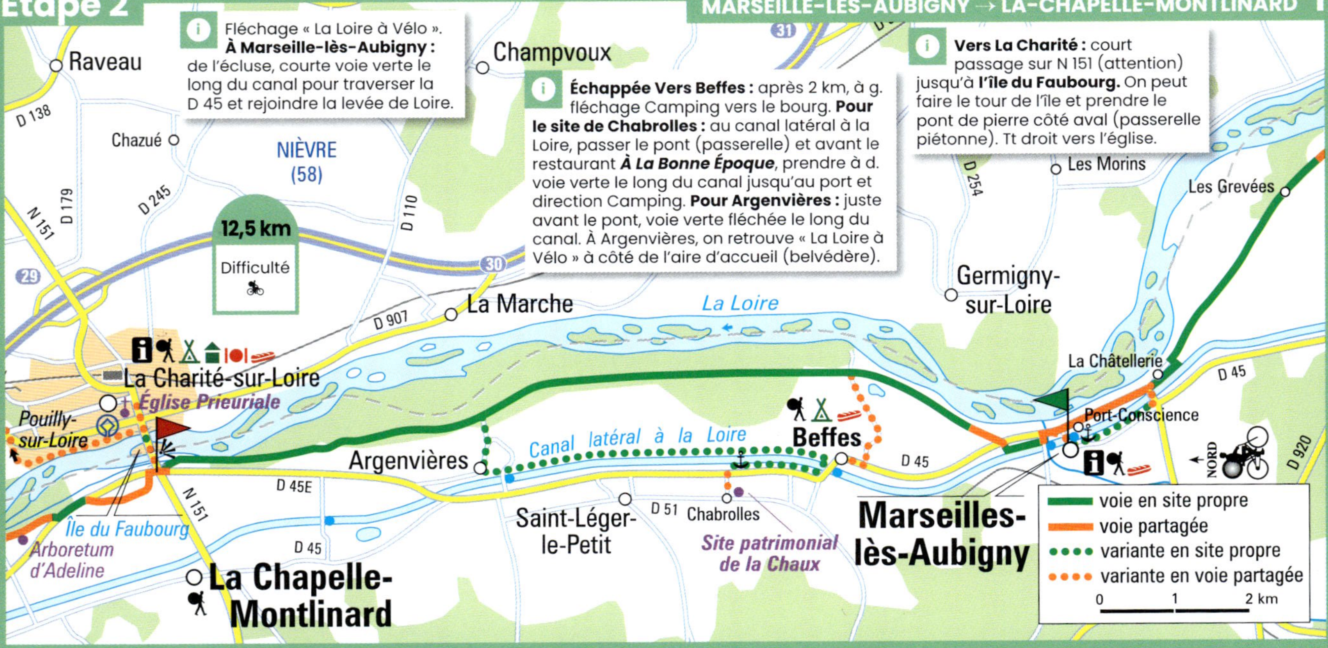

Des voies vertes paisibles avec vue sur la réserve naturelle et l'un des plus beaux paysages des bords de Loire qui soient, face à La Charité-sur-Loire et son magnifique pont de pierre qui défie les crues depuis 5 siècles.

⇛ ÉCHAPPÉE : BEFFES

La richesse géologique du bassin de Beffes a permis l'exploitation de la chaux depuis le XIXe s. Reconvertie, l'ancienne carrière inondée de Chabrolles est devenue un spot de plongée (20 m de profondeur !) dans une eau limpide au cœur des vestiges industriels (☎ 02-48-76-51-08).

⇛ ÉCHAPPÉE : LA CHARITÉ-SUR-LOIRE

Célèbre pour son église prieurale Notre-Dame, chef-d'œuvre d'art roman clunisien classé au Patrimoine mondial de l'Unesco, et son site de toute beauté, la ville a obtenu le label Ville d'art et d'histoire en tant qu'étape majeure sur les chemins de Saint-Jacques-de-Compostelle. Jolis points de vue sur la cité historique et ses clochers depuis l'île du Faubourg. Nombreuses boutiques d'artistes, d'artisans d'art et de libraires au fil des vieilles rues.

***Office de tourisme :** 5, pl. Sainte-Croix.* ☎ *03-86-70-15-06.* • *lacharitesurloire-tourisme.com* • Circuits vélo dans le secteur, dont un qui mène à Pouilly en rive droite, et le parcours fléché Saint-Jacques à Vélo via Vézelay qui relie La Charité-sur-Loire (90 km).

***Les Halles de Loire :** quai Foch.* Produits locaux et bio. Idéal pour le pique-nique.

L'église prieurale Notre-Dame, le cloître et les bâtiments conventuels : *tlj. GRATUIT. Visites guidées en juil-août ; infos à l'OT.* L'église prieurale a été édifiée dans la 2de moitié du XIe s. Nef ample et élancée. Chapiteaux ouvragés et sculptures offrant un éventail complet de l'art roman. 68 vitraux remarquables refaits par Max Ingrand de 1954 à 1957. Une galerie rejoint le beau jardin des Bénédictins. Le cloître (XVIIe-XVIIIe s) sert d'écrin à des projections ou des expositions d'œuvres contemporaines. Un ensemble extraordinaire, fréquenté par les pèlerins de Saint-Jacques depuis le XIIe s.

Les remparts et les vieilles rues : dominant la vieille ville et le prieuré, ils offrent un superbe panorama sur la Loire et la ville. Parcourir à pied le noyau médiéval, les rues basses de Loire et les quartiers vignerons qui bordent les remparts au sud/sud-est.

Le pont de pierre : long de 200 m, construit en 1520 avec de superbes becs profilés côté amont, il relie ***l'île du Faubourg,*** quartier construit entre 2 bras de la Loire. Depuis 2017, où il s'est refait une beauté, une passerelle métallique lui est adjointe et apporte une touche de modernité. Elle permet une traversée sécurisée tout en offrant une vue imprenable sur le fleuve. Aller jusqu'à *La Goguette de l'Île* (• *lagoguettedelile.com* •), un lieu convivial de restauration et de spectacles *(marché de producteurs mar en saison).* Au bout, à côté du camping, un agréable bassin d'été pour la baignade.

La Cité du Mot : • *citedumot.fr* • Expos, concerts, festivals, côtoient visites guidées du site, marchés aux livres anciens et des métiers d'art.

Fléchage « La Loire à Vélo ».
– **À La Charité-sur-Loire : variante possible en rive droite** de la Loire (non fléchée) entre La Charité et Pouilly par le circuit « Gabares et Cabassons » (36 km) de l'OT de La Charité-sur-Loire.
– **À La Chapelle-Montlinard :** attention à la traversée de la N 151. Petites routes puis voie verte sur la levée de Loire.

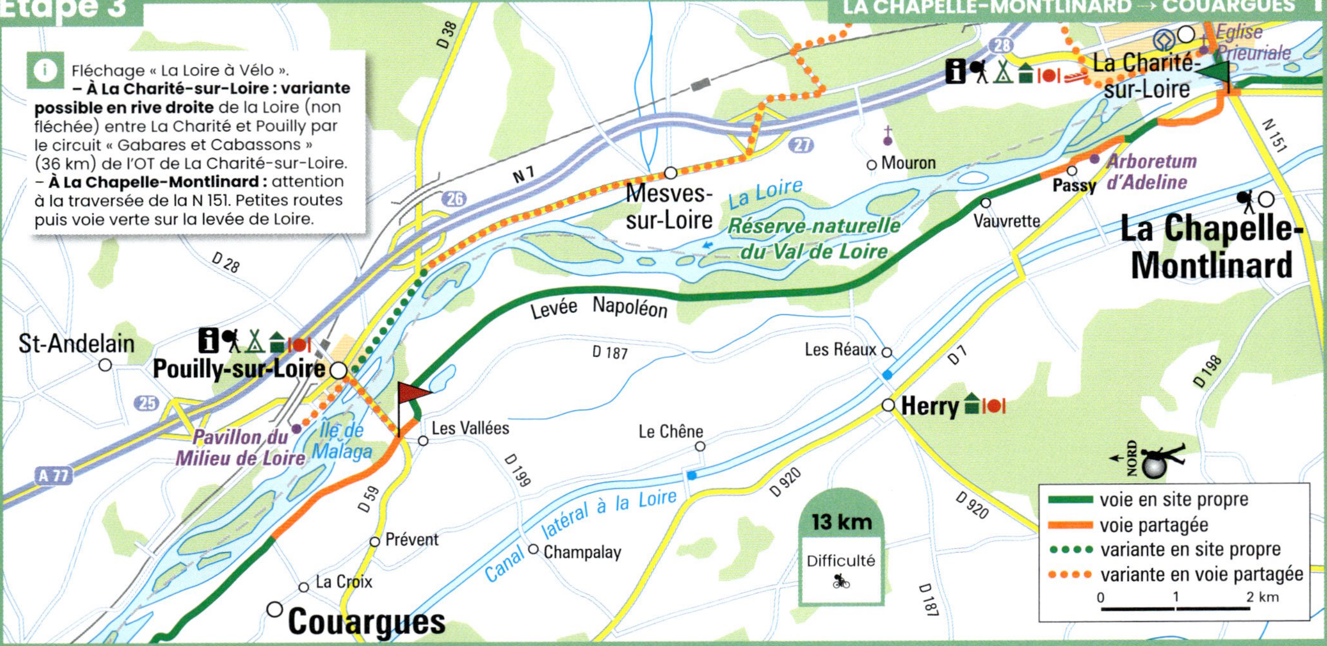

Beaux passages en bord de Loire, presque tous en voies verte sur la grande levée Napoléon, avec de belles fenêtres sur la réserve naturelle et ses îles sauvages offertes aux oiseaux.

LA CHAPELLE-MONTLINARD

L'arboretum d'Adeline : *31, chemin du Pont-de-la-Batte. 06-87-61-01-86. • arboretum-adeline-blogspot.com • 8 mai-10 nov, w-e et j. fériés, 14h30-18h30. Visite libre : 10 € ; guidée (conseillée) : 20 €.* Collections exceptionnelles de magnolias, de tilleuls, de ginko bilobas, de liquidambars.

L'Escargot-sur-Loire : *19 bis, chemin du Pont-de-la-Batte. 06-50-64-66-18. • lescargotsurloire.fr • De mai à fin août, sur résa. Tarif : 4 € ; dégustations : 5-15 €.* Pour comprendre l'élevage des gastéropodes avant de les déguster en spécialités maison.

LA RESERVE NATURELLE DU VAL DE LOIRE

Entre La Charité-sur-Loire et Tracy-sur-Loire (près de Cosne). Au lieu-dit de Passy commence la réserve, qui se termine après Couargues. Soit 20 km classés de bancs sableux, de lieux de nidification pour les sternes, de terriers immergés de castors… On y trouve plus de 180 espèces d'oiseaux, une trentaine d'espèces de poissons comme le saumon, l'anguille ou l'alose, et environ 600 espèces de plantes… Les îles qui se forment et se déplacent au gré des courants et des crues constituent un abri vital pour les nombreuses espèces qui s'y reproduisent.

Au-delà de Couargues, ***les îles de la Loire :*** Malaga, la Gargaude et Boyard sont autant de sites naturels protégés. *• reserves-naturelles.org/val-de-loire • Dépliant dans les OT.*

POUILLY-SUR-LOIRE

Un bourg vigneron tranquille, vitrine d'un cru réputé. À équidistance de la source et de l'embouchure de la Loire (496 km), d'où la présence du Pavillon du Milieu de Loire.

Office de tourisme Loire Vignobles et Nohain : *La Tour du Pouilly-Fumé, 30, rue Waldeck-Rousseau. ☎ 03-86-24-04-70. • ot-cosnesurloire.com •*

La Tour du Pouilly-Fumé : *30, rue Waldeck-Rousseau. ☎ 03-86-24-04-70. • tourdupouillyfume.fr • Juil-août : tlj 10h-19h, avr-juin et sept-oct : tlj sauf lun 10h-13h et 14h30-18h30, fév-mars et nov-déc : tlj sauf lun 14h-18h. Entrée : 9 € ; réduc. Animations en été.* Cette ancienne tour de guet abrite un centre d'interprétation réjouissant, dont la scénographie ludique met à la portée de tous l'univers mystérieux de ce blanc pas comme les autres. On s'attable pour écouter les commentaires sur l'histoire du vignoble, on visionne un film esthétique sur le travail de la vigne, puis on s'intéresse à quelques aspects techniques avant de rejoindre l'ingénieuse et quasi unique Cave aux Arômes© des pouilly-fumé. Dégustation en conclusion. En saison, balades dans les vignes.

Le Pavillon du Milieu de Loire : *17, quai Jules-Pabiot. ☎ 03-86-39-54-54. • facebook •* Cette structure d'animation nature en bords de Loire propose des expositions et de nombreuses activités pour les familles et les enfants (balades en canoës canadiens, ateliers nature). Au départ du Pavillon, les ***sentiers du Milieu de Loire,*** 3 sentiers de découverte pédestre balisés (de 3,5 à 9 km). Cafétéria et tables de pique-nique.

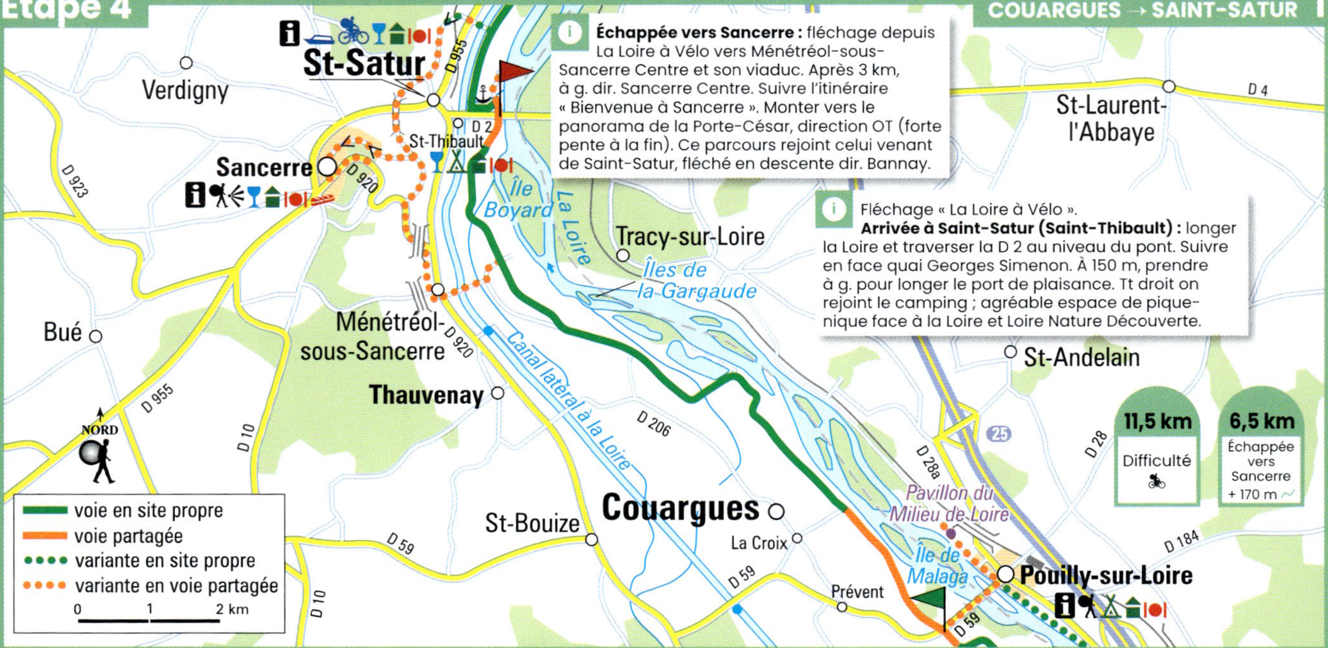

Échappée vers Sancerre : fléchage depuis La Loire à Vélo vers Ménétréol-sous-Sancerre Centre et son viaduc. Après 3 km, à g. dir. Sancerre Centre. Suivre l'itinéraire « Bienvenue à Sancerre ». Monter vers le panorama de la Porte-César, direction OT (forte pente à la fin). Ce parcours rejoint celui venant de Saint-Satur, fléché en descente dir. Bannay.

Fléchage « La Loire à Vélo ».
Arrivée à Saint-Satur (Saint-Thibault) : longer la Loire et traverser la D 2 au niveau du pont. Suivre en face quai Georges Simenon. À 150 m, prendre à g. pour longer le port de plaisance. Tt droit on rejoint le camping ; agréable espace de pique-nique face à la Loire et Loire Nature Découverte.

Beaux passages en bord de Loire en face de Pouilly-sur-Loire, avant de glisser vers les îles de la Gargaude puis à travers les cultures jusqu'à l'entrée de Saint-Satur. Les cyclistes affutés s'offriront une échappée aussi gouleyante que spectaculaire sur les hauteurs de Sancerre.

⇛ ÉCHAPPÉE : SANCERRE

Une charmante ville préservée qui se repère de loin, assise sur son piton rocheux à 312 m d'altitude. Il y fait bon flâner à la découverte des ruelles et placettes pittoresques aux noms médiévaux et des beaux panoramas sur le vignoble et le val de Loire. Atmosphère cosmopolite, chic et décontractée de cité viticole réputée.

Office de tourisme : *esplanade Porte-César (entrée de ville). ☎ 02-48-54-08-21. • tourisme-sancerre.com • Mai-sept : visite privilège le jeu à 11h (7,50 €), visite gourmande sam mat à 10h30 (10 €, dégustation incluse).* Livret explicatif du ***Fil d'Ariane,*** bande rouge au sol dessinant un circuit dans le centre ancien ; jeu de piste pour les enfants.

L'esplanade de la Porte-César : *en face de l'OT.* Vue splendide sur la vallée de la Loire : les vignobles, Saint-Satur en contrebas et Saint-Thibault en bord de Loire. Plus loin en face, la Nièvre, de Cosne-sur-Loire au nord-est au vignoble de Pouilly, vallonné.

La tour des Fiefs : *pl. du Connétable-Louis-de-Sancerre. Rens et billetterie à l'office de tourisme. ☎ 02-48-54-08-21. Tarif : 12,50 €, réduc.* Construite au XIVe s, c'est tout ce qu'il reste du château des comtes de Sancerre, détruit en représailles de la fidélité des habitants au protestantisme. Au sommet de la tour, magnifique panorama à 360° sur la Loire et les vignobles.

La Maison des Sancerre : *3, rue du Méridien. ☎ 02-48-54-11-35. • maison-des-sancerre.com • À côté de l'église. Avr-nov, tlj 11h-18h30. Entrée : 5 € ; réduc. Visite libre.* Un bel espace pédagogique et ludique à la fois, dans une imposante bâtisse (fondations du XIVe s). Dans la ***grande cave,*** plan-relief animé qui permet d'appréhender le terroir dans toute sa complexité. Étonnant ***Espace 4D*** où l'on se glisse dans la peau d'un grain de raisin pour découvrir son parcours de la vigne à la cave. L'***S-pace*** suivant évoque le vignoble et les secrets de vinification. À la fin, le ***jardin des sancerre,*** parcours tactile et olfactif, et jeu de l'oie grandeur nature pour les enfants. Depuis la terrasse, le panorama complète la visite : en face, la cuvette de Chavignol, les collines et une multitude de microparcelles réparties en autant d'exploitations... Les vins de Sancerre sont tous uniques !

Les caves

14 communes, réparties sur un vignoble d'environ 2 800 ha, se partagent le droit de produire les vins AOC sancerre *(liste des caves qui se visitent à l'OT ou à la Maison des sancerre).* Parmi nos favorites :

Domaine Fouassier : *180, av. de Verdun. ☎ 02-48-54-02-34. • fouassier.fr •* Très joli domaine ancien en biodynamie.

Domaine Eric Louis-les celliers de la Pauline : *26, rue de la Mairie, 18300 Thauvenay. ☎ 02-48-79-91-46. • Sancerre-ericlouis.com •*

La chèvrerie La Bête Noire Sancerroise : *écluse de Thauvenay, Le Guenetin, à* ***Thauvenay.*** *☎ 02-48-79-97-17. • crottinsdechavignol.com • 15 mars-2 janv, tlj 10h-12h et 14h-19h.* Visite pédagogique et vente de crottin de Chavignol.

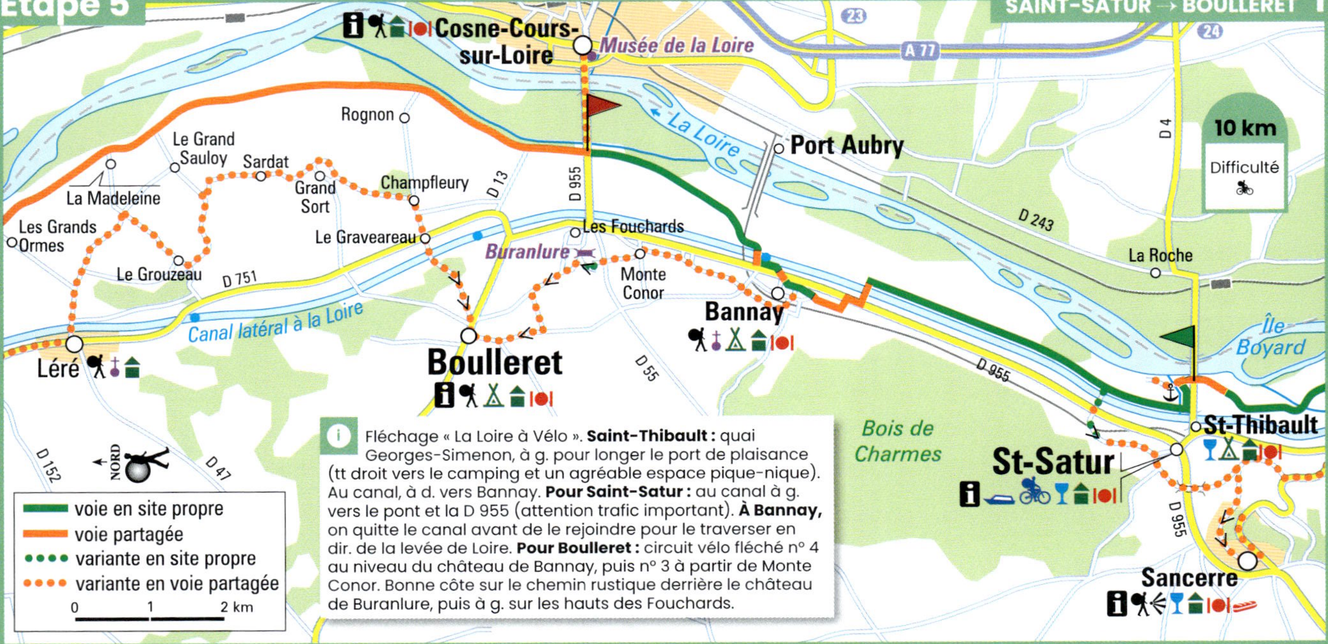

Fléchage « La Loire à Vélo ». **Saint-Thibault :** quai Georges-Simenon, à g. pour longer le port de plaisance (tt droit vers le camping et un agréable espace pique-nique). Au canal, à d. vers Bannay. **Pour Saint-Satur :** au canal à g. vers le pont et la D 955 (attention trafic important). **À Bannay,** on quitte le canal avant de le rejoindre pour le traverser en dir. de la levée de Loire. **Pour Boulleret :** circuit vélo fléché n° 4 au niveau du château de Bannay, puis n° 3 à partir de Monte Conor. Bonne côte sur le chemin rustique derrière le château de Buranlure, puis à g. sur les hauts des Fouchards.

Après un bref corps à corps avec la Loire au port de Saint-Thibault, le canal latéral ici joliment arboré, mène à quelques pépites du Pays-Fort comme Bannay ou le château de Buranlure, par un petit détour. On peut aussi d'ici partir à l'assaut du Piton de Sancerre.

SAINT-SATUR, SAINT-THIBAULT

En contrebas de Sancerre, bourgade commerçante, célèbre pour son ancienne abbaye et ses moines à l'origine des fameux vignobles du coin. À *Saint-Thibault*, joli port sur la Loire très prisé aux beaux jours, doté de services touristiques (camping, piscine…).

***Cycles Sancerrois** : rte de Chavignol. ☎ 02-48-54-38-59. • facebook •* Vente, réparation toutes marques, location VTC et VAE.

***Loire Nature Découverte** : quai de la Loire, Saint-Thibault. ☎ 02-48-78-00-34. • loirenaturedecouverte.com • Avr-oct. Loc kayak ou canoë 28 €/pers ; formules avec bivouac. Sorties diverses, dont à cheval, VTT, nage en eau vive. Camping 10 €/pers. Loc de roulottes et chalets canadiens.* Pour une découverte originale du Sancerrois, toutes sortes d'activités sur terre et sur la Loire avec Yvan, enfant du pays qui connaît le coin comme sa poche.

***Balades en bateau sur le Raboliot** : quai de la Loire, Saint-Thibault. 06-47-21-81-42. • le-raboliot.com • Balade classique 1h. Adulte 18 €.* Sur un bateau traditionnel de la Loire, balade gourmande avec dégustation de vin et de crottin de Chavignol.

BANNAY

Étonnante ***église Saint-Julien*** (XVe s), fortifiée avec tourelles en poivrière aux toits d'ardoises. À la sortie de Bannay, près de l'écluse fleurie, un ancien pigeonnier. Une pause agréable à ***L'Étape.***

BOULLERET

Village discret mais plein de ressources (commerces et services) qui s'offre au terme d'une bonne petite côte. Circuit des lavoirs et ses châteaux.

***France Services tourisme** : 2, rue de la Poste. ☎ 02-48-72-40-93. • boulleret.fr •* Fiche des circuits vélo sur place ou téléchargeables, atelier d'auto-réparation.

***Le château de Buranlure** : sur le circuit vélo n° 3. Privé, ne se visite pas.* Un peu encaissé mais majestueux. Maison forte typique du Berry, bâtie aux XIVe et XVe s. Un décor de cinéma utilisé entre autres pour le téléfilm *D'Artagnan et les trois mousquetaires.*

***Le musée rural Hubert-Mobasser** : Les Fouchards. ☎ 02-48-72-32-01. Visite et tarif sur demande.* Machines agricoles et voitures anciennes superbement restaurées.

ÉCHAPPÉE : COSNE-COURS-SUR-LOIRE

En rive droite, côté Nièvre, une petite ville à la riche histoire au cœur de l'appellation coteaux-du-giennois. Une étape agréable, pleine de ressources et une gare bien desservie.

***Office de tourisme Loire Vignobles et Nohain** : en centre-ville, au palais de Loire. ☎ 03-86-28-11-85. • ot-cosnesurloire.com •*

***Le musée de la Loire** : pl. de la Résistance. ☎ 03-86-26-71-02. • museedelaloire.fr • Mars-oct, tlj sauf mar, sam mat et dim mat 10h-12h, 14h-18h ; autrement appeler. Fermé fin déc-fin fév. Entrée : 3,50 € ; réduc.* Dans l'ancien couvent des Augustins joliment réhabilité, on navigue entre la Loire (superbes maquettes) et les beaux-arts.

Fléchage « La Loire à Vélo ». **De Boulleret :** au France Services tourisme, rue de la Poste, circuit fléché n° 3 jusqu'à Léré sur petites routes. Passage mal revêtu après Sardat.
Variante pour cycliste expérimenté : D 751 (trafic principalement urbain) de Léré à Belleville.
À Belleville : passage paysagé (à travers le jardin aquatique) étroit au début, enherbé sur 500 m (!) le long du canal, puis parcours officiel le long du canal latéral jusqu'à Beaulieu. **Accès à Beaulieu :** à g. au niveau du camping sur la D 926.

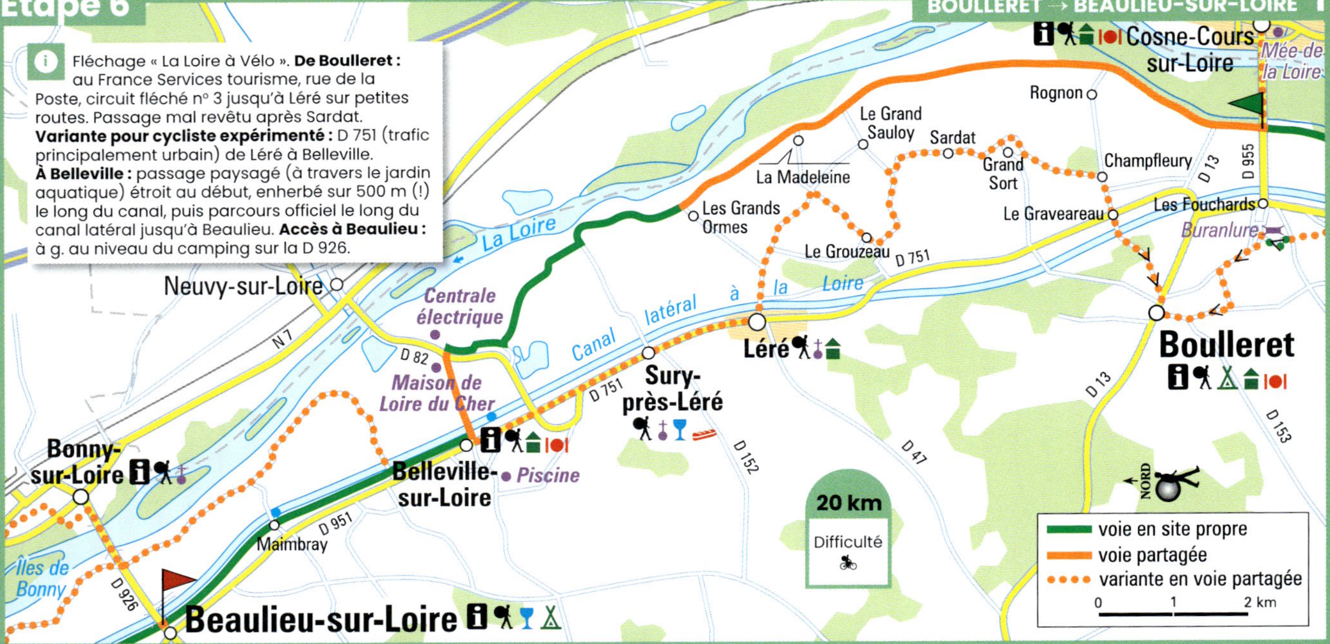

On a ici l'embarras du choix entre le parcours près de la Loire et de la centrale de Belleville, ou, si l'on vient de Boulleret, une échappée sur l'ancienne île qui s'étire entre la Loire et le canal Latéral, conduisant à de vieux villages bourrés de charme.

LÉRÉ

Un vieux village qui garde des traces architecturales médiévales, en particulier la remarquable maison du XVe s « le Harlu ». Quelques commerces près de la belle église romane.

La collégiale : formée d'une nef romane du XIIe s, témoignage du fameux Berry roman, précédée d'une tour proche du XIVe s. Sa crypte servit d'abri aux reliques de saint Martin de Tours, lors des invasions normandes en Touraine. ***Bureau-Info*** : ☎ *02-48-72-59-29.* • *lere.fr* • Circuits de découverte et visite guidée d'église.

SURY-PRÈS-LÉRÉ

L'église Saint-Jean-Baptiste : imposante église romane présentant une grande harmonie architecturale, et très lumineuse.

O'repère d'Amaury : *17, rte de Belleville (D 751).* ☎ *02-48-78-01-67. Tlj sauf mer et dim ap-m.* Bonne boulangerie. Formules salées à grignoter sur la terrasse ombragée ou au bord du canal.

BELLEVILLE-SUR-LOIRE

Construite autour du canal latéral, Belleville a développé une relation à l'eau fusionnelle, qui passe d'abord par son écluse et le vaste jardin aquatique que vous longerez en sortant.

Bureau d'information touristique Haut-Berry Val de Loire : *route de Sancerre.* ☎ *02-48-78-20-50.* • *tourisme-sancerre.com* • Infos sur les boucles connectées à *La Loire à Vélo.*

Maison de Loire du Cher : *rte de la Loire.* ☎ *02-48-72-57-32.* • *maisondeloire18.fr* • *Ouv 10h-12h et 14h-17h30 : mar-sam avr-sept et lun-ven oct-mars. Visite libre.* Visite d'espace scénographié « La Loire vagabonde » et sorties nature thématiques. Coups de cœur : affûts équestres crépusculaires. Location VAE et VTC.

Centre d'information du public de la centrale nucléaire : ☎ *02-48-54-50-92.* • *edf.fr/belleville* • *Lun-ven 13h30-17h30. GRATUIT.* Modules interactifs pour comprendre la production d'électricité et les enjeux de la transition énergétique. Cette centrale comporte 2 réacteurs de 1 300 MW chacun, et 2 tours aéroréfrigérantes en forme de diabolos géants. Sa production répond à environ 5% des besoins électriques annuels de la France.

Centre aquatique des Presles : ☎ *02-48-72-64-57. Tlj 10h30-19h30. Hors saison, appeler avant. 4,30 € piscine, 8,60 € piscine + balnéo.* L'eau encore, pour petits et grands : bassins et toboggans, mais aussi sauna, hammams... Sympa après une journée harassante à pédaler !

BONNY-SUR-LOIRE

Sur la rive droite, aux confins de la Puisaye et du Val de Loire, une ville fortifiée magnifiquement conservée avec de discrètes vieilles demeures. Découverte du site naturel préservé des îles de Bonny (sorties natures organisées à l'année).

Office de tourisme : *29, Grande-Rue.* ☎ *02-38-31-57-71.* • *terresdeloireetcanaux.com* • Expos temporaires.

Fléchage « La Loire à Vélo ». À **Beaulieu :** parcours direct le long du canal latéral. Après la gare d'eau de Mantelot, on traverse la Loire par le **pont de Chatillon** pour rejoindre le vieux canal. **Accès à Briare :** au niveau du pont-canal, suivre en face le long du canal vers le centre-ville (fléchage). **Alternative :** on peut couper par la rue de St-Firmin vers l'église St-Etienne. L'OT est dans l'axe de l'église, rue du Maréchal-Leclerc. Du port de plaisance, dans le centre, on peut revenir au pont-canal en longeant le port quai Tchekoff. Au bout à g., on trouve le fléchage vers « La Loire à Vélo ».

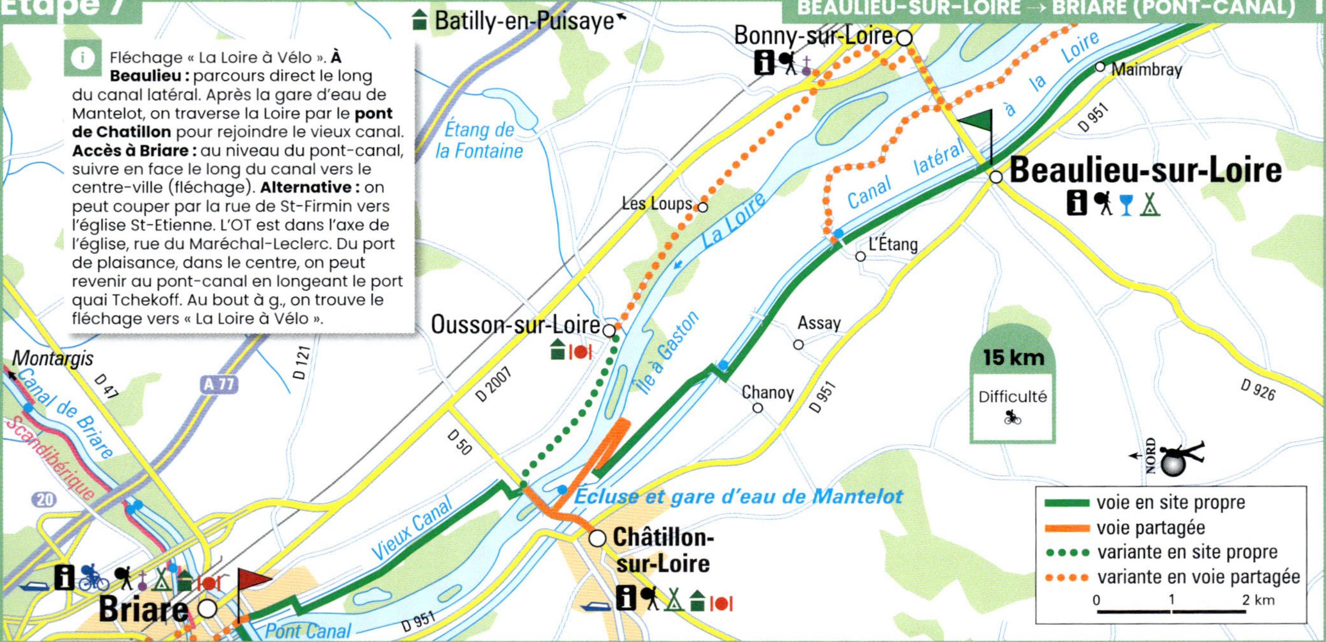

2 canaux pour le prix d'un entre Châtillon-sur-Loire et Briare : le « vieux » en rive nord où l'on pédale, et le plus récent, en rive sud, qui mène les bateaux à bon port à Briare par le pont-canal. Ambiance marinière assurée sous de belles allées ombragées.

BEAULIEU-SUR-LOIRE

Beaulieu, village aux 200 puits, propose un joli parcours pédestre entre ses murs, qui permet de découvrir 3 des 13 tours qui entouraient la ville, avec leurs meurtrières. Mais aussi son lavoir ou son abreuvoir, témoins de l'importance vitale de l'eau dans cette très ancienne place forte, bâtie à l'emplacement d'une immense villa gallo-romaine.

Office de tourisme : *3, pl. d'Armes.* ☎ ***02-38-35-87-24. • terresdeloireetcanaux.com*** • Expos temporaires.

Randonnées à cheval : *écurie Claude-Places, Les Rousseaux. ☎ 02-38-35-87-44. 06-89-15-26-07.* Les chevaux ont si souvent halé les bateaux remontant la Loire… Parfait pour se promener dans les collines du Sancerrois. Le top : galoper sur les plages des bords de Loire !

À déguster

C'est la seule commune de la rive gauche à rassembler les différents cépages de l'AOC coteaux-du-giennois. Arômes de fleurs blanches et d'agrumes pour les blancs secs de cépage sauvignon. Les rouges et les rosés, assemblage de gamay et pinot noir, légers, sont ronds et frais en bouche.

CHÂTILLON-SUR-LOIRE

Office de tourisme : *31, rue Martial-Vuidet.* ☎ ***02-38-31-24-51. • terresdeloireetcanaux.com*** •

L'écluse et la gare d'eau de Mantelot : *sur l'itinéraire.* Difficile d'imaginer, sur ces berges aujourd'hui tranquilles, l'animation qui devait régner ici au XIXe s à la grande époque de la marine de Loire. De 1838 à 1896 (soit jusqu'à l'ouverture du pont-canal de Briare), les bateaux qui naviguaient sur le vieux canal franchissaient la Loire dans les 2 sens entre cette écluse et celle des Combes (rive droite à Briare), suivant un large chenal dont on distingue toujours les traces. Une traversée pénible, voire dangereuse, surtout pour les bateaux qui, de Briare à Châtillon, franchissaient le fleuve à contre-courant. Il fallait de 3 à 6h pour haler les embarcations, allégées d'une partie de leur charge. Est-ce pour cette raison que la digue du chenal s'appelle « de l'Escargot » ?

Croisière sur une toue : *gare de Mantelot. 06-78-53-03-86. • mercilaloire.com • Sorties sur résa de mi-mars à mi-oct. Parcours et horaires en fonction du niveau d'eau. Tarifs sur demande (pour groupe).* Pour une balade sur le vieux bateau *La Sterne* (12 pers max) avec le passionné et passionnant Bertrand Deshayes, à la découverte de la faune et de la flore ligériennes ; apéros sur l'eau. Sorties spéciales « plantes sauvages comestibles » avec Nathalie, une spécialiste !

Le musée de Préhistoire et d'histoire : *47, rue Franche, dans la mairie. ☎ 02-38-31-99-66. Ouv mar-sam 10h-12h, 14h-17h (17h45 juil-août). GRATUIT.* La première salle, consacrée à la préhistoire, se subdivise en 3 sections : les trouvailles locales attestées, les découvertes ligériennes et des pièces venues du monde entier. Riche collection de source locale, dont une impressionnante défense de mammouth. À l'étage, l'histoire de la ville, traversée par les courants protestants et divisée entre protection monarchique et aspirations républicaines.

CARNET D'ADRESSES

APREMONT-SUR-ALLIER (18150)

Chambres d'hôtes La Maison d'Apremont : *02-48-77-55-00. • apremont-sur-allier.com • Compter 98 € pour 2.* Au cœur du village, à côté de l'entrée du parc, dans une maison typique avec cheminées d'origine, four à pain, et jardin… Déco contemporaine mais atmosphère de maison de campagne. Cuisine et salle communes pour les petits déjeuners. Également un gîte (9 pers) et 2 suites familiales *(138-160 €).*

Les Petites Causeries – La Carpe Frite : *02-48-77-64-72. Attention : pour trouver Les Petites Causeries, suivre les panneaux « La Carpe Frite » ! Ouv avr-oct, tlj sauf lun. Compter 12 €.* Une crêperie idéalement placée sur la promenade au bord de l'Allier. Quelques tables quasi les pieds dans l'eau. C'est frais, mais bien chaud – ça sort du four –, c'est bon. La pause parfaite.

Brasserie du Lavoir : *02-48-80-25-76. Avr-sept, tlj sauf mar 9h-20h30 (selon météo).* Pour un repas plus classique. Fait aussi salon de thé. Belle terrasse donnant sur le parc.

BANNAY (18300)

Camping de l'Île : *île de Cosne, juste de l'autre côté du pont. 03-86-24-48-43. • aquadis-loisirs.com/camping-de-l-ile • Avr-fin oct. Forfait pour 2 env 15 €.* Joliment situé, juste en retrait de la berge, avec des emplacements bien espacés et arborés. Juste à côté, restaurant (le midi seulement), miniparc d'attraction et base de canoë.

Hôtel La Buissonnière : *58, rue du Canal. 02-48-72-70-17. • hotel-la-buissonniere.fr • Doubles 60-85 €.* Une jolie adresse, au calme, posée au-dessus du canal. 8 chambres claires et confortables (dont 2 familiales), au goût du jour, autour d'un petit jardin. Aussi un bar et le resto **L'Étape Buissonnière** *(menu midi en semaine 13-16 €, puis 18 €),* avec une agréable terrasse.

Chambres d'hôtes Ô Refuge Di'vin : *49, chemin des Écureuils. 07-71-81-89-72. • o-refuge-divin.fr • Doubles 140-170 €.*

BATILLY-EN-PUISAYE (45420)

Family Ecolodge : *10, chemin de la Borde. 09-67-75-05-86. • family-ecolodge.com • Compter env 115-185 € pour 2.*

Chambres d'hôtes La Colinière : *la Colinière. 06-83-46-55-19. • lacoliniere.com • Doubles 45-70 €.*

BEAULIEU-SUR-LOIRE (45630)

Camping touristique du Canal : *rte de Bonny. 07-88-87-95-01. • beaulieu-sur-loire.fr • Avr-oct. Compter env 9-13 € pour 2. Cyclotouriste : 6 €/pers.*

BEFFES (18320)

Vélocamping de Chabrolles : *rte de Chabrolles (RD45). 02-48-76-51-08 (pas d'accueil le w-e). • beffes.fr • Compter 6 €/pers.* Au cœur du site insolite de l'ancienne carrière de Chabrolles, 5 emplacements et 5 bungalows bien équipés. Commerces et restaurant *À La Bonne Époque* à proximité.

BELLEVILLE-SUR-LOIRE (18240)

Hôtel-restaurant Terre de Loire : *10, rte de Beaulieu. 02-48-54-30-30. • terredeloire.com • Doubles 65-148 €. Menus 21-46 €.*

BOULLERET (18420)

Aire de bivouac : *fléché depuis l'itinéraire et le village. De mi-avr à mi-sept. Gratuit.* Sur le site tout mignon et calme de l'ancien lavoir de la fontaine Saint-Martin, une aire simple mais bien équipée (prises, abri, toilettes sèches, jeux pour enfant) avec tous commerces au village à côté. Sur la place du village une aire de services cycliste avec sanitaires, douche *(2 €)*, gonfleur et chargeurs.

Chambres des Grivottes : *46, Les Grivottes, Ménétréau. ☎ 02-48-72-39-01. 06-66-77-13-59. • chambresdesgrivottes.fr • Double 55 €.*

L'Ardoise du marché : *19, pl. des Tilleuls. ☎ 02-48-72-39-62. • ardoise-du-marche.com • Menu midi (mer-ven) 29-33 €. Le soir et le w-e, mer-dim midi 48-75 €.* La belle adresse du coin, pour se faire plaisir lors d'un parcours gastronomique et créatif sans faute, conduit par une jeune équipe talentueuse qui accumule les distinctions. Salle chic et tendance.

CHALLUY (58000)

Le Pavillon : *4, rue du Pavillon. ☎ 03-86-90-30-39. • le-pavillon.fr • Doubles 70-100 €.*

CHÂTILLON-SUR-LOIRE (45360)

Camping des Combles : *pont de Loire. 06-32-07-83-45. • camping.chatillon-sur-loire.com • Ouv avr-fin oct. Forfait pour 2 14,40 €, forfait Loire à Vélo 10,40 € pour 2.* Un camping pas trop grand, bien vert, suffisamment équipé – barnum pour le pique-nique, du matériel de pêche –, en lisière du chemin de halage et à côté de l'écluse des Combles (accueil dans la maison de l'éclusier).

Le Relais de Mantelot: *à la maison éclusière de Mantelot. ☎ 02-38-31-12-35. • mantelot.fr • (rdc seulement). Ouv tlj sauf lun 8h30-19h30. Doubles 79-97 €. Plat env 14,50 €.* Isolée dans un site adorable, cette maison éclusière a tout de l'adresse de charme. Anciennes chambres de mariniers avec parquet d'époque. Un havre de paix, profitant d'une vue superbe sur le canal, l'écluse et la Loire. Le bureau de douane sert de resto le midi, dans une ambiance rustique et conviviale. Bons petits plats simples à base de produits régionaux, mitonnés avec cœur. Location de vélos, karts à pédales, rosalie… On adore !

COSNE-COURS-SUR-LOIRE (58200)

Le Prieuré Saint-Agnan : *pl. Saint-Agnan. 06-19-91-96-82. • prieuresaintagnan.com • Doubles 135-200 €.* La vaste terrasse de cette maison de maître profite d'une superbe vue dégagée sur la Loire en contrebas. Les chambres, élégantes et confortables, se répartissent entre l'étage (avec ou sans vue) et le rez-de-jardin (accès direct). Piscine chauffée. Une adresse soignée.

Le Square : *1, sq. Gambon. ☎ 09-52-11-91-47. Tlj sauf mer-jeu (ce sont les rares ouv le lun !). Menu déj 15 € (sauf dim) ; repas env 20-30 €.* Belle situation pour cette brasserie chaleureuse dans sa déco et conviviale, dont la terrasse s'épanouit à l'ombre des arbres d'une placette tranquille. Menu du jour simple et bon, salade ou burger.

Au Bistrot d'Anatole : *6, rue Anatole-France. ☎ 03-86-27-12-95. Tlj sauf lun et soir mar-mer et dim. Formules et menus 15-24 € le midi, 22-39 € le soir. Menu-carte 25-36 €.* Un néo-bistrot avec 2 salles à la déco dans le goût d'aujourd'hui, animées et chaleureuses, et une terrasse, tranquille dans cette petite rue piétonne. Excellente cuisine, au gré du marché, dans la tradition mais avec un ton des plus moderne.

CARNET D'ADRESSES

CUFFY (18150)

L'Auberge du Pont-Canal : *Le Guétin. ☎ 02-48-80-40-76. Ouv tlj sauf lun, dim soir et mar soir. Menus 17 € (midi en sem), puis 26,90-36,50 €.* Un point de passage obligé, entre le pont-canal du Guétin et le pont routier en Cher et Nièvre, mais surtout une situation magnifique, sur les bords de l'Allier et du canal latéral à la Loire. De la véranda, on observe les bateaux qui passent sur le pont-canal… Une cuisine sans œillères mais qui valorise les produits locaux (cuisses de grenouille), copieuse et savoureuse.

HERRY (18140)

Les Greniers d'Irène (chambres d'hôtes) : *14, rue de Villatte. ☎ 02-48-72-78-32. • lesgreniersdirene.net • À partir de 65 € pour 2. Table d'hôtes 24 €.*

La Ferme des Barreaux : *chez Mme Françoise Delcroix. ☎ 02-48-79-57-80. Juil-août, tlj sur résa, fermé dim soir ; le reste de l'année, ouv ven soir-dim midi sur résa. Menus 29,50-33,50 €. Boutique avec produits de la ferme et régionaux.* En pleine campagne, dans une magnifique longère. Ici, le canard est roi. Superbe jardin clos aux beaux jours. Étape gourmande proposée aux randonneurs. Une halte qui fait le bonheur des bambins (animaux en tout genre dans la propriété).

LA CHARITÉ-SUR-LOIRE (58400)

Camping de la Saulaie : *quai de la Saulaie. ☎ 03-86-70-00-83. • campinglacharitesurloire.fr • De mi-avr à sept. Forfait tente pour 2 env 17 €.* Sur l'île du Faubourg, entre 2 bras de la Loire, de jolis points de vue depuis ce camping municipal à 2 pas du centre. Petites attentions comme les petits déj en été, une salle de repli en cas de pluie, un réfrigérateur. Emplacements bien plats et bien verts, sanitaires modernes. En location, des roulottes, des bungalows toilés et des tentes équipées (jusqu'à 5 pers).

Làô refuge (gîte d'étape) : *12 bis, rue Charles-Chevalier. 06-81-27-16-97. • facebook • Compter 12,50 € lit. Draps en supplément : 4 €.* Une adresse pour vrais routards, en haut de la ville (entre la poste et la gare). Un petit gîte d'étape, façon refuge de montagne, avec un dortoir collectif et des services en communs, cuisine, petite terrasse. Le tout dans une ambiance écolo, animée par la sympathique Nadia.

Hôtel Le Bon Laboureur : *quai Romain-Mollot. ☎ 03-86-70-22-85. • lebonlaboureur.com • Dans l'île de Loire. Doubles 70-80 €.* Grande bâtisse ancienne aux chambres simples, propres et d'un confort tout à fait suffisant. Les plus agréables donnent sur la Loire.

Hôtel Mille et Une Feuilles : *23, av. Gambetta. ☎ 03-86-70-09-61. • milleetunefeuilles.com • Doubles 81-89 €.*

Le Bouchon de Loire : *15, rue du Pont. ☎ 03-58-07-61-80. 06-26-25-37-55. Fermé dim-mar. Menus à partir de 16,50 €. CB refusées.* Salles et terrasse conviviales à souhait, pas bien grandes. Le patron-cuistot propose un menu unique selon l'inspiration du jour, mais peut s'en échapper pour satisfaire tous les appétits. C'est simple et efficace.

LÉRÉ (18240)

Chambres d'hôtes le jardin des roses : *1, rue Raymond-Thénier. 06-45-34-28-34. • gites-du-cher.com • Double 70 €.*

NEVERS (58000)

Camping de Nevers : *rue de la Jonction. ☎ 03-86-36-40-75. ● aquadis-loisirs.com ● Début mars-début nov. Pour 2, forfait tente 13-17 € ; également forfait rando/cyclo. 66 empl.* Les pêcheurs et autres rêveurs ne peuvent espérer meilleur spot pour un camping, presque les pieds dans la Loire, juste en face du centre ancien, il n'y a que le pont à traverser. Près de la circulation, du coup, mais la structure n'est pas très grande et se révèle conviviale. Coin épicerie, snack (de mai à sept) et jeux pour les enfants.

Espace Bernadette-Soubirous : *34, rue Saint-Gildard. ☎ 03-86-71-99-50. ● www.sainte-bernadette-soubirous-nevers.com ● Doubles 65-85 €.* Bel et vaste ensemble bâti dans les années 1850. L'hébergement est certes modeste (aménagements fonctionnels et confort basique, seules quelques chambres bénéficient de douche et de w-c privés), mais on profite des agréables jardins, du calme, et des repas possibles.

Hôtel Clos Sainte-Marie : *25, rue du Petit-Mouësse. ☎ 03-86-71-94-50. ● clos-sainte-marie.fr ● Doubles env 75-140 €.* Un clos qui mérite bien son nom : découvrez, côté jardin, ce petit hôtel insolite et raffiné dont les chambres sont alignées le long de petites terrasses et de bassins. Excellent accueil.

Hôtel Villa du Parc : *16 ter, rue de Lourdes. ☎ 03-86-61-09-48. ● hotelvilladuparc.com ● Doubles env 77-97 €.* Modeste 2-étoiles face au parc Salengro. Autant dire que la nuit, c'est calme ! Chambres plaisantes sans extra. Le tout est correctement entretenu et les lieux accueillants.

Hôtel de Clèves : *8, rue Saint-Didier. ☎ 03-86-61-15-87. ● hoteldecleves.fr ● Doubles 67-85 €.* Stratégiquement situé, non loin de la gare et dans une rue calme du centre-ville, un petit établissement fort bien tenu. Chambres classiques et de bon confort, plus spacieuses dans l'annexe, toutes disposées autour d'une courette agréable avec terrasse pour le petit déj. Local fermé pour les vélos.

Best Western de Diane : *38, rue du Midi. ☎ 03-86-57-28-10. ● bestwestern.fr ● Compter env 79-150 € pour 2.*

Hôtel The Originals Nevers Centre gare : *5, rue du Chemin-de-Fer. ☎ 03-86-71-95-00. ● theoriginalshotels.com ● Doubles 52-62 €.*

Hôtel Kyriad : *35, bd Victor-Hugo. ☎ 03-86-71-95-95. ● nevers-centre.kyriad.com ● Env 85 €.*

Une Note de Vin : *60, rue de Nièvre. ☎ 03-86-37-79-90. Mar-sam, à partir de 18h30. Vins au verre, planches, tartines et plat du jour.* Ce bar à vins est le rendez-vous de ceux qui profitent de la vie et partagent de délicieux fromages frais et charcuteries, jusqu'au sucré. Ne propose que du bio.

Le Comptoir Saint-Sébastien : *9, pl. Saint-Sébastien. ☎ 03-86-36-26-44. Fermé dim. Menus 23-31 €.* Cadre de brasserie parisienne pour une cuisine fraîche et de saison, dans une ambiance chic et moderne de bon aloi. Rien de tel que des lustres élégants, un escalier d'époque et des miroirs pour mieux apprécier des plats traditionnels revisités.

Tomate et Chocolat : *1 bis, av. du Général-de-Gaulle. ☎ 03-86-69-05-63. Fermé dim-lun et mer soir. Menus 22-36 €.* Avec sa cuisine ouverte et sa déco tendance très pimpante, une petite adresse accueillante ! Si le midi ce sont plutôt les formules « Tomate » qui l'emportent (plats du jour simples, frais, bons et bien présentés), le soir, les menus « Chocolat » et les spécialités de *plancha* sont privilégiés. Fait aussi salon de thé.

OUSSON-SUR-LOIRE (45250)

Le Clos du Vigneron : *106, Grande-Rue. ☎ 02-38-31-43-11. • hotel-clos-du-vigneron.com • Resto fermé lun-mar. Double 84 €. Formules déj 38-46 €.* Quelques chambres sobres et confortables avec une miniterrasse, isolées au fond du jardin paysager. Côté cuisine, le chef aime travailler les produits de saison, les poissons et les desserts. C'est créatif, de la recette à la présentation dans l'assiette. Déco claire et moderne. Un arrêt pour se faire plaisir.

POUILLY-SUR-LOIRE (58150)

Camping Le Malaga : *rte des Loges. ☎ 03-86-39-12-55. (mairie). 07-86-21-85-98. • campingpouillysurloire.fr • Ouv de mai à mi-sept. Forfait randonneur 6 €.* Petit camping municipal, joliment situé juste en bord de Loire, dans un paysage très nature. Peu d'ombre, des équipements très basiques mais le coin est vraiment agréable. Bar et petit déj. Belle aire de jeux pour les enfants à côté.

Chambres d'hôtes La Pouillyzotte : *rue de Charenton. ☎ 09-80-79-60-79. • pouillyzotte.com • Doubles 77-95 €. Roulotte 99-119 €. Dîner 25 €.* Demeure du XVIIIe s dotée de 4 chambres coquettes, dans la tour de la maison et un bâtiment attenant. Roulotte au fond du grand jardin. Environnement serein, piscine, jeux pour enfants... Petit déj amélioré. Une accueillante adresse, riche en infos sur la région.

Le Relais de Pouilly : *quai de Loire. ☎ 03-86-39-03-00. • relaisdepouilly.com • (au resto). Doubles 79-89 €. Formule env 20 € (sauf dim midi et j. fériés) ; menus 29-38 €.* Ne pas s'inquiéter de l'autoroute qui frôle cet hôtel moderne. Les chambres, impeccables, spacieuses et tout confort sont pour la plupart posées face à une vaste pelouse à 2 pas de la Loire. Au resto, table très simple et classique. Terrasse aux beaux jours. Adresse pratique avec des enfants (belle aire de jeux). Prêt de vélos.

Les Craquants du Val de Loire : *64, rue Waldeck-Rousseau. ☎ 03-86-39-09-67. • craquants.com • Tlj sauf dim 8h-19h.* Petite restauration en continu et salon de thé avec une petite terrasse au frais sur l'arrière. Propose des biscuits à base d'amandes et de noisettes qui font craquer...

SAINT-SATUR ET SAINT-THIBAULT (18300)

Camping Les portes de Sancerre : *quai de la Loire. ☎ 02-48-72-10-88. • camping-portes-de-sancerre.fr • Forfait randonneur à vélo : à partir de 7 € pour 2.*

Hôtel de la Loire : *2, quai de la Loire-Georges-Simenon, quartier Saint-Thibault. ☎ 02-48-78-22-22. • hotel-de-la-loire.com • Doubles 84-99 €.* Un hôtel face à la Loire. Chambres à thème, toutes différentes et confortables. Très bon accueil.

Le Laurier : *29, rue du Commerce. ☎ 02-48-54-17-20. • lelaurier-sancerre.fr • Ts les soirs juil-août (fermé le midi). Hors saison, fermé dim soir et lun. Fermé fin déc-fin janv. Doubles 80-93 €. Formule déj 28 € ; carte env 45 €.* Jolie façade noyée sous la végétation et égayée de volets bleus. L'intérieur évoque encore les auberges d'antan, à l'ambiance charmante et surannée. Une adresse simple à prix doux. Côté resto, une cuisine de terroir raffinée qui privilégie les producteurs du voisinage.

L'Auberge de Saint-Thibault : *37, rue Capitaine-Jacques-Combes, quartier Saint-Thibault. ☎ 02-48-78-04-10. Fermé mer-jeu. Formule déj en sem 28 € et menus 49-74 €.* Une ancienne maison de pêcheur, devenue un charmant restaurant de terroir qui mérite le détour.

Chambres d'hôtes L'Abri du Viaduc : *10, av. de Fontenay. 06-88-55-94-60. • abriduviaduc.com • Doubles 86-120 €.*

Le Ligérien : *quai de Loire, quartier Saint-Thibault. ☎ 02-48-54-38-56. En bord de Loire, à côté du camping. Tlj 10h-minuit. Menus 18,50-24 €.* Un bar-restaurant aux allures de guinguette, pied dans l'eau. Véranda sous tente offrant une vue paisible sur la Loire sauvage. On y grignote une salade d'écrevisses, un tartare de crottin de Chavignol ou une andouillette. La halte fétiche des promeneurs, les enfants pouvant jouer (minigolf, structures gonflables) pendant que les parents discutent tranquillement. Chasse au trésor pour toute la famille sur 3 km (1h30), pour découvrir la vie en bord de Loire à l'époque de la marine de Loire.

SANCERRE (18300)

Chambres d'hôtes Le Cep en Sancerrois : *2, rue du Maréchal-Mac-Donald. 06-37-89-02-23. • lecepensancerrois.com • Doubles à partir de 99 €. Table d'hôtes 35 €.* Dans l'ancien presbytère protestant de Sancerre, des chambres spacieuses, agréables à l'œil, et partout ces objets qui donnent l'impression d'être chez soi. Terrasse et jardin clos (en constante évolution) pour paresser au soleil, sauna et hammam pour paresser à l'abri. Copieux petit déjeuner.

Auberge Joseph Mellot : *16, Nouvelle-Place. ☎ 02-48-54-20-53. • aubergejosephmellot.com • Tlj sauf mer et le soir des mar et dim. Carte env 30 €.* L'auberge, incrustée dans le panorama de la place du village depuis 1882, a pris un coup de… jeune. La cheminée et la décoration terroir des jours d'hiver sont toujours là, mais on peut aussi opter pour l'agréable véranda aux couleurs chaudes pour déguster un goûter du vigneron, un plat du jour plus qu'honnête ou toute autre déclinaison de spécialités locales. Service aux petits soins.

SERMOISE-SUR-LOIRE (58000)

La Promenade : *sur le canal. ☎ 03-86-59-17-48. Tlj sauf lun en saison. Formule 16 €.* Une pause sympa au bord du canal près de Nevers dans ce salon de thé qui propose aussi une restauration rapide à base de produits en circuit court. Grande terrasse.

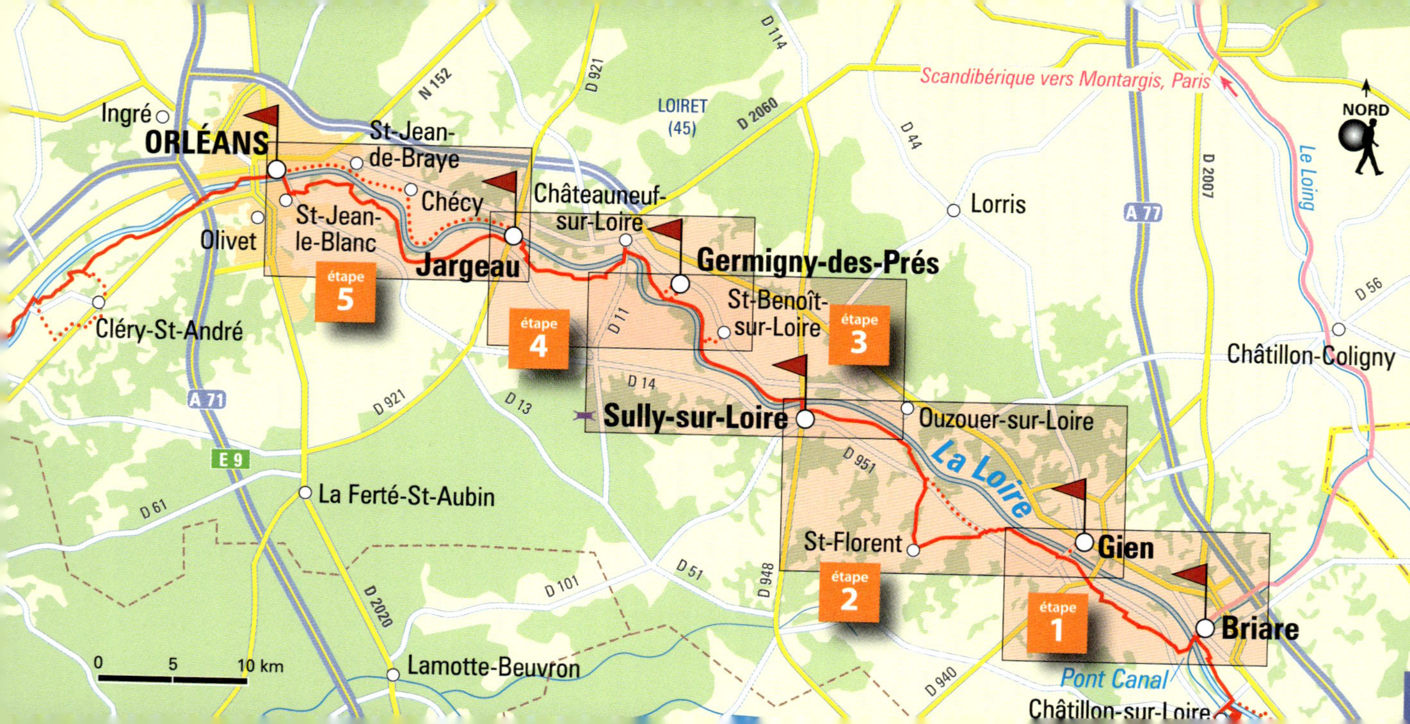
NORD
Scandibérique vers Montargis, Paris
Le Loing
Châtillon-Coligny
D 56
D 2007
A 77
Lorris
D 44
D 114
D 2060
LOIRET
(45)
D 921
N 152
Ingré
ORLÉANS
St-Jean-
de-Braye
Chécy
Châteauneuf-
sur-Loire
Germigny-des-Prés
St-Benoît-
sur-Loire
St-Jean-
le-Blanc
Olivet
Jargeau
Cléry-St-André
étape
5
étape
4
étape
3
étape
2
étape
1
D 11
D 14
D 13
D 921
A 71
Sully-sur-Loire
Ouzouer-sur-Loire
La Loire
D 951
St-Florent
Gien
Briare
Pont Canal
Châtillon-sur-Loire
D 948
D 51
D 101
D 940
D 2020
D 61
E 9
La Ferté-St-Aubin
Lamotte-Beuvron
0
5
10 km

Briare

92 km

Itinéraire 2

DE BRIARE À ORLÉANS

On démarre en fanfare par le pont-canal de Briare jeté sur la Loire, où les bateaux glissent dans un décor d'opérette. Avant d'entrer, avec le château de Sully-sur-Loire, dans le périmètre sacré de Val de Loire classé au Patrimoine mondial de l'Unesco. S'enchaînent alors des séquences d'une grande beauté qui conduisent à d'authentiques merveilles de l'art roman comme Saint-Benoît-sur-Loire et Germigny-des-Prés. Pour tout savoir de la marine de Loire, on fera escale à Châteauneuf-sur-Loire, l'un de ses plus anciens ports, lové au creux d'une belle courbe. Un parcours facile, souvent au plus près du fleuve.

BRIARE

Aux confins du Berry, de la Puisaye et du Val de Loire, Briare tient une place singulière au carrefour de grandes voies fluviales et cyclables. La petite cité fleurie recèle un indéniable charme romantique avec ses canaux parsemés de nénuphars, son joli port de plaisance, ancien repaire de mariniers, et sa place ombragée par les platanes posés en plein centre. Avec son magnifique pont-canal et son église aux mosaïques colorées, voici une étape agréable où l'on respire un air presque méridional. Idéale aussi pour s'initier à la navigation fluviale, dans son musée ou sur ses nombreux plans d'eau.

Office de tourisme : *1, pl. Charles-de-Gaulle. ☎ 02-38-31-24-51.* • ***terresdeloireetcanaux.com*** • Infos et brochures sur les circuits à pied et à vélo autour des 14 ponts et 7 écluses. Livret-jeu *Petit Canalou.*

– ***Marché de producteurs locaux :*** *ven mat.*

Station Location Loisirs : *port de plaisance. 06-20-81-56-13. Avr-oct. Snack.* Toutes sortes d'embarcations : canoës, vélos d'eau, bateaux électriques et navy-glisseurs. On navigue sur le canal latéral, mais pas sur la Loire, ni sur le pont-canal. Loc de vélos d'animation un peu bizarres et de quadricycles.

La Maison du Pont-canal : *7, quai Mazoyer.* • *lamaisondupontcanal.com* • Loc VTC et VAE.

Paris-Bercy – Briare (Cosnes-sur-Loire – Nevers) : *TER et Intercité avec espace vélo, env 1h30.*

Cars Rémi Orléans-Châteauneuf-Sully-Gien-Briare : *env 1 car/j. en sem, 2 le dim avec rack vélo. Résa obligatoire la veille avant midi (le ven pour départ sam-dim-lun) ☎ 0806-70-33-33 (appel gratuit).* • *remi-centrevaldeloire.fr* •

Le pont-canal : vision surprenante que ce pont jeté sur la Loire où glissent les bateaux de plaisance naviguant sur le canal latéral. Ouvrage d'art d'autant plus original qu'il est richement agrémenté de décors, de vieux lampadaires et garde-corps dans l'esprit du majestueux pont Alexandre III de Paris. Véritable prouesse technique, l'ouvrage fut en partie réalisé par les ateliers de Gustave Eiffel de 1890 à 1894. Sorte de cuvette en acier reposant sur 14 piles en maçonnerie, il mesure 662 m de long (pour 11 m de large et 2,20 m de tirant d'eau), ce qui en fait le plus long d'Europe jusqu'en 2003. Il fut ouvert à la circulation fluviale en 1896. De chaque côté, un passage pour les piétons et les cyclistes offre un panorama inoubliable sur le fleuve royal.

Chocolats et Chimères : *dans la maison éclusière, côté ville. ☎ 02-38-37-10-58. Tlj sauf lun 10h-13h30, 14h30-18h.* Salon de thé à la situation géniale, à l'embouchure du pont-canal ; succulents chocolats et gâteaux maison. En-cas chauds et salés le midi en été.

L'église Saint-Étienne : *pl. de la République.* De style romano-byzantin, avec ses coupoles intérieures, elle est originale par ses mosaïques et ses émaux. Sur la façade, effigie imposante de l'ange du martyre de saint Étienne, entourée de mosaïques représentant des végétaux.

À l'intérieur, c'est un véritable jeu de piste. En entrant, on lit sur le sol l'inscription latine *Bonus intra* (« Entre bon »)... et en sortant, *Melior exi* (« Sors meilleur »). Le sol est entièrement recouvert d'un tapis de mosaïque. Impressionnant ! Devant la porte, 4 médaillons symbolisent les 4 éléments (l'air, la terre, l'eau et le feu) ; dans l'allée centrale, les 4 âges de la vie ; plus bas, les 5 sens. Tous ces médaillons sont pris dans des volutes et des spirales représentant le fleuve de la vie : la Loire, bien sûr ! Sur le chapiteau à droite du chœur, le blason de la ville, dont les 3 bandes horizontales représentent les 2 canaux et la Loire. La manufacture de Briare fut largement mise à contribution pour la réalisation des remarquables mosaïques.

Les émaux de Briare

Après une faillite malencontreuse, l'usine de « fayence fine » fut vendue en 1843. Mais moins de 10 ans plus tard, un homme d'affaires avisé, Jean-Félix Bapterosses, racheta les murs et le procédé de fabrication mis au point par le grand faïencier Jonnet. Bapterosses fit fortune en inventant une machine à frapper des boutons. Son procédé était tellement performant qu'il ruina les Anglais, pourtant maîtres en la matière ! À Briare, il collabora ensuite avec un artiste de génie Eugène Grasset, précurseur de l'Art nouveau, célèbre pour avoir dessiné La Semeuse de Larousse. Succès énorme pour les mosaïques. Du coup, Bapterosses devint un vrai mécène pour la ville. Il construisit l'hôpital, l'église, et mit en place une véritable politique sociale pour ses employés. L'émail de Briare a été utilisé pour l'aéroport de Roissy, celui de Montréal, ou encore pour la piscine olympique de Los Angeles !

Le musée des Deux-Marines et du Pont-canal : *58, bd Buyser. ☎ 02-38-31-28-27. • musee-2-marines.com • En face du précédent. Juin-sept, tlj 10h-12h30, 14h-18h30 ; mars-mai et d'oct à mi-nov, tlj 14h-18h. Entrée : 6 € ; réduc. Billet combiné avec le MEMO (voir ci-avant) : 10,50 €.* À Briare, comme le dit une chanson du coin, « y a deux marines, du canal et de la Loire, ceux de la Loire ont leur bonne mine, ceux du canal la gueule noire ». 2 mondes qu'évoque en détails ce vaste et réjouissant musée associatif, où la reconstitution d'un quai de Loire dès l'entrée met illico dans l'ambiance ! Un musée très complet et, plus inattendu, des aquariums !

Le canal de Briare : initié sous Henri IV, ce canal aménagé au XVIIe s, reste l'un des plus vieux de France avec le canal du Midi. Il assure la continuité de l'axe fluvial Seine-Loire autrefois très fréquenté des mariniers.

Les Bateaux Touristiques (croisières) : *port du pont-canal de Briare. ☎ 02-38-37-12-75. • les-bateaux-touristiques-briare.com •* Des bateaux-mouches très... touristiques. Loc de bateaux électriques 2-4h pour 7-12 pers.

Les Canalous : *port du pont-canal de Briare. ☎ 03-85-53-76-74. • lescanalous.com •* Locations de bateaux à la journée *(2-12 pers)* ou plus.

Locaboat Holidays : *bassin des Prés-Gris. ☎ 02-38-29-13-14. • locaboat.com •* Location de pénichettes *(4-12 pers, w-e ou sem).*

La Scandibérique : *jonction à la capitainerie, face au port.* C'est ici que « La Loire à Vélo » rencontre cette diagonale nord-est/sud-ouest de près de 1 700 km, soit le plus long itinéraire cyclable fléché en France ! Elle forme la partie française de l'EuroVelo 3 qui relie la Norvège à Saint-Jacques de Compostelle. À Briare, elle remonte le canal de Briare jusqu'à Montargis (52 km) puis le canal du Loing jusqu'à Moret-sur-Loing, et enfin la Seine vers Fontainebleau et Melun en direction de Paris. De belles boucles en perspectives. *• scandiberique.fr •* et *Le Routard Escapades à vélo autour de Paris* !

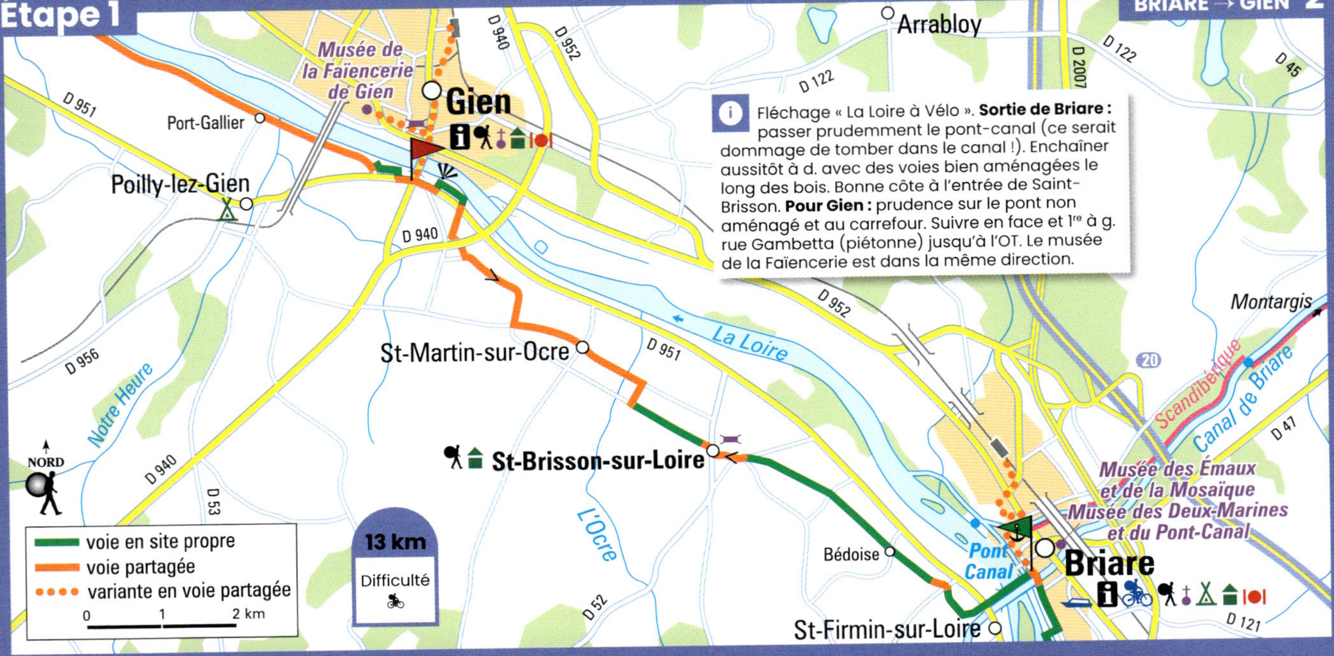

Fléchage « La Loire à Vélo ». **Sortie de Briare :** passer prudemment le pont-canal (ce serait dommage de tomber dans le canal !). Enchaîner aussitôt à d. avec des voies bien aménagées le long des bois. Bonne côte à l'entrée de Saint-Brisson. **Pour Gien :** prudence sur le pont non aménagé et au carrefour. Suivre en face et 1re à g. rue Gambetta (piétonne) jusqu'à l'OT. Le musée de la Faïencerie est dans la même direction.

Démarrage en fanfare par le superbe passage du pont-canal qui enjambe la Loire avec une grande élégance. Jolis parcours boisés et arrivée photogénique sur les bords de Loire à Gien. En arrière-plan, les coteaux du Giennois qui versent vers le fleuve.

⇛ SAINT-BRISSON-SUR-LOIRE

Le château de Saint-Brisson : *rue du Château.* ☎ *02-38-36-71-29.* • *chateau-saint-brisson.com* •. *Visites-escape game sur réservation. À partir de 30 €/adulte ; réduc.* On le voit de loin, ce fier château, perché à bonne hauteur pour surveiller la Loire. Patchwork architectural intégrant aux parties médiévales un logis du XVIe s et une galerie du XVIIIe s. Le parcours commence dans les douves, hérissées de machines de guerre, avant de se poursuivre par des salles meublées. Mais le plus réjouissant, ce sont les activités qui jalonnent la visite, comme du tir à l'arbalète dans les combles du XVIe s ou du théâtre dans la grande salle. Pour terminer, direction la salle du Trésor… pour y découvrir un cadeau !

⇛ GIEN

C'est depuis *La Loire à Vélo* que l'on admire le mieux cette petite ville s'étageant sur la rive droite. Gien est connue des collectionneurs de faïence, mais aussi des chasseurs (grâce à son château transformé en musée de la Chasse), ainsi que de plus en plus, des amateurs de vin, avec ses coteaux-du-giennois…

Office de tourisme : *pl. Jean-Jaurès.* ☎ *02-38-67-25-28.* • *gien-tourisme.fr* • *Dans le centre, près de la Loire.* Visites guidées thématiques.

Le château-musée : *pl. du Château.* ☎ *02-38-67-69-69.* • *chateaumuseegien.fr* • *Mai-sept, tlj sauf mar 10h-18h ; oct-avr, lun-ven (sauf mar) 13h30-17h30, w-e 10h-12h, 13h30-17h30. Visites guidées. Entrée : 8 € en visite libre, 10 € en visite guidée ; réduc.* Surplombant la ville, bâti sur un ancien rendez-vous de chasse du IXe s, ce bel édifice aux murs de brique rouge et noir d'allure Renaissance abrite le passionnant ***musée de la Chasse, Histoire et Nature en Val de Loire,*** qui s'intéresse, porté par une muséographie moderne, aux techniques de chasse au vol, à courre et à tir.

L'église Sainte-Jeanne-d'Arc : *à proximité du château.* Seul le clocher de pierre date du XVe s. La nef fut reconstruite en brique du pays après les bombardements de la Seconde Guerre mondiale. Jolis vitraux modernes et un chemin de croix en faïence de Gien. En sortant, belle balade à pied en reprenant les escaliers qui offrent une superbe vue sur la Loire et la ville.

Le musée de la Faïencerie de Gien : *78, pl. de la Victoire.* ☎ *02-38-05-21-06.* • *gien.com* • *Non loin du quai. Horaires variables : consulter le site. Entrée : 8 € ; réduc.* Vitrine de la célèbre faïencerie de Gien, le musée retrace l'historique de la manufacture et les étapes de la fabrication de ces petites merveilles. À la sortie, le ***magasin d'usine.***

Le jardin du Port-au-Bois : *le long du fleuve, sur la route de Briare (rive droite).* Pour une promenade dans la verdure. Possibilité de pique-nique, aires de jeux. Également une autre plage, rive gauche.

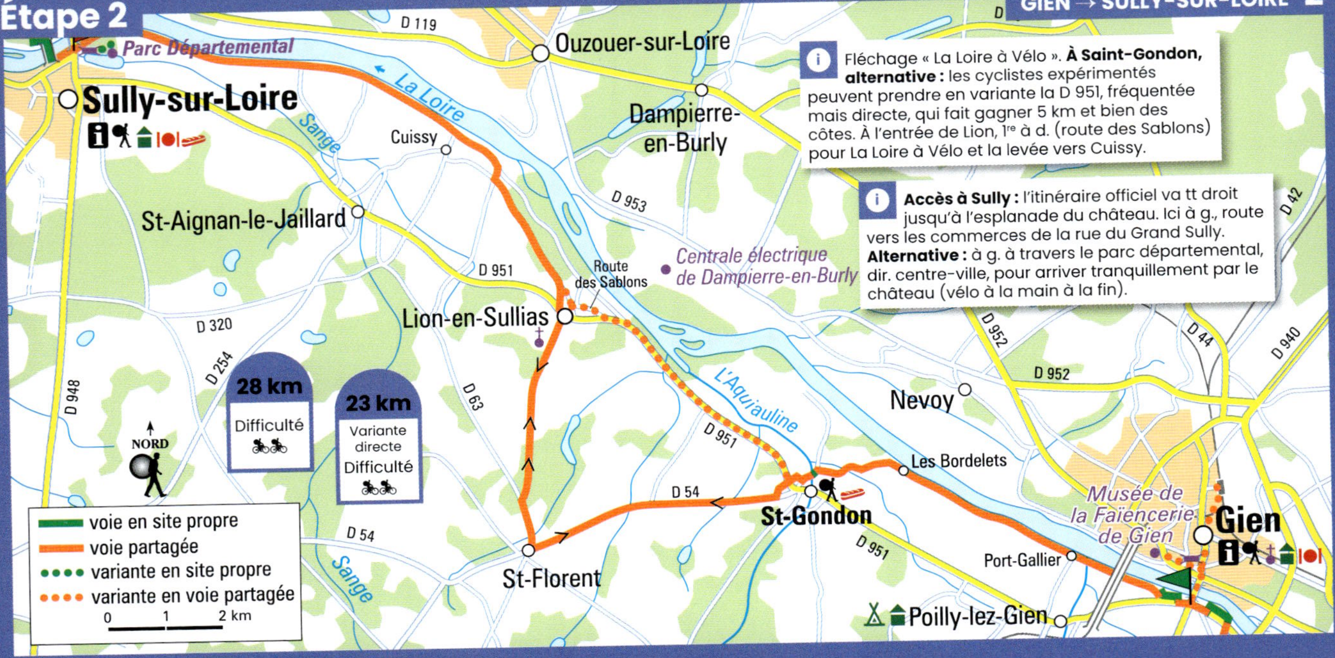

Fléchage « La Loire à Vélo ». **À Saint-Gondon, alternative :** les cyclistes expérimentés peuvent prendre en variante la D 951, fréquentée mais directe, qui fait gagner 5 km et bien des côtes. À l'entrée de Lion, 1re à d. (route des Sablons) pour La Loire à Vélo et la levée vers Cuissy.

Accès à Sully : l'itinéraire officiel va tt droit jusqu'à l'esplanade du château. Ici à g., route vers les commerces de la rue du Grand Sully. **Alternative :** à g. à travers le parc départemental, dir. centre-ville, pour arriver tranquillement par le château (vélo à la main à la fin).

Une étape qui alterne entre petites routes et passages sans voitures sur les levées de la Loire boisées et sauvages. L'arrivée au superbe château de Sully-sur-Loire ouvre la porte symbolique du périmètre sacré du Val de Loire classé par l'Unesco.

⇛ SAINT-GONDON

Village médiéval, Saint-Gondon est situé sur les hauteurs, comme nombre des bourgades voisines, afin de se préserver des crues et d'envahisseurs venus du fleuve. On y trouve *motte féodale,* ruine d'un donjon du XIe s, et grange dimière du pressoir. La cité dégage une quiétude rare, amplifiée par son parc en bordure de la Quiaulne et son très joli lavoir.

Sologne autruches : *La Gravière, rte de Coullons.* ☎ *02-38-36-91-14.* • *sologne-autruches.fr* • Propose une découverte des autruches et de nombreux produits locaux.

Pasto'Loire : Sur une aire aménagée un peu avant Saint-Gondon, au bord d'un étang né d'un bras de la Loire, vous croiserez sans doute chèvres et moutons qui profitent du regain du ***pastoralisme ligérien.*** Celui-ci participe à la valorisation des bords de Loire, en entretenant les berges, et à la préservation des prairies alluviales par la tonte des grandes herbes et l'abroutissement des arbustes.

⇛ SULLY-SUR-LOIRE

Ici le fleuve, très large, est encombré de bancs de sable. Mais Sully est surtout connu pour son impressionnant château, aux abords paisibles et agréables : promenez-vous sur les rives verdoyantes et le pont aux Prêtres, jolie construction en bois enjambant les douves pour rejoindre le centre-ville.

Office de tourisme : *pl. du Général-de-Gaulle.* ☎ *02-38-36-23-70.* • *tourisme-valdesully.fr* •

Ayrole : *19, rue du Grand-Sully.* La pâtisserie pour les becs fins du coin. En face, la boulangerie ***La Pétrie,*** plus simple. Chacune avec une petite terrasse.

Le château : ☎ *02-38-36-36-86.* • *chateausully.fr* • *Mai-sept, tlj sauf lun 10h-18h ; fév-avr et oct-déc, tlj sauf lun 13h30-17h30, ainsi que mat le w-e. Visite guidée à 14h30 et 16h en saison (plus 11h juil-août), 15h hors saison. Animations en saison. Entrée : 8 € en visite libre, 10 € en visite guidée ; réduc.* Bâti au confluent de la Sange et de la Loire à la fin du XIVe s sur des plans de Raymond du Temple, architecte du Louvre au temps de Charles VI. Entouré de larges douves en eau, ce beau château rectangulaire flanqué de 4 tours comprend 2 parties : le donjon, imposant bâtiment médiéval, et le « petit château », ajouté quelques décennies après. Après avoir traversé l'ancienne chapelle, où trône une copie du tombeau du duc de Sully, et fait une halte dans la grande salle basse, on parvient à la salle d'honneur. Voltaire, fuyant Paris en 1715, avait trouvé refuge à Sully-sur-Loire et donna d'ailleurs quelques représentations théâtrales dans cette pièce (les poutres peintes au plafond marquent le devant de la scène). Chemins de ronde couverts, avec grande salle à charpente en chêne, assemblée entièrement à tenons et mortaises.

Parc prétexte à d'agréables promenades, avant de rejoindre la ville par la petite passerelle qui traverse la Sange en empruntant le parcours pédestre fléché « La Cheminade historique ».

Fléchage « La Loire à Vélo ». **À Sully :** rejoindre et suivre les quais vers l'aval pour traverser la Loire par le superbe ancien pont de chemin de fer métallique, réaménagé pour les mobilités douces. Voie verte quasi intégrale d'abord au pied de la levée puis sur celle-ci jusqu'au port de Saint-Benoît.
Au port de Saint-Benoît : variante fléchée vers le bourg (1,5 km A/R). Retour par le même chemin, ou la D 60 assez fréquentée.
Pour Germigny : fléchage vers le bourg. Retour idem ou par le Mesnil (3 km A/R).

16 km
Difficulté

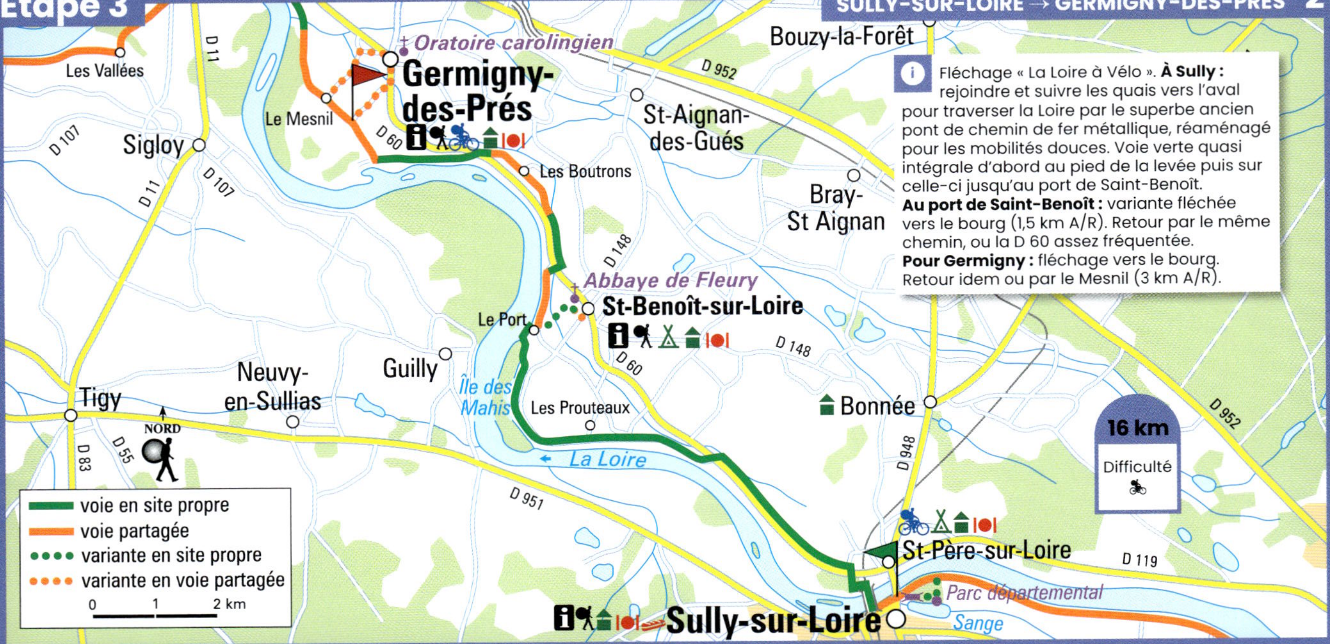

Séquence iconique, où l'on prend de la hauteur depuis Le Belvédère de Saint-Benoît-sur-Loire avant d'atteindre le touchant oratoire carolingien de Germigny-des-Prés. Le tout servi sur des voies vertes qui s'étirent au bord du fleuve...

⇛ SAINT-BENOÎT-SUR-LOIRE

Siège de la célèbre abbaye bénédictine de Fleury, l'un des édifices romans les plus remarquables de France, resté un village authentique.

***Office de tourisme :** au Belvédère. ☎ 02-38-36-23-70. • tourisme-valdesully.fr •*

Le Belvédère : *55, rue Orléanaise. ☎ 02-34-52-02-45. • belvedere-valdesully.fr • Avr-sept, tlj sauf lun 10h-13h, 14h-18h ; oct-mars, tlj sauf lun 14h30-17h30. Expos temporaires. Tarif : 5 €, réduc. Consigne gratuite.* Superbe centre d'interprétation, à l'architecture audacieuse qui s'encastre entre le bourg et l'abbatiale. Pour décrypter les secrets de l'art roman grâce à une scénographie ludique et interactive. Au 3e étage, la terrasse offre un panorama unique sur l'abbatiale (le matin, la lumière de l'est illumine le chevet).

L'abbaye de Fleury : *☎ 02-38-35-72-43. • abbaye-fleury.com • Accès libre à la basilique tlj 6h30-22h (19h nov-mars), sauf pdt les célébrations et concerts. Attention, l'abbaye est habitée. Visite guidée (participation libre) de 1h15 par les moines : mars-oct, sam à 14h45, dim et j. fériés à 15h15, à partir de 5 pers. Messe avec chants grégoriens lun-sam à 12h, dim et j. fériés à 11h.* Fondée en 630, elle fut l'une des écoles les plus célèbres avant la fondation des universités, et sa bibliothèque était l'une des plus riches du monde monastique. Ce fut également l'un des berceaux du théâtre français : les moines y jouaient ces « mystères chrétiens » en public. À la Révolution, seule l'abbatiale – devenue église paroissiale – sauve ses murs. ***À l'intérieur,*** nef du XIIe s, romane dans ses parties basses et couverte d'une voûte gothique, les 2 styles cohabitant avec élégance. Dans le chœur, étonnants pavements d'origine romaine. Sous le chœur, la ***crypte*** avec un coffre renfermant les reliques de saint Benoît (entrée par le bas-côté gauche).

Le hameau du Port : au bord du fleuve, sur la liaison fléchée vers le bourg, de charmantes vieilles maisons de mariniers restaurées. Au XIXe s, les crues parvenaient à mi-hauteur des habitations !

⇛ GERMIGNY-DES-PRÉS

Son église consacrée en 806 est un joyau de l'art roman. Visite conseillée tôt le matin ou en fin d'après-midi, pour la qualité de la lumière filtrée par les feuilles d'albâtre qui parent les fenêtres de l'étonnante tour-lanterne.

***Office de tourisme :** à côté de l'oratoire carolingien. ☎ 02-38-36-23-70. • tourisme-valdesully.fr • Visites guidées de l'oratoire 1 w-e sur 2 avr-sept, sam et dim à 17h (4 €).*

L'oratoire carolingien : *dans le centre du village. Tlj 8h30-19h. GRATUIT.* Entre autres beautés, mosaïque dans le cul-de-four de l'abside orientale. Composée de 130 000 tesselles, elle représente l'arche d'alliance, avec 2 chérubins, sous la main de Dieu sortant d'un arc-en-ciel et entouré de 2 archanges aux ailes déployées. Une merveille !

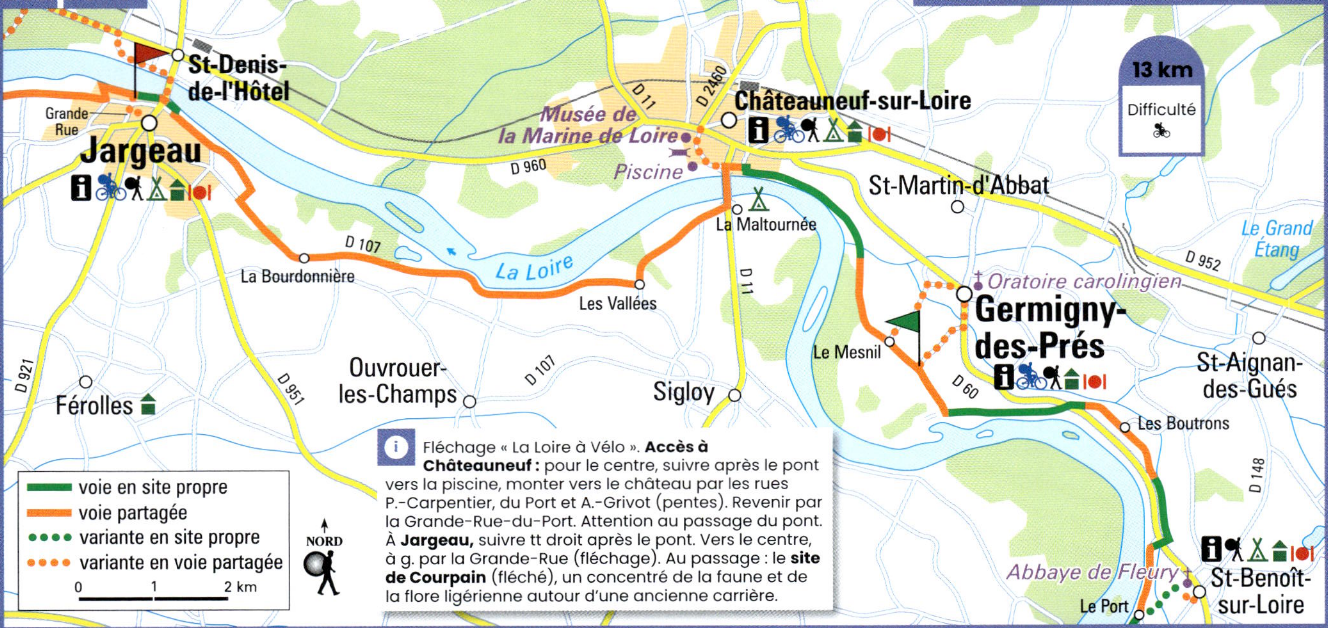

Fléchage « La Loire à Vélo ». **Accès à Châteauneuf :** pour le centre, suivre après le pont vers la piscine, monter vers le château par les rues P.-Carpentier, du Port et A.-Grivot (pentes). Revenir par la Grande-Rue-du-Port. Attention au passage du pont. À **Jargeau,** suivre tt droit après le pont. Vers le centre, à g. par la Grande-Rue (fléchage). Au passage : le **site de Courpain** (fléché), un concentré de la faune et de la flore ligérienne autour d'une ancienne carrière.

On file près du fleuve avec de superbes points de vue sur les îles qui accueillent de nombreux oiseaux migrateurs. Belle arrivée à Châteauneuf par la promenade du Chastaing. Ne pas manquer le détour par Jargeau.

⇛ CHÂTEAUNEUF-SUR-LOIRE

Ancien port de Loire d'importance, Châteauneuf bénéficie d'un site avantageux en rive droite d'une belle courbe de la Loire. La cité recèle un intéressant musée de la Marine de Loire dans les dépendances du château qui surplombe la ville (*mairie, ne se visite pas*). Autour, un parc à l'anglaise avec une belle orangerie, et de vieilles maisons bourgeoises aux jardins qui penchent vers la Loire.

***Office de tourisme :** 3, pl. Aristide-Briand. ☎ 02-38-58-44-79. • valdeloire-foretdorleans.com • Face aux grilles du château.* Visite gratuite sur demande de la chapelle Notre-Dame-de-l'Épinoy, à proximité du château et du parc. Livret de jeu de piste *(2 €)*.

***Café la Baleine :** La Maison de la transition, 9, pl. de la halle Saint-Pierre. Mer-sam 14h-19h. • chateauneuf-sur-loire-en-transition.fr •* Café associatif culturel convivial où l'on refait le monde. Atelier d'auto-réparation ouvert au cycliste de passage. Terrasse sur la place pour déguster des boissons bio et locales (on peut sortir son pique-nique).

***Le musée de la Marine de Loire :** dans les écuries du château du XVIIe s. ☎ 02-38-46-84-46. • musee-marinedeloire.fr • Tlj sauf mar : avr-oct, 10h-18h (coupure 13h-14h les w-e) ; nov-mars, 14h-18h. Entrée : 5 € ; réduc. Visite guidée l'été, animations.* Expo à la belle scénographie contemporaine sur tout ce qui touche à la marine et au fleuve. Cartographie très claire, pour comprendre le difficile réseau de canaux et d'affluents. On retrouve la plupart des activités nées de la présence de la Loire et de superbes maquettes des différentes embarcations. Une visite indispensable pour comprendre l'importance économique et sociale du célèbre fleuve.

⇛ JARGEAU ET SAINT-DENIS-DE-L'HÔTEL

Face à sa ville sœur de Saint-Denis-de-l'Hôtel, Jargeau est agréable et commerçante. Aujourd'hui, on y vient depuis Orléans à vélo pour fêter l'andouille de Jargeau !

***Office de tourisme :** bd Carnot (près des halles). ☎ 02-38-59-83-42. • valdeloire-foretdorleans.com •* Installé dans la Chanterie, une jolie maison de style médiéval mais… construite au début du XXe s.

***Vélo Val de Loire :** 6, Grande-Rue. ☎ 02-38-56-80-62. • velovaldeloire.com •* Boutique et réparation. Location vélo et VAE en aller simple sur la Loire, le canal d'Orléans, le canal de Briare et au-delà.

***La Maison de Loire du Loiret :** dans le bâtiment de l'OT. ☎ 02-38-59-76-60. • maisondeloire45.fr • Mar-mer, ven-sam, 14h-17h45 ; jeu 10h-12h30. GRATUIT.* Petit espace d'expos temporaires sur la Loire, l'eau et la culture ligérienne. Animations sur la découverte de la faune et de la flore, sorties nature (payantes). Gîte de groupe en bord de Loire.

***Le musée Oscar-Roty :** 3, pl. du Petit-Cloître. ☎ 02-38-59-80-13. • oscar-roty.fr • Ouv mai-juil, sam 14h30-18h et dim 10h-12h, 14h30-18h. Entrée : 3 € ; réduc.* Présente l'œuvre du créateur de *La Semeuse* en 1898, et celle d'autres médailleurs.

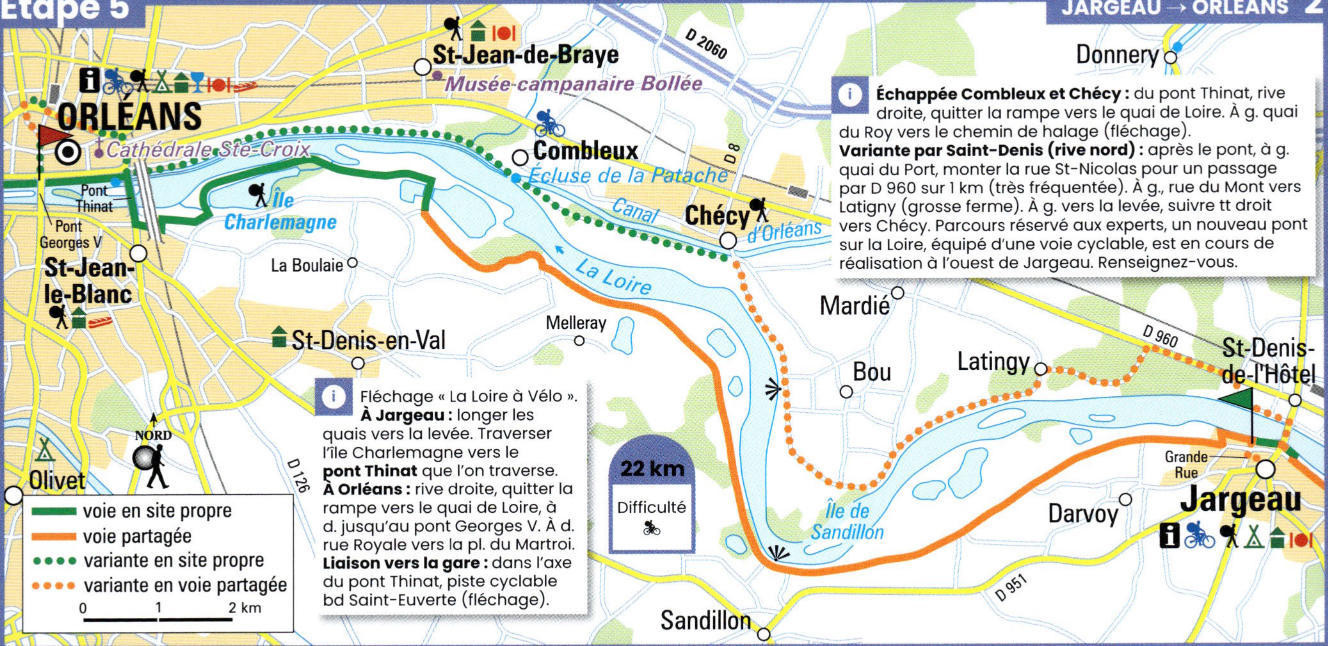

Échappée Combleux et Chécy : du pont Thinat, rive droite, quitter la rampe vers le quai de Loire. À g. quai du Roy vers le chemin de halage (fléchage).
Variante par Saint-Denis (rive nord) : après le pont, à g. quai du Port, monter la rue St-Nicolas pour un passage par D 960 sur 1 km (très fréquentée). À g., rue du Mont vers Latingy (grosse ferme). À g. vers la levée, suivre tt droit vers Chécy. Parcours réservé aux experts, un nouveau pont sur la Loire, équipé d'une voie cyclable, est en cours de réalisation à l'ouest de Jargeau. Renseignez-vous.

Fléchage « La Loire à Vélo ».
À Jargeau : longer les quais vers la levée. Traverser l'île Charlemagne vers le **pont Thinat** que l'on traverse.
À Orléans : rive droite, quitter la rampe vers le quai de Loire, à d. jusqu'au pont Georges V. À d. rue Royale vers la pl. du Martroi.
Liaison vers la gare : dans l'axe du pont Thinat, piste cyclable bd Saint-Euverte (fléchage).

La Loire à Vélo s'enroule autour de méandres préservés du fleuve, effleure au passage l'île de Sandillon où nichent sternes, mouettes et goélands, avec en ligne de mire la haute silhouette de la cathédrale Sainte-Croix. Une échappée en rive droite se profile par le canal d'Orléans.

⇛ SAINT-JEAN-LE-BLANC

La base de loisirs de l'île Charlemagne : *sur l'itinéraire.* ☎ *02-38-51-92-04. GRATUIT.* Cette base de 70 ha accueille les clubs nautiques. Aux beaux jours, on s'y baigne, on s'y promène, on y court, on s'y détend. Aires de jeux pour enfants, de pique-nique, de baignade surveillée *(de mi-juin à fin août).* Aussi beach-volley, basket, ping-pong, mur d'escalade, circuit VTT, parcours santé et accrobranche. Snack en saison.

⇛ SAINT-JEAN-DE-BRAYE

Le musée campanaire Bollée : *156, fg de Bourgogne.* ☎ *02-34-50-54-77. 06-28-20-52-94. Compte. 1h30-2h de visite guidée. Entrée : 6 € ; réduc.* Explique tout sur l'art de la cloche (le nom provient de la province italienne de Campanie, qui avait pour spécialité la fabrication des cloches). Dominique Bollée (8e génération !), maître saintier de son état, est le dernier artisan français à fabriquer des cloches de ses propres mains (il ne reste que 3 fonderies en France). Il a ainsi créé la sonnerie de la plus grande basilique au monde, Notre-Dame-de-la-Paix de Yamoussoukro (Côte-d'Ivoire), ainsi que les carillons de plus de 60 cathédrales, d'Orléans à Chartres et d'Ottawa à Saigon.

Le musée présente, grandeur nature, les différents stades de fabrication, et une vidéo en explique le déroulement. Chaque cloche est un instrument de musique unique (puisque le moule est cassé lors de la fabrication), et la sonorité produite est obtenue par une composition très précise de l'alliage d'étain et de cuivre utilisé. Très intéressant.

⇛ ÉCHAPPÉE : COMBLEUX

Joli petit village d'à peine une vingtaine de maisons basses de mariniers coincées entre le fleuve et le canal d'Orléans, formant une petite île. Un charme fou, au milieu des fleurs et loin du monde. Près de l'écluse, à l'embouchure du canal, on vient profiter des beaux jours à la terrasse du *restaurant de la Marine* *(☎ 02-38-55-12-69).*

Le canal d'Orléans : une pièce maîtresse d'un ensemble de canaux reliant la Seine à la Loire, au même titre que le canal de Briare. Du XVIIe au XIXe s, il servit à transporter vin et bois de la région vers Paris. On pédale sous de belles allées ombragées d'Orléans à Montargis (79 km) où l'on rejoint le canal de Briare et le canal du Loing en direction de Paris. Voir *Le Routard Paris – Île-de-France à vélo.*

⇛ ÉCHAPPÉE : CHÉCY

Le musée de la Tonnellerie : *7, pl. du Cloître, par la rue du Port depuis le canal.* ☎ *02-38-86-95-93. • checy.fr • (rdc et jardin seulement). Sur rdv. GRATUIT.* Sur la fabrication, l'utilisation et l'entretien des tonneaux d'hier à aujourd'hui grâce à de belles collections d'outils anciens, de photos et d'archives. Présentation de bâtiments vinicoles équipés d'un four à pain encore utilisé ponctuellement, et de la pièce à vivre d'une famille de vignerons du XIXe s.

BONNÉE (45460)

Ferme de Champliveau – chambres d'hôtes : *12, route des Marois. ☎ 02-38-35-59-53. 07-82-99-81-24. • fermedechampliveau.com • Double 69 €.*

BRIARE (45250)

Gîte d'étape du Pont-Canal : *dans la maison éclusière (en face du salon de thé), sur l'itinéraire. ☎ 02-38-31-20-08. 06-07-03-48-09. • gites-de-france-loiret.com • Tte l'année. Chambres 2-4 pers à partager. Env 26 €/pers (draps compris).* Dans une maison éclusière fraîchement rénovée, un gîte d'étape pour cyclistes et randonneurs idéalement situé à côté du pont-canal.

Hôtel du Cerf : *22-24, bd Buyser. ☎ 02-38-37-00-80. • hotelducerf.com • Doubles 68-89 €.* Dans le centre-ville, cet hôtel d'apparence anodine cache bien son jeu. Si certaines chambres côté rue se révèlent simples et classiques, mais nickel et de bon confort) les autres présentent un style plus actuel très agréable.

Hôtel Le Domaine des Roches : *2, rue de la Plaine. ☎ 02-38-67-68-04. • domainedesroches-briare.fr • Doubles 95-175 €.*

Chambres d'hôtes la Ferme du Buisson : *lieu-dit le Buisson, rte d'Ousson. ☎ 02-38-31-66-82. • lebuisson-briare.fr • Double 72 €.*

Le Petit Saint-Trop : *5, rue Tissier. ☎ 02-38-37-00-31. Sur le port de plaisance. Tlj sauf dim soir-lun. Formules 26,50-32 €.* Terrasse agréable face au canal et au pont ! Côté cuisine, c'est simple, classique, copieux, dans un registre traditionnel (avec l'andouillette de Jargeau en tête d'affiche !).

CHÂTEAUNEUF-SUR-LOIRE (45110)

La Maltournée : *rte de Châteauneuf. ☎ 02-38-58-42-46. • lamaltournee.fr • Ouv avr-oct. Forfait Loire à Vélo 8-11 €.* La situation est idéale, au bord de la Loire au bout d'une impasse tranquille. Emplacements agréables, bien ombragés dans l'ensemble. Un camping bien organisé.

Hôtel de la Capitainerie : *1, sq. du Général-de-Gaulle. ☎ 02-38-22-04-10. Réception ouv tlj 8h (15h lun)-21h (22h sam, 18h dim). Doubles 81-95 €.* Installé dans l'ancienne douane à la porte du château, cet hôtel intimiste dispose d'une poignée de chambres impeccables et toutes différentes. Belle salle de petit déj à la déco contemporaine, qui fait salon de thé en journée.

Hôtel du Parc : *5, pl. Aristide-Briand. ☎ 02-38-56-13-13. Double 77 €.* Hyper central, avec une vingtaine de chambres modernes, pimpantes, fonctionnelles et confortables. Un bon rapport qualité-prix.

Chambres d'hôtes L'Aventure 45 : *16, Grande-Rue-du-Port. 06-83-68-41-68. • laventure45.com • Doubles 69-95 €.*

Chambres d'hôtes Villa Moya : *27, bd de Verdun. 06-18-10-43-41. • villamoya.fr • Double 85 €.*

Brasserie des Arts : *2, rue de la Vrillère (derrière l'église, face aux vieilles halles). ☎ 02-38-58-42-73. Ouv le midi en sem, plus le soir jeu-ven. Formules déj 13,90-18,60 €, menu le soir 21,90 € ; carte env 22 €.* Bonne brasserie conviviale, très appréciée des nombreux habitués qui plébiscitent une cuisine de saison de qualité. Formules efficaces renouvelées tous les jours à partir de produits frais, avec quelques originalités que l'on ne s'attend pas à trouver ici.

Auberge du Port : *83, Grande-Rue-du-Port. ☎ 02-38-58-43-07. Fermé dim-lun. Menus en sem 21-25 €, carte 35-40 €.* Juste en face du pont. Bons plats traditionnels classiques, au dressage bien pensé, élaborés à base de produits frais. Peu de choix à la carte, mais que du bon, comme le poisson de la Loire en saison et un dessert à ne pas manquer, le lingot d'or ! Ça se passe dans 2 jolies salles claires à la déco sobre, ou sur la petite terrasse en bord de Loire.

Rob's House : *112, Grande-Rue. ☎ 09-62-63-55-58. Midi et soir mar-dim. Fermé lun. Plats env 10-20 €. Menu 15 €.*

FÉROLLES (45150)

Chambres d'hôtes La Maison des Grenouilles : *8, rte du Martroi. ☎ 02-38-59-79-53. • chambreshotes45.fr • Double 65 €.*

GERMIGNY-DES-PRÉS (45110)

Chambres d'hôtes Cerviña : *28, rte de Châteauneuf. ☎ 02-38-58-21-15. • kopp.fr • Double 73 €. Table d'hôtes sur résa 25 €.* 5 chambres simples mais parfaitement tenues, toutes avec salle de bains à l'italienne. Dans une petite dépendance a été aménagé un vaste coin salon-bibliothèque pour les soirées contes ou lectures. Cuisine à dispo, jeux pour les enfants, terrain de basket et de badminton dans le jardin.

Chambres d'hôtes La Bonnée d'Âne : *48, chemin du Pont-Chalumeau. 06-95-67-62-49. Doubles 80-90 €.* La Bonnée d'Âne n'a rien d'un cancre ! L'ancienne ferme a été rénovée avec soin dans le respect de la tradition, les chambres et le gîte sont cosy et très joliment décorés dans un style rustico-chic inventif (beaux objets chinés), et les petits déj ou les paniers-repas sont préparés avec des ingrédients bio dans la mesure du possible. Piscine… et les fameux ânes !

Hôtel de la Place : *2, rte de Châteauneuf. ☎ 02-38-58-20-14. • hoteldelaplace.fr • Doubles 70-80 €. Formule express midi 12,90 €, menus 17,50 € (déj en sem), puis 18,50-24,50 €.* On peut aussi pique-niquer à l'extérieur avec une consommation. Bon accueil.

GIEN (45500)

Restaurant La Bodega : *16, quai Lestrade. ☎ 02-38-67-29-01. Fermé sam-dim. Formules déj en sem 12,50-16 € ; carte env 20-25 €.* Cuisine sans prétention mais nourrissante, servie dans une salle colorée et plaisante. Formules du midi efficaces, sinon grillades, pizzas, tartares et belles salades gourmandes.

Le P'tit Bouchon : *66, rue Bernard-Palissy. ☎ 02-38-67-84-40. Fermé dim-lun. Formules 23 € (sauf sam soir)-36 €.* Le P'tit Bouchon fait tout comme les grands : l'accueil est efficace et souriant, et, dans les assiettes, la cuisine de saison se fait gourmande et généreuse, aussi belle que savoureuse.

Côté Jardin : *14, rue de Bourges. ☎ 02-38-38-24-67. Fermé dim-lun. Menus 48-85 €.* Formidable table d'Arnaud Billard : une cuisine de haute volée, faite avec passion, et des mélanges subtils et délicats à base de produits nobles en direct du producteur. Salle au cadre sobre et minimaliste.

JARGEAU (45150)

Camping de l'Isle aux Moulins : *rue du 44e-R. I. ☎ 02-38-59-70-04. • camping-jargeau.fr • Forfait cycliste : 10-14,50 €.*

Le Cheval blanc : *1, rue des Limousins. ☎ 02-38-46-86-10. • lechevalblancjargeau.fr •*

Double 68 €. Resto fermé ven-dim midi. Plats à partir de 16 €. Formule midi 15 €.

POILLY-LEZ-GIEN (45500)

Camping touristique de Gien, Les Roulottes des Bords de Loire : *1, rue des Iris, ☎ 02-38-67-12-50. • camping-gien.com • Ouv de mars à mi-nov. Forfaits pour 2 env 18-28 €.* Vaste camping joliment situé en bordure du fleuve, face au château. Emplacements bien ombragés par une belle variété d'arbres et un espace à part pour les roulottes. Minigolf, ping-pong, aire et salle de jeux, location de karts à pédales et de canoës (avec transport retour inclus). Piscine, mais l'intérêt c'est d'avoir accès à une vraie plage ! Enfin, agréable resto proposant du poisson de Loire, avec lounge bar et coin salon. Un très bon camping.

Domaine Les Bois du Bardelet : *le Petit-Bardelet. ☎ 02-38-67-47-39. • bardelet.com • Forfait Loire à Vélo : 11 €, 23-25 € pour 2 selon la saison. Attention, ce forfait n'est pas proposé en très haute saison.*

SAINT-BENOÎT-SUR-LOIRE (45730)

Camping OnlyCamp Le Port : *Le Port (fléché). 07-49-45-83-32. • camping-saint-benoit-sur-loire.fr • En bord de Loire. Ouv juin-sept. Forfait Loire à Vélo 12,30-13,40 € selon la saison pour 2.* Petit camping agréable et calme, offrant une cinquantaine d'emplacements ombragés en bord de Loire. Simple mais sympathique.

Hôtel du Labrador : *7, pl. de l'Abbaye. ☎ 02-38-35-74-38. • hotel-du-labrador.com • (2 chambres). Double 92 €.* Propre et sans bavure, cet hôtel récent dispose de chambres modernes bien conçues, tout confort. Le tout en plein centre du village, mais au calme, et à 2 pas de la sublime abbaye.

Chambres d'hôtes La Ferme de la Borde : *6-8, chemin de la Borde. ☎ 02-38-35-70-53. 06-76-05-69-72. • fermedelaborde.com • (1 chambre). Double 85 €. Table d'hôtes le soir (sur résa) 25 €, vin compris.* Les chambres, réparties entre la maison principale et une annexe, sont nickel, confortables, dans un style un peu anglais, et disposent de terrasses donnant sur un jardin soigné. Véranda attenante à une cuisine, mais les repas concoctés avec les légumes du jardin valent le coup.

Hôtel de la Madeleine : *65, rue Orléanaise. ☎ 02-38-29-69-28. • hotelmadeleine.fr • Double 61 €.*

SAINT-BRISSON-SUR-LOIRE (45560)

Gîte d'étape Le gîte des artistes : *2051, chemin des Chaussons. ☎ 02-38-35-12-86. • gitedesartistes.fr • Compter 20 €/pers par nuit.*

Chambres d'hôtes la Ribambelle : *4, pl. de l'Église. ☎ 02-38-05-46-71. 06-84-27-22-99. • chambre-hote-gien.fr • Doubles 80-85 €.*

SAINT-DENIS-EN-VAL (45500)

Chambre d'hôtes l'Atelier : *194, rue de Beaulieu. 06-85-25-13-61. Double 60 €.*

SAINT-JEAN-DE-BRAYE (45800)

Hôtel Promotel : *117, fg de Bourgogne. ☎ 02-38-53-64-09. • hotelpromotel.net • Tarif Loire à Vélo : 60 € pour 2.*

Brit hôtel l'Antarès : *2, av. du Général-Leclerc. ☎ 02-38-21-59-59. • hotel-orleans-antares.brithotel.fr • Double 86 €.*

Les Toqués : *71, chemin du Halage. ☎ 02-38-86-50-20. Tlj sauf dim-lun et certains j. fériés. Menu 39 € (le midi en sem).* Situation de rêve pour cette ancienne guinguette posée sur le chemin de halage. Dès les beaux jours, la terrasse est un must ! Salles chaleureuses et élégantes, de vrais cocons pour se régaler d'une cuisine du moment inspirée du marché. Tout est réalisé avec une rigueur bien ordonnée et des bases solides, afin d'apporter une agréable modernité dans les compositions et la présentation des assiettes. Séduisant !

SAINT-JEAN-LE-BLANC (45650)

Hôtel Villa Marjane : *121, rte de Sandillon. ☎ 02-38-66-35-13. • hotel-marjane-orleans.com • Doubles 93-118 €.* Cette villa ne manque pas de charme avec son jardin clos bien agréable. Chambres élégantes et soignées, toutes différentes, mêlant mobilier ancien et confort moderne (bon lit moelleux et douche à l'italienne). Le petit déjeuner se prend sous une véranda ouverte sur un écrin de verdure. Une adresse reposante, aux allures de maison d'hôtes.

SAINT-PÈRE-SUR-LOIRE (45600)

Camping Le Jardin de Sully : *1, rue d'Orléans. ☎ 02-38-67-10-84. • camping-bord-de-loire.com • Forfaits Loire à Vélo 6-12 €.* Un camping de bon confort avec de petites haies entre les emplacements bien ombragés. Accès direct aux bords de Loire, et pas mal de loisirs sur place (canoë-kayak, aire de jeux…). Piscine chauffée. Snack avec four à pizza et cuisine à dispo.

Hostellerie et résidence du Château : *6, rue de Paris. ☎ 02-38-36-24-44. • hostellerie-du-chateau.fr • Doubles 61-92 €.*

SULLY-SUR-LOIRE (45600)

Hôtel Burgevin : *10, rue des Petits-Fossés. ☎ 02-38-38-13-12. • hotelburgevin.fr • (1 chambre). Doubles 115-140 €.* Bel hôtel haut de gamme. Les chambres sont magnifiques, spacieuses, de style contemporain, meublées design. Salle de bains high-tech, minibar, coffre-fort, bref grand confort. Copieux petit déj. Accueil à la hauteur des lieux.

La Closeraie : *14, rue Porte-Berry. ☎ 02-38-05-10-90. • hotel-la-closeraie.com • (1 chambre). Double 95 €.* Du charme à revendre pour cette adresse douillette et intimiste, installée dans une belle maison bourgeoise du centre-ville. Chambres coquettes et spacieuses, d'un romantisme fou, avec vieilles tomettes ou jonc de mer. Le petit déj se prend dans un salon cosy avec une bibliothèque, ou dans le patio fleuri. Sauna dans une cave voûtée (soins possibles).

Hostellerie du Grand Sully : *10, bd du Champ-de-Foire. ☎ 02-38-36-27-56. • grandsully.com • Doubles 60-80 €.*

Chambres d'hôtes les Gorgeats : *Les Gorgeats. 06-32-55-49-47. • ferme-des-gorgeats.com • Double 82 €.*

Chambres d'hôtes le Chêne : *12, résidence du Chêne. ☎ 02-38-36-44-05. 06-12-48-53-06. • chambredhotesduchene.fr • Double 68 €.*

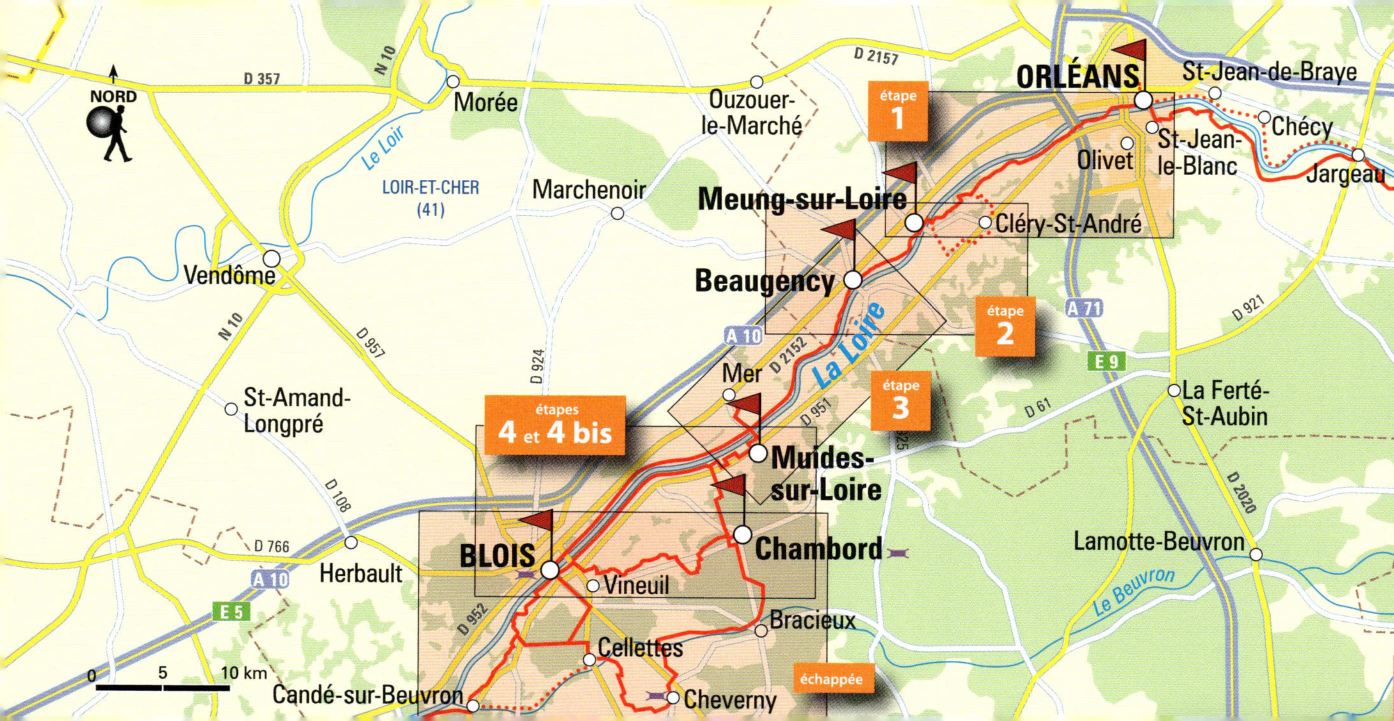
NORD
D 357
N 10
Morée
D 2157
Ouzouer-
le-Marché
ORLÉANS
St-Jean-de-Braye
Chécy
St-Jean-
le-Blanc
Olivet
Jargeau
étape
1
Le Loir
LOIR-ET-CHER
(41)
Marchenoir
Meung-sur-Loire
Cléry-St-André
Vendôme
Beaugency
étape
2
A 71
D 921
N 10
D 957
A 10
D 2152
La Loire
E 9
D 924
Mer
étape
3
La Ferté-
St-Aubin
St-Amand-
Longpré
D 61
D 951
étapes
4 et 4 bis
Muides-
sur-Loire
D 108
D 2020
BLOIS
Chambord
D 766
Lamotte-Beuvron
Herbault
A 10
Vineuil
Le Beuvron
E 5
D 952
Bracieux
Cellettes
0
5
10 km
Candé-sur-Beuvron
échappée
Cheverny

64 km

Itinéraire 3

D'ORLÉANS À BLOIS

La Loire prend ici des allures royales et la présence de nombreux châteaux et manoirs témoignent de son prestigieux passé. Sur les traces de Jeanne d'Arc qui libéra par ici le royaume en 1429, il n'est pas une bourgade où ne soit née une célébrité. Au programme, parmi les plus beaux châteaux du Val de Loire, dont Blois, véritable catalogue de l'architecture française du XIIIe au XVIIe s. Sans compter les escapades possibles sur les circuits des ***Châteaux à vélo,*** où s'impose Chambord, fastueux et singulier. Un parcours facile, principalement en voies vertes.

ORLÉANS

Orléans, « Ville d'art et d'histoire », aurait pu être la capitale de la France. Sa position stratégique sur le plus long fleuve du pays avait tout pour l'aider : carrefour des voies de communication, importante ville de commerce, centre politique, intellectuel et religieux... Mais elle a finalement été disqualifiée au profit de Paris. Pourtant, une certaine Pucelle ne s'y est pas trompée : si une ville devait échapper aux griffes des conquérants anglais, pour que le royaume de France soit sauvé, c'était bien Orléans ! Et les historiens s'accordent pour dire que l'issue du fameux siège de 1429 fut décisive pour l'unité de la France. Aujourd'hui, la ville s'est à nouveau tournée vers son fleuve. Les quais – autrefois dédiés à la marine de Loire – sont joliment réaménagés pour les piétons et les cyclistes. On y trouve des guinguettes animées, un bateau-lavoir devenu restaurant chic et l'on y célèbre de belles fêtes en l'honneur du fleuve qui fit sa fortune.

Office de tourisme : *23, pl. du Martroi. ☎ 02-38-24-05-05. • tourisme-orleans*

metropole.com • Visites guidées thématiques de la ville. City Pass 1, 2, 3 jours à tarif très préférentiel pour les musées et de nombreux sites partenaires dont Chambord. Carte des parcours vélo de la Métropole (dont le canal d'Orléans aménagé jusqu'à Chécy) et appli Geovelo (gratuites).

Billet combiné musée des Beaux-Art, maison de Jeanne d'Arc et hôtel Cabu, musée d'Histoire et d'Archéologie : 6 € ; réduc.

Détours de Loire : 58, rue de la Charpenterie. ☎ 02-47-61-22-23 et ☎ 02-38-77-12-52. • detoursdeloire.com • Boutique, réparation et dépannage. Location en aller simple entre Orléans, Blois, Tours et au-delà.

Wheel Free : 44, rue du Général-de-Gaulle, 45650 Saint-Jean-le-Blanc (à l'entrée d'Orléans, en rive sud, près du pont Thinat). ☎ 02-38-44-26-85. • wheelfree-bike.fr • Boutique, réparation et dépannage. Location vélos et VAE en aller simple sur la Loire. Très bon service.

Cyclable : 12, rue Royale. ☎ 02-38-42-76-28. • orleans.cyclable.com • Belle boutique, réparation VAE et dépannage.

Gares SNCF : 1, rue Saint-Yves. En plein centre. Attention, tous les trains n'arrivent pas à Orléans-Centre ; certains s'arrêtent à ***Orléans-Les Aubrais.*** Mais la ligne A du tramway et des TER assurent une liaison ttes les 6-10 mn entre les 2 gares (trajet très court).

Dans le centre historique

La place du Martroi : *entre la gare et la rue Royale.* Place emblématique de la ville, avec ses harmonieuses façades du XIXe s, et, en son centre, l'altière statue équestre de Jeanne d'Arc. De quoi se restaurer jusque tard le soir.

La cathédrale Sainte-Croix : *☎ 02-38-77-87-50. Ouv avr-sept, tlj 9h-19h (18h oct-mars). Consulter l'office de tourisme pour les visites guidées. L'été, des illuminations et des sons et lumières animent la façade et les tours de la cathédrale, ainsi qu'à Noël et pdt les fêtes de Jeanne-d'Arc.* La 1re basilique fut construite à la fin du IVe s par saint Euverte. ***La façade et les tours,*** elles, datent du XVIIIe s. Dentelles pour la façade, pièces montées pour les tours hautes de 88 m, l'ensemble force le respect. Les 2 tours, uniques en leur genre, sont formées de 2 étages carrés ; le 3e est constitué d'une colonnade en pierre surmontée d'une dentelle sur laquelle se dressent 4 anges. Original ! La flèche centrale (à 114 m) fut élevée sur le modèle de celle d'Amiens. ***À l'intérieur,*** une nef élancée de style flamboyant, d'une grande pureté. Dans les bas-côtés de la nef, magnifiques vitraux du XIXe s retraçant la vie de Jeanne d'Arc : une vraie bande dessinée ! Dans ***le chœur,*** admirables lambris (médaillons des stalles présentant des scènes de la vie du Christ) exécutés sous la direction de Mansart puis Gabriel, d'après des cartons de Le Brun, puis sculptés par Decoullons au XVIIIe s. Les ***chapelles*** du pourtour sont les seules qui subsistent de l'ancienne cathédrale où Jeanne d'Arc vint en 1429. La chapelle de 1926, dédiée à la sainte, détonne un peu avec ses statues de… léopards dorés !

L'hôtel Groslot : *pl. de l'Étape, près de la cathédrale. ☎ 02-38-79-22-30. ♿ Juil-sept, tlj 9h-19h ; oct-juin, lun-ven 10h-12h, 14h-18h, sam 10h-19h, dim 10h-18h. Pas de visite en cas de mariage ou de réception. GRATUIT. Visite guidée sur demande auprès de l'office de tourisme. Brochure (1 €).* Construit au XVIe s (1530-1550) pour le bailli de la ville Jacques Groslot, officier de robe qui rendait la justice. Plus tard, entre 1790 et 1981, il abrita l'Hôtel de Ville. Devant le bâtiment, statue de bronze de Jeanne d'Arc. Son armure est percée de trous : pendant la Seconde Guerre mondiale, la statue était enfouie à côté d'un dépôt de munitions qui l'endommagea lors d'une explosion !

À l'intérieur, la visite comprend le somptueux salon d'honneur, l'ancienne salle du Conseil municipal, la salle des Gardes et la fameuse salle des Mariages (toujours en usage), où François II mourut à l'âge de 17 ans d'une mastoïdite qu'Ambroise Paré voulait soigner au vilebrequin ! Catherine de Médicis, mère du jeune roi, l'en empêcha. C'est du moins ce que prétend un tableau du XIXe s exposé ici. Puis Charles IX, Henri III et Henri IV y séjournèrent. Derrière, agréable petit jardin public qui abrite les vestiges d'une chapelle du XVe s édifiée par les pèlerins se rendant à Saint-Jacques-de-Compostelle. Ceux qui se souviennent de la série TV *Les Brigades du Tigre* reconnaîtront les lieux…

Le quartier Bourgogne : de la cathédrale en descendant vers la Loire, on pénètre dans le cœur médiéval de la cité avec ses rues étroites où les maisons à pans de bois se penchent au-dessus de vos têtes. Autour de la ***rue de Bourgogne,*** autrefois principal axe commercial d'est en ouest de la cité, animation garantie le soir dans les rues piétonnes.

Cercil – Musée-mémorial des enfants du Vel' d'Hiv : *45, rue du Bourdon-Blanc. ☎ 02-38-42-03-91. • cercil.fr • Lun-ven 10h-12h30, 14h-17h (20h mar) et dim 14h-18h. Fermé le sam, j. fériés et 1er-15 août. Entrée : 4 € ; réduc.* Un musée passionnant et ô combien émouvant, qui retrace l'histoire des 3 camps d'internement du Loiret durant la Seconde Guerre mondiale : Jargeau, Beaune-la-Rolande et Pithiviers. Le 1er site fut principalement réservé aux tsiganes, tandis que les 2 autres ont « accueilli » les femmes et les enfants raflés, en juillet 1942, par les Allemands avec l'aide des autorités françaises.

Le musée des Beaux-Arts : *1, rue Fernand-Rabier (entrée du public pl. Sainte-Croix), juste à gauche de la cathédrale. ☎ 02-38-79-21-83. • orleans-metropole.fr • Tlj sauf lun et j. fériés 10h (13h dim)-18h (20h ven). Expos temporaires.* La visite, riche et variée, commence au **2e étage,** dédié à la **période du XVe s au XVIIe s,** où chaque espace est consacré à une école. On enchaîne ensuite avec le ***cabinet d'arts graphiques,*** dont l'accrochage est régulièrement renouvelé, puis on s'intéresse aux Français du XVIIe s (Bourdon, La Hyre, Le Nain…). Au ***1er étage,*** grands formats, de la fin du XVIIe s au début du XIXe s ; un autre cabinet d'arts graphiques et des espaces consacrés à la peinture historique française du XVIIIe s, à une collection de portraits… Fleuron du musée : le ***« cabinet des pastels »,*** le plus riche de France après celui du Louvre, avec des œuvres majeures du XVIIIe s, comme le célèbre *Autoportrait aux besicles* de Chardin, le *Portrait d'un jeune homme noir* de Quentin de La Tour… À l'***entresol*** et dans la salle rouge, on s'intéresse au romantisme, à la modernité, et aux courants qui émergent fin XIXe s-début XXe s. Le ***sous-sol*** rassemble une riche collection d'***art moderne et contemporain.***

Hôtel Cabu, musée d'Histoire et d'Archéologie : *sq. Abbé-Desnoyers. ☎ 02-38-79-25-60. Mai-sept, tlj sauf lun 10h-13h, 14h-18h ; oct-avr, tlj sauf lun 13h-18h.* Dans un ravissant hôtel particulier du XVIe s. Le rez-de-chaussée et le bâtiment donnant sur l'élégante cour intérieure sont dévolus aux expositions temporaires, tandis que les étages accueillent des collections permanentes consacrées à l'histoire de la ville et de la région.

Entre le centre historique et le quartier des Carmes

« Les Turbulences » FRAC Centre-Val de Loire (bâtiment du Fonds régional d'art contemporain) : *88, rue du Colombier, entrée bd Rocheplatte. ☎ 02-38-62-52-00. • frac-*

centre.fr • Ouv mer-dim 14h-19h. GRATUIT. Visites de 1h30 (4 €, réduc) le w-e à 16h. Espace cafétéria et librairie. Une réalisation architecturale pour le moins audacieuse imaginée par les architectes Jakob + MacFarlane (auteurs entre autres des Docks – Cité de la Mode et du Design à Paris), sur le site d'anciens bâtiments militaires des XVIIIe et XIXe s aujourd'hui flanqués d'étranges excroissances recouvertes de panneaux d'alu à facettes. Ce bel ensemble accueille les collections du FRAC Centre-Val de Loire. On y découvre des expositions temporaires sur la thématique de l'habitat, toujours de qualité.

La maison de Jeanne d'Arc : *3, pl. du Général-de-Gaulle. ☎ 02-38-68-32-63. Tlj sauf lun et j. fériés : mai-sept, 10h-13h, 14h-18h ; oct-avr, 14h-18h.* Cette vénérable maison à pans de bois est la reconstitution de la maison du trésorier du duc d'Orléans, Jacques Boucher, qui eut l'honneur de recevoir la Pucelle en 1429, lors de son passage à Orléans. Présentation multimédia.

Le centre Charles-Péguy : *dans l'hôtel Euverte-Hatte, 11, rue du Tabour. ☎ 02-38-53-20-23. Expo mar-sam 14h-18h. Bibliothèque mar-ven 9h-12h, 14h-18h (17h ven). GRATUIT.* Ce bel hôtel particulier du XVIe s n'est pourtant pas la demeure natale de l'écrivain Charles Péguy, qui, elle, se situait au 50, rue du Faubourg-de-Bourgogne. Une salle rend hommage à ce grand humaniste.

Pont de l'Europe : *à 2 km à l'ouest du centre, sur l'itinéraire.* C'est le 100e sur la Loire depuis sa source. La grande particularité de cet audacieux pont, conçu par l'architecte espagnol Santiago Calatrava, repose dans cet arc incliné d'un seul côté – dit en bowstring – qui lui donne du mouvement, beaucoup d'allure et de la légèreté. Il est équipé d'une large voie cyclable empruntée par *La Loire à Vélo*.

De l'autre côté de la Loire

Le parc floral de La Source : *☎ 02-38-49-30-00. • parcfloraldelasource.com • Quartier Orléans-Sud, relié par piste cyclable depuis le pont Thinat. De mi-mars à sept, tlj 10h-19h (dernier billet à 18h) ; fin sept-début nov, tlj 10h-18h ; de début nov à mi-mars, tlj 14h-17h. Entrée : de mi-mars à début nov 6,50 €, réduc ; de début nov à mi-mars, entrée gratuite tlj.* Le Loiret (le plus court affluent de la Loire) sort de terre en bouillonnant, manifestant sans doute ainsi sa joie d'apparaître dans ce superbe parc. 35 ha bien aménagés où l'on admire, suivant la saison, sous les chênes centenaires, la floraison de tulipes, azalées, roses, iris... Également des flamants roses qui trempent leurs pattes dans la rivière et des papillons exotiques en liberté : en effet, le Loiret ne gèle jamais ! Ménagerie peuplée d'animaux que l'on peut rencontrer sur l'île d'Ouessant, au Cameroun ou en Sologne, jardin potager, serre à papillons... À la belle saison, location de rosalies et petit train (payant). Aire de pique-nique, jeux pour enfants.

À déguster

Les vins AOC orléans et orléans-cléry blancs, rouges, rosés fruités, ou orléans-cléry issu du cabernet. Un dépliant disponible dans les offices de tourisme présente une petite route du vignoble et rappelle que les 1ers vignerons s'installèrent ici dès les années 510 !

Étape 1

Fléchage « La Loire à Vélo ». **Orléans :** quai Saint-Laurent jusqu'au pont de l'Europe. À la pointe de Courpain, confluent du Loiret et de la Loire. **Échappée Cléry :** fléchage vélo au Trépois, rue de la Sente des Pierres. **Retour :** derrière la basilique et à d. rue des Maisons-Rouges. À g. rue du Maréchal-Foch (D 951) puis en voie verte sur 400 m. Traverser pour la route de Dry (marquage St. Jacob) vers le château de Villecante. À d. rue du bas de Villecante, passer devant le château. Tt droit vers La Loire à Vélo par les jardins de Roquelin (voir aussi carte suivante).
Prudence sur le pont de Meung non aménagé.

Une sortie royale d'Orléans par la promenade en bord de Loire vers l'audacieux pont de l'Europe. Ce sont ensuite des petites cités pleines de charme, cernées de haras et de vergers, par une voie fort tranquille, sur les traces de Jeanne d'Arc qui livra par ici quelques batailles.

⇛ ÉCHAPPÉE : CLÉRY-SAINT-ANDRÉ

Elle doit son impressionnante basilique du XVe s à Louis XI, qui en avait commandé les travaux et qui y fut enterré (c'est le seul roi de France à n'avoir pas été inhumé à Saint-Denis).

Office de tourisme : *74, rue du Maréchal-Foch (à côté de la basilique). ☎ 02-38-44-32-28. • tourisme-terresduvaldeloire.fr •* Fascicule sur l'histoire de la basilique.

La basilique Notre-Dame : *tlj 9h-18h30. Visites guidées sur rdv auprès de l'office de tourisme.* Elle frappe par l'harmonie et la sobriété de ses formes, qui en font l'un des grands monuments du gothique flamboyant. Côté nord du déambulatoire se trouve une statue de Jeanne d'Arc célébrant ses passages à Cléry en 1429.

⇛ LES JARDINS DE ROQUELIN

06-70-95-37-70. • lesjardinsderoquelin.com • De fin avr à fin sept, tlj sauf mar 10h-18h. Entrée : 6 € ; réduc. Billet combiné avec le Jardin Arboretum d'Ilex : 11 €. Café sur place. Jardin-pépinière de 1 ha labellisé « Jardin remarquable », face à la Loire. Plusieurs thèmes, et surtout plus de 500 variétés de roses anciennes. Volatiles en liberté qui font la joie des enfants.

⇛ MEUNG-SUR-LOIRE

Meung-sur-Loire (se prononce « Main ») vit tranquillement autour de son ravissant château qui domine la ville et la Loire, reliées par de vieilles ruelles aux jolies maisons parées d'un camaïeu de gris et de bleu pâle. C'est la patrie de Jean de Meung (1240-1305), l'auteur des 18 000 derniers vers du *Roman de la Rose*… Son pont fut libéré des Anglais en 1429 par Jeanne d'Arc, épisode célébré par un vitrail et une statue dans la collégiale Saint-Liphard.

Office de tourisme : *moulin de la Poterne, 1, rue Emmanuel-Troulet. ☎ 02-38-44-32-28. • tourisme-terresduvaldeloire.fr •* Dépliants gratuits de circuits de balades des mauves et des moulins. Visites guidées de la ville ***(juil-août, sam 10h30 et sur rdv, 5 €).***

Le château : *☎ 02-38-44-36-47. • chateau-de-meung.com • Pdt les vac scol, tlj sauf dim 13h-18h ; mai-juin et sept, tlj sauf lun-mar 10h-18h ; juil-août, tlj 10h-19h (autrement appeler). Visite libre. Entrée : 12 € ; réduc. Possibilité de pique-niquer dans le parc.* Au VIe s, saint Liphard s'installa dans les environs. Après sa mort, on construisit la remarquable collégiale. Puis au XIIIe s, l'évêque d'Orléans fit construire pour lui l'édifice actuel qui fut remanié au XVIIIe s. À la fois médiéval et classique, il a été surnommé « château aux deux visages » ! Mais ce qui fait vraiment la différence, c'est l'accent ludique qui caractérise les visites – chaque espace illustrant un thème sur le quotidien au château à travers les siècles.

Association Cœur de Loire : *quai Jeanne-d'Arc, embarcadère du Bout-du-Monde. 06-80-68-21-27. • coeur2loire.com •* Balades en bateaux traditionnels. Nuit possible à bord.

Étape 2

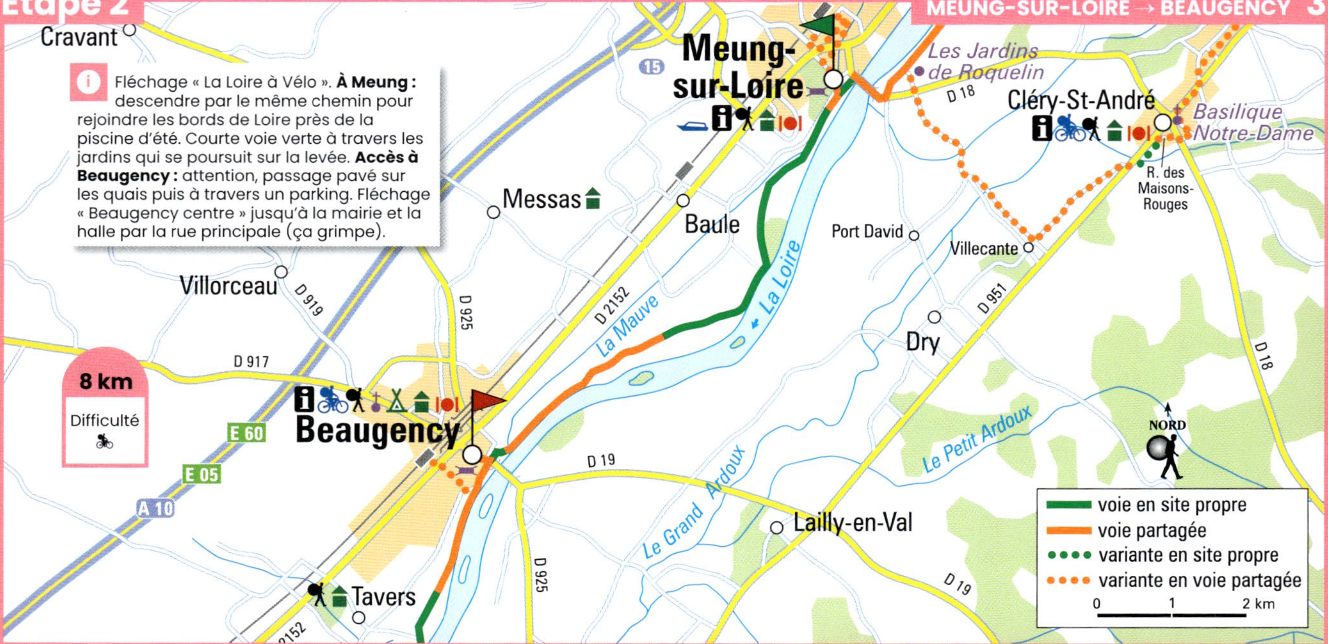

Fléchage « La Loire à Vélo ». **À Meung :** descendre par le même chemin pour rejoindre les bords de Loire près de la piscine d'été. Courte voie verte à travers les jardins qui se poursuit sur la levée. **Accès à Beaugency :** attention, passage pavé sur les quais puis à travers un parking. Fléchage « Beaugency centre » jusqu'à la mairie et la halle par la rue principale (ça grimpe).

8 km

Difficulté

Une courte étape très nature, entre Mauve et Loire, au travers des prairies inondables qui mènent à l'impressionnant pont de pierre de Beaugency. On rencontre par ici, et jusqu'aux abords de Blois, un paysage singulier sillonné de petits canaux et de rivières qui versent depuis la Beauce. Les mauves, ces canaux-rivières, faisaient autrefois tourner les moulins transformant en farine les blés beaucerons.

⇛ BEAUGENCY

C'est dans cette jolie petite ville que tinte chaque jour (à 8h, 12h et 19h pour être précis) le célèbre carillon « Orléans, Beaugency, Notre-Dame-de-Cléry, Vendôme… ». Unissant les 4 terroirs de l'Orléanais grâce à son pont du XIIᵉ s, Beaugency fut un pôle d'attraction essentiel pour l'unité française. Toujours enserrée par les beaux vestiges des 7 portes qui ouvraient ses remparts, la ville a beaucoup de charme, ayant gardé son cachet médiéval avec ses ruelles et ses mails ombragés. Le château a fière allure, lui aussi.

Office de tourisme : *3, pl. du Docteur-Hyvernaud (à côté de l'hôtel de ville).* ☎ *02-38-44-32-28.* • ***www.tourisme-terresduvaldeloire.fr*** • Dépliant des rives de Beaugency et le plan de la ville médiévale.

Centre d'art numérique, château de Beaugency : *2, pl. Dunois.* ☎ *02-34-59-74-73.* • *chateau-beaugency.com* • *Horaires variables : consulter le site. Entrée : 11 €, réduc.* Le château abrite les plus grandes œuvres des musées nationaux… numérisés et projetés sur grand écran. Également des créations, des spectacles nocturnes… et une exposition sur Jeanne d'Arc. Tout le monde y trouvera son compte !

L'église Notre-Dame : belle abbatiale de la fin du XIᵉ s, remaniée au XVIIIᵉ s. Ici fut prononcée l'annulation du mariage de Louis VII et d'Aliénor d'Aquitaine, qui (pour se venger ?) devint 2 ans plus tard reine d'Angleterre en épousant Henri Plantagenêt. À l'entrée du cœur, à droite, un superbe vitrail dans un camaïeu de bleu, réalisé en 1952 par André-Louis Pierre, représente Jeanne d'Arc auréolée d'un halo lumineux.

L'hôtel de ville : *pl. du Docteur-Hyvernaud (à côté de l'office de tourisme). Salle d'honneur ouv à la visite sur résa auprès de l'office de tourisme.* Splendide façade Renaissance. Le rez-de-chaussée, avec ses fenêtres en arc, s'inspire de la tradition italienne. Au-dessus, bandeau sculpté sur lequel on peut voir les armes des seigneurs de Beaugency (les Dunois, les Longueville), ainsi que la salamandre de François Iᵉʳ. Le 1ᵉʳ étage est un bel exemple de style Renaissance française. À l'intérieur, dans la salle d'honneur, 8 grands panneaux réalisés sous Louis XIII : uniques en France, ils représentent des sacrifices anciens et les 4 continents.

Le labyrinthe de Beaugency : *sur la rive gauche de la Loire.* ☎ *02-54-87-19-83.* • *labyrinthe-beaugency.com* • *Ouv juil-août, lun-mer 10h-19h, jeu-dim 13h30-19h (caisses fermées 12h-13h30) Entrée : 15 € ; réduc.* Un dédale de 4 km ponctué d'énigmes. L'originalité repose sur la présence de comédiens sur le parcours ; en nocturne, ils se transforment en personnages d'épouvante plutôt « gore ».

Promenade le long des ***quais du bord de Loire,*** plantés d'arbres magnifiques. Vue splendide sur la Loire et le *Vieux Pont*, construit au XIIᵉ s et restauré au XVIIᵉ s. Et si vous entendez de petits rires sardoniques en le traversant, rien de plus normal : le pont serait l'œuvre du diable, d'après une légende qui court en ville.

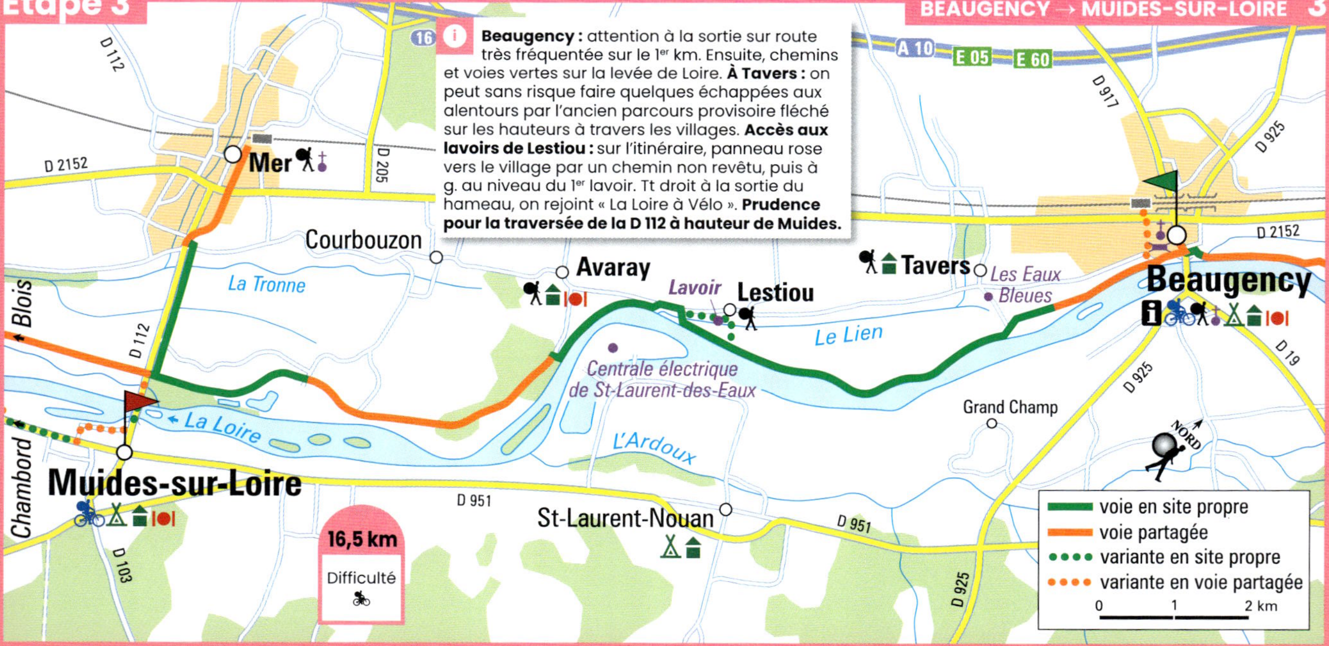

Beaugency : attention à la sortie sur route très fréquentée sur le 1er km. Ensuite, chemins et voies vertes sur la levée de Loire. **À Tavers :** on peut sans risque faire quelques échappées aux alentours par l'ancien parcours provisoire fléché sur les hauteurs à travers les villages. **Accès aux lavoirs de Lestiou :** sur l'itinéraire, panneau rose vers le village par un chemin non revêtu, puis à g. au niveau du 1er lavoir. Tt droit à la sortie du hameau, on rejoint « La Loire à Vélo ». **Prudence pour la traversée de la D 112 à hauteur de Muides.**

Quel contraste entre les vieilles pierres de Beaugency et les diabolos aussi impressionnants qu'inoffensifs de la centrale Saint-Laurent-des-Eaux ! De petits détours offrent de charmants passages dans les ruelles de vieux villages fleuris traversés de minuscules canaux.

⇛ TAVERS

Dans ce village charmant et discret, quelques dolmens du Néolithique. L'un d'entre eux serait un caillou glissé dans la chaussure de Gargantua, dont il se serait débarrassé en passant au-dessus de Tavers !

Échappées pédestres *(itinéraires fléchés depuis le centre du village)*, dont ***le circuit des eaux*** (1h), qui passe par moulins et lavoirs. Le clou du circuit est le phénomène des ***eaux bleues de Tavers,*** au lieu-dit Les Fontenils : il s'agit d'une remontée d'eau de la nappe de Beauce dans des cavités karstiques, qui alimente la source des eaux bleues de Tavers. Ces eaux ressortent par un siphon recouvert du sable de la Loire. En remontant, la source provoque un remous de sable permanent. Ce sable brassé est très propre, ce qui lui vaut le qualificatif de sable d'or. La pureté de l'eau permet de refléter parfaitement le ciel et donne une teinte bleue très pure !

⇛ AVARAY

Lestiou : dans ce petit hameau situé en contrebas d'Avaray, vous croiserez le ***charmant lavoir de Lestiou,*** qui annonce la couleur : ce village hors du temps semble construit autour de ses lavoirs. On leur a conservé une de leurs fonctions premières, celles de lieu de socialisation. Aussi, certains sont couverts, voire agrémentés d'aires de jeux. Parfait pour une pause !

⇛ MER

Entre Beauce et Sologne, baignée par la Tronne, Mer ne renie pas son passé rural, dont témoigne une halle aux grains du XIXᵉ s aux frontons sculptés (avec exposition sur les traditions locales).

L'église Saint-Hilaire : reconstruite au XVIIIᵉ s, elle possède une jolie charpente en bois, peinte d'une voûte étoilée. Son clocher gothique flamboyant visait peut-être à impressionner les protestants, dont un temple est aussi visible à Mer ***(temple d'Aulnay).***

Le musée de la Corbillière : *3, rue Fortineau, parc de la Corbillière. ☎ 02-54-81-70-21. • mer41.fr • Sept-juin, mer, sam-dim et j. fériés 14h30-18h ; juil-août, mer-dim et j. fériés 14h30-18h30. GRATUIT.* Dans le joli parc ombragé de la Corbillière se dresse une demeure bourgeoise du XVIIIᵉ s qui abrite le musée de Mer. Il se partage entre un petit fonds d'archéologie, une salle consacrée à des expos temporaires, et surtout un bel espace dédié au ***céramiste et ingénieur Alexandre Bigot.*** Né à Mer en 1862, ce dernier étudia la physique et devint ingénieur à Paris. Spécialisé dans la céramique, il choisit de créer son site de production dans sa propriété familiale et parvint à obtenir du grès flammé qui connut un franc succès, en particulier auprès des ***protagonistes de l'Art nouveau.*** Bigot participa à de grandes réalisations architecturales : la villa Majorelle à Nancy, la coupole des thermes de Vichy, une façade entière en grès émaillé au 29, avenue Rapp à Paris ! Il inventa les fours à chaleur renversée, afin de récupérer la chaleur émise et de se contenter d'une seule cuisson. Il déposa au cours de sa vie pas moins de 30 brevets et obtint un Grand Prix à l'Exposition universelle de Paris en 1900.

Étape 4

Fléchage « La Loire à Vélo ». **Attention à la traversée de la D 112** à hauteur de Muides. **Accès à Blois :** passage en voie partagée. Au pont Jacques-Gabriel, à d. vers le centre et 2e à g. rue des Orfèvres. Liaison fléchée vers le château et dans la continuité vers la gare par l'av. J.-Laigret (bonne pente).

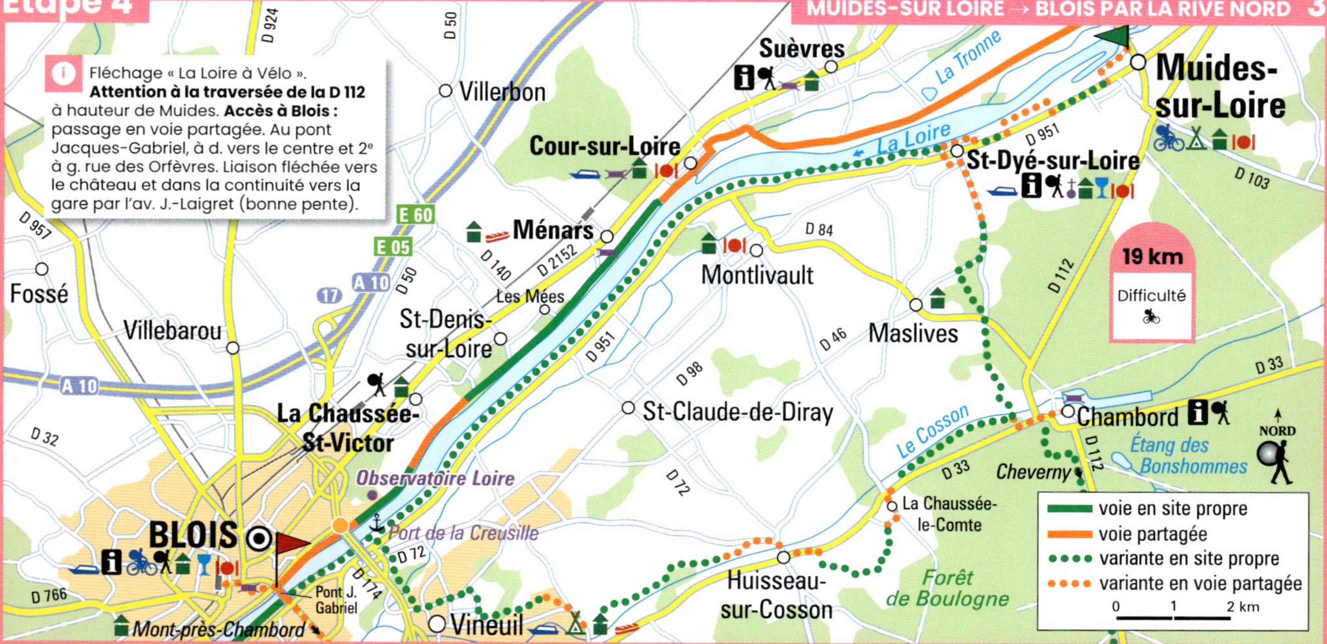

Choix difficile entre la rive nord qui mène à Blois au plus court ou une escapade par le Pays des Châteaux à vélo et Chambord. On aime bien ce 1er choix, pour le long travelling qu'il offre sur la Loire. Idéal en famille car presque tout en voie verte.

⇛ MUIDES-SUR-LOIRE

***100% Bike :** 6, rue Nationale. 07-71-78-32-62. • 100pour100bike.fr •*

⇛ SUÈVRES ET COUR-SUR-LOIRE

2 villages fortifiés bâtis sur les bords de la Tronne, petit affluent de la Loire. Suèvres, perché, Cour-sur-Loire, au bord de l'eau, concentrent les châteaux : 6 à Suèvres et 3 à Cour-sur-Loire !

***Relais du tourisme :** pl. de la Mairie. ☎ 09-85-23-15-62. • si.suevres.com •* Brochure des 3 circuits des moulins à Suèvres : 10, 12 ou 15 moulins, de 1h50 à 3h15.

Suèvres : 8 lavoirs et 15 moulins y sont encore visibles, dont le moulin de Rochechouard *(ouv au public l'été, visite sur demande au relais du tourisme avec démonstration de minoterie traditionnelle).*

***Bac sur la Loire :** 122, quai de la Loire, Saint-Dyé-sur-Loire. 07-88-13-35-46. • marins-port-chambord.fr • Mars-oct, tlj sauf lun. Départs entre 11h et 17h30 de Cour et 30 mn plus tard de Montlivault. Tarif : 14 €. Balades et gîte.* Avec l'association Les Marins du Port de Chambord, une traversée romantique entre Cour-sur-Loire et Montlivault. Également des balades thématiques (crépusculaire, pique-nique...) sur la Loire en bateau traditionnel et des gîtes flottants au port de Saint-Dyé.

⇛ MÉNARS

L'un des plus longs murs d'enceinte du bord de Loire, celui de l'imposant château de Ménars (privé), s'étire sur plusieurs kilomètres !

Aire de la Pompadour : Autour d'un adorable vieux lavoir, une aire de service bien équipée avec un parcours d'interprétation et des toilettes sèches. Accès fléché aux commerces du village.

⇛ LA CHAUSSÉE-SAINT-VICTOR

***Observatoire Loire :** levée du parc des Mées, sur l'itinéraire. ☎ 02-54-56-09-24. • observatoire loire.fr • Ouv mar-ven 10h-12h30, 14h30-18h, sam 14h30-18h, dim 10h-12h30, 14h30-18h30 juil-août ; les w-e 14h30-18h mai-juin et sept.* 3 thèmes : la marine de Loire, la prévention des risques, les continuités écologiques. Maquettes, films et jeux interactifs.

⇛ EN RIVE SUD : SAINT-DYÉ-SUR-LOIRE EN PRÉAMBULE À CHAMBORD

Ce port très actif durant la Renaissance conserve de son glorieux passé une imposante église, de belles maisons des XVe et XVIIe s et de tortueux passages. On y débarquait les matériaux servant à l'édification du château de Chambord, et François Ier y résidait pour surveiller les travaux.

***Maison de la Loire du Loir-et-Cher :** 73, rue Nationale. ☎ 02-54-81-68-07. • maisondeloire41.fr • Accès gratuit. Espace pique-nique dans le jardin.* Espace scénographique dédié au fleuve et son environnement. Sorties nature guidées et navigation sur la Loire en bateau traditionnel. *Avr-oct. Résa obligatoire : • marins-port-chambord.fr •*

Balade dans le village : admirer de vieilles maisons, dont l'une appartint à Leonor Fini, célèbre peintre argentine. Au bout, la ruelle Saint-Sauveur, bordée par un muret en pierre. Derrière, de curieux jardins suspendus et un panorama reposant sur le fleuve royal, ses îlots et la campagne alentour...

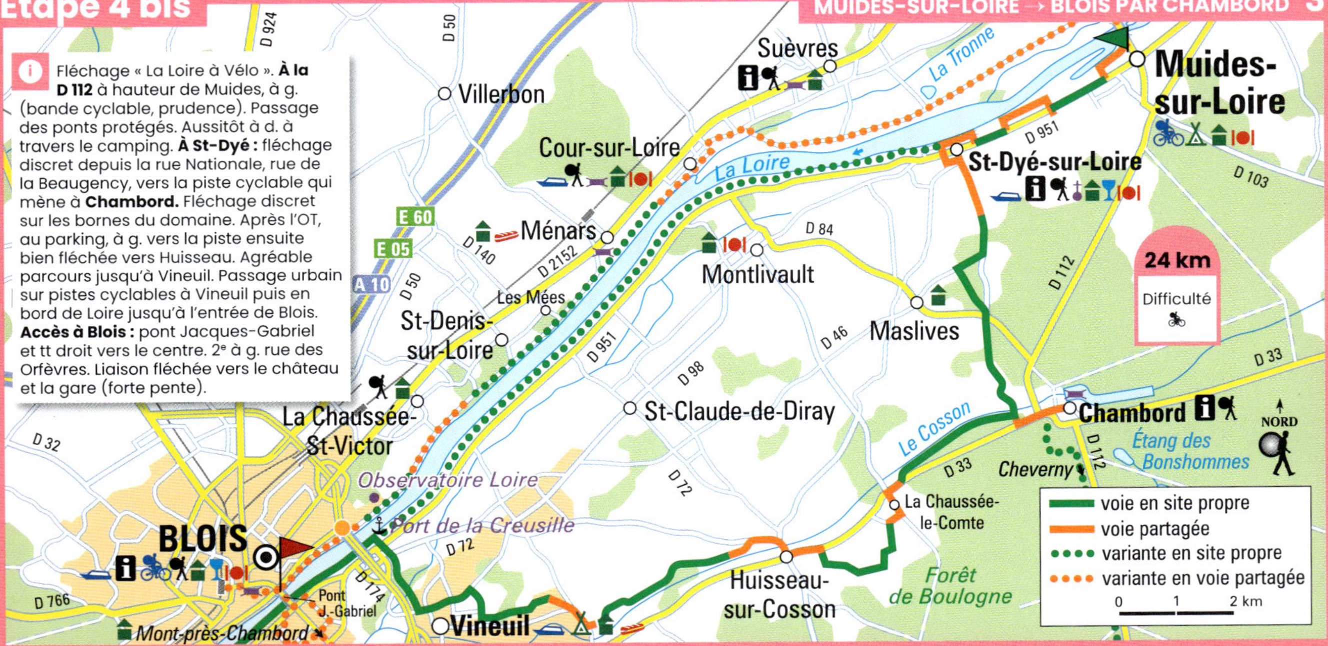

ⓘ Fléchage « La Loire à Vélo ». **À la D 112** à hauteur de Muides, à g. (bande cyclable, prudence). Passage des ponts protégés. Aussitôt à d. à travers le camping. **À St-Dyé :** fléchage discret depuis la rue Nationale, rue de la Beaugency, vers la piste cyclable qui mène à **Chambord.** Fléchage discret sur les bornes du domaine. Après l'OT, au parking, à g. vers la piste ensuite bien fléchée vers Huisseau. Agréable parcours jusqu'à Vineuil. Passage urbain sur pistes cyclables à Vineuil puis en bord de Loire jusqu'à l'entrée de Blois. **Accès à Blois :** pont Jacques-Gabriel et tt droit vers le centre. 2e à g. rue des Orfèvres. Liaison fléchée vers le château et la gare (forte pente).

Variante éblouissante : à quelques encablures de la Loire, voici soudain un feu d'artifice de cheminées, lucarnes et lanternons qui pétaradent au-dessus du château royal ! Un parcours sans côtes, qui sinue ensuite avec la petite rivière le Cosson entre forêts et vignes de l'AOC cheverny.

⇛ CHAMBORD

Avant tout connu pour son opulent château, symbole du raffinement à la française, c'est aussi un immense domaine de 5 440 ha de forêt clos par un mur de 32 km… soit l'équivalent de Paris intra-muros ! Ici, tout n'est qu'en démesure et superlatifs.

Bureau d'informations touristiques de Chambord : *à côté de la billetterie du château. ☎ 02-54-90-41-41. • bloischambord.com* • Carte des promenades à pied et à vélo dans le Domaine et des circuits Châteaux à vélo.

Le château : *☎ 02-54-50-40-00. • chambord.org • Tlj ; avr-oct, 9h-18h ; nov-mars, 9h-17h. Entrée : 14,50 € (château + jardins) ; réduc. Accès libre au parc. Spectacle de chevaux et de rapaces à 11h45 et/ou 16h, tlj avr-sept : 16 € ; réduc. Passeport Chambord (tout compris) : mai-sept, 30 € ; réduc. Résas : ☎ 02-54-50-50-40. Distributeur sur place. Le château peut se visiter seul (dépliant offert), mais on conseille vivement les visites guidées payantes (horaires sur le site).* Vu du ciel, c'est un château fort qui se profile, avec son donjon central et ses 4 tours massives. À l'intérieur, c'est un palais à la campagne qui apparaît, organisé par niveaux, comme en Italie à l'époque. En septembre 1519, François Ier entreprend la construction de ce château destiné à l'affirmation visible du pouvoir royal : 440 pièces (80 ouvertes à la visite), 282 cheminées, 77 escaliers, 9 étages d'habitation et environ 800 représentations de salamandres (l'emblème de François Ier) ! L'essentiel, c'est sa grandiose façade qui se mire dans les eaux du Cosson. Un chef-d'œuvre du style Renaissance.

Dans le bâtiment central, admirez le célèbre ***grand escalier à double révolution,*** où 2 personnes peuvent monter chacune de leur côté en s'observant par les lucarnes, sans jamais se rencontrer. En haut, on débouche sur de vastes terrasses d'où l'on peut contempler la riche ornementation des cheminées et des lucarnes et le parc de Chambord. Couronne géante au sommet !

Le Domaine national de Chambord : le plus grand parc forestier clos d'Europe, et zone « Natura 2000 » ! Sur une zone de 5 440 ha, les nombreuses espèces remarquables, végétales ou animales. Visites possibles avec un garde forestier. Dans le parc, ***balades à vélo*** *(avr-sept)*, sentiers pédestres. ***Promenades en barque*** en saison. Balade dans les ***jardins à la française,*** les ***jardins à l'anglaise*** et promenade ***nature*** sur les bords du Cosson.

⇛ VINEUIL

La Bourriche aux Appétits : *lac de Loire, en rive sud près du camping Val de Blois à Vineuil. Accès par le circuit n°12 (Au fil de la Loire). ☎ 02-54-81-65-25. • bourriche.fr* • Une boutique attachante ouverte par un artisan conserveur qui perpétue la pêche en Loire. Plats maison en bocaux pour un pique-nique d'anthologie, par exemple devant la maison, avec vue sur la Loire.

Loire Kayak : *lac de Loire. 06-62-90-15-43. • loirekayak.com* • Location de canoë, roadbook, construction de radeaux…

i Fléchage « La Loire à Vélo » et « Châteaux à Vélo » avec des pastilles numérotées. Pistes cyclables et petites routes.
À Chambord : fléchage sur les bornes du domaine, circuit n° 10, piste cyclable le long de la D 112 dir. Bracieux. **Pour le bourg de Bracieux** (env 600 m) : à g. au rond-point D 112 – D 923. Sinon tt droit circuit n° 5 dir. Tour-en-Sologne et Cheverny. Rejoindre Cellettes par le circuit n° 4. Ici, on retrouve « La Loire à Vélo » principale à Candé-sur-Beuvron par le circuit n° 1 via Seur. Plusieurs variantes possibles par circuits des « Châteaux à Vélo » (voir p. 101).

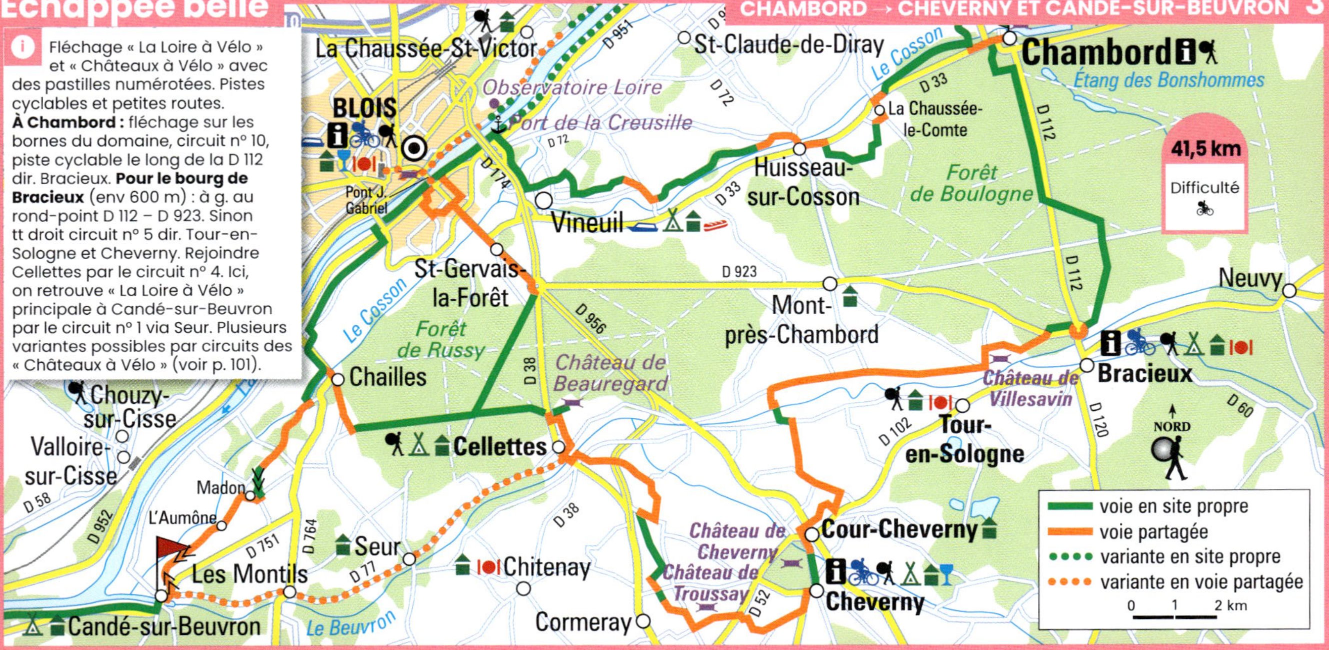

Entre Sologne des étangs et Touraine, où brique et tuffeau cohabitent, entre bois sauvages et vignes de l'AOC Cheverny, voici un bel aperçu des circuits des Châteaux à Vélo.

⇛ BRACIEUX

Entouré de forêts domaniales et de cours d'eau, à la croisée des chemins depuis le Moyen Âge, voici un gros bourg commerçant où la *chocolaterie Max-Vauché* ravira les gourmands.

Relais d'informations touristiques : *10, jardins du Moulin. ☎ 02-54-46-09-15. • bloischambord.com • À côté de la maison Max-Vauché.*

Vélos des Châteaux : *2, impasse des Châteaux. ☎ 02-54-46-09-04.*

⇛ TOUR-EN-SOLOGNE

Le château de Villesavin : *☎ 02-54-46-42-88. • chateau-de-villesavin.fr • Ouv mars sam-mer 10h-12h, 14h-18h ; avr-mai, tlj 10h-12h, 14h-19h ; juin-sept, tlj 10h-19h ; d'oct à mi-nov, tlj (sauf jeu en nov) 10h-12h, 14h-18h. Entrée : 7 € (jardins et musées), 10 € avec le château (visite guidée obligatoire).* Un ensemble longiligne de 126 m. Le bâtiment principal fut édifié au début du XVIe s par Jean Le Breton, secrétaire des Finances de François Ier, chargé d'administrer les travaux de Chambord : il bénéficia des services des plus grands architectes et sculpteurs de la Renaissance. Chapelle à peintures murales du XVIe s, salles au mobilier d'époque, étonnant musée du Mariage.

⇛ CHEVERNY

Moulinsart, nous voilà ! Ce village entoure joliment son célèbre château.

Bureau d'informations touristiques de Cheverny : *12, rue du Chêne-des-Dames. ☎ 02-54-90-41-41. • bloischambord.com • À côté du château.*

Le château : *☎ 02-54-79-96-29. • chateau-cheverny.fr •. Avr-sept, tlj 9h-18h30 ; le reste de l'année, tlj 10h-17h. Entrée : 13,50 € (château seul), 18 € avec l'expo Tintin, 23 € pour la visite complète, avec la découverte insolite du parc et du canal ; visite guidée possible (1 seule/j.) pour 5 € ; réduc.* Parfait équilibre, les 2 ailes encadrant un corps principal qui inspira Hergé pour Moulinsart. Somptueuse décoration intérieure. ***Salle des trophées*** abritant un vitrail représentant la sortie de l'équipage : le château possède toujours plus de 100 chiens pour la chasse à courre (à voir dans le chenil à leur souper). ***Potager*** aussi beau que vivant. Exposition ***« Les secrets de Moulinsart »*** qui nous ramène en enfance. ***Jardin des Apprentis,*** œuvre de « la brigade des jardiniers ».

Le château de Troussay : *06-70-63-10-94. • chateaudetroussay.com • Avr-sept, tlj en visite guidée slt à 11h, w-e à 11h et 15h. Entrée : 9 € ; réduc.* Un petit château Renaissance préservé. Joli parc aux arbres centenaires. Un poulailler modèle fait le pendant à la balade sur les pas de Raboliot, le célèbre braconnier.

AOC cheverny et cour-cheverny

Maison des vins de Cheverny : *1, av. du Château. ☎ 02-54-79-25-16. • maisondesvinsdecheverny.fr •* Système novateur : un verre muni d'une puce électronique à placer sous l'un des 100 becs de dégustation, où chaque référence est servie à la température idéale !

AVARAY (41500)

Chambres d'hôtes la Ferme de l'Isle : *336, La Ferme de l'Isle. ☎ 02-54-81-01-84. Double 69 €. Compter 100 € pour 2 pour la roulotte.*

La Ferme des 3 Maillets : *route N 152. ☎ 02-54-81-17-88. Tlj sauf lun soir et dim soir de sept à mi-mars. Menus le midi en sem (sauf ven soir et j. fériés) 22,90 €, sinon 42-58 € ; carte env 50 €.* Au bord de la nationale, une auberge réputée pour ses grillades, préparées en salle dans une grande cheminée. Viandes juteuses à la cuisson maîtrisée, accompagnées d'une sauce maison et de belles garnitures incorporant les légumes du jardin. Également un poisson du jour et des produits saisonniers. Le décor, rustique et élégant, est à l'avenant. Fait également hôtel.

BEAUGENCY (45190)

Camping Val de Flux : *au lieu-dit Val-de-Flux. ☎ 02-38-14-72-66. • camping-beaugency.fr • Ouv avr-sept. Forfaits pour 2 pers 15-18 €.* Camping convivial, joliment situé au bord de la Loire, face à la ville et ses beaux monuments. Emplacements plus ou moins ombragés, délimités par de petites haies. Terrain de volley et aires de jeux.

Hostellerie de l'Écu de Bretagne : *5, rue de la Maille-d'Or. ☎ 02-38-44-67-60. • ecudebretagne.fr • Doubles 94-170 €.* Cet ancien relais de poste tient son nom de la rue qui s'appelait autrefois la rue de la Bretonnerie. Les confortables chambres de style contemporain, cossues et chics, sont réparties entre la maison principale et l'annexe dans la cour. Joli jardin avec une superbe piscine chauffée.

Relais des Templiers : *68, rue du Pont. ☎ 02-38-44-53-78. • hotelrelaistempliers.com • Doubles à partir de 56 €.* Ce petit établissement sans prétention occupe une jolie maison en pierre face à la pittoresque (et fleurie) ruelle du Rû. Chambres simples. Agréable salle pour le petit déj.

Hôtel de la Sologne : *6, pl. Saint-Firmin. ☎ 02-38-44-50-27. • hotel-de-la-sologne.com • Doubles 70-85 €.* La très « médiévale » rue de l'Évêché débouche, depuis les quais, sur cette adorable placette où trône la statue de Jeanne d'Arc. Seul le tintement des cloches vient réveiller cette petite carte postale de village... Un emplacement de choix pour ce petit hôtel convivial, dont les chambres bien tenues et tout confort garantissent des nuits douillettes. Jolie cour où l'on sert le petit déj l'été.

Grand Hôtel de l'Abbaye : *2, quai de l'Abbaye. ☎ 02-38-45-10-10. • grandhoteldelabbaye.com • Doubles 80-130 €.* Cette demeure pleine de noblesse, accolée au chevet de l'abbatiale, est un ancien bâtiment conventuel qui a préservé l'essentiel de son cachet historique : des salons aux cheminées imposantes, un escalier majestueux, un couloir monacal qui conduit aux anciennes cellules (métamorphosées en chambres bien cosy, ouf !), et même une salle de petit déj à la mode médiévale, avec vue plongeante sur la Loire.

Hôtel Le Beaugency : *3, av. de Blois. ☎ 02-38-46-43-43. • hotelbeaugency.fr • Doubles à partir de 73 €.*

César et Firmin : *1, pl. Saint-Firmin. ☎ 09-83-03-08-17. 📱 06-64-90-98-49. Tlj 14h30 (15h30 dim)-19h30 sauf mar. Formule déj 15,50 €.* Avec sa petite terrasse face à l'église, son coin salon bien douillet flanqué d'une bibliothèque (avec des jeux et des bouquins à dispo !) et ses tables réparties dans une jolie salle lumineuse, ce salon de thé pimpant donne envie de faire une pause à toute heure. Plats du jour et les gâteaux préparés avec des ingrédients au maximum locaux et bio. Délicieux !

L'Idée : *3, pl. du Petit-Marché. ☎ 02-45-48-24-78. Tlj. Formule déj en sem 17 € ; menu 36 €.* Idéalement situé sur une jolie place, ce resto convivial aux allures de bistrot chic a le gros avantage de proposer des horaires étendus. Cuisine classique efficace, copieuse et bien présentée, servie sur une petite terrasse dès les beaux jours.

Le P'tit Bateau : *54-56, rue du Pont. ☎ 02-38-44-56-38. Tlj sauf lun-mar. Résa conseillée. Menus 56-89 €. Carte 42 €.* L'équipage formé par Damien et Anne, passés entre autres par la brigade de Thierry Marx, s'est installé là pour skipper sa propre cuisine, ô combien novatrice ! Cadre dépouillé, presque minimaliste, pour mieux se concentrer sur des plats inspirés, à base de produits nobles et de mélanges audacieux. Quant aux desserts, ils sont tout aussi imaginatifs et savoureux. L'addition excite un peu la puce de la CB, mais l'adresse le vaut bien…

Teo Jasmin : *22, pl. du Martroi. ☎ 02-34-52-67-67. Tlj sauf mer. Plats 13-23 €.* Sur la place principale, une maison ancienne rénovée dans un style rafraichissant et accueillant, moderne au rez-de-chaussée plus cosy à l'étage. Dans l'assiette, des burgers, salades, grillades et des pad thaï originaux. Le tout fort appétissant, préparé avec soin dans la cuisine ouverte. Aux beaux jours, quelques tables bien sympas sur la place.

BRACIEUX (41250)

Camping Huttopia Les Châteaux : *113, impasse des Guernazelles. ☎ 02-54-46-41-84. • europe.huttopia.com • Ouv avr-début nov. Compter 21,80-32,80 € pour 2 pers. Loc de tentes, chalets et mobile homes en bois 35-140 € la nuit.* L'endroit est cher mais idéalement situé, dans un parc de 8 ha. Bons équipements, dont piscine. À proximité : tous commerces, restos.

L'Orée des Châteaux : *9 bis, rte de Blois. ☎ 02-54-46-40-19. • oree-des-chateaux41.com • Doubles 75-83 €.* Une construction récente, face à un petit plan d'eau. Une vingtaine de chambres impeccables et lumineuses, ainsi qu'un appartement spacieux.

Hôtel de la Bonn'heure : *9 bis, rue René-Masson. ☎ 02-54-46-41-57. • hoteldelabonnheure.com • Doubles 65-75 €.* Au cœur du village, blottie dans une cour intérieure calme et fleurie, cette jolie adresse de 11 chambres et 3 appartements offre un bon petit confort et un bel entretien. Le petit déj est servi dans une lumineuse salle à manger mansardée ou dans le jardin fleuri.

Hôtel du Cygne : *5, rue René-Masson. ☎ 02-54-46-41-07. • hotelducygne.com • Doubles 75-115 €.*

Le Rendez-vous des Gourmets : *20, rue Roger-Brun. ☎ 02-54-46-03-87. Tlj sauf mer, sam midi et dim soir. Formules déj 29-33 € ; menus 39-69 €.* Voici une table sincère, authentique, avec un chef qui assure et une cuisine de terroir qui rassure, qui sent bon le pays. Les plats varient au gré du marché et sont servis sans esbroufe dans un cadre sobre avec quelques touches de déco tendance. Très agréable terrasse cachée.

Café du Commerce : *5, pl. de l'Hôtel-de-Ville. ☎ 02-54-46-41-16. Tlj 8h30-15h, 17h-23h, sauf lun ; ferme à 19h en hiver. Buffet à volonté 16 €*

(19,50 € dim). Sous ce nom sans fard se cache une adresse routarde par excellence, proposant un buffet à volonté plantureux et varié. La nourriture reste simple mais elle est vraiment cuisinée, de l'entrée au dessert. Atmosphère à la bonne franquette, entretenue par un patron du genre amical : il serre la main à chaque client et tutoie tout le monde, habitués comme gens de passage ! Un rapport qualité-prix-accueil difficile à battre.

CHEVERNY (41700)

Camping Sites & paysages Les Saules : *rte de Contres, Les Saules. ☎ 02-54-79-90-01. • camping-cheverny.com • Ouv d'avr à mi-sept. Compter 23-50 € pour 2 pers.* L'endroit est idyllique en début de saison et reste agréable ensuite, ce qui est rare. Un camping familial coup de cœur, dans un parc arboré de 8 ha, avec tout ce dont on peut rêver par ici : snack et épicerie sur place à prix doux, bon resto le soir en été, piscine chauffée, minigolf, terrain de pétanque... Espace aquatique avec 3 bassins chauffés dont un couvert. Bons conseils de visite.

Chambres d'hôtes La Levraudière : *1, chemin de la Levraudière. ☎ 02-54-79-81-99. 06-81-01-60-04. • lalevraudiere.fr • Doubles 98-109 €. Table d'hôtes 28 €/pers, vin de Cheverny inclus.* Cette longère admirablement restaurée, dans un parc de 3,5 ha, recèle 5 chambres douillettes à la déco contemporaine bien pensée. Table d'hôtes soignée à base de produits du terroir. Jolie piscine avec transats au milieu des champs.

Hôtel Les Sources de Cheverny : *23, route des Fougères. ☎ 02-54-44-20-20. • sources-cheverny.com •. Doubles 200-1 300 €.*

Chambres d'hôtes la Demalerie : *1, voie de la Demalerie. 06-86-86-54-98. • lademalerie.com • Doubles 140-190 €.*

CLÉRY-SAINT-ANDRÉ (45370)

Villa des Bordes : *9, rue des Bordes. ☎ 02-38-46-94-60. • villadesbordes.fr • Resto fermé dim soir et lun (hôtel sur résa), plus mer midi hors saison. Doubles 70-90 €. Formules déj en sem 18-25 € ; menus 34-38 €.* Une adresse au calme, isolée, presque insolite. En effet, on loge dans une ancienne maison de redressement pour jeunes filles, face à un grand champ de blé paisible. Dans un vieux bâtiment à l'ancienne, charmant, entouré d'une grande cour et d'un beau parc, on découvre des chambres classiques de bon confort. Au resto, le chef concocte une cuisine de qualité tournée vers les épices.

Domaine du Gué du Roi : *☎ 02-36-47-04-98. 06-52-00-17-79. • domaineduguedurroi.com • Gîtes, chambres d'hôtes et roulotte, à partir de 48 € pour 2 pers.*

COUR-CHEVERNY (41700)

Hôtel Relais des Trois Châteaux : *1, pl. Victor-Hugo. ☎ 02-54-79-96-44. • relaisdestroischateaux.com •. Doubles 120-185 €.*

Chambres d'hôtes Le Béguinage : *14, rue Nationale. ☎ 02-54-79-29-92. • lebeguinage.fr • Doubles 95-120 €.*

Chambres d'hôtes Le Clos des Perraudières : *89, voie des Perraudières. 06-43-83-*

06-92 • closdesperraudieres.com •. Doubles 84-100 €.

Gîtes Le Rouvre : *Le Rouvre, 58, voie des Perraudières. ☎ 02-54-79-94-17. 06-87-32-09-64. Maison 3 chambres à partir de 225 €/nuit.*

COUR-SUR-LOIRE (41500)

Le Château de la Rue : *chez Véronique de Caix, à Fleury. ☎ 02-54-46-82-47. • chateaudelarue.com • Doubles 120-190 €. Table d'hôtes (sur résa) 49 €, vin compris. Pique-nique sur demande.* Les hôtes goûtent ici aux plaisirs de la campagne, dans des chambres très cosy où les meubles de famille voisinent avec les objets chinés ici ou là. On rêve, on lit, près de la piscine ou dans le parc, à moins qu'on ne préfère aller grappiller au verger.

LA-CHAUSSÉE-SAINT-VICTOR (41260)

Tourhôtel Blois : *1, rue de Montprofond. ☎ 02-54-78-48-98. • tour-hotel-blois.fr • Doubles 65-80 €.*

Maison d'hôtes Château des basses roches : *15, rue des basses Roches. 06-31-85-04-51. • chateaudesbassesroches.fr • Doubles 95-110 €.*

MASLIVES (41250)

Chambres d'hôtes Le Clos près Chambord : *6, rue du Moulin. ☎ 02-54-81-37-07. • le-clos-pres-chambord.com • Double 94 €.* Une maison au calme, à proximité du château, où l'on est accueilli avec le sourire. Christine a aménagé ses 4 chambres avec beaucoup d'amour. De vrais petits cocons ! Si son compagnon n'est pas là, c'est qu'il est de garde (forestier !) au château.

MENARS (41500)

Chambres d'hôtes Aux cœurs de l'atelier : *2, rue des Grèves. 06-84-08-72-65. • auxcoeursdelatelier.com • Double 86 €.*

MESSAS (41590)

Chambres d'hôtes Le Clos de la Vigneronne : *19, rue de Villeneuve. ☎ 02-34-50-01-70. 06-87-04-65-46. • leclosdelavigneronne.com • Doubles 90-140 €.* Belle maison de 1850, dont les tomettes, poutres et parquets anciens s'accommodent à merveille d'une déco élégante et actuelle pleine de personnalité. Chambres dans le même esprit, chic et cosy, au confort irréprochable. Piscine dans le jardin, hammam.

MEUNG-SUR-LOIRE (45130)

Chambres d'hôtes La Mouche-Abeille : *impasse de la Mouche. ☎ 02-38-44-34-36. • chambres-hotes-loire.com • Double 105 €.* Il faut passer le portail et traverser en partie le parc de 4 ha avant de découvrir cette belle bâtisse du XVIIIe s, surplombant fièrement la Loire et un jardin à la française. Ici, la vue est somptueuse et apaisante, les chambres spacieuses, décorées de beaux tableaux anciens. Les couleurs se marient harmonieusement à un mobilier de famille séculaire. Grandes salles de bains, vaste bibliothèque, et 2 chiens sympa qui font partie des meubles.

Best Western La Porte des Châteaux : *21, route de Blois. ☎ 02-18-69-30-50. • laportedeschateaux.fr • Doubles 73-120 €.*

Hôtel Ibis Budget Orléans ouest : *100, rue de la 6ᵉ Avenue. 08-92-68-30-86. • accorhotels.com •*

Chambres d'hôtes les Coursives de Loire : *3 bis, Pomme-de-Pin. 06-48-81-16-94. Doubles 52-59 €.*

Chambres d'hôtes la Bonnerie : *135 route de Clan, La Bonnerie. 06-98-93-30-77. • labonnerie.com • Double 75 €.*

Chambres d'hôtes Domaine Saint-Hilaire : *17, rue de Saint-Hilaire. 06-14-38-90-97. • domaine-st-hilaire.fr • Doubles 99-130 €.*

Le Café du commerce : *5, pl. du Martroi. ☎ 09-86-24-34-44. Tlj. Plats à partir de 16,90 € ; menus le midi 13,90-16,50 €.* Idéalement situé sur la place du village face à l'entrée du château. On sert avec le sourire une honnête cuisine de bistrot qui ravit les habitués locaux. Une grande terrasse, bondée aux beaux jours, et 2 belles salles qui sentent bon les ripailles d'antan.

MONTLIVAULT (41350)

Chambres d'hôtes Les Salamandres : *1, rue de Saint-Dyé. 06-52-14-76-06. • chambre-hotes-chambord.fr • Doubles 83-97 € (2 nuits min). Table d'hôtes dim-lun 10-27 €.* Dans une ferme viticole du XVIIIᵉ s joliment restaurée, autour d'une grande cour fleurie. Sympathiques chambres, toutes différentes, et salle commune pour des moments conviviaux.

MUIDES-SUR-LOIRE (41500)

Sandaya Château des Marais : *27, rue de Chambord. ☎ 02-54-87-05-42. • sandaya.fr •*

Camping Belle Vue (camping municipal) : *av. de la Loire. ☎ 02-54-87-01-56. Compter 13 € pour 2. • muides.fr •*

Hôtel Le Brame de Sologne : *4, route de Sologne. ☎ 02-55-59-05-24 • lebramedesologne.com • Doubles 105-160 €.*

Chambres d'hôtes le château des Colliers : *route de Blois. ☎ 02-54-87-50-75. • chateaudecolliers.com • Doubles 150-280 €.*

ORLÉANS (45000)

Camping d'Olivet : *rue du Pont-Bouchet, 45160 Olivet (de l'autre côté de la Loire). ☎ 02-38-63-53-94. • night-and-day.fr • Ouv avr-oct. Escale vélo pour 1 pers : 9,60-13,30 €.* Un beau petit camping, et heureusement… car c'est le seul près d'Orléans ouvert toute la saison ! Le site est classé et l'endroit charmant. On est au bord du Loiret, auprès duquel s'affairent silencieusement les pêcheurs du coin. Castors, canards et chant des p'tits zoziaux garantis… Attention, seulement une cinquantaine d'emplacements, assez ombragés et agréables. En été, petits plats à emporter le soir. Tournée de pain le matin et commerces dans les environs. Sur place, trampoline, location de canoë. À proximité, piscine découverte (de juin à août) avec tarif préférentiel pour les campeurs, et la base de loisirs de l'île Charlemagne *(p. 67)*.

Auberge de jeunesse : *3, rue Croix-Péchée. ☎ 02-38-53-60-06. • aubergedejeunesseorleans.fr • Accueil lun-ven 8h30-23h ; le w-e 9h-14h, 16h-1h ; j. fériés 9h-1h. En dortoir (2-3 lits), nuitée 31 €/pers ; chambre individuelle 41 €, double 52 €, petit déj et draps inclus. En plein centre-ville, donc proche des commerces, 100 m au-dessus de « La Loire à Vélo » et à 10 mn de la gare à vélo. Micro-ondes et vaisselle à disposition.* Dans un joli bâtiment ancien rénové, lumineux, les vastes fenêtres inondant de soleil la salle commune, le tout dans un grand parc arboré. LE bon plan.

Hôtel de l'Abeille : *64, rue Alsace-Lorraine. ☎ 02-38-53-54-87. • hotel-abeille.com • Doubles 100-110 €.* Il y a quelque chose d'unique dans l'atmosphère de cet hôtel, ouvert depuis 1903 et dans la même famille depuis 1919 : le chaleureux salon-réception – qui fait aussi salle de petit déj et salon de thé –, empreint de nostalgie avec sa statue et les affiches de la Pucelle. Et aussi l'accueil aimable, l'escalier de bois patiné, le style des chambres, toutes différentes, avec double vitrage, décorées de façon classique et avec du caractère. Beaucoup de charme, en somme, pour cette adresse douillette d'une vingtaine de chambres, qui dissimule une petite terrasse verdoyante au 4e étage.

Hôtel des Cèdres : *17, rue du Maréchal-Foch. ☎ 02-38-62-22-92. • hotelcedresorleans.com • Doubles env 80-100 €.* Un paisible hôtel, qu'on aime beaucoup pour sa véranda lumineuse où les clients prennent leur petit déj face à un joli petit jardin. Chambres dans un style contemporain sobre et agréable, parfaitement tenues et bien confortables. Une bonne adresse.

Hôtel Marguerite : *14, pl. du Vieux-Marché. ☎ 02-38-53-74-32. • hotel-marguerite.fr • Doubles env 112-120 €.* Bon rapport qualité-prix pour cet établissement convivial et bien situé, dont les chambres rénovées de façon actuelle et moderne ne déçoivent pas (surtout celles qui disposent de 2 fenêtres d'angle, bien lumineuses !). Les autres, plus simples, sont néanmoins tout à fait confortables et nickel. Vraiment très bien.

Hôtel d'Orléans : *6, rue Adolphe-Crespin. ☎ 02-38-53-35-34. • hoteldorleans.com • Doubles env 95-140 €.* Cette adresse discrète de moins de 20 chambres est la bonne surprise de l'hypercentre : une déco contemporaine soignée, un confort au top (balnéo pour les chambres les plus chères), des espaces communs cosy, et un accueil charmant… le tout dans une rue tranquille à 2 pas de l'animation.

Campanile Orléans Centre-gare : *40, rue de la République. ☎ 02-38-53-24-64. • orleans-centre-gare.campanile.com •*

Jackotel : *18, cloître Saint-Aignan. ☎ 02-38-54-48-48. • jackotel-orleans.fr • Doubles 72-79 €.*

Empreinte Hôtel & spa : *80, quai du Châtelet. ☎ 02-38-75-10-52. • empreinte-hotel.com • Doubles env 150-250 €.*

Hôtel Saint-Martin : *52, bd Alexandre-Martin. ☎ 02-38-53-02-28. • hotel-st-martin.fr • Doubles 80-88 €.*

Grand Hôtel : *1, rue de la Lionne. ☎ 02-38-53-19-79. • urbanjungleorleans.com • Doubles 95-115 €.*

Hôtel Mercure : *44-46, quai Barentin. ☎ 02-38-62-17-39. • mercure-orleans-centre.com •*

Hôtel Ibis Orléans Centre : *4, rue du Maréchal-Foch. ☎ 02-38-54-23-11. • all.accor.com •*

Hôtel Ibis Orléans Centre Gare : *17, av. de Paris. ☎ 02-38-62-40-40. • all.accor.com •*

Fasthôtel : *zone Expo Sud RN 20. ☎ 02-38-51-18-88. • fasthotel.com •*

CARNET D'ADRESSES

Hôtel Escale Oceania : *16, quai Saint-Laurent. ☎ 02-38-54-47-65. • oceaniahotels.com •*

Hôtel Première Classe : *9, rue d'Aquitaine, 45380* ***La-Chapelle-Saint-Mesmin.*** *☎ 02-38-61-78-92. • orleans-ouest-la-chapelle-stmesmin.premiereclasse.com •*

Les Becs à Vin : *8, pl. du Châtelet. ☎ 09-65-16-64-09. Mar-sam 12h-14h, 18h-1h.* Carton plein pour les *Becs à Vin* : la déco de bistrot-caviste est bien chaleureuse, les conseils de la sympathique équipe sont judicieux et, dans les verres, les vins principalement nature ou bio sont aussi bons qu'originaux. Au top ! Jusqu'aux plats du jour (le midi) et aux planches de charcuterie et fromage qui permettent de colmater les brèches avec les honneurs ! La meilleure adresse dans sa catégorie, jeune et festive, surtout en terrasse.

La Parenthèse : *26, pl. du Châtelet. ☎ 02-38-62-07-50. Tlj sauf w-e. Résa vivement conseillée. Formules déj en sem 18-25 €, puis formule et menu 34-38 €.* Tout pour plaire : la terrasse de poche est attirante, les petites salles sont élégantes, et surtout la cuisine est une vraie surprise à ce niveau de tarifs. Le chef nous séduit avec un répertoire actuel très soigné, transcendé par des sauces bien réalisées. Au déjeuner, l'addition se serre encore la ceinture et la parenthèse devient enchantée.

Les Fils à Maman : *195, rue de Bourgogne. ☎ 02-38-53-44-09. Formules déj en sem 12-19 € ; plats env 16-22 €.* C'est l'antenne d'une petite chaîne qui a soigné son concept ludique : ici, on fait dans le régressif assumé, avec un brin de nostalgie. Alors on se régale de plats qui fleurent bon l'enfance, comme le cordon bleu-purée, ou carrément les croquettes de Babybel. Fallait oser ! Résultat, c'est simple, bon, copieux et marrant comme tout, à l'image de la déco vintage (jusqu'aux toilettes !).

La Dariole : *25, rue Étienne-Dolet. ☎ 02-38-77-26-67. Tlj sauf dim-lun. Mar-mer 12h-14h ; 12h-21h30 pour le reste. Formule déj 23,50 €, menu 28 € ; carte env 35 €.* Cette petite adresse chic cachée dans une rue ancienne émoustille les papilles par sa cuisine raffinée de saison, et ravit les yeux par son cadre rustique fort charmant. Et, aux beaux jours, on apprécie le calme de la terrasse à l'arrière, donnant sur une jolie petite place piétonne.

SAINT-DYÉ-SUR-LOIRE (41500)

Hôtel Manoir Bel-Air : *1, route d'Orléans. ☎ 02-54-81-60-10. • manoirbelair.com • Doubles env 118-200 €.*

Chambres d'hôtes Outre-Loire : *toue cabanée ancrée dans le Port de Chambord. ☎ 02-54-58-81-64. • gites-de-france.com • Double 184 €.*

Le Bistrot Vélo : *56, rue Nationale, près de l'église. ☎ 02-54-87-40-78. 06-48-94-48-14. En hte saison, tlj sauf mar. Cave et épicerie également.* À la fois bistrot et guinguette avec une petite terrasse. On y sert (ou on emporte) des planches fromages ou charcuteries artisanales, arrosées de vins de Loire ou de bières locales. Aussi de belles grandes salades. Tout est circuit court et le nom des fournisseurs affiché.

Chez Walter : *63, rue Nationale. ☎ 02-54-33-53-08. Ouv le midi mer-dim, plus le soir jeu-sam. Formule midi 18 € ; carte env 30 €.* Une bonne petite table au centre du village, dont la cuisine généreuse et la chaleur de l'accueil nous ont convaincus. Plats goûteux, préparés avec soin et arrosés de vins bien choisis. On se sent comme à la maison.

SAINT-JEAN-LE-BLANC (45650)

Hôtel Villa Marjane : *121, route de Sandillon. ☎ 02-38-66-35-13. • hotel-marjane-orleans.com • Doubles 93-118 €.*

SAINT-LAURENT-NOUAN (41220)

Camping de l'Amitié : *rue du Camping. ☎ 02-54-87-01-52. Compter env 12-20 € pour 2.*

La Barboire Campagne : *524, La Barboire. 07-66-43-64-83. • labarboirecampagne.fr • Doubles à partir de 222 €.*

Hôtel Le Verger : *14, rue Port Richard. ☎ 02-54-87-22-22. • hotel-le-verger.com • Doubles à partir de 63 €.*

SUÈVRES (41500)

Chambres d'hôtes Ferme de la Bouzie : *2, La Bouzie. ☎ 02-54-46-82-88. 06-87-38-35-17. • labouzie.free.fr • Doubles 50-55 €.*

Chambres d'hôtes Le bonheur des hôtes : *30, route Nationale de Fleury. 06-66-94-11-62. • lebonheurdeshotes.fr • Doubles 90-125 €.*

Le Château de la Rue : *rue de la Rue. (!) 06-03-23-44-09. • chateaudelarue.com • Doubles 120-200 €. Table d'hôtes (sur résa) 49 €, vin compris. Pique-nique sur demande.* Les hôtes goûtent ici aux plaisirs de la campagne, dans des chambres très cosy où les meubles de famille voisinent avec les objets chinés ici ou là. On rêve, on lit, près de la piscine ou dans le parc, à moins qu'on ne préfère aller grappiller au verger.

TAVERS (45190)

Hôtel La Tonnellerie : *12, rue des Eaux-Bleues. ☎ 02-38-44-68-15. • latonnelleriehotel.com • Doubles 75-160 €.*

TOUR-EN-SOLOGNE (41250)

Hôtel le Prieuré de Boulogne : *La ferme de Boulogne. ☎ 02-34-52-04-80. • lepreuredeboulogne.com • Doubles 128-278 €.*

Hôtel du Château : *45, rue du Pâtis. ☎ 02-54-46-50-20. • hotelduchateau-41.com • Doubles 62-75 €.*

VINEUIL (41350)

Camping « Val de Blois » : *base de loisirs du Lac-de-Loire, levée de Loire, D 951. ☎ 02-54-79-93-57. • camping-loisir-blois.com • Forfait Loire à Vélo : 10,50 € pour 1 pers.*

Chambres d'hôtes Le Clos des Noël : *14, rue Guignard. 06-62-31-33-22. • chambresdhotes-blois.com • Doubles 84-89 €.*

Chambres d'hôtes Le Clos des Péziers : *26, chemin des Pioches. 06-22-11-58-22. • le-clos-des-peziers.com • Double 137 €.*

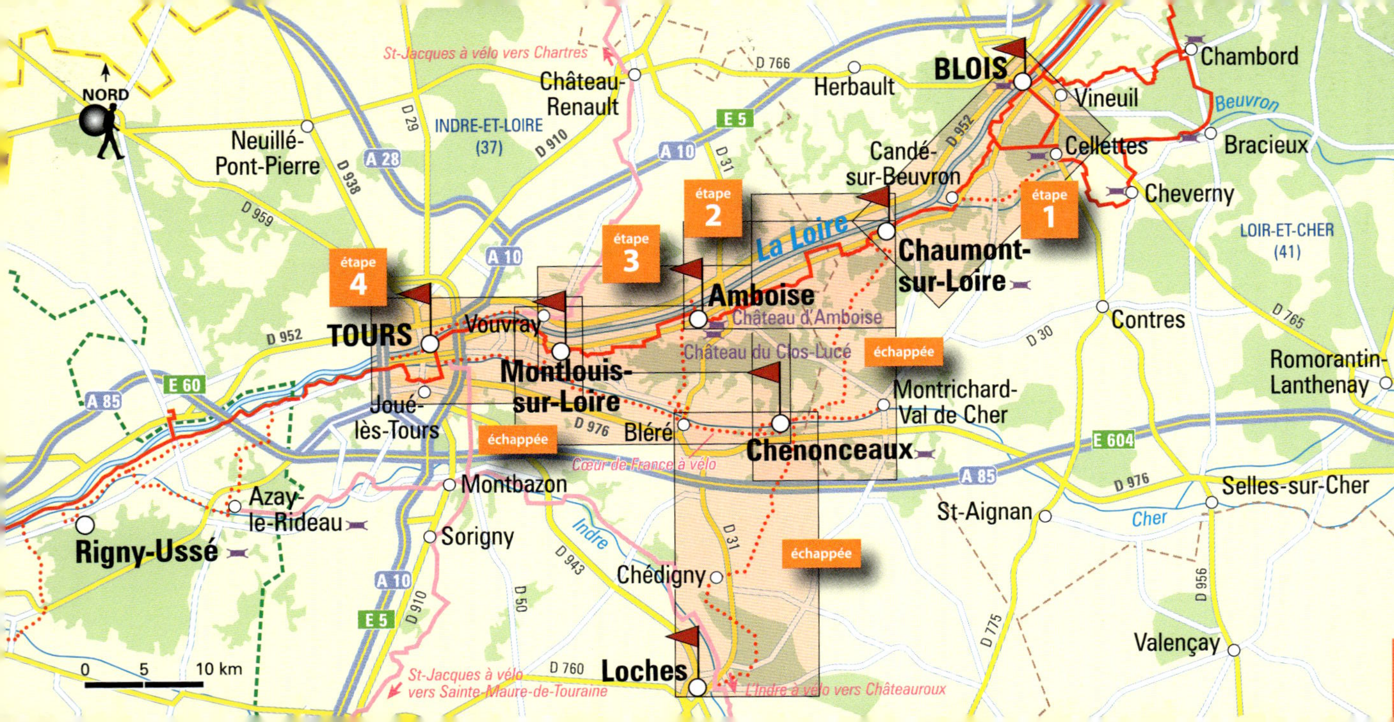
NORD
St-Jacques à vélo vers Chartres
Château-Renault
Herbault
BLOIS
Chambord
Vineuil
Beuvron
Bracieux
Cellettes
Cheverny
Candé-sur-Beuvron
Neuillé-Pont-Pierre
INDRE-ET-LOIRE (37)
LOIR-ET-CHER (41)
D 766
D 29
D 910
E 5
A 10
D 31
D 952
A 28
D 938
D 959
étape 1
étape 2
étape 3
étape 4
La Loire
Chaumont-sur-Loire
Amboise
Château d'Amboise
Château du Clos-Lucé
TOURS
Vouvray
Montlouis-sur-Loire
Contres
D 30
D 765
Romorantin-Lanthenay
échappée
Montrichard-Val de Cher
E 60
A 85
Joué-lès-Tours
D 976
Bléré
Chenonceaux
E 604
Cœur de France à vélo
Montbazon
Azay-le-Rideau
Selles-sur-Cher
St-Aignan
Cher
Rigny-Ussé
Sorigny
Indre
D 943
D 50
Chédigny
D 956
D 775
Valençay
0
5
10 km
D 760
Loches
St-Jacques à vélo vers Sainte-Maure-de-Touraine
L'Indre à vélo vers Châteauroux

Château de Chenonceau

71 km

Itinéraire 4

DE BLOIS À TOURS

Les rois de France ne s'étaient pas trompés en choisissant cette partie de la vallée pour sa douceur et sa campagne giboyeuse. Ce jardin de la France est considéré comme le saint du saint de l'esprit français, une cocagne heureuse où se concentre l'esprit Renaissance. Au fil de ***La Loire à Vélo***, parmi les plus beaux châteaux de France posés entre la Loire et ses affluents, soulignés de prestigieux vignobles avant l'arrivée en douceur dans la belle capitale de la Touraine. Un parcours assez facile, qui alterne voies vertes au bord de l'eau et petites routes avec quelques côtes dans les vignes.

BLOIS

Bâtie en amphithéâtre sur les coteaux qui dominent la Loire, Blois fut le centre de la Renaissance française, comme en témoigne son majestueux château. On y trouve de vieux quartiers bourrés de charme escaladant les flancs escarpés de la rive. On conseille ici de délaisser le vélo pour arpenter à pied la ville étagées entre d'improbables volutes d'escaliers, ruelles et passages pavés qui s'enchevêtrent entre le château et la cathédrale perchée. Blois vit naître en 1462 Louis XII, roi de France en 1498, en 1647 Denis Papin, l'inventeur de la machine à vapeur, ou encore en 1805 l'illusionniste Robert-Houdin. Blois est aussi le point de départ des circuits ***Les Châteaux à vélo*** qui offrent la plus grande concentration de châteaux de toute la vallée. Avec son atmosphère typiquement ligérienne, ses nombreux services et sa facilité d'accès, la bonne ville de Blois est assurément une porte d'entrée de choix de ***La Loire à Vélo.***

***Office de tourisme Blois-Chambord** : 5, rue de la Voûte.* ☎ *02-54-90-41-41.* • *bloischambord.com* • Itinéraires balisés dans la ville, carte (gratuite) des circuits **Les Châteaux à vélo.** Application gratuite pour smartphone. Vente Pass châteaux. Visites guidées. Consignes Vélobox gratuites sur le quai, avant le pont Jacques-Gabriel.

Billet combiné Château de Blois et Maison de la magie : 21 €. Avec la Fondation du Doute : 25 €. Avec son et lumière du château : 29 €.

***Détours de Loire** : 29, av. du Dr-Jean-Laigret, près de la gare.* ☎ *02-54-56-07-73 ;* • *tourdeloire.com* • Boutique, réparation et dépannage. Possibilité d'aller simple entre Orléans, Blois, Tours et au-delà.

***Les Vélos Verts** : 3, av. Gambetta, près de la gare.* ☎ *02-54-74-57-05.* • *lesvelosverts.com* • *loirevelo.com* • *Résa moins chère en ligne.* Location de VTC et VAE avec accessoires et conseils. Possibilité d'aller simple et de transfert de bagages entre Blois, Amboise, Tours et Saumur mais aussi Angers et Nantes.

***Rando Vélo** : 29 Q, av. Gambetta.* ☎ *02-42-44-02-15.* • *randovelo.fr* • Agence nationale vélo de référence basée à Blois. Nombreux parcours en itinérance sur la Loire et ailleurs.

Les châteaux à vélo : 500 km d'itinéraires balisés, savant mélange de culture et de nature, qui permettent de relier à vélo les plus beaux châteaux du val de Loire. En tout 15 circuits fléchés (avec des numéros) sur petites routes, voies vertes et pistes cyclables, avec peu de pentes et équipés d'aires d'arrêt. De quoi passer du bon temps à travers ce terroir attachant, entre Loire et Sologne, parsemé des vignobles de l'AOC cheverny. ***Carte gratuite dans les offices de tourisme.*** • *bloischambord.com* •

– ***Fête du Vélo** : 1er w-e de sept.* ☎ *02-54-90-41-41. Tarif : 5 € ; réduc.* Un circuit organisé, sécurisé et ponctué d'animations.

– ***Marchés** : sam mat, pl. Louis-XII. Marché bio ven soir, pl. Rol-Tanguy (rive gauche).*

Le château : ☎ *02-54-90-33-33.* • *chateaudeblois.fr* • *(accès partiel). Avr-oct, tlj 9h-18h30 (19h juil-août) ; nov-mars, tlj 10h-17h ; dernière entrée 30 mn avt. Entrée : 13 € ; réduc. Visite libre ou guidée (4 € en sus ; elle est excellente !). Visite insolite du château (durée 2h) avr-Toussaint w-e et j. fériés à 10h30 (plus mar et jeu en juil-août) sur résa (supplément de 6 €). Visite familiale ludique tlj sur résa pdt les vac scol à 14h30. Visite nocturne à la lampe-torche le soir en basse saison.*

– ***Son et lumière « Ainsi Blois vous est conté » :*** *avr-sept et vac scol de la Toussaint, tlj à la tombée de la nuit. Audioguide en 10 langues (gratuit). Prix : 11 € (20 € avec visite du château).*

– ***Escape Game « La Folle Évasion de Marie de Médicis » :*** ☎ *02-54-90-33-32. Prix : 355 € par groupe, à partir de 8 pers (16 ans au moins sans accompagnateur, 12 ans avec accompagnateur).*

Bâti dès le Xe s sur un coteau en plein centre-ville, le château, dont vous contemplez les façades si différentes les unes des autres, est une remarquable illustration de l'évolution de l'architecture française du XIIIe au XVIIe s. Ici, on vous offre ***« 4 châteaux en 1 ».*** Cette forteresse médiévale fut en effet transformée par ses différents occupants tout au long de son histoire. Dès le XIIIe s, les comtes de Blois en font l'une des principales places fortes du royaume de France. Et c'est en 1498 que le comte de Blois, Louis d'Orléans, devient roi de France sous le nom de ***Louis XII.*** Il fait de Blois la capitale du royaume et transforme la forteresse médiévale en un palais royal prêt à accueillir une cour et ses réceptions.

Témoins de cette époque : les ailes de brique et de pierre aux belles arcades de style gothique flamboyant, qui abritent désormais le musée des Beaux-Arts.

Son successeur, ***François Ier***, qui introduit le style Renaissance en France, construit l'aile favorite des visiteurs, avec ses loggias sur la façade extérieure et, plaqué sur la façade côté cour, l'escalier d'apparat à vis, enfermé dans une tour octogonale et décoré de sculptures merveilleuses. C'est dans cette aile qu'en 1588, sous le règne d'Henri III, fut assassiné ***le duc de Guise*** (23 coups de couteau !).

Mais les rois de France délaissent peu à peu Blois pour leurs châteaux parisiens. Menacé de destruction sous Louis XVI, le château devient une caserne, et ce jusqu'au XIXe s, où commence alors sa restauration menée par Félix Duban. Excepté les façades, beaucoup de ce que vous verrez dans le château date donc du XIXe s, notamment les étonnants décors peints, aux associations de couleurs et de styles assez déroutantes.

Le ***parcours de visite*** fort bien pensé et une signalétique contemporaine permettent au visiteur de découvrir tour à tour les aspects de la vie quotidienne à la Cour, de mieux comprendre l'invention de la Renaissance, de percevoir la face tragique des guerres de Religion, par-delà le côté farce dramatique du récit habituel, etc.

La visite guidée est un bon moyen de réviser son histoire et son vocabulaire. Les mignons étaient des favoris chargés de surveiller les entrées des cabinets, « sas d'attente » d'appartements ayant vocation polyvalente, faute de place. L'étiquette était née, encore fallait-il l'appliquer. Des tables tactiles permettent d'aborder de façon ludique les collections des ***salles d'architecture*** (au rez-de-chaussée de l'aile François-Ier), notamment leur belle série de gargouilles. Au 1er étage des ***appartements royaux,*** l'accent est mis sur la vie de la Cour. Un redéploiement astucieux des collections du ***musée des Beaux-Arts*** redonne cohérence et vie à l'aile Louis-XII : mobilier, armes... Remarquer, dans la ***chambre de la Reine,*** l'étonnant portrait d'Antonietta Gonsalvus, fillette de la cour d'Henri II atteinte d'hirsutisme.

Au 2e étage, retour sur un fait divers célèbre, avec la ***chambre du Roi...*** nommée ainsi bien qu'aucune preuve n'atteste que le souverain y ait passé la moindre nuit ! La ***salle du Conseil*** réunit les tableaux du XIXe s consacrés à l'assassinat du duc de Guise. On remonte le temps, ensuite, jusqu'à Félix Duban, qui avait une façon bien à lui de concevoir la restauration des monuments historiques. La suite à la nuit tombée, avec le son et lumière, qui revisite lui aussi l'histoire à sa façon.

La Maison de la magie Robert-Houdin : *1, pl. du Château. ☎ 02-54-90-33-33. • maisondelamagie.fr • Avr-août et pdt les vac de la Toussaint et Noël, tlj 10h-12h30, 14h-18h30 ; sept, le w-e 10h-12h30, 14h-18h30. Entrée : 11 € ; réduc.* Dans une gigantesque maison bourgeoise face au château, construite dans le style de l'aile Louis-XII. Une maison qui a du mal à garder son sérieux avec ces dragons qui surgissent des fenêtres pour annoncer aux petits et aux grands que l'heure de la magie a sonné. Elle accueille ce musée en hommage à Jean-Eugène Robert-Houdin (1805-1871). Son théâtre parisien du Palais-Royal, dédié uniquement à la magie, présentait des numéros pleins d'humour, de poésie, de créativité, dans un décor de salon bourgeois. Retiré de la scène (et de la Seine) en 1852, il vivait à Saint-Gervais, à 3 km au sud de Blois. La vie de ce magicien et inventeur étonnant se dévoile au fil des pièces.

La Fondation du Doute : *14, rue de la Paix. ☎ 02-54-55-37-40. • fondationdudoute.fr • Avr-oct, mer-dim 14h-18h30, plus mar en juil-août ; nov-mars, ven-dim, mêmes horaires. Entrée : 7,50 € ; réduc. Visites guidées en été : rens sur le site internet. Sur place le café Le Fluxus.* Portée par l'artiste Ben, cette fondation s'éloigne autant d'un musée traditionnel que le mouvement Fluxus d'un art figé. Proche du dadaïsme, Fluxus est un état d'esprit, né dans les années 1960 aux États-Unis, caractérisé par la volonté de désacraliser l'art pour l'inscrire dans le quotidien et le réel, avec pour but de révolutionner le monde de la culture. Passé la stupéfiante grande cour du « Mur des mots » constituée de 313 plaques émaillées de *tableaux-écritures* de Ben, l'exposition permanente présente plus de 300 œuvres déjantées, archives, documents et vidéos, réalisés par une cinquantaine d'artistes. La visite amuse autant qu'elle pousse à la réflexion sur nos certitudes et… nos doutes. Pavillon d'expos temporaires en accès libre dans le cloître.

Le port de la Creusille : *en rive sud, en dir. de Vineuil, sur les circuits 9 et 12 (• blois.fr•).* C'est le spot pour la pause photo au coucher de soleil. Ancien port fluvial, il est aujourd'hui aménagé en espace de loisirs avec des bancs, une guinguette, un camping et des évènements en été. C'est aussi le point de départ de balades à pied, à vélo et en bateau.

Promenade en bateau traditionnel sur la Loire : *☎ 02-54-56-09-24. • observatoire loire.fr • Juil-août, mar-ven à 14h30 (plus 20h mar et jeu), w-e à 14h30 et 16h ; avr-juin et sept, départs mar-sam à 14h30. Résa obligatoire. Billet : 10 € ; réduc. Billets et départ du port de la Creusille.* La balade offre une jolie vue sur la ville. Également balade nature pour observer la faune et la flore de la Loire, balade au crépuscule…

Promenade en canoë-kayak : *fin avr-fin sept, avec Loire Kayak (près du camping). 06-62-90-15-43. • canoe-france.com •* Circuits de 6,5 à 31 km.

Espace loisirs Agl'eau : *30, av. Pierre-Brossolette, en rive sud à 1 km de l'itinéraire au S-O. ☎ 02-54-79-70-30. • agl-eau.fr • Adulte : 7 € ; réduc.* Piscine avec aménagements ludiques, sauna et hammam. Parfait pour détendre les muscles avant de remonter en selle.

⇛ CELLETTES

Le château de Beauregard : *☎ 02-54-70-41-65. • beauregard-loire.com • Ouv fin mars-juin et sept, tlj 10h30-18h30 ; juil-août, tlj 10h-19h30 ; d'oct à mi-nov, tlj 10h30-17h30. Entrée : 14 € ; visite parc, chapelle et jardin des Portraits seulement : 9 € ; réduc. Supplément de 3 €/vélo. Visite guidée (sans supplément) ou libre. Pique-nique possible dans le parc.* Entouré d'un vaste parc à l'anglaise, le château domine la vallée du Beuvron. La plus grande partie date du début du XVIe s. La galerie des Illustres, au 1er étage, comporte 327 portraits historiques qui illustrent à leur façon 315 ans de l'histoire de l'Europe. Levez le nez vers le plafond de 1624, peint en poudre de lapis-lazuli. Baissez le nez : le carrelage de la galerie (en faïence de Delft) représente toute une armée de l'époque de Louis XIII en marche. Côté parc, différents univers botaniques, dont le jardin des Portraits, un jardin de plantes vivaces, où Gilles Clément a repris le principe de la galerie en juxtaposant des compositions de plantes.

Étape 1

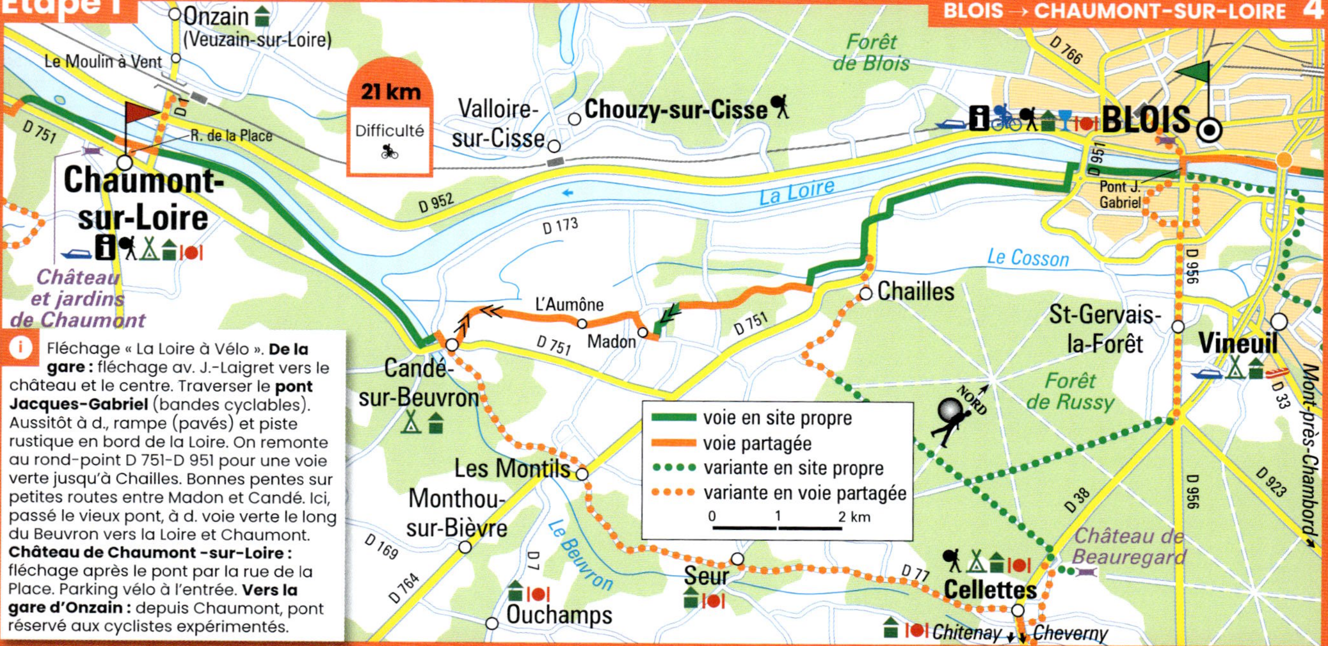

i Fléchage « La Loire à Vélo ». **De la gare :** fléchage av. J.-Laigret vers le château et le centre. Traverser le **pont Jacques-Gabriel** (bandes cyclables). Aussitôt à d., rampe (pavés) et piste rustique en bord de la Loire. On remonte au rond-point D 751-D 951 pour une voie verte jusqu'à Chailles. Bonnes pentes sur petites routes entre Madon et Candé. Ici, passé le vieux pont, à d. voie verte le long du Beuvron vers la Loire et Chaumont. **Château de Chaumont -sur-Loire :** fléchage après le pont par la rue de la Place. Parking vélo à l'entrée. **Vers la gare d'Onzain :** depuis Chaumont, pont réservé aux cyclistes expérimentés.

On quitte Blois sur un joli panorama en bord de Loire avant une incursion vers l'ancien petit port de Candé-sur-Beuvron, non sans quelques côtes au passage. Jolie voie verte boisée jusqu'au confluent du Beuvron, puis le long de la Loire jusqu'à Chaumont.

⇛ CHAUMONT-SUR-LOIRE

Village étiré tout en longueur entre la Loire et le coteau. Sur la colline la plus élevée se dresse le célèbre château qui tous les ans ; d'avril à octobre, accueille le célébrissime *Festival international des jardins.*

Bureau d'informations touristiques : *24, rue du Maréchal-Leclerc. ☎ 02-54-20-91-73.* • ***bloischambord.com*** • ***Dans la rue principale.*** Vente des *Pass* châteaux.

Le Domaine : *☎ 02-54-20-99-22. • domaine-chaumont.fr • Tlj avr-août, 10h-20h ; sept, 10h-19h30 ; avr et oct, 10h-19h ; fév-mars et de fin oct à mi-nov 10h-18h ; de mi-nov à fin janv, 10h-17h30. Dernier accès 45 mn avt fermeture du site. Entrée (avec Festival international des jardins) : avr-oct 20 € (pass 2 jours 35 €) ; nov-avr 15 € ; réduc. Audioguide 4 €. Visite libre.* Ce domaine, au superbe intérieur de pierre et de pavés, encore très médiéval par l'austérité de son architecture et de sa déco, appartenait à Catherine de Médicis. À la mort de son mari Henri II, elle obligea Diane de Poitiers, sa rivale, à l'accepter pour l'échanger avec Chenonceau, plus charmant et moins massif. En suivant les rois de France, on vit un roman-fleuve ! Le domaine revit aujourd'hui, à l'intérieur comme à l'extérieur, par la volonté d'une directrice amoureuse de l'art contemporain, qui a su en faire le 1er ***Centre d'arts et de nature*** consacré à la relation de la création artistique et de la nature.

De la terrasse, qui occupe l'emplacement de l'aile nord démolie au XVIIIe s, vue sur la Loire. Les appartements historiques ont été garnis de meubles et d'œuvres d'art dans le style des XVe et XVIe s, qu'un dialogue avec des œuvres contemporaines rend plus proches de nous. La salle du Conseil abrite un splendide carrelage dit « majolique », du XVIIe s.

Magnifiques ***écuries,*** considérées à la fin du XIXe s comme les plus luxueuses et les plus modernes d'Europe.

Le Festival international des jardins : un lieu unique de créations éphémères. Chaque année, une trentaine d'artistes et de paysagistes venus du monde entier réalisent des jardins sur un thème précis. Ces « installations » paysagères vont évoluer durant les 6 mois de leur exposition, la beauté du jardin atteignant son apogée en automne. Superbe musée d'art contemporain paysager à ciel ouvert !

Découverte de la Loire en toue : *06-88-76-57-14. • milliere-raboton.net • Sur résa. Embarquement au port, à l'aplomb du château. Tarif : 20 € pour 1h30 ; réduc.* Plusieurs balades, dont observation de castors. Également des sorties plus élaborées, certaines incluant un bivouac.

⇛ ÉCHAPPÉE : CHOUZY-SUR-CISSE

Sentier pieds nus, tir à l'arc et autres activités nature : *1, chemin du Sainfoin. Accès par le circuit Châteaux à vélo n° 21 depuis le pont d'Onzain. ☎ 09-75-60-67-64. • loisirs-loirevalley.com • Juil-août, tlj 10h-19h ; sept-oct, mer-sam 10h-18h ; sur résa nov-fév ; mars, mer et sam 10h-18h ; avr, tlj 10h-18h ; mai, mer-dim 10h-18h ; juin, mer et sam-dim 10h-18h. Randonnée sensorielle : 10 € ; réduc. Parcours 3D tir à l'arc : 24 €.* Un paradis nature et ludique. Parfait en famille.

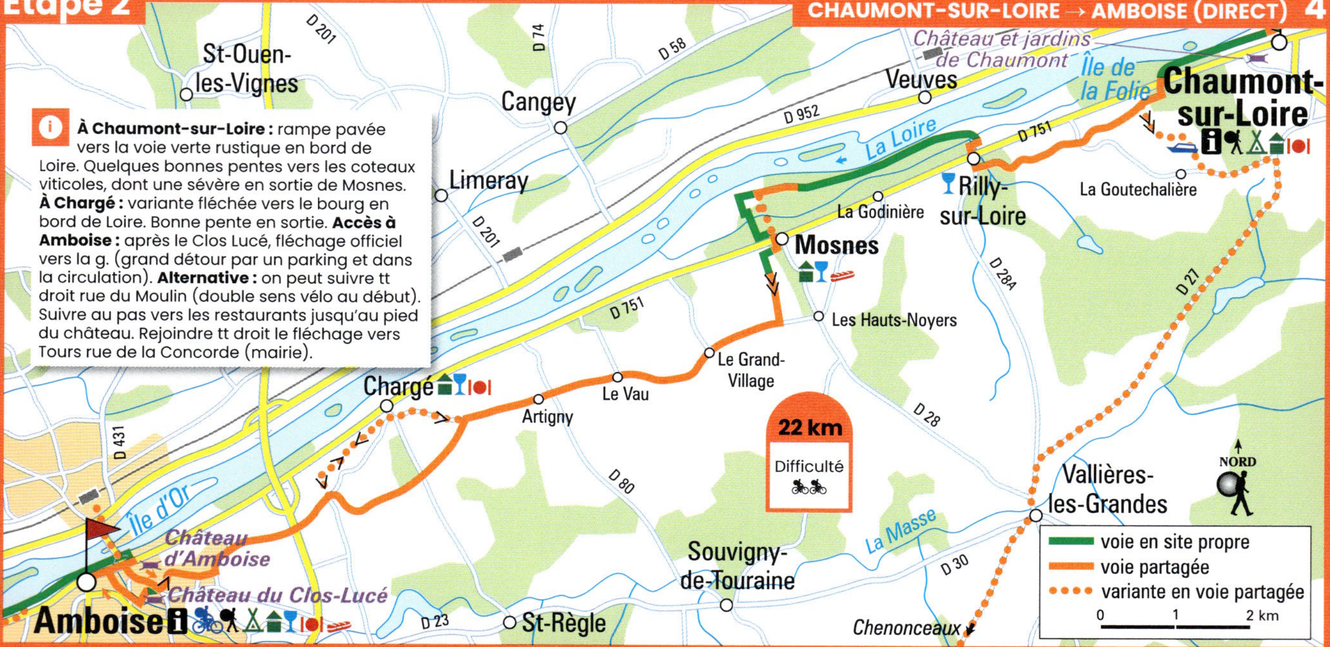

À Chaumont-sur-Loire : rampe pavée vers la voie verte rustique en bord de Loire. Quelques bonnes pentes vers les coteaux viticoles, dont une sévère en sortie de Mosnes. **À Chargé :** variante fléchée vers le bourg en bord de Loire. Bonne pente en sortie. **Accès à Amboise :** après le Clos Lucé, fléchage officiel vers la g. (grand détour par un parking et dans la circulation). **Alternative :** on peut suivre tt droit rue du Moulin (double sens vélo au début). Suivre au pas vers les restaurants jusqu'au pied du château. Rejoindre tt droit le fléchage vers Tours rue de la Concorde (mairie).

La balade serpente entre les coteaux viticoles de l'appellation touraine-amboise avec d'inévitables côtes afin d'éviter la D 751 très fréquentée. Splendide arrivée à Amboise par le Clos Lucé avant de débouler au pied de l'un des plus impressionnants châteaux de la Loire.

⇛ MOSNES

***L'épicerie de Mosnes :** pl. de l'Église. ☎ 02-47-79-51-14. Lun-ven.* Épicerie multi-service avec des produits locaux (fruits et légumes, fromage de chèvre, charcuterie, miel, vin de Touraine) et pain et viennoiseries cuits sur place. Petite terrasse pour la pause-café.

Appellation touraine-amboise

Les vignerons de la région d'Amboise commercialisent leurs vins sous l'appellation touraine-amboise. Le vignoble s'étend sur les 2 rives de la Loire sur environ 200 ha. On y produit des vins rouges à partir des cépages gamay, cabernet et côt. Ceux-ci sont en général fruités, avec des arômes de fruits rouges et de poivre. Ils doivent être consommés jeunes et à température de cave. Les rosés proviennent des mêmes cépages que le rouge, mais aussi du glera, un cépage typiquement tourangeau. Ils doivent être bus dans l'année pour conserver leur fraîcheur et leur vivacité. Servis à basse température, ce sont de bons vins de soif, de comptoir ou de pique-nique. Les blancs proviennent exclusivement du chenin et peuvent être secs, demi-secs ou moelleux lorsque la nature le permet.

Découvrir les vignes

***Excursions guidées dans les vignes :** 06-73-67-61-32. • vinoloire.fr • Visites individuelles ou en famille, de 2h à une demi-journée ou la journée complète (sur mesure).* Vincent Delaby fait découvrir les vignobles de l'ensemble du Val de Loire en se baladant à travers les vignes, entre autres à vélo. Prestations possibles sur mesure. Dégustations.

Découvrir les vins

***Les Caves Ambacia :** 56, rue du Rocher-des-Violettes, 37400 **Amboise**. ☎ 02-47-57-20-77. • caves-ambacia.fr •* Des caves qui remontent à la Renaissance ! Une sélection de vins et d'épicerie fine. Visites avec animations œnologiques et gastronomiques (12 €).

***Domaine Les Pierrettes :** 9, le Meunet, 41150 **Rilly-sur-Loire**. Sur l'itinéraire. ☎ 02-54-20-98-44. • domainedespierrettes.fr •* Producteurs de l'appellation touraine dans les 3 couleurs. Dégustation toute l'année, terrasse pour une pause pique-nique et apéro-concerts en saison.

***Cellier du Beaujardin :** 32, av. du 11-Novembre, 37150 **Bléré**. ☎ 02-47-57-91-04. • vins-beaujardin.com •* Divers AOP Touraine, dont un Touraine-Chenonceaux, pour la vie de château.

Et pour changer des AOC...

***Art is an Ale brewing :** 2 bis, rue du Général-Foy, 37400 **Amboise**. ☎ 09-54-63-45-92. • artisanale-brewing.com •* Pour changer des AOC, brasserie artisanale qui produit des bières américaines avec des ingrédients français. Dégustation.

⇛ AMBOISE

Louis XI y habita. Charles VIII y naquit et y mourut. Louis XII et François Ier y séjournèrent. C'est à Amboise et non à Paris que tous ces rois de France ont voulu gouverner. C'est également dans les environs que Mick Jagger s'est offert un petit manoir du XVIIIe s. On les comprend ! Le petit centre-ville, aux ruelles médiévales, regorge de pépites, comme sa tour de l'horloge, de bonnes adresses pour se restaurer proposant des produits de qualité et d'excellents breuvages issus du terroir local.

Office de tourisme Amboise Val de Loire : *quai du Général-de-Gaulle.* ☎ *02-47-57-09-28.* ● *amboise-valdeloire.com* ● Visites thématiques et costumées du centre historique, du château du Clos Lucé, ou des silos troglodytiques. Plan de ville avec au verso les circuits vélo du secteur.

Petit train : *06-63-18-45-68.* ● *petits-trains-val-de-loire.fr* ● En cas de grosse fatigue…

Roue Lib' : *9, square des Enciens Combattants d'afn.* *06-76-53-52-13.* ● *rouelib.com* ●

– ***Marché :*** ***ven et dim mat.*** Le long de la Loire, l'un des plus beaux de la vallée.

Le ***pont du Maréchal-Leclerc*** offre la meilleure vue d'ensemble sur la ville. Avec, dominés par l'imposante silhouette du château, les quais, où l'on aperçoit encore quelques maisons des XVe et XVIe s. En aval s'étend la promenade du Mail avec la fontaine signée Max Ernst.

Le château royal : ☎ *02-47-57-00-98.* ● *chateau-amboise.com* ● *Juil-août, 9h-19h ; le reste de l'année, vérifier les horaires sur le site internet. Entrée : 13,10 € ; réduc. Visites : libre (avec Histo-Pad) ou guidée (sans supplément). En saison, visite guidée des souterrains et des tours sur résa (4,50 € en sus). Café.* Perché juste au-dessus de la Loire, le lieu de résidence privilégiée des Valois. Impressionnants ***remparts*** – ceux de l'ancienne forteresse. Juxtaposition flagrante mais harmonieuse des styles « français » (ou « gothique ») et « italien » (ou « Renaissance »).

On découvre d'abord l'histoire du château dans ***l'orangerie.*** Sa construction débute à la fin du XVe s, sous le règne du roi Charles VIII, né à Amboise en 1470. Puis on commence la visite par le côté sud de la terrasse et la petite ***chapelle royale Saint-Hubert :*** un vrai bijou d'architecture gothique de la fin du XVe s, une dentelle de tuffeau. L'***intérieur du château,*** magnifiquement meublé, dégage une atmosphère de fin d'époque médiévale. ***Jardins panoramiques,*** classés « jardins remarquables » et refuge ornithologique qui dominent la Loire : « jardin paysager » sur la partie haute, « jardin de Naples » restitué dans son état originel, dont les essences méditerranéennes rappellent le goût pour l'art des jardins italiens. Pelouses à disposition pour la pause et le pique-nique.

Le château du Clos Lucé, parc Leonardo-da-Vinci : *2, rue du Clos-Lucé.* ☎ *02-47-57-00-73.* ● *vinci-closluce.com* ● *(rdc, sous-sol et parc). À 400 m du château d'Amboise, remonter la rue Victor-Hugo. Janv 10h-18h, fév-oct 9h-19h (20h en juil-août). Entrée : 18 € ; réduc. Animations. Aire de pique-nique et jeux pour enfants.* C'est en Italie, après la victoire de Marignan, que François Ier rencontra Léonard de Vinci. L'artiste vécut dans cette véritable merveille de la Renaissance, les 3 dernières années de sa vie (jusqu'en 1519). ***À l'intérieur,*** chambres de Léonard de Vinci et de Marguerite de Navarre, cuisine, salle du conseil, les ateliers du peintre. Les murs de l'oratoire du XVIe s ont été décorés de fresques exécutées par des disciples. Au ***sous-sol,*** exposition de 40 maquettes de ses inventions. Dans ***le parc,*** parcours paysager ludique où l'on découvre les reconstitutions de ses célèbres engins, que chacun peut manipuler ; et dans « Le jardin de Léonard », on déambule parmi une végétation qu'il a dépeinte. La halle, de style Eiffel, permet de comprendre le génie du maître toscan.

L'Auberge du Prieuré : *dans le parc, au fond, à l'opposé du château. ☎ 02-47-57-69-01. 06-17-39-69-78. Ouv tlj sauf lun. Menus midi 18-25 €.* Bon menu Renaissance avec recettes et mets de l'époque présentés dans leur contexte historique lors du service. Belle terrasse donnant sur le parc. ***Crêperie*** avec une terrasse très agréable dans le jardin. ***La Table du Moulin :*** resto au bord de l'eau ; en terrasse, grillades et salades.

Le Domaine royal de Château Gaillard : *29, allée du Pont-Moulin (accès pédestre). ☎ 02-47-30-33-29. • chateau-gaillard-amboise.fr • Dans une rue perpendiculaire à celle du Clos Lucé. Tlj 11h-18h. Dernier accès à 17h30. Entrée : 14 € ; réduc. 3-6 visites guidées/j.* En 1505, Louis XII offre ce domaine royal à son maître jardinier... en échange d'un bouquet de fleurs d'oranger annuel ! Consécration du génie de l'Italien Dom Pacello, qui avait créé ici le 1er jardin Renaissance et la 1re orangerie de France. Domaine de 15 ha, où les sentiers sillonnent les bois touffus et livrent de ravissantes perspectives sur le « palazotto ». À l'intérieur du château, rien ne manque, des cheminées ouvragées aux vitraux polychromes dits « de saint Just » et soufflés à la bouche, en passant par les cuisines troglodytiques ou le cabinet de curiosités. Quant au jardin, il reprend les théories du maître : une succession de carrés où le minéral et le végétal entremêlent leurs couleurs. Les serres renferment la collection complète des agrumes répertoriés dans le monde. Ajoutez un détour par la boulangerie du XVe s et l'orgue olfactif dans une grotte et vous obtenez une visite hors norme.

La pagode de Chanteloup : *à 3 km au sud-ouest du centre-ville d'Amboise par la route de Bléré-Loches (peu adaptée au vélo). ☎ 02-47-57-20-97. • pagode-chanteloup.com • (parc seulement). Fin mars-sept, tlj 10h-18h (19h juin-août) ; d'oct à mi-nov, tlj 14h-18h. Entrée : 11 € ; réduc. Visite guidée gratuite, juin-sept, mer et sam-dim à 15h30 (30 mn).* Une pagode haute de 44 m qui rappelle à quel point le XVIIIe s aimait les « chinoiseries ». Du sommet, on admire les environs, le départ des allées forestières, et les carpes koï qui évoluent dans la pièce d'eau de 3 ha. Jeux et pique-niques dans le parc en saison *(paniers pique-nique 13-16 €, sandwichs...).* En été, barques, jeux rares, anciens ou d'ailleurs... pour s'amuser comme les rois d'antan.

Parc des Mini-Châteaux : *bd Saint-Denis. Hors, à 3 km au sud du centre-ville d'Amboise. ☎ 02-47-23-44-57. • parcminichateaux.com • Ouv tlj avr-juin,10h-18h30 ; juil-août 9h30-19h ; sept-nov 10h30-18h. Entrée : 14,50 € ; réduc. Duo Mini-Châteaux + Aquarium : 24 € ; réduc.* Pour ceux qui voudraient mettre la culture à l'échelle de leurs bambins : 45 maquettes de châteaux au 1/25. Quelques attractions en prime.

Le long du Cher
On peut suivre le Cher jusqu'à Tours (env 35 km du château de Chenonceau) ou vers Montrichard par l'itinéraire « Cœur de France à Vélo ».

Fléchage Chenonceaux sur petites routes avec des passages escarpés. **À la sortie de Chaumont :** après la traversée de la D 751, on grimpe à g. la route de la Vigellerie. **À Chenonceaux** (au pont sur le Cher) voie verte bien fléchée qui longe le Cher jusqu'à Bléré. À Civray, fléchage pour retrouver « La Loire à Vélo » à la sortie d'Amboise (env 20 km château de Chenonceau → Amboise).

Cap sur le petit village de Chenonceaux et son château privé le plus visité de France, emblématique « château des Dames », repérable entre tous pour sa galerie-pont posée sur son miroir d'eau. Ce château de la Loire... bâti au bord du Cher est un must.

⇛ CHENONCEAUX

Office de tourisme Autour de Chenonceaux : *1, rue du Dr-Bretonneau. ☎ 02-47-23-94-45. • autourdechenonceaux.fr •*

Le château et les jardins de Chenonceau : *☎ 0820-20-90-90 (0,09 €/mn). • chenonceau.com • Horaires variant selon saison de 9h-9h30 à 16h30 au plus tôt en hiver et 19h au plus tard en été. Entrée : 15 € (avec brochure)-19 € (avec audioguide) ; réduc. Promenade en barque (juil-août), en canoë (• canoe-company.fr •). 3 restos (ouv seulement au déj, de mi-mars à mi-nov), aires de pique-nique.* Durant sa longue histoire, Chenonceau a appartenu à 6 femmes, dont Diane de Poitiers, maîtresse d'Henri II, qui a dû le céder à sa grande rivale et pourtant cousine, Catherine de Médicis, à la mort du roi (elle récupère alors en échange le château de Chaumont-sur-Loire, aux revenus bien plus prospères à l'époque). Catherine fit ensuite construire l'emblématique galerie qui enjambe le Cher, à l'image de son Ponte Vecchio natal. Chenonceau est le ***seul château-pont au monde.*** Dans l'avant-cour s'élèvent la tour des Marques, un donjon cylindrique du XVe s, vestige de l'ancien château fort, et le château de Bohier, vaste pavillon carré bâti à partir de 1515. La grande galerie, qui s'appuie contre la façade sud de cet édifice, a été rajoutée en 1560 dans un style déjà presque classique. Longue de 60 m, large de 6 m, haute de 2 étages et éclairée par 18 fenêtres, elle repose sur un pont de 5 arches franchissant le Cher sur toute sa largeur. Chenonceau est aussi célèbre pour les splendides ***compositions florales*** qui ornent chacune des salles, et les magnifiques ***jardins*** de part et d'autre de l'entrée du château. Extérieurs : ***ferme du XVIe s,*** potager des fleurs juste à côté, ***jardin musical*** et ***jardin clos de Russell Page*** (paysagiste du XIXe s), parc de 70 ha, ***labyrinthe*** planté dans les bois...

⇛ ÉCHAPPÉE : MONTRICHARD

Charmante petite ville étirée langoureusement sur le Cher, qui compte de nombreuses maisons historiques et, dominant le tout, un gros donjon carré du XIe s. On prononce « Mon-tri-chard ».

Maison du tourisme de Montrichard : *☎ 02-54-32-05-10. • sudvaldeloire.fr •*

Le donjon : *06-48-57-94-86. • team-montrichard.fr • Ouv d'avr à mi-sept. Juil-août, tlj sauf lun 10h-18h ; sept 14h-17h ; horaires variables le reste de l'année. Entrée : 5 € ; réduc.* Massive tour en pierre de taille datant du début du XIe s, seul vestige de la forteresse. Promenade agréable au milieu des ruines et beau panorama sur la ville.

– ***Les musées du donjon :*** *à l'entrée.* 2 petits musées (ethnographique et archéologique).

Échappée belle

Fléchage dir. Loches sur petites routes assez vallonnées. **À la sortie de Chisseaux :** au pont sur le Cher, à gauche sur la D 80 vers Francueil.

30,5 km

Difficulté

Des rives du Cher, cap au sud pour une échappée bucolique hors des sentiers battus jusqu'à la petite ville royale de Loches.

⇛ CHÉDIGNY

Un village adorable, classé dans son intégralité « Jardin remarquable », qui vit au rythme de sa rivière et des saisons. Des centaines de rosiers anciens grimpent sur les façades des maisons. Le jardin du Prieuré rassemble arbres fruitiers, légumes oubliés et plantes médicinales *(mai-sept, tlj 10h-12h, 14h30-18h ; w-e seulement oct ; entrée : 3 €).*

⇛ LOCHES

Étagée sur les flancs d'une colline, cette attachante « Ville d'art et d'histoire », qui vit naître Alfred de Vigny, domine du haut de son superbe donjon la riante vallée de l'Indre et la campagne environnante. Du quartier médiéval, avec quelques belles maisons des XVe, XVIe et XVIIe s, et de la cité royale émanent un charme indicible.

Office de tourisme : *pl. de la Marne.* ☎ *02-47-91-82-82.* • *loches-valdeloire.com* •

La Chancellerie : *8, rue du Château.* ☎ *02-47-59-48-21. Fin avr-début nov, tlj 10h-18h. Gratuit.* Dans la ville médiévale. Impressionnante façade Renaissance. Évocation contemporaine de l'histoire de la ville. Expos temporaires d'artistes locaux.

La cité royale

– ***Le Logis royal de Loches :*** ☎ *02-47-19-18-08.* • *citeroyaleloches.fr* • *Mai-août, tlj 9h30-19h ; sept-avr, tlj 9h30-18h. Entrée : 10,50 € (incluant l'accès au donjon) ; réduc.* Composé de 2 corps de bâtiment : le Logis de Louis Ier d'Anjou (XIVe s), et celui dit d'Anne de Bretagne, de style gothique flamboyant. Muséographie contemporaine, qui évoque Jeanne d'Arc (elle convainquit ici Charles VII de se mettre en route pour se faire sacrer), Agnès Sorel (maîtresse du même roi), Anne de Bretagne. Beaux points de vue sur l'Indre et sur la ville depuis la terrasse.

– ***Le donjon :*** *visite avec tablette en réalité augmentée.* Construit au XIe s, le donjon est l'un des plus hauts de son genre (36 m) : vue imprenable sur la ville ! Ce sont les annexes, la tour Louis-XI et Le Martelet, édifiés au XVe s, qui abritaient les redoutables cachots. Jean d'Alençon, prince du sang royal et compagnon de Jeanne d'Arc, le duc de Milan, Ludovic Sforza, protecteur de Léonard de Vinci, y furent enfermés. Des graffitis recouvrent les murs des différents cachots. Quant à la tour Louis-XI, elle renferme une salle pudiquement appelée « de la Question », avec carcans et reconstitution d'une cage de fer de l'époque. Enfin, remarquez les trous dans le donjon, qui servaient aux échafaudages. On ne les rebouchait pas, afin que les pigeons puissent y nicher. Autrefois, la richesse des seigneurs se mesurait au nombre de pigeons dont les excréments fertilisaient les terres. Jardin d'inspiration médiévale pour égayer l'ensemble.

La collégiale Saint-Ours : Ours (si si) était un saint de la région au Ve s. Beau portail roman à triple voussures sculptées d'animaux et surmonté d'une Adoration des Mages. La nef est coiffée de 2 curieuses pyramides octogonales creuses appelées « dubes ». C'est dans cette collégiale que repose Agnès Sorel, sous un gisant d'albâtre sur socle de marbre noir.

Le musée Lansyer : ☎ *09-63-52-52-52 ou* ☎ *02-47-59-48-21.* • *ville-loches.fr* • *Mai-début nov. Entrée : 5,50 € ; réduc.* Cette intimiste maison bourgeoise – qui lui venait de sa mère –, typique du XIXe s, présente les œuvres du paysagiste Lansyer, élève de Courbet, et une expo temporaire.

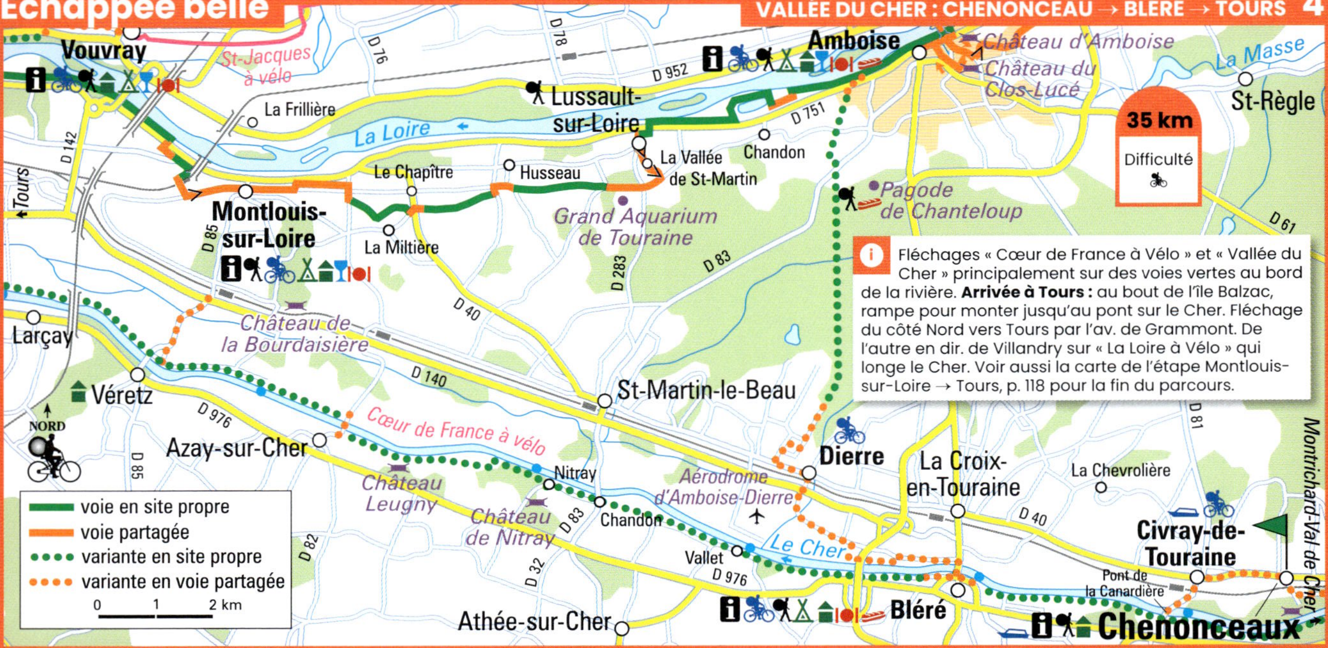

Fléchages « Cœur de France à Vélo » et « Vallée du Cher » principalement sur des voies vertes au bord de la rivière. **Arrivée à Tours :** au bout de l'île Balzac, rampe pour monter jusqu'au pont sur le Cher. Fléchage du côté Nord vers Tours par l'av. de Grammont. De l'autre en dir. de Villandry sur « La Loire à Vélo » qui longe le Cher. Voir aussi la carte de l'étape Montlouis-sur-Loire → Tours, p. 118 pour la fin du parcours.

Sous le charme du château des Dames, nous voici sur l'itinéraire Cœur de France à Vélo, un must qui furète sur les bords du Cher avant de rejoindre la jolie capitale tourangelle. Une échappée rafraîchissante, saupoudrée d'écluses, maisons éclusières et barrages à aiguilles.

⇛ CROISIÈRE SUR LE CHER

Balade sur le Cher : *maison éclusière de Chisseaux. ☎ 02-47-23-98-64. • labelandre.com • Mars-août. Croisière de 50 mn : 12 € ; réduc ; avec repas, 2h30, 57,50-77 € ; réduc.* Au choix, des bateaux récents (genre bateau-mouche), ou une gabare traditionnelle, qui permettent de concilier découverte de la vallée du Cher et passage sous les arches du château de Chenonceau. Possibilité de louer des bateaux électriques sans permis.

⇛ CIVRAY-DE-TOURAINE

Loire Valley Cycling : *1421, rue d'Amboise, à 2 km de la gare de Chenonceaux. 06-07-13-49-50. • loirevalleycycling.com •* Réparation et dépannage vélo et VAE. Location avec possibilité de livraison en gares d'Amboise et Chenonceaux. Circuits et bons conseils sur la région.

Canöe Company : *3, rue de l'Écluse. 06-37-01-89-92. • canoe-company.fr •*

⇛ BLÉRÉ

Vieux bourg commerçant posé au bord du Cher. Une voie romaine déjà franchissait la rivière via un pont, emprunté plus tard par les pèlerins de Compostelle. Le nom de Bléré viendrait d'ailleurs de là, d'une expression gauloise signifiant le « village au pied du pont ».

Office de tourisme : *8, rue Jean-Jacques-Rousseau. ☎ 02-47-57-93-00. • autourdechenonceaux.fr •*

Aire de la Gâtine : idéale pour une pause au bord du Cher avec des chaises longues, des jeux pour les enfants, et même une plage surveillée (en saison) pour vous rafraîchir. Plusieurs restaurants en centre-ville. Autre aire agréable un peu plus loin à Azay, de l'autre côté du pont.

L'église Saint-Christophe : elle est née de la réunion, au XVe s, d'une église romane et d'une chapelle, à l'origine séparées par une ruelle qui forme la nef actuelle. Belle *pietà* dans une des chapelles.

La chapelle Jehan de Seigné : *pl. de la République.* Chapelle funéraire édifiée pour son père par de Seigné, le trésorier de l'artillerie royale, au XVIe s. Joli petit monument de style Renaissance.

⇛ DIERRE

2 CV Légende Organisation : *Les Hêtres. ☎ 02-47-57-92-47. • 2cvlegende.fr •* Non, on ne vous propose pas de multiplier vos roues ! Mais cette entreprise d'événementiel propose une halte aux cyclistes avec rafraîchissements, abri, toilettes sèches, recharge électrique voire bivouac, restauration rapide.

À déguster

Domaine Le Rocher des Violettes : *34, rue de la Roche. 06-15-96-52-47. • lerocherdesviolettes.com • Accueil sur résa.* L'un des domaines incontournables parmi la nouvelle génération de vignerons. Xavier Weisskopf exploite 13 ha en agriculture biologique, dont 9 en appellation montlouis et 4 en touraine. Ses vins sont précis, sur le fruit et amples pour les rouges (super côt vieilles vignes), élégants et vifs pour ses étonnants montlouis. On adore.

Fléchage « La Loire à Vélo ».
Amboise : on rejoint l'itinéraire rue de la Concorde (Mairie), à g. rue Charles VIII. En face quai bas à travers un parking puis un passage pavé. **À Lussault :** bonne côte vers Husseau et la vallée de Saint-Martin.

Échappée Chenonceaux : à 2 km de la sortie d'Amboise. Fléchage Dierre-Chenonceaux par la route du Vaux de Bonnin, qui rejoint l'échappée venant de Chaumont (voir p. 112).

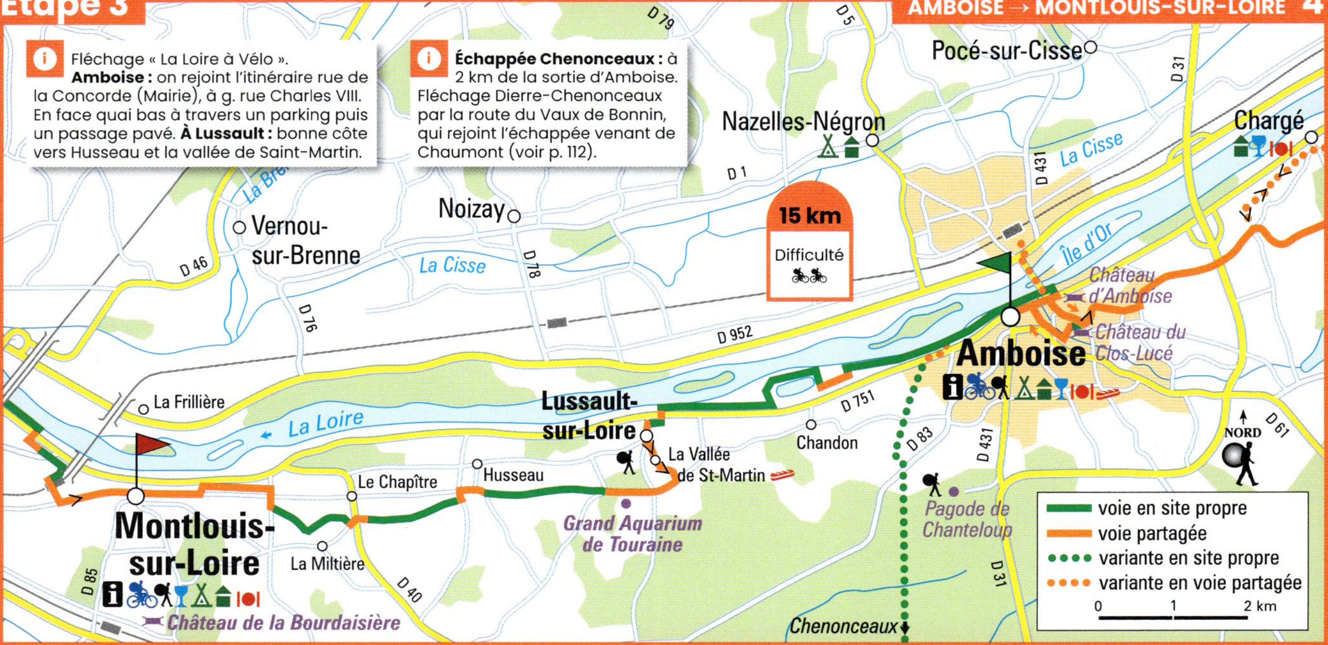

L'itinéraire se faufile dans le lit de la Loire sur de charmantes petites routes, au prix de quelques côtes raisonnables, puis sur des voies vertes à travers les vignes.

⇛ LUSSAULT-SUR-LOIRE

Un village qui s'étage entre les bords de Loire et les coteaux de l'appellation montlouis-sur-loire. Dans le hameau d'Husseau, des vignerons redonnent vie aux vieilles vignes et aux caves creusées dans le tuffeau.

Grand aquarium de Touraine : *fléché depuis l'itinéraire sur les hauteurs de Lussault. ☎ 02-47-23-44-57. • grandaquariumdetouraine.com • Tlj 10h-18h (19h juil-août). Entrée : 14,50 € ; réduc. Duo aquarium + Mini-Châteaux (cf. p. 111) : 26 € ; réduc.* Jolie muséographie avec parcours sensoriel. On découvre d'abord tous les habitants de la Loire, puis cap sur les tropiques (tunnel aux requins). En chemin, grenouilles et caïmans, méduses et crabes géants, carpes koï qui adorent se faire caresser…

⇛ MONTLOUIS-SUR-LOIRE

Gros bourg cossu juché sur le rebord de la falaise qui surplombe la rive sud de la Loire. Quelques belles maisons anciennes, dont le presbytère installé dans un hôtel du XVIe s aux lucarnes ornées de coquilles.

Office de tourisme : *4, pl. Abraham-Courtemanche. ☎ 02-47-45-85-10. • tourisme-montlouis-vouvray.fr •* Circuits découverte du centre-ville.

Maison de la Loire : *60, quai Albert-Baillet. ☎ 02-47-50-97-52. • maisondelaloire37.fr • (rdc).* Doc et sorties thématiques. Expos sur la faune et la flore.

Le château de la Bourdaisière : *25, rue de la Bourdaisière. ☎ 02-47-45-16-31. • labourdaisiere.com • Jardins ouv avr-oct 11h-18h (10h-19h juin-sept). Entrée : 12 € ; réduc. Château-hôtel et petite restauration sur place (voir carnet d'adresses).* Ce domaine, propriété de Louis Albert de Broglie, est devenu une vitrine du surnommé « prince jardinier », s'inscrivant dans une démarche de développement durable et promouvant la biodiversité. Dans tout le parc, on peut admirer les fameuses planches botaniques éditées par Deyrolle. Ferme agroécologique inspirée de la permaculture, célèbre potager, jardins à thème – par exemple le Conservatoire de la tomate : 640 variétés ! Le château à la belle façade néo-Renaissance *(ne se visite pas – mais on peut y dormir !)*, remonte au Moyen Âge.

L'AOC montlouis-sur-loire

Les vins blancs de Montlouis, sont très proches de ceux de Vouvray par leurs qualités aromatiques, tout en étant un peu moins puissants en raison d'une exposition des vignes plus septentrionale. On utilise le cépage chenin et on élève les vins tranquilles ou pétillants dans de belles caves de tuffeau.

Cave touristique des Vignerons-Montlouis : *2, pl. Abraham-Courtemanche. ☎ 02-47-45-18-19.* Petite expo de vieux outils de vinification et de champagnisation.

Cave des producteurs : *2, rte de Saint-Aignan. ☎ 02-47-50-80-98. • maison-laudacius.com •*

Domaine de Montoray : *11, vallée Saint-Martin, Lussault-sur-Loire. Sur l'itinéraire. 06-68-04-57-04. • montoray.fr •* Les 3 couleurs produites en agriculture biologique. Accès à un point d'eau fraiche. Abri pique-nique.

Vers Rochecorbon, Vouvray et Saint-Jacques à Vélo : fléchage par le pont de Fil (passerelle Saint-Symphorien) qui traverse la Loire dans l'axe de la rue Lavoisier.

Fléchage « La Loire à Vélo ». **À Montlouis-sur-Loire :** sortie sur voie partagée, prudence. Rejoindre la piste cyclable le long de la D 751 côté Loire (attention à la traversée après le camping). **Accès à Tours :** rue Lavoisier vers la cathédrale Saint-Gatien. On peut aussi prendre la 1re à d., la rue Colbert qui concentre bars et restaurants et suivre tt droit vers la pl. Plumereau.

Quelle prouesse que cette voie verte qui se faufile en douceur vers la Loire esquivant routes, voies ferrées et zones d'activité ! On file sans embûches du camping de Montlouis jusqu'au cœur de Tours, avec en arrière-plan les coteaux de Vouvray et Rochecorbon sur l'autre rive.

⇛ LA-VILLE-AUX-DAMES

Mondovelo-Esprit Bike : *4, rue Louise-Leveque-de-Vilmorin. ☎ 02-47-44-44-20. • mondovelo.fr •*

⇛ ÉCHAPPÉE : ROCHECORBON

La Lanterne, belle tour de guet (du XVe s) dominant la Loire, constitue la curiosité de cette délicieuse petite cité à la fois viticole (appellation vouvray) et troglodytique.

Office de tourisme : *pl. de la Lanterne. ☎ 02-47-39-36-07. • tours-tourisme.fr •*

La chapelle Saint-Georges : *23, rue Saint-Georges. Clé disponible à l'office de tourisme. Visite guidée de mi-mai à fin oct, dim et j. fériés 14h30-18h30 (infos à l'OT).* Petite chapelle romane classée Monument historique, partiellement troglodytique, remontant à l'époque carolingienne. Très belles peintures murales du XIIIe s.

L'église Notre-Dame-des-Vosnes : joli portail comportant d'amusantes sculptures évoquant l'ivresse ! Élégante voûte d'ogives nervurées du chœur (XIIe s).

La Rabouilleuse : *quai de la Loire, quartier Saint-Georges. 06-95-39-32-00. • larabouilleuse-ecoledeloire.com • Sur résa. Tarif : à partir de 20 €/1h30 ; réduc.* Balades à bord de répliques d'embarcations anciennes. Le pilote sait tout de la faune, de la flore et des traditions locales.

Lulu Parc, parc de loisirs : *quai de la Loire. ☎ 02-47-52-58-40. • luluparc.eu • Tlj en juil-août, 10h-19h. Entrée : enfant 8-13 € ; accompagnateur 6 €. Guinguette tlj mai-sept 12h-minuit.* Sur 3 ha, attractions pour le plus grand bonheur des petits, pendant que guinchent les plus grands. Un lieu sympa aussi pour boire un verre ou manger une grillade en bord de Loire.

⇛ ÉCHAPPÉE : VOUVRAY

Haut lieu d'un vin doré et délicat, qu'il soit jeune ou vieilli, méthode traditionnelle ou tranquille, cette dynamique commune s'étage sur le coteau où croît le vignoble. On y fait de généreuses dégustations du fameux nectar à la cave troglodytique des producteurs.

Office de tourisme : *12, rue Rabelais. ☎ 02-47-29-12-00. • tourisme-montlouis-vouvray.fr •* Circuits découverte du centre-ville.

Le musée de la Vigne et du Vin : *château de Moncontour. ☎ 02-47-52-60-77. D'avr à mi-sept, lun-ven 10h-11h30, 13h30-18h, le w-e 10h-11h30, 14h30-18h ; autrement appeler. Visite : 5 € (dégustation seule gratuite) ; réduc.* Dans ce château tout blanc, encadré de tourelles rondes, sur une terrasse en surplomb de la route, les caves troglodytiques abritent une riche collection d'outils anciens liés à la vigne et au vin.

Saint-Jacques à vélo : la voie jacquaire la plus fréquentée des cyclistes en France aujourd'hui. Avec près de 260 km d'itinéraire balisé de Chartres à Tours et Sainte-Maure-de-Touraine vers Châtellerault, cette véloroute mixe découverte de la culture jacquaire et balades nature au cœur de petits pays secrets. *Carnet de route téléchargeable (gratuit) : • touraineloirevalley.com •*

CARNET D'ADRESSES

AMBOISE (37400)

***Camping municipal de l'Île d'Or** : 4, allée des Mariniers. ☎ 02-47-57-23-37. • camping-amboise.com • ♿ Ouv de fin mars à mi-oct. Forfait pour 2 pers 17,50-19,50 €.* Très bien situé au bout d'une impasse, face au château, sur un terrain agréable et ombragé. Emplacements vastes mais non délimités par des haies. Restauration sur place. À proximité immédiate, une foule d'activités, dont minigolf (gratuit pour les campeurs), piscine, courts de tennis, canoë-kayak, circuit bicross, pêche en rivière, etc.

***Ethic Étapes – Centre Charles-Péguy** : 1, rue Commire, île d'Or. ☎ 02-47-30-60-90. • iledor-amboise.fr • ♿ Doubles 49-53 €. Panier repas sur résa.* Dans une ancienne tannerie posée à la pointe de l'île, des chambres toutes simples mais plutôt plaisantes de 2 à 6 lits, toutes avec douche et w-c, depuis la récente rénovation. Certaines bénéficient d'une petite vue sur le château d'Amboise ! Billard et ping-pong dans la salle commune.

***Hôtel Chaptal** : 11-13, rue Chaptal. ☎ 02-47-57-14-46. • hotel-chaptal.com • Doubles 60-115 €.* Des chambres sobrement contemporaines, garanties tout confort. Agréable salon. Excellent accueil.

***Hôtel Le Clos d'Amboise** : 27, rue Rabelais. ☎ 02-47-30-10-20. • leclosdamboise.com • ♿ Resto tlj le soir seulement. Doubles 89-225 €. Menus 36-45 €.* Une très élégante demeure du XVIIe s, remaniée au XVIIIe, où il fait bon se poser. Belle enfilade de salons, et des chambres confortables et lumineuses qui mêlent harmonieusement les styles classique et contemporain. Toutes donnent côté jardin, au calme. Joli jardin d'ailleurs avec pin extraordinaire et essences rares et, au fond, piscine chauffée, sauna et salle de remise en forme. Cuisine inventive côté resto. Ambiance à la fois chic et décontractée.

***Hôtel La Brèche** : 26, rue Jules-Ferry. ☎ 02-47-57-00-79. • labreche-amboise.com • Près de la gare. Resto tlj sauf lun, dim soir et mar midi. Doubles 110-135 €. Formule et menu en sem 24-67 € ; menus 37-67 €.* Une bonne adresse dans sa catégorie qu'est cet hôtel traditionnel, à 10 mn à pied du centre, au calme, dans une jolie maison bordée de terrasses fleuries très agréables. Les chambres coquettes et confortables font dans le classique, de même que la cuisine, de saison et bien réalisée, servie dans une salle à manger chic et cosy.

***Hôtel Café des Arts** : 32, rue Victor-Hugo. ☎ 02-47-57-25-04. • cafe-des-arts-amboise.fr • Tlj sauf mer (tlj en juil-août). Doubles 42-45 €.* Petit établissement très convivial, avec le café des copains au rez-de-chaussée. Simple, bien tenu et pratique : chambres basiques mais pimpantes et colorées, avec lavabo et des lits superposés simples ou doubles (mezzanine). Sanitaires sur le palier. Fait aussi snack. Une bonne petite adresse, typiquement routarde.

***Hôtel Le Blason** : 11, pl. Richelieu. ☎ 02-47-23-22-41. • leblason.fr • ♿ Doubles 70-99 €. Local à vélos.* Maison d'hier (à colombages et du XVe s) mais confort d'aujourd'hui avec des chambres dans un style simplement contemporain, avec vue sur le château pour certaines. Accueil très agréable.

***Village Vacances Les Violettes** : 1, rue Rouget-de-Lisle. ☎ 02-47-57-19-79. • vvf-villages.fr •*

***Chambres d'hôtes Le Manoir de la Maison Blanche** : 18, rue de l'Épinetterie. ☎ 02-47-23-16-14. 📱 06-88-89-33-66. • lamaisonblanche-fr.com • Doubles 127-148 €.*

***Chambres d'hôtes les Terrasses royales** : 21, rue Destouches. 📱 06-88-44-01-45. • les-terrasses-royales.com • Doubles 85-95 €.*

Hôtel Lanex : *4, rue Voltaire. ☎ 02-47-57-11-38. • lanex-amboise.com • Doubles 65-115 €.*

Hôtel Bellevue : *12, quai Charles-Guinot. ☎ 02-47-57-02-26. • hotel-bellevue-amboise.com • Doubles 78-275 €.*

Hôtel Choiseul : *36, quai Charles-Guinot. ☎ 02-47-30-45-45. • grandesetapes.com • Doubles 99-369 €.*

Hôtel Le Pavillon des Lys : *9, rue d'Orange. ☎ 02-47-30-01-01. • pavillondeslys.com • Doubles 155-335 €.*

Manoir Saint-Thomas : *1, mail Saint-Thomas. ☎ 02-47-23-21-82. • manoir-saint-thomas.com • Doubles 119-245 €.*

Hôtel Au charme rabelaisien : *25, rue Rabelais. ☎ 02-47-57-53-84. • au-charme-rabelaisien.com • Doubles 140-275 €.*

Ibis Amboise : *chemin du Roy, ZI la Bollardière. ☎ 02-47-23-10-23. • all.accor.com •*

Ibis Budget Amboise : *1, rue Clos-Bourget. ☎ 08-92-70-03-68. • all.accor.com •*

Novotel Amboise : *17, rue des Sablonnières. ☎ 02-47-57-42-07. • all.accor.com •*

Villa Bellagio : *115, rte de Civray-de-Touraine. ☎ 02-47-30-07-00. • vbamboise.popinns.com •*

Pâtisserie Bigot : *2, rue Nationale. ☎ 02-47-57-04-46. • maisonbigot.fr • Tlj sauf lun 9h-19h30. Carte env 15 €.* Une institution locale, dans la même famille depuis 1913. Au salon de thé ou en terrasse au pied du château, excellentes quiches, salades et omelettes. À faire suivre d'une tarte Tatin ou d'une glace maison.

L'Écluse : *rue Racine. ☎ 02-47-79-94-91. Tlj sauf dim-lun. Menu déj en sem 20 €. Autres menus 28-56 €.* Une adresse bien d'aujourd'hui qui privilégie les produits locaux (jusqu'aux tables de l'agréable salle, fabriquées par un artisan du coin !). Bonne cuisine dans l'air du temps, inventive juste ce qu'il faut, et gentiment tarifée (joli menu à déjeuner). Bon conseil pour le choix des vins. Et il y a cette adorable terrasse sous son saule pleureur…

Le Parvis : *3, rue Mirabeau. ☎ 09-53-09-80-81. Tlj sauf mer et jeu 12h-14h30, 19h-22h. Menus 29-33 €.* Le genre de petit bistro sympa qu'on ne s'attend pas à trouver si près de l'entrée du château. Ardoise courte et efficace, plats soignés et joliment présentés, grillades cuites au feu de bois. Tables en terrasse aux beaux jours et, en hiver, salle au charme cosy à l'étage. Rapport qualité-prix épatant.

BLÉRÉ (37150)

Camping La Gâtine : *rue du Commandant-Lemaître. ☎ 02-47-57-92-60. • onlycamp.fr • Au bord du Cher. Ouv avr-fin sept. Forfait cyclo 8-10 €/pers, pour 2 compter 12 €.* Ombragé, confortable et clos. Bien entretenu. Espace vert et équipements sportifs à côté, dont piscine.

Hôtel Le Cheval Blanc : *5, pl. Charles-Bidault. ☎ 02-47-30-30-14. • lechevalblanc-blere.fr • Resto : ouv mer-dim. Doubles 100-220 €. Menus 31-85 €.* Dans un ancien couvent, ce qui explique la configuration des bâtiments qui entourent le patio. Très jolies chambres, toutes différentes, design d'aujourd'hui ici, style XVIIIe là… Élégante salle à manger pour une cuisine dans la grande tradition. Piscine chauffée.

Chambres d'hôtes le Château de Fontenay : *5, Fontenay. ☎ 02-47-57-12-74. 06-07-*

CARNET D'ADRESSES

34-48-32. • *lechateaudefontenay.fr* • *Doubles 112-193 €.* Cet élégant château Renaissance, entièrement détruit lors d'un incendie au XIXe s, a été reconstruit quasiment à l'identique… L'ensemble possède beaucoup de cachet et un charme fou. Les chambres, classiques et cosy, sont d'un beau volume et donnent sur le Cher. Au petit déj, gourmand et copieux, jus de gamay et de sauvignon, produits sur le domaine viticole. Billard, piscine. Également des gîtes dans les dépendances. Et un café *(6, maison du Passeur)* lui aussi aménagé dans une dépendance qui propose planches et tartes.

Chambres d'hôtes La maison Léonard **:** *22, av. Carnot. 07-86-35-50-40. Doubles 90-150 €.*

BLOIS (41000)

Chambres d'hôtes La Maison du Carroir **:** *20, rue Sainte-Catherine. ☎ 02-54-74-69-94. 06-75-14-38-10.* • *lamaisonducarroir.com* • *Doubles 110-125 €.* Une jolie maison de ville, située au calme et tout près du centre. Tout y est très soigné, de la déco (beaucoup d'éléments chinés) au confort, en passant par le jardin de curé. Chambres spacieuses, pimpantes et lumineuses, aux teintes sobres et contemporaines, toutes différentes. Petit déjeuner d'anthologie. Les prix sont justifiés.

Chambres d'hôtes La Perluette **:** *9, quai du Foix. 06-03-84-08-08.* • *laperluette.fr* • *Doubles 135-150 €.* Une belle demeure bourgeoise plantée au bord de la Loire : d'ailleurs, 4 des 5 chambres donnent directement dessus ! Le décor est élégant, la propreté et le confort parfaits. Salles de bains modernes, parquet ancien, literie douillette, double vitrage efficace… Local vélo à dispo. On prend le petit déj (gâteaux et confitures maison) autour d'une grande tablée commune ou, l'été, dans la cour. Un cocon sympathique.

Hôtel Le Monarque **:** *61, rue Porte-Chartraine. ☎ 02-54-78-02-35.* • *hotel-lemonarque.com* • *Doubles 70-100 €.* Cadre chaleureux au rez-de-chaussée, du côté de la réception et du restaurant, décorés sur le thème de Tintin. Chambres bien tenues, dans un style plus conventionnel.

Côté Loire – Auberge ligérienne **:** *2, pl. de la Grève. ☎ 02-54-78-07-86.* • *coteloire.com* • *Resto tlj sauf dim-lun. Doubles 70-105 €. Menus 25 € (déj)-38 €.* Hôtel croquignolet dans une auberge du XVIe s, la plus ancienne de la ville. Les chambres, décorées dans un style un peu daté mais coquet, sont confortables et très bien tenues. Certaines donnent sur la cour, d'autres sur la Loire (calme la nuit). Arrière-cour paisible pour bouquiner ou boire un verre et agréable salle de petit déj pour un réveil en douceur (bon buffet). Au resto, bonne cuisine à base de produits frais de saison.

Hôtel Saint-Jacques **:** *7, rue Ducoux. ☎ 02-54-78-04-15.* • *hotelsaintjacquesblois.com* • *Doubles 60-70 €.* Un hôtel commode face à la gare, idéal pour une nuit. Une adresse simple et bien tenue, aux chambres assez grandes et lumineuses. Resto sur place *(tlj midi et soir).*

Hôtel de France et de Guise **:** *3, rue Gallois. ☎ 02-54-78-00-53.* • *hotel-france-guise.com* • *Doubles 60-80 €.* Dans une demeure ayant appartenu à la famille de Guise. Décor très « vieille France » dans les parties communes : on nage en plein contexte historique ! Les chambres sont gaies et impeccables ; certaines avec moulures au plafond et cheminée.

Auberge de jeunesse **:** *rue de la Taille-aux-Moines. ☎ 02-54-52-20-40.* • *crjs-blois.fr* • *Compter env 35 € pour 1 pers, 44 € pour 2.*

Ethic Étapes Val de Loire **:** *37, rue Pierre-et-Marie-Curie. ☎ 02-54-52-37-00.* • *ethicetapes-blois.fr* • *Compter env 22-39 € par pers.*

Hôtel Anne de Bretagne **:** *31, av. du Doc-*

teur-Jean-Laigret. ☎ 02-54-78-05-38. • hotelannedebretagne.com • Doubles 59-129 €.

Hôtel Le Bellay : *12, rue des Minimes. ☎ 02-54-78-23-62. • hoteldubellay.com • Double 55 €.*

Hôtel le Pavillon : *2, av. Wilson. ☎ 02-54-74-03-36. • hotelrestaurant-lepavillon.com • Double env 65 €.*

Hôtel Louise de Savoie : *6-8, rue Ducoux. ☎ 02-54-74-32-21. • hotel-blois-chambord.com • Doubles 71-98 €.*

Fasthôtel : *320, rue de la Fédération, Saint-Gervais-la-Forêt. ☎ 02-54-42-77-22. • fasthotel.com • Double 55 €.*

Ibis Style Blois centre gare : *14, av. Gambetta. ☎ 02-54-45-11-11. • all.accor.com •*

Novotel Blois : *23, av. du Maréchal-Maunoury. ☎ 02-54-55-44-88. • all.accor.com •*

Miss Goumard : *20, rue du Palais. ☎ 02-54-58-96-99. Mar-sam 11h30-14h30 ; fermé dim-lun. Formule déj env 15 €.* Salon de thé au décor broc chic dépareillé très british : canapé, papier à fleurs, abat-jour kitsch… Quelques plats salés et de délicieuses pâtisseries, certaines sans gluten/lactose ; glaces artisanales en saison. À accompagner d'un thé, un smoothie ou un milk-shake.

F & B : *7, rue du Poids-du-Roi. ☎ 02-54-46-05-29. Tlj 11h-1h30 (22h fin de service repas). Plat du jour 12 €. Formules 16-19 €.* À la fois un bar sympa, un restaurant locavore et une micro-brasserie. On se sent bien, quelle que soit l'heure, dans ce lieu animé et chaleureux, où l'on peut grignoter des plats simples et généreux. De quoi faire bien des heureux.

Le Denis Papin : *25, rue Saint-Honoré. ☎ 02-54-46-27-12. Bar ouv 8h-20h (cuisine 12h-14h45 seulement). Fermé sam-dim et j. fériés. Plat du jour 12,90 € ; carte 25-30 €.* Plats du jour frais et goûteux, à accompagner d'un verre de vin régional. Pro et convivial. Agréable terrasse et jolie vue.

Les Banquettes Rouges : *16, rue des Trois-Marchands. ☎ 02-54-78-74-92. Tlj sauf dim-lun, jusqu'à 21h30. Formule déj 22 € ; menus 32-37 €.* Cuisine goûteuse, jouant sur les produits de saison et les recettes dans l'air du temps. Salle très étroite, tout en longueur, à la déco sobre.

O'Blend : *6, av. Jean-Laigret. ☎ 02-54-79-89-25. Tlj sauf sam midi. Brunch 14h dim. Menus midi 18,50-21,50 €, soir 37 €.* Pile face à la gare. Cuisine fine et inventive où tout est fait maison, y compris les frites, les sauces et les desserts (qui sont à tomber !). La carte est inspirée et maîtrisée, le cadre contemporain léché et cosy. Tarifs raisonnables pour la qualité.

L'Hôte Antique : *5, rue du Pont-du-Gast. ☎ 02-54-74-39-10. Derrière le château. Tlj 12h-14h, 19h-22h. Menus 36-46 €.* Cuisine ouverte et décor cosy qui tranche singulièrement avec le type de cuisine, tandis que la broche qui tourne dans la rôtissoire rappelle les senteurs d'antan. Les époques se mêlent avec délice sur les murs et dans l'assiette.

Le Bistrot du Cuisinier : *20, quai Villebois-Mareuil. ☎ 02-54-78-06-70. De l'autre côté de la Loire, sur le quai. Tlj. Formules déj en sem 26-29 €.* Un petit « gastro » à prix abordables, à la déco dans les tons d'aujourd'hui et avec une vue imprenable sur la ville depuis sa salle du 1er étage. On a aimé cette cuisine fine et inventive, qui sublime les produits nobles de la saison. Un rapport qualité-prix bien balancé.

Le Castelet : *40, rue Saint-Lubin. ☎ 02-54-74-66-09. Fermé mer et dim sauf veilles de fêtes. Menus 29-42 € ; carte 30-35 €.* Maison du XVIe s, en contrebas du château, et véritable petit théâtre gourmand depuis un quart de siècle. Du traditionnel, respectueux des produits et du terroir. Quelques plats végétariens. Belle carte des vins. Ambiance assez intimiste.

CARNET D'ADRESSES

La Trouvaille : *5-7, rue de la Chaîne. ☎ 02-54-79-25-30. Tlj sauf dim, plus j. fériés hors saison. Le midi, plat du jour 13 € et formule 18 €, menu 33 € ; carte env 30 €.* Une cuisine de brasserie à prix doux. La carte fait la part belle aux circuits courts et aux produits de saison. En été, terrasse est ensoleillée soir. Autre formule, sur le pouce pour un apéro, une sélection de vins à accompagner de tapas ou de planches. Espace cave qui promet de belles découvertes *(lun-sam 10h-23h).*

CANDÉ-SUR-BEUVRON (41120)

Camping La Grande Tortue : *3, route de Pontlevoy. ☎ 02-54-44-15-20. • grandetortue.com • Forfait Loire à Vélo : 11-17 €/pers.*

Chambres d'hôtes Château Laborde-Saint-Martin : *53, rue du Château. ☎ 02-54-42-62-14. • labordesaintmartin.com • Doubles 140-160 €.*

Hôtel Auberge de la Caillère : *36, route des Montils. ☎ 02-54-44-03-08. • auberge-de-lacaillere.com • Doubles 100-160 €. Formule 29 €, menu 34 €.*

CELLETTES (41120)

Château de la Rozelle : *15 bis, rue de la Rozelle. ☎ 02-54-70-58-40. • chateaudelarozelle.com • Resto ouv avr-oct, le soir seulement (sauf mer) et réservé aux résidents. Doubles 185-240 €. Menu 35 €.* Aux XVIe et XVIIe s, les notables de Blois achetaient une fermette où ils pouvaient manger sain dans un cadre naturel. Le rêve de beaucoup, et notamment du couple sympathique qui a transformé ce ravissant petit château, entouré d'un parc romantique aménagé au XIXe s. Billard, jacuzzi extérieur (en sus).

CHARGÉ (37530)

Château de Pray : *rue du Cèdre. ☎ 02-47-57-23-67. • chateaudepray.fr • Doubles 139-300 €.*

CHAUMONT-SUR-LOIRE (41150)

Camping municipal La Grosse Grève : *promenade de Trouillas. ☎ 02-54-20-95-22 ou 98-41 (mairie). • camping-chaumont-sur-loire.com • Ouv début avr-fin sept. Env 11-16 € pour 2.* Un champ immense, en bord de Loire et à quelques pas du centre. Endroit simple, paisible (malgré la proximité du grand pont qui enjambe le fleuve), agrémenté de quelques arbres et bien tenu.

La Maison du Pêcheur : *chez Corinne Tavernier et Stéphane Lezier, 121, rue du Maréchal-de-Lattre-de-Tassigny. ☎ 02-54-20-92-57. • chaumont-sur-loire.com • Doubles 72-85 €.* Dans la rue principale, 4 chambres spacieuses dans une maison posée face à la Loire (que l'on voit depuis toutes les chambres). La literie est douillette, les lieux sont soigneusement tenus et les chambres colorées. Cuisine à dispo et patio très plaisant à l'arrière de la maison pour prendre le petit déj.

La Détente gourmande : *61, rue du Maréchal-de-Lattre-de-Tassigny. ☎ 02-54-33-94-65. Tlj sauf lun-mar, service en continu 10h-20h. À la carte seulement ; compter 15-30 €.* Une petite adresse confidentielle et inclassable, tenue par Blanche Breton, qui propose des plats du jour goûteux élaborés à partir des produits frais et locaux. Des recettes de sa création, servies dans une minuscule salle aménagée comme à la maison, ou sur une micro terrasse côté rue. Un lieu où les convives lient facilement conversation. Fait également salon de thé et de bons gâteaux maison.

CHENONCEAUX (37150)

Le Relais Chenonceaux : *10, rue du Dr-Bretonneau. ☎ 02-47-23-98-11. • chenonceaux.com • Doubles 79-98 €.*

Auberge du Bon Laboureur : *6, rue du Dr-Bretonneau. ☎ 02-47-23-90-02. • bonlaboureur.com • Doubles 159-399 €.*

CHISSEAUX (37150)

La Buissonnière Lodge (hébergements insolites) : *la Buissonnière. ☎ 02-47-30-29-62. • labuissonniere-lodges.fr •* Pratique, car tout proche du château de Chenonceau, un hôtel dans un style contemporain lumineux et sobre. Bon confort général et accueil très sympa. Simple et efficace.

Clair Cottage : *27, rue de l'Europe. ☎ 02-47-23-90-69. • clair-cottage.com • Doubles 75-115 €.*

CHITENAY (41120)

Auberge du centre : *34, Grande-Rue. ☎ 02-54-70-42-11. • auberge-du-centre.com • Doubles 77-162 €. Resto fermé mar midi ; l'hiver, fermé dim soir-mar midi. Formules déj en sem 15-24 € ; menus 28-44 €.* La façade classique sur rue ne laisse pas deviner le havre de paix qu'abrite cette auberge dotée d'un agréable jardin avec piscine. Les chambres sont fraîches, coquettes et de grand confort, tout comme le reste de l'établissement, à l'aménagement plaisant. Sauna et hammam en option. Location de vélos. Intéressante cuisine, dans la tradition régionale avec une touche d'originalité. Belle carte des vins.

FRANCUEIL (37150)

Chambres d'hôtes la Blanchetière : *8, rue des Vignes. ☎ 06-43-12-26-41. • chambres-hotes.fr • Doubles 90-95 €. Formules déj en sem 15-24 €, menus 28-44 €.*

LA-VILLE-AUX-DAMES (37700)

Camping les Acacias : *rue Berthe-Morisot. ☎ 02-47-44-08-16. • camping-tours.fr • Forfait Loire à Vélo : 10-12,50 € par pers et par nuit.*

MONTLOUIS-SUR-LOIRE (37270)

Camping Les Peupliers : *D 751. ☎ 02-47-50-81-90. • aquadis-loisirs.com • Au bord de la Loire. Ouv avr-fin oct. Forfaits 17-20 € pour 2.* En contrebas de la route, un camping bien ombragé et équipé. Emplacements spacieux. Salle de lecture avec TV, machines à laver. Piscine municipale gratuite et tennis à proximité. Un chemin relie le camping au bourg.

Château-hôtel de la Bourdaisière : *25, rue de la Bourdaisière. ☎ 02-47-45-16-31. • chateaulabourdaisiere.com • Doubles 135-353 €. Petite carte (compter 15-20 €) pour le déj au Bar à Tomates ou au salon de thé. Menu 33 € pour les clients de l'hôtel.* Au cœur d'un superbe parc *(voir p. 117)*. Chambres disséminées entre un pavillon (les moins chères) et le château (grandes, magnifiquement meublées). Le petit déjeuner se prend dans un salon richement décoré ou dans le jardin, au milieu des fleurs... Au resto, légumes du potager et produits locaux, joliment travaillés. Tout ici est d'un goût exquis et on y cultive avec délice simplicité et art de vivre… La vie de château, quoi ! Piscine extérieure chauffée.

La Cave : *69, quai Albert-Baillet. ☎ 02-47-45-05-05. • restaurant-la-cave.com • Tlj sauf mar soir-mer et dim soir. Formule et menu déj en sem 20-26 € ; menu 36 €.* Un classique des tournées régionales. La cuisine régionale est inventive et se déguste dans le cadre exceptionnel et chaleureux de ces grandes caves creusées dans le tuffeau. Même les enfants s'initieront au goût avec le menu qui leur est dédié.

Le bar à vins de Lise et Bertrand : *36, rue des Bouvineries. ☎ 02-47-50-70-33. Ouv de mi-mai à début sept, tlj sauf mar-mer ; hors saison, se renseigner. Fermé pdt les vendanges ! Carte 25-30 €.* Une terrasse dans la cour et une petite salle tout en matériaux bruts pour casse-croûter (tapas, fromages et charcuteries soigneusement sélectionnés comme bons petits plats maison) chez de jeunes vignerons (bio !). Vins du domaine (qui peut se visiter) et de copains d'un peu plus loin (du Jura à l'Autriche).

MOSNES (37530)

Domaine des Thomeaux (hôtel et spa) : *12, rue des Thomeaux. ☎ 02-47-30-40-14. • domainedesthomeaux.fr • Doubles 75-200 €.*

Le Château de la Barre (chambres d'hôtes) : *1, rue de la Barre. 06-43-73-63-41. • lechateaudelabarre.fr • Double 119-135 €.*

La Belle Aventure (gîte) : *10, rue du Grand-Village. 06-75-38-20-09 • les3escales.com • À partir de 120 € pour 2 pers (jusqu'à 8 pers).*

NAZELLES-NÉGRON (37530)

Camping les Patîs : *rue Camille-Breton. ☎ 02-47-57-71-07. • wildbed.fr • Tarif rando : 8,50-10 € pour 1 pers, 15-18 € pour 2. Tentes bivouac : 17-21 € pour 1 pers, 30-34 € pour 2.*

Chambres d'hôtes château de Nazelles : *16, rue Tue-la-Soif, Nazelles. ☎ 02-47-30-53-79. • chateau-nazelles.com • Doubles env 110-160 €.* Magnifique bâtisse du XVIe s adossée au coteau, offrant une vue superbe sur la vallée et, au loin, le château d'Amboise. Dans la maison principale, dans un pavillon de plain-pied ou encore en troglo, les chambres sont confortables, élégantes, claires et spacieuses. Étonnante piscine à moitié creusée dans la roche. Salon de billard français. Cuisine d'été à disposition dans l'orangerie. Jardin en terrasses, propice à l'isolement. Accueil attentionné et de bon conseil.

OUCHAMPS (LE CONTROIS-EN-SOLOGNE) (41120)

Le Relais des landes : *lieu-dit Les Landes. ☎ 02-54-44-40-40. • relaisdeslandes.com • Doubles 98-152 €.*

VEUZAIN-SUR-LOIRE (41150)

Hôtel Les Hauts de Loire : *79, rue Gilbert-Navard. ☎ 02-54-20-72-57. • hautsdeloire.com • Doubles 390-1 090 €.*

Café-hôtel-restaurant de la Gare : *19, av. de la République. ☎ 02-54-20-70-12. • hotel-restaurant-41.fr • Doubles 62-67 €.*

Chambres d'hôtes Les Douves : *7, rue de l'Écrevissière. ☎ 02-54-20-82-66. • lesdouvesonzain.fr • Doubles 190-240 €.*

La Charbonnette : *13, rue de la Justice. ☎ 02-54-20-79-51. Tlj sauf mar soir-mer. Menu déj env 20 € ; le soir 29,50-37 €.* Dans son bel écrin au décor apaisant et floral, ce resto discret offre un rapport qualité-prix remarquable. On se régale d'une cuisine de marché fine et savoureuse de l'entrée au dessert, servie avec gentillesse.

VOUVRAY (37210)

Camping Le Bec de Cisse : *3, chemin du Bec-de-Cisse. ☎ 02-47-76-07-22. 06-59-08-07-27. • camping-vouvray.com • Tarif randonneur 12-13,50 €.* Tranquille petit camping municipal au bord de la Cisse (et la Loire n'est pas loin non plus). Très classique avec ses emplacements séparés par des haies.

Chambres d'hôtes La Closeraie : *6, rue du Commerce. ☎ 02-47-52-77-48. 06-82-43-26-39. • la-closeraie.com • Doubles 85-120 € ; familiales. Table d'hôtes (sur résa) 45 €.* Dans une belle maison du XVIIIe s semi-troglodytique ; d'ailleurs, le salon du petit déj est creusé dans le tuffeau. Chambres colorées, toutes différentes, de bon confort. Corinne, artiste et décoratrice, a fait de sa maison une demeure accueillante, à son image. Cour-jardin fleurie très agréable. Location de vélos.

Chambres d'hôtes Le Clos Baudoin : *2, rue de la Vallée-de-Nouy. 06-22-75-72-09. • closbaudoin.com • Doubles 95-120 €. Paniers apéritif 50-60 € pour 2.* Une pépite dans sa catégorie. Côté logement, c'est le top : des troglos bourrés de charme, aménagés dans un style rétro tendance et cosy avec fauteuils au coin du poêle, lits en alcôve, superbes salles de bains et même une mezzanine pour le logement familial. Et comme les hébergeurs sont aussi des vignerons, les œnotouristes sont à la fête ! Le blanc sec bio casse la baraque, surtout en terrasse avec une planche de charcut' et de fromage. Le bonheur…

Chambres d'hôtes Le Clos Mariotte : *85, rue de la Vallée-Coquette. ☎ 02-47-52-65-42. • closmariotte.fr • Doubles 95-110 €.*

Chambres d'hôtes les Voies Blanches : *29, rue de la Monaco. ☎ 02-47-52-78-15. 06-83-83-04-06. • lesvoiesblanches.fr • Doubles 94-121 €.*

Les Gueules Noires : *66, rue de la Vallée-Coquette. ☎ 02-47-52-62-18. Ouv jeu-sam midi et soir, plus dim midi. Carte env 45 €.* Le cadre est épatant : une belle terrasse ombragée face aux vignes, ou une salle troglo chaleureuse, avec le feu qui crépite dans la cheminée dès que le temps se gâte. Mais le meilleur est dans l'assiette, avec une cuisine de saison fraîche et généreuse, et présentée avec soin. C'est précis, coloré et gourmand : un sans-faute dans son genre, d'autant que la sélection de vins (naturels pour la plupart) est au top.

St-Mathurin-sur-Loire
(Loire-Authion)
La Vélobuissonnière vers Le Mans
NORD
Les Rosiers-sur-Loire
Longué-Jumelles
Gennes-Val-de-Loire
La Loire
Parc naturel régional Loire-Anjou-Touraine
étape 1
TOURS
Montlouis-sur-Loire
St-Jacques à vélo vers Chartres
Ballan-Miré
Joué-lès-Tours
Chambray-lès-Tours
Montbazon
Cœur de France à vélo
L'Indre à vélo vers Loches
Langeais
Villandry
étapes 2 et 2 bis
Azay-le-Rideau
Indre
Rigny-Ussé
Bourgueil
étape 3
Allonnes
étape 5
Saumur
Montsoreau
Doué-en-Anjou
Brézé
étape 4
Savigny-en-Véron
Chinon
étape 3 bis
Montreuil-Bellay
Fontevraud-l'Abbaye
L'Île-Bouchard
Vienne
Les Trois-Moutiers
La Vélo Francette vers La Rochelle
St-Jacques à vélo vers Châtellerault
INDRE-ET-LOIRE (37)
Ste-Maure-de-Touraine
A 10
A 85
E 60
E 5
D 938
D 767
D 749
D 34
D 57
D 347
D 7
D 751
D 910
D 50
D 760
D 58
D 39
D 37
0 5 10 km

Château d'Azay-le-Rideau

82 km

Itinéraire
5

DE TOURS À SAUMUR

Nous voici au cœur de la Touraine. Ce seul nom évoque une douceur de vivre qui inspire la sérénité. Encore un festival de châteaux, tout droit sortis d'un rêve de princesse, comme Rigny-Ussé, et bien d'autres, par des échappées vers Azay-le-Rideau ou Chinon. On se régale de somptueux paysages des bords de Loire au pied de l'exceptionnelle abbaye royale de Fontevraud et du château de Montsoreau avant de traverser de surprenants sites troglodytiques. Avec une fabuleuse arrivée sur les hauteurs de l'élégant château de Saumur. Un parcours entre voies vertes et petites routes avec quelques côtes dans les vignes.

TOURS

Nonchalamment étendue entre la Loire et le Cher, autrefois port fluvial majeur, Tours, classée « Ville d'art et d'histoire », est une cité vivante, jeune et épanouie. Elle a la tranquille assurance des héritiers d'une prestigieuse histoire – ce n'est pas donné à tout le monde d'avoir été la capitale d'un royaume. Idéalement située, au cœur du Val de Loire, cette ville étudiante par excellence, dynamique, est entrée dans le XXIe s avec des projets d'envergure, comme la réhabilitation de l'ancienne imprimerie Mame qui accueille l'école des Beaux-Arts, l'ouverture du Centre de création contemporaine Olivier-Debré (CCC OD) et d'une pimpante auberge de jeunesse siglée vélo. Son centre, bien vivant, se découvre à pied ou à vélo. Tours est aussi une ville écoresponsable et cyclable où ***La Loire à Vélo*** croise la ***Saint-Jacques à Vélo*** et la nouvelle ***Cœur de France à Vélo*** qui longe le Cher jusqu'au Berry pour reboucler vers la Loire.

Gare SNCF : *pl. du Maréchal-Leclerc. ☎ 36-35 (gratuit).* La gare principale de l'agglo se situe à Saint-Pierre-des-Corps à 5 mn de TER.

Office de tourisme : *78, rue Bernard-Palissy. ☎ 02-47-70-37-37. • tours-tourisme.fr •* Visites guidées thématiques. Billetterie pour les châteaux à tarifs préférentiels.

Accueil Vélo et rando : *31, bd Heurteloup, face à l'OT, près de la gare. ☎ 02-47-33-17-99.* Maison du vélo avec de nombreux services (atelier d'auto-réparation, consigne à bagage, douche, recharge VAE), conseils et infos sur les parcours de la région.

Roue lib' : *55, rue Bernard-Palissy. 06-76-53-52-13. • rouelib.com •* **La Bicyclerie-Coffee bike :** *10, pl. de la Victoire. ☎ 02-47-50-75-19. • labicyclerie.com •* **Détours de Loire :** *37, rue Charles-Gille. ☎ 02-47-61-22-23. • detoursdeloire.com •* Belle boutique, atelier, dépannage, location en aller simple de Tours à Nantes et ailleurs.

Les halles centrales : *tlj 7h-19h (13h dim et j. fériés).* Elles sont le cœur battant de la ville, un marché aussi remarquable que coloré qui concentre le meilleur de la Touraine et d'ailleurs !

■ ***Centre Aquatique du Lac : 275, av. de Grammont. ☎ 02-47-80-78-10. • centre-aquatique-du-lac.fr • Beau complexe avec bassin olympique extérieur, espace ludique avec toboggans, saunas.***

Dans le quartier Colbert

La cathédrale Saint-Gatien : *tlj 9h-19h.* Pour bâtir l'édifice actuel, qui succéda à 4 églises élevées au même emplacement, il fallut près de 4 siècles (de 1170 à 1547) ! Le chevet (roman) est le plus ancien, puis viennent l'élégante nef (gothique) et la rosace (gothique flamboyant). Les tours conjuguent le roman de leur base avec du gothique pour l'une et du Renaissance pour l'autre dans leur partie supérieure. La façade est une merveilleuse dentelle de pierre avec ses 3 portes surmontées de gâbles ajourés, la finesse de la rosace et des colonnettes qui la supportent. À l'intérieur, splendide verrière composée de 15 vitraux des XIIIe s et XVe s. Vitraux contemporains de l'artiste Gérard Collin-Thiébaut et du maître verrier Pierre-Alain Parrot, dans le bras nord du transept. Les grandes baies dépourvues depuis longtemps de vitraux colorés sont à présent ornées de 4 œuvres qui s'inscrivent dans la tradition narrative biblique mais avec de nombreuses références actuelles. On y observe le pèlerinage de saint Martin entouré d'arcades en référence au saint constructeur ; beaucoup d'enfants symboles d'avenir. Dans la partie rouge, le pont Saint-Martin, l'étang et le miracle visible avec la boule lumineuse. Les grandes orgues remontent au XVIe s.

Le musée des Beaux-Arts : *18, pl. François-Sicard. ☎ 02-47-05-68-73. • mba.tours.fr • Dans l'ancien palais archiépiscopal, à côté de la cathédrale. Tlj sauf mar et j. fériés 9h (9h30 lun)-18h. Entrée : 8 € ; réduc. Jardins GRATUIT. Visite des souterrains 1 dim/mois, sur résa : 2 €.* Le site a de l'allure ! Un colossal cèdre bicentenaire, classé « Arbre remarquable », prend ses aises au milieu d'une belle cour pavée qui précède un joli petit jardin. Sur la droite, dans une dépendance, ***Fritz,*** un éléphant de 7 t naturalisé, vedette du musée. Le palais des XVIIe et XVIIIe s, flanqué d'une tour gallo-romaine, accueille dans ses élégants salons les collections du musée.

La visite commence au rez-de-chaussée avec les ***primitifs italiens :*** c'est la 3e plus riche collection de France dans ce domaine. Dans la salle Touraine, quelques pièces maîtresses pour comprendre l'épanouissement de la ***Renaissance en Val de Loire :*** *La Vierge de pitié* de Villeloin, groupe en pierre classé Monument historique, *Le Christ bénissant* et *La Vierge en oraison*, panneaux peints à Tours par Jean Bourdichon, peintre du roi vers 1480, reconnus Trésors nationaux. La visite se poursuit **à l'étage** dans les enfilades de beaux salons selon un parcours chronologique. Puis, **au 2e étage,** la collection d'art du XIXe s est présentée dans une série de salles à la scénographie colorée. Le XXe s est représenté avec quelques œuvres de Calder, de Max Ernst ou encore de Peter Briggs (professeur à l'université des beaux-arts de Tours) et ses étonnants miroirs déformants… sans oublier Olivier Debré, Claude Lévêque ou, pour les amateurs de design, Mathieu Mategot ou Ettore Sottsas.

Le château : *25, av. André-Malraux. ☎ 02-47-21-61-95. ● chateau.tours.fr ● Mar-dim 14h-18h. Entrée : 4,20 € ; réduc.* Comme le logis des Gouverneurs (XVe s) qu'on découvre à 2 pas, il est construit sur l'ancienne muraille gallo-romaine. De l'édifice médiéval ne subsistent aujourd'hui que 2 tours sur 4 : au nord, la tour de Guise (XIIIe et XIVe s), quasiment intacte. Au centre, le pavillon de Mars (XVIIIe s) accueille désormais de belles expos temporaires.

Le musée du Compagnonnage : *8, rue Nationale. ☎ 02-47-21-62-20. ● museecompagnonnage.fr ● De mi-sept à mi-juin, tlj sauf mar (tlj de mi-juin à mi-sept) 9h-12h30, 14h-18h. Entrée : 6 € ; réduc.* Installé dans l'ancien dortoir des moines de l'abbaye de Saint-Julien, un musée unique en son genre, car le seul à représenter les 3 sociétés de compagnonnage héritières d'un mouvement né pendant les grands chantiers médiévaux. La 1re salle retrace en détail au moyen de panneaux très didactiques, d'un film (de 1h) et de vitrines bien garnies l'histoire passionnante et l'évolution du compagnonnage, ancêtre des syndicats. La 2de, aménagée sous l'impressionnante charpente en bois en forme de coque de navire renversé, réalisée par les compagnons charpentiers de Tours au début des années 1950, est compartimentée en autant de sections qu'il existe de corporations. Ou existait ! Car certaines ont disparu, la production de masse et la standardisation ayant supplanté l'artisanat. Mais, heureusement, la plupart des métiers ont su s'adapter au monde moderne, et même intégrer des petits nouveaux comme les jardiniers paysagistes. Chaque section est donc un vibrant hommage à un savoir-faire unique, le fruit d'une formation de longue haleine. Les outils spécifiques sont exposés aux côtés des chefs-d'œuvre d'hier et d'aujourd'hui, de formidables pièces de réception qui démontrent les capacités de l'aspirant et valident son statut de compagnon. On découvre également les institutions, dont la plus connue demeure le fameux Tour de France. Pour finir, amusantes vitrines présentant les violons d'Ingres (œuvres en marge de leur métier) et les travaux des Meilleurs Ouvriers de France, avant de terminer avec les métiers de bouche…

Le centre de création contemporaine Olivier-Debré (CCC OD) : *jardin François-Ier. ☎ 02-47-66-50-00. ● cccod.fr ● Ouv juil-août, tlj sauf lun 11h-19h ; le reste de l'année, mer-dim 11h-18h (19h sam). Librairie ouv mer-dim 14h-18h. Entrée : 7 € ; réduc.* Un véritable lieu de vie artistique, destiné à diffuser l'art le plus actuel et à promouvoir le fonds d'œuvres légué par l'artiste Olivier Debré, artiste majeur de l'abstraction. Installé en bordure de Loire, dans les 4 500 m^2 d'un bâtiment conçu par le cabinet d'architecture portugais Aires Mateus, le CCC OD est composé de 2 volumes distincts : d'une part, un bâtiment historique des années 1950 (ancienne école des beaux-arts) doté de volumes exceptionnels (dont une nef de 30 m de long largement ouverte sur l'extérieur et joliment éclairée la nuit) ; d'autre part, un nouvel édifice en pierre qui offre le spectacle saisissant d'un volume en lévitation sur un socle transparent et lumineux. À l'intérieur, 4 grands espaces d'exposition pour 4 expériences différentes de la création ; le Potager contemporain à l'étage et la librairie (en accès libre) ; des auditoriums et de petites galeries. Visites personnalisées organisées pour petits et grands, conférences et autres rencontres avec des artistes permettent de comprendre au mieux la création contemporaine.

Dans le vieux Tours

La place Plumereau : c'est ici que bat le cœur du vieux Tours avec ses nombreuses terrasses de cafés ! Il fait bon s'y asseoir pour mieux contempler les façades. Le côté sud est bordé de maisons à pignon et pans de bois du XVe s. Sur le côté opposé, un passage donne sur le paisible jardin Saint-Pierre-du-Puellier, du nom de la collégiale du XIIe s qui s'y trouvait jusqu'à la Révolution française. Les restes d'arcades de la nef nord sont incorporés aux maisons. Le jardin occupe l'emplacement du cloître. En face, un porche ogival donne sur un autre jardin, celui des Chanoines, bordé de maisons plus anciennes les unes que les autres. Vers l'ouest, la rue du Commerce et la rue Colbert, ancien faubourg, qui concentre restaurants et bars tardifs.

La rue du Grand-Marché : la rue principale du vieux Tours, piétonne et presque entièrement bordée de maisons à colombages ou à pans de bois. C'est là que se concentrent restos, bars, etc. Elle démarre place du Grand-Marché, sur laquelle veille l'imposant *Monstre* de l'artiste Xavier Veilhan, depuis 2001. Cette statue métallique de près de 4 m de haut, au ventre bedonnant, a quelque chose d'attachant (si, si !), tant et si bien qu'elle est devenue l'emblème du quartier !

⇛ LA RICHE

La demeure de Ronsard, prieuré Saint-Cosme : *☎ 02-47-37-32-70. • prieure-ronsard.fr • ♿ (pour les 2/3 de la visite). Avr-oct, tlj 10h-18h (19h en été) ; nov-mars, tlj sauf mar 10h-12h30, 14h-17h (billetterie jusqu'à 16h30). Entrée : 6 € ; réduc. Animations.* Il règne ici une douce atmosphère. Le cadre environnant, inspiré du Moyen Âge et de la Renaissance (avec, bien sûr, des roses en hommage au poète), invite à la rêverie. Construit sur une ancienne île de la Loire, ce prieuré du XIe s appartint à la collégiale Saint-Martin. Il en subsiste aujourd'hui d'importants vestiges agréablement mis en valeur, dont la maison du prieur (XIVe s), qu'habita Ronsard jusqu'à sa mort en 1585. On peut y voir son cabinet de travail et la charpente d'origine. Parcours sonore et visuel dédié au poète et de son œuvre.

De l'église, on peut encore voir des restes de l'édifice plus ancien : les 2 absidioles du XIe s et le côté sud du déambulatoire, daté du XIIe s. C'est ici que les restes de Ronsard ont été finalement inhumés en 1934 (dalle avec son épitaphe). Du cloître subsiste le réfectoire, du XIIe s. Il possède une belle chaire décorée de motifs géométriques, d'animaux et de feuillages. Dans le réfectoire, 14 vitraux contemporains réalisés par le peintre Zao Wou-Ki. Une bibliothèque poétique expose des livres pauvres, petits ouvrages originaux manuscrits par un poète et enluminés par un peintre de renom.

23 espaces-jardins contemporains font référence à l'histoire et aux symboliques monastiques et mettent en scène des végétaux anciens, dont la plupart sont cités par Ronsard dans son œuvre.

Étape 1

Vers Saint-Jacques à vélo, Rochecorbon et Vouvray : à Tours, par le pont de Fil (passerelle Saint-Symphorien) qui traverse la Loire dans l'axe de la rue Lavoisier. L'itinéraire se poursuit aussi au sud de Tours depuis l'île Balzac vers Sainte-Maure-de-Touraine en dir. de Châtellerault.

Vers Cœur de France de France à vélo : jonction fléchée dir. Chenonceaux à d. vers l'île Balzac au 1er pont.

Fléchage « La Loire à Vélo ». **Sortie de Tours :** de l'hôtel de ville, en face av. de Grammont, attention dans les contre-allées (voie cyclable en projet). Voies vertes ensuite à travers le parc de la Gloriette puis alternance de voies cyclables et de routes à faible trafic sur les levées. **À Villandry :** voie verte du pont à l'entrée du château. Jonction fléchée sur petites routes direction Azay-le-Rideau face à l'OT.

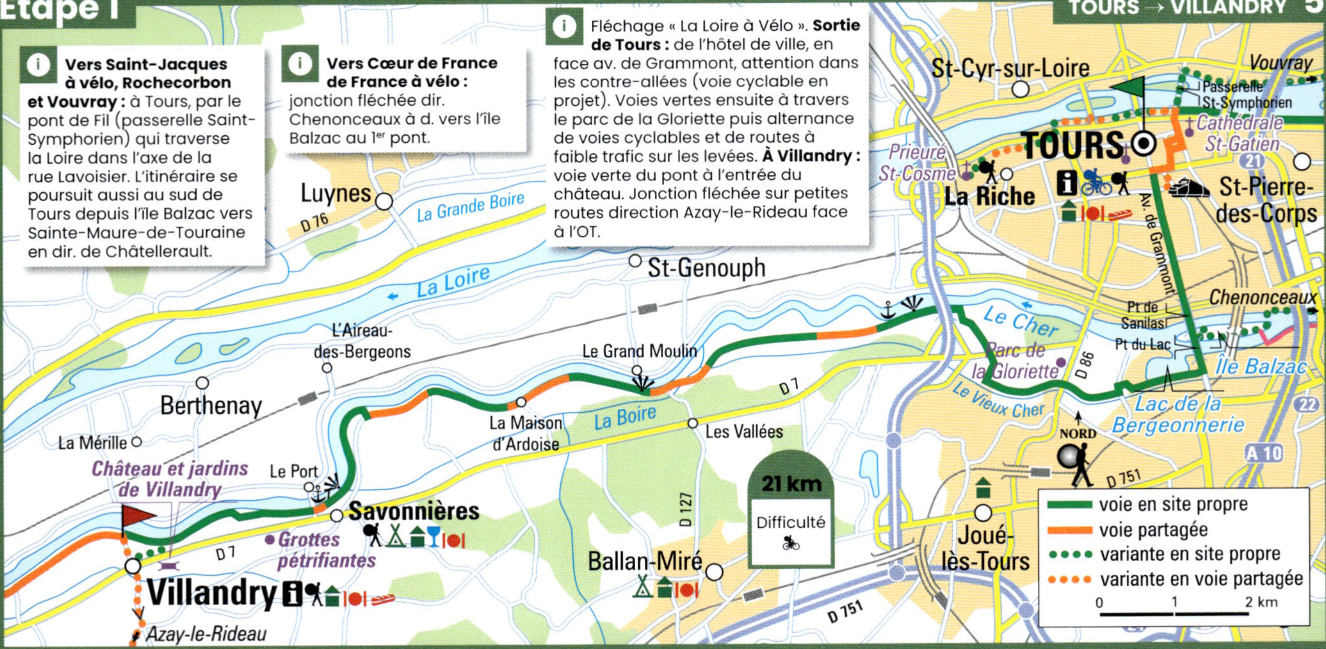

Cap au sud pour la vallée du Cher, en passant par le parc de la Gloriette, espace naturel préservé et véritable poumon vert de l'agglomération tourangelle. Une atmosphère paisible et bucolique tout du long de la rivière jusqu'à un château roi des potagers.

⇛ SAVONNIÈRES

Un charme fou se dégage de ce joli village des rives du Cher, situé au creux d'une large boucle de la rivière, où l'esprit des bateliers médiévaux règne encore. Il tire son nom du savon que les Gallo-Romains y fabriquaient.

Les grottes pétrifiantes : *61, route des Grottes-Pétrifiantes ; fléchage, à la sortie du village sur la D 7. ☎ 02-47-50-00-09. • grottes-savonnieres.com • Ouv tlj ; avr-sept, 10h-19h (9h30-19h30 juil-août) ; fév-mars et oct-nov, 10h-12h, 14h-18h. Entrée : 7,60 € ; réduc.* Ces 2 grottes formées à l'ère secondaire renferment plusieurs petites salles bordées par un lac souterrain. L'eau ruisselle en permanence de la roche calcaire et dépose 1 cm de calcite par an. Démonstrations du processus de pétrification ; stalactites, draperies et autres concrétions au rendez-vous.

⇛ VILLANDRY

Surplombant la large vallée du Cher qui se fond dans la Loire, le château de Villandry, l'un des derniers-nés (1536) de l'époque Renaissance en Val de Loire, est lui-même à la confluence de 2 styles régionaux : plus vraiment château de la Loire et déjà un peu château d'Île-de-France, où la Cour s'est transportée. Jardins et potager remarquables.

Office de tourisme : *11, rue Principale. ☎ 02-47-50-12-66. • tours-tourisme.fr/destinations/villandry •*

Le château : *3, rue Principale. ☎ 02-47-50-02-09. • chateauvillandry.fr • Tlj 9h-19h en juil-août (entre 17h et 18h hors saison). Derniers tickets ½h avt fermeture pour le château. Billet combiné château et jardins : 13 € ; jardins seuls : 8 € ; réduc. Audioguide : 4 €. Visite guidée. Application smartphone gratuite.* Les façades Renaissance ont été restituées au début du XXe, sous l'impulsion de la famille Carvallo. L'aménagement intérieur, lui, date de l'occupation du marquis de Castellane au XVIIIe s. Importante ***collection de peintures espagnoles*** (XVIe, XVIIe et XVIIIe s). Mais le joyau du château reste sans doute le magnifique plafond oriental, provenant d'un palais de Tolède, de la fin du XVe s : superbe structure de style mudéjar en bois de cèdre polychrome, stuc et décoré à la feuille d'or.

Les jardins : *ouv tlj de 9h à la tombée de la nuit (9h-19h en saison). Voir tarifs plus haut.* Ce sont les seuls jardins Renaissance reconstitués à partir de lectures, à ce jour. Entretenus exclusivement en gestion raisonnée. Le ***jardin d'ornement,*** dédié à la promenade et aux divertissements, est formé de hauts buis et divisé en 4 carrés, chacun représentant une des formes de l'amour. Le ***jardin d'eau*** est calme et propice au recueillement, comme il se doit ! Le ***jardin de « simples »*** peut se visiter les yeux fermés, en passant de la verveine citronnelle à la menthe. Quant au ***potager,*** c'est un pur chef-d'œuvre ! Également un ***labyrinthe*** sacré, et un sobre ***jardin du soleil.***

Les attelages de Villandry : *Les Petites Rivières. 06-74-39-88-22 et 06-85-75-76-24. • lesattelagesdevillandry.com •* Balades à la carte en calèche.

Fléchage « La Loire à vélo ». **À Villandry :** revenir en arrière par le même itinéraire sur 400 m jusqu'au Cher. À g. dir. Bréhémont, Avoine. Aire de pique-nique au bec du Cher. Variante possible par le parcours plus tranquille fléché « Les bardeaux de l'Indre » de La Chapelle-aux-Naux à Rigny-Ussé. **Accès à Langeais :** fléchage sur le pont réservé aux cyclistes expérimentés. **Accès à Rigny-Ussé :** fléchage depuis l'itinéraire.

Vers l'Indre à vélo : fléchage à Bréhémont dir. Azay-le-Rideau.

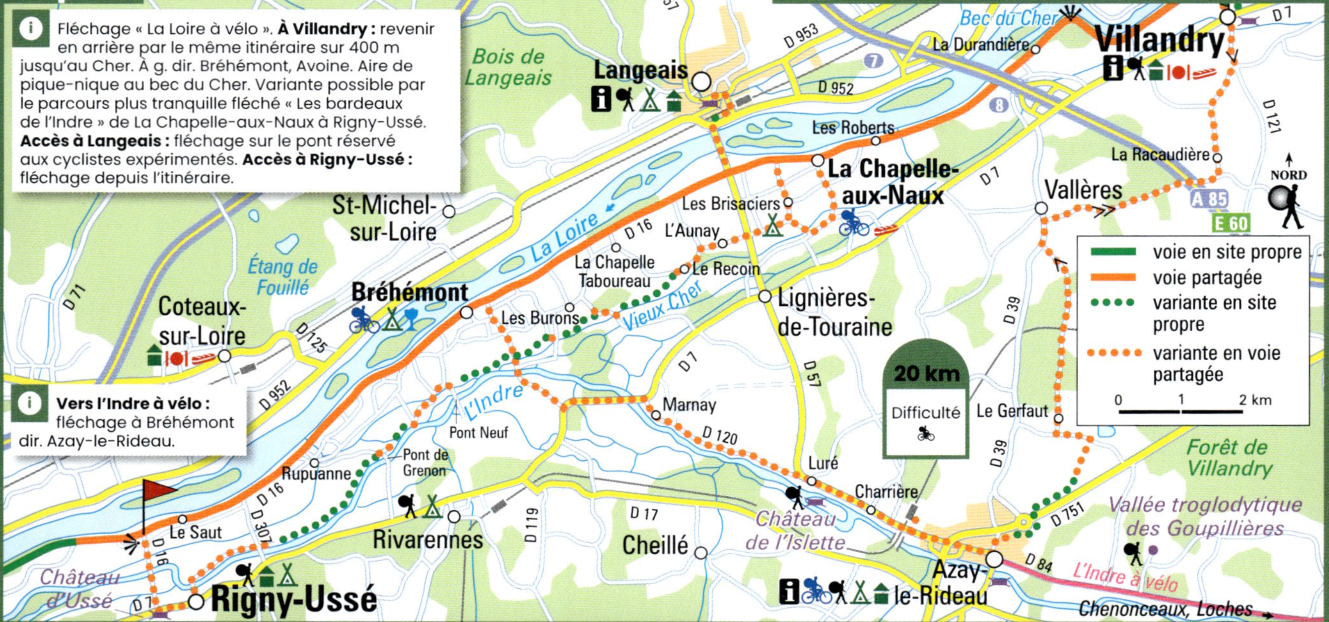

Joli traveling sur le bec du Cher où l'on retrouve la Loire. Avant de voir surgir, au détour d'une belle allée, les fines tourelles du château d'Ussé comme échappées d'un rêve de princesse. Une étape en douceur, qui s'étire sur la levée partagée avec de rares voitures.

⇛ LANGEAIS (EN RIVE NORD)

En bord de Loire, que traverse un surprenant pont suspendu d'inspiration gothique, une petite ville animée et mignonne, contrastant avec l'aspect altier et sévère de son château.

***Office de tourisme Touraine Nature :** 19, rue Thiers. ☎ 02-47-96-58-22. • touraine nature.com •*

***Le château :** pl. Pierre-de-Brosse. ☎ 02-47-96-72-60. • chateau-de-langeais.com • 1er avr-1er nov, tlj 9h30-18h30 (9h-19h juil-août) ; de mi-nov à fin janv, tlj 10h-17h ; fév-mars, tlj 9h30-17h30 ; dernière entrée 1h avt fermeture. Entrée : 11,50 € ; réduc.* On vient surtout pour ses aménagements, dont un grinçant pont-levis à flèches encore en fonctionnement, et les décorations intérieures des XVe s et XVIe s. Un château entièrement d'époque ! Du chemin de ronde, belle vue sur la Loire, la ville et la campagne. Après être allé au pied des ruines du donjon édifié au Xe s (c'est le plus vieux de France), promenez-vous dans le jardin d'inspiration médiévale, puis dans le parc, et dans la plus grande cabane jamais construite dans un seul arbre bicentenaire.

⇛ LA CHAPELLE-AUX-NAUX

***Écolieu La Cabane :** rue des Brisaciers, fléché depuis l'itinéraire. 06-11-76-19-30. • facebook •* Autour d'un potager en agro-écologie, restauration à base des produits cultivés sur place, buvette, aire de pique-nique et de bivouac, douche solaire, toilettes sèches. « Prix libres et conscients ».

***Le Biocal :** 7, rue des Avanries, dans le bourg. 06-28-23-25-97. • facebook • Ven et mar 16h30-19h, mer-sam 9h-12h.* Jolie petite boutique de producteurs locaux et bio à prix équitable.

⇛ BRÉHÉMONT

***Loire Vélo Nature :** 3, av. du 11-Novembre. 06-03-89-23-14. • www.lav.loire velonature.com •* Location de vélo (dont des modèles à hydrogène !), dépannage, conseils sur les itinéraires et boissons locales sur la petite terrasse avec vue sur la Loire.

⇛ RIGNY-USSÉ

***Le château d'Ussé :** ☎ 02-47-95-54-05. • chateaudusse.fr • (accès partiel). Tlj de mi-fév à mi-nov 10h-18h (19h avr-sept) ; dernière entrée 1h avt. Entrée : 14 € ; réduc. Visite libre. Audioguide : 3 €.* Adossé à la forêt de Chinon et tourné vers l'Indre, le superbe château d'Ussé, élevé au XVe s sur une motte féodale du XIIe s, s'est transformé peu à peu en réjouissante résidence d'agrément. On vogue de beautés en surprises, telles que des costumes d'époque suivant les saisons. De l'autre côté de la cour, on grimpe jusqu'à l'étroit chemin de ronde, bordé de pièces où des reconstitutions évoquent des épisodes de *La Belle au bois dormant* : car c'est ce château qu'avait choisi Charles Perrault comme support de son célèbre conte ! À l'extérieur, la chapelle est considérée comme l'un des plus beaux exemples de la transition gothique-Renaissance. De part et d'autre, la cave à vins troglodytique avec son ancien pressoir, et les écuries présentant des calèches du XIXe s.

Fléchage partiel « La Loire à Vélo ». **À Villandry :** dans le bourg, fléchage face à l'OT. Parcours sur petites routes avec pas mal de côtes.

À Azay-le-Rideau : fléchage **L'Indre à Vélo** jusqu'à Bréhémont sur petites routes avec un passage sur la D 7 à partir de Marnay à aborder avec prudence (en famille, il vaut mieux rester sur l'itinéraire principal en bord de Loire). À Loches, liaison de **L'Indre à Vélo** vers **Chenonceaux** et l'itinéraire **Cœur de France de France à Vélo.**

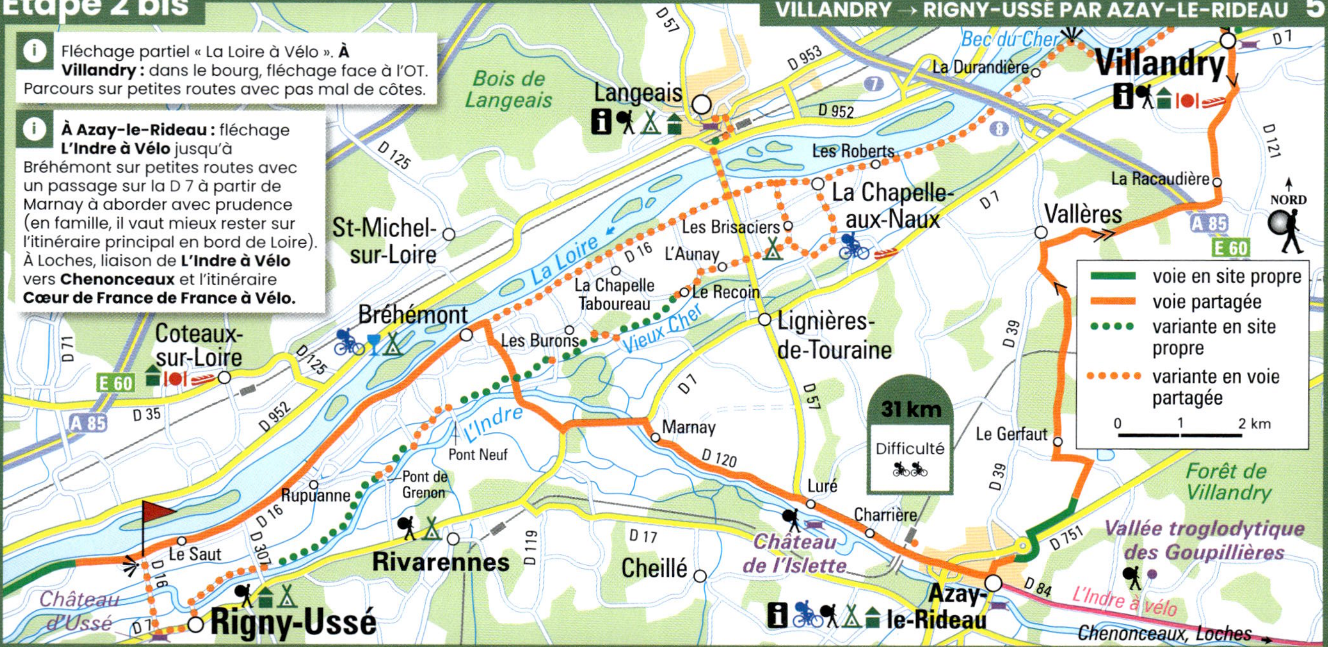

Un détour pour les mollets affutés qui veulent découvrir l'élégant château d'Azay-le-Rideau noyé dans la verdure.

⇛ AZAY-LE-RIDEAU

Une charmante petite ville qui semble davantage protéger son château que l'inverse ! L'ensemble forme une harmonieuse et paisible composition de part et d'autre de la rivière.

Office de tourisme Azay-Chinon Val de Loire : *4, rue du Château. ☎ 02-47-45-44-40. • azay-chinon-valdeloire.com •*

Azay-le-Rideau Cycles : *13, rue Carnot. ☎ 02-47-45-40-94. • azayleridea-locationvelo.com •*

Le château : *rue de Pineau. ☎ 02-47-45-42-04. • azay-le-rideau.fr • ♿ (extérieurs). Juil-août, tlj 9h30-19h ; avr-juin et sept, tlj 9h30-18h ; oct-mars, tlj 10h-17h15. Entrée : 11,50 € ; réduc. Visite libre, guidée ou audioguide (supplément 3 €).* Ce « diamant taillé à facettes, serti dans l'Indre », comme l'a si bien décrit Balzac, séduit non seulement par sa grâce et la pureté de son style Renaissance tourangelle, mais aussi par sa dimension humaine et accueillante. ***À l'intérieur,*** meubles et tapisseries somptueux. Jardin à l'anglaise, dont une île classée Natura 2000. Dans l'ancien pressoir, espace d'interprétation.

La vallée troglodytique des Goupillières : *Les Goupillières. ☎ 02-47-45-46-89. • troglodytedesgoupillieres.fr • Pâques-fin sept, tlj 10h (10h30 sept)-18h (19h juil-août) ; oct-début nov, tlj 11h-17h30 ; fév-début avr, tlj 14h-17h30. Dernier accès 1h30 avt la fermeture. Entrée : 7,40 € ; réduc.* 3 fermes nichées au creux du tuffeau reprennent vie par des reconstitutions d'intérieurs médiévaux. La visite souligne les difficiles conditions de vie de ces paysans.

Le château de l'Islette : *9, rte de Langeais. ☎ 02-47-45-40-10. • chateaudelislette.fr • Mai-sept, tlj 10h-19h. Entrée : 10,50 € ; réduc. Visite libre ou guidée.* Après un tour des extérieurs (une ressemblance troublante avec le château d'Azay-le-Rideau), on pénètre dans cette demeure chère à Camille Claudel lorsqu'elle y séjournait avec Rodin. L'époustouflante Grande Salle, sorte de salle d'apparat, leur servait d'atelier. Admirer *Les Causeuses* et *La Petite Châtelaine,* bronzes originaux de Camille Claudel. Vaste **parc** sillonné par l'Indre, où l'on peut louer une barque, pique-niquer.

Le musée Maurice-Dufresne : *17, rte de Marnay. ☎ 02-47-45-36-18. • musee-dufresne.com • ♿ Avr-sept, tlj (sauf lun-mar avr-juin et sept) 10h-19h (18h sept) ; oct, ven-dim 10h-18h. Entrée : 12 € (+ 2,50 € avec audioguide) ; réduc.* À la fois le fruit d'une passion et le témoignage d'un pan de l'histoire de la mécanisation et des techniques industrielles (1850-1950) : Maurice Dufresne souhaitait faire comprendre aux générations futures l'évolution des techniques. Inclut entre autres le planeur de *La Grande Vadrouille* !

⇛ LA POIRE TAPÉE DE RIVARENNES

Maison de la Poire tapée : *1, chemin des Écoliers. ☎ 02-47-95-47-78. • maison-poire-tapee.fr • ♿ Avr-juin, 14h30-18h ; de juil à mi-sept, 10h30-12h et 14h-18h ; de mi-sept à fin sept, 14h30-18h. Entrée : 4 € ; réduc.* Entre 1850 et 1930, les officiers de la Marine royale britannique en raffolent en raison de leurs qualités nutritives. Hélas, dès 1931, avec la stérilisation puis la réfrigération, les fruits tapés perdent leur raison d'être : la conservation. Présentation, dégustation, possibilité d'en acheter.

Étape 3

Fléchage « La Loire à Vélo ». **À Rigny-Ussé :** revenir en arrière par le même itinéraire jusqu'à la Loire. À g. dir. Avoine par la levée du Bois chétif. **Accès à Bourgueil :** fléchage vers le pont et ses accès sur la D 749 (route très fréquentée) réservés aux cyclistes expérimentés. **Vers Chinon :** fléchage sur la levée du Bois chétif direction Huismes. **À Savigny-en-Véron :** du bourg fléchage vers l'écomusée du Véron, où l'on peut ensuite rejoindre directement l'itinéraire vers Candes-Saint-Martin.

Cette option, directe et facile, s'étire à travers la presqu'île du Véron et permet une incursion en rive nord vers le vignoble de Bourgueil.

⇛ ÉCHAPPÉE : BOURGUEIL

Les amateurs de fins breuvages auront repéré de loin le nom de cette appellation qui donne un vin exquis fleurant bon la violette et la framboise !

Mais c'est aussi le site d'une très ancienne et riche abbaye, grâce à laquelle la production du 1er a pu se développer.

***Office de tourisme :** 16, pl. de l'Église. ☎ 02-47-97-91-39.* • *tourainenature.com* • Circuits cyclistes dans le parc naturel régional.

Les vins de Bourgueil

Le cépage roi est ici le cabernet franc ou breton. Les vins sont friands, acidulés.

***Château de Minière :** 25, rue de Minière, Ingrandes-de-Touraine. ☎ 02-47-96-94-30.* • *chateaudeminiere.com* • Domaine de 18 ha passé en bio. Rares vignes centenaires. Balade autour du beau domaine. Insolite *Bulle de Minière*, un pétillant qui surprend !

***Vignoble de la Jarnoterie :** La Jarnoterie, Saint-Nicolas-de-Bourgueil. ☎ 02-47-97-75-49.* • *jarnoterie.com* •

***Cave Drussé Nathalie et David :** 1875, route de Tours, impasse de la Villatte (sur la D 35), Saint-Nicolas-de-Bourgueil. ☎ 02-47-97-98-24.* • *drusse-vindeloire.com* •

⇛ LA-CHAPELLE-SUR-LOIRE

La Maison des bateliers :** 5, rue de Tours. ☎ 02-47-58-68-30.* • *bateliersdesventsdgalerne.fr* • Sur la *Rose des Vents* ou la *Brise Chapelonne*, balades gourmandes, en chanson avec les marins de Loire passionnés de l'association Les bateliers des vents d'Galerne... Proposent également des ***traversées de la Loire gratuites et avec votre vélo, à bord d'une toue, pour poursuivre la balade sur la rive opposée. En fonction du niveau d'eau, malheureusement de plus en plus bas en été.

⇛ CHOUZÉ-SUR-LOIRE

***Le musée des Mariniers :** 4, rue de la Pompe. ☎ 02-47-95-18-47.* • *marinierschouzesurloire.fr* • *De mi-juin à mi-sept, jeu-dim et j. fériés 14h-18h (sur résa le reste de l'année). Promenade sur la Loire en toue cabanée sur résa : 06-43-47-40-90 (1h ; 7 €, réduc). Entrée : 4 € ; musée + toue : 8 € ; réduc.* « Saumur, Chapelle-Blanche et Chouzé, l'plus beau pays de France », chantaient autrefois les mariniers de la Loire. Ici au milieu des objets de leur vie quotidienne, présentés au gré d'une belle muséographie moderne et aérée. Découvrez aussi la Loire comme un marinier, par une balade en toue.

⇛ SAVIGNY-EN-VÉRON

***L'écomusée du Véron :** 80, rte de Candes. ☎ 02-47-58-09-05.* • *ecomusee-veron.fr* • *Juil-août, tlj 10h-18h ; juin, de sept à mi-nov, tlj sauf mar 14h-18h. Entrée : 4 € ; réduc.* Dans une ancienne ferme, joliment réhabilitée. Muséographie contemporaine et ludique. Belle section archéologique avant de découvrir les races domestiques du coin. Des animaux que l'on rencontre ensuite, en chair et en os, à l'extérieur, où un sentier thématique sillonne un paysage typique du Véron. Intéressantes expos temporaires.

Fléchage partiel « La Loire à Vélo ». **À Rigny-Ussé :** revenir jusqu'à la Loire. À g. dir. Avoine. Après env 3 km fléchage à g. dir. Huismes. De ce village, forte pente sur les 1ers km vers le plateau. **Accès à Chinon :** après la piste cyclable qui longe la D 751E, au début de la descente, à g. au niveau du pavillon (avant l'entrée de la forteresse) dir. Centre-ville-ascenseur. Fléchage rue Porte de Château. Suivre en descente la rue du Puits des Bains et à d. rue J.J.-Rousseau. On peut prendre l'ascenseur. **Vers Savigny :** traverser le pont Aliénor d'Aquitaine et fléchage à d.

Variante par une des plus attachantes cités ligériennes… située au bord de la Vienne. Car Chinon présente toutes les caractéristiques des vieilles cités des bords de Loire : une forteresse qui impressionne – perchée sur une falaise qui plus est –, de charmantes ruelles escarpées, une haute tradition culinaire et un vignoble réputé. Une sérénité totale émane de cette bachique « Ville d'art et d'histoire ».

⇛ CHINON

Office de tourisme : *1, rue Rabelais. ☎ 02-47-93-17-85. • azay-chinon-valdeloire.com* • Visites guidées de la ville.

Services Vélos : *129, av. François-Mitterrand. 06-74-77-89-20. • cyclogret.fr* • ***CLAN Canoë kayak et vélo :*** *quai Danton. 06-23-82-96-33. • chinon-canoe.fr* •.

– Un ascenseur *(tlj 7h-minuit, 23h en hiver ; GRATUIT)* mène à la ville haute et la forteresse royale.

La forteresse royale : *2, rue du Château. ☎ 02-47-93-13-45. • forteressechinon.fr • Tlj : mai-août, 9h30-19h ; mars-avr et sept-oct, jusqu'à 18h ; nov-fév, jusqu'à 17h. Entrée : 10,50 € (inclut tablette pour réalité augmentée) ; réduc. Visites guidées (gratuites). Escape game (sur résa).* La forteresse royale de Chinon réunit 3 châteaux : le fort Saint-Georges, le château du Milieu et le fort du Coudray. Elle a accueilli Henri II Plantagenêt, roi d'Angleterre, et Aliénor d'Aquitaine, Charles VII et Jeanne d'Arc lors des tournants majeurs de l'histoire de France. Musée interactif sur l'histoire du site et de ses principaux personnages. De la tour de Boissy et la cour du **fort du Coudray,** vue éblouissante sur la ville et ses environs.

Le musée Le Carroi : *44, rue Haute-Saint-Maurice. ☎ 02-47-93-18-12. • Facebook • Juil-août, 10h-13h, 14h-19h ; avr-juin et début sept, tlj sauf mar 14h-18h. Entrée : 4 € ; réduc.* C'est le musée des arts et d'histoire de la ville, installé dans l'hôtel des États généraux (XVe-XVIe s) – qui s'y tinrent en 1428. À voir non seulement pour les collections, mais aussi pour la splendeur de l'architecture intérieure.

AOC chinon

Les vins rouges ou rosés sont issus presque exclusivement du cépage cabernet franc ou breton, et le vin blanc, toujours sec, provient du cépage chenin.

Cave Plouzeau : *94, rue Haute-Saint-Maurice. ☎ 02-47-93-32-11. • plouzeau.com • Dans la partie médiévale.* Visite qui peut être suivie d'une dégustation.

Cave de Monplaisir : *quai Pasteur. ☎ 02-47-93-20-75. • cavemonplaisir.fr* • Dans une immense cave taillée dans le tuffeau, plusieurs propriétaires présentent une sélection de vins de Chinon.

Domaine Nicolas Paget : *7, rte de la Gadouillère. ☎ 02-47-95-54-02. • domainepaget.fr* • AOC Touraine, Touraine-Azay-le-Rideau, Chinon en bio.

Chai Pierre et Bertrand Couly : *1, rond-point des Closeaux, rte de Tours. ☎ 02-47-93-64-19. • pb-couly.com* • Chinon, domaine en Haute Valeur Environnementale.

Château de la Grille : *rte de Huismes. ☎ 02-47-93-01-95. • château-de-la-grille.fr* • Chinon en monocépage (cabernet franc), fines bulles entre autres.

Vignoble du Paradis : *1, allée du Grand-Bréviande, 37500 La Roche-Clermault. ☎ 02-47-95-81-57. • vignobleduparadis.com* • Dégustations intéressantes (payantes).

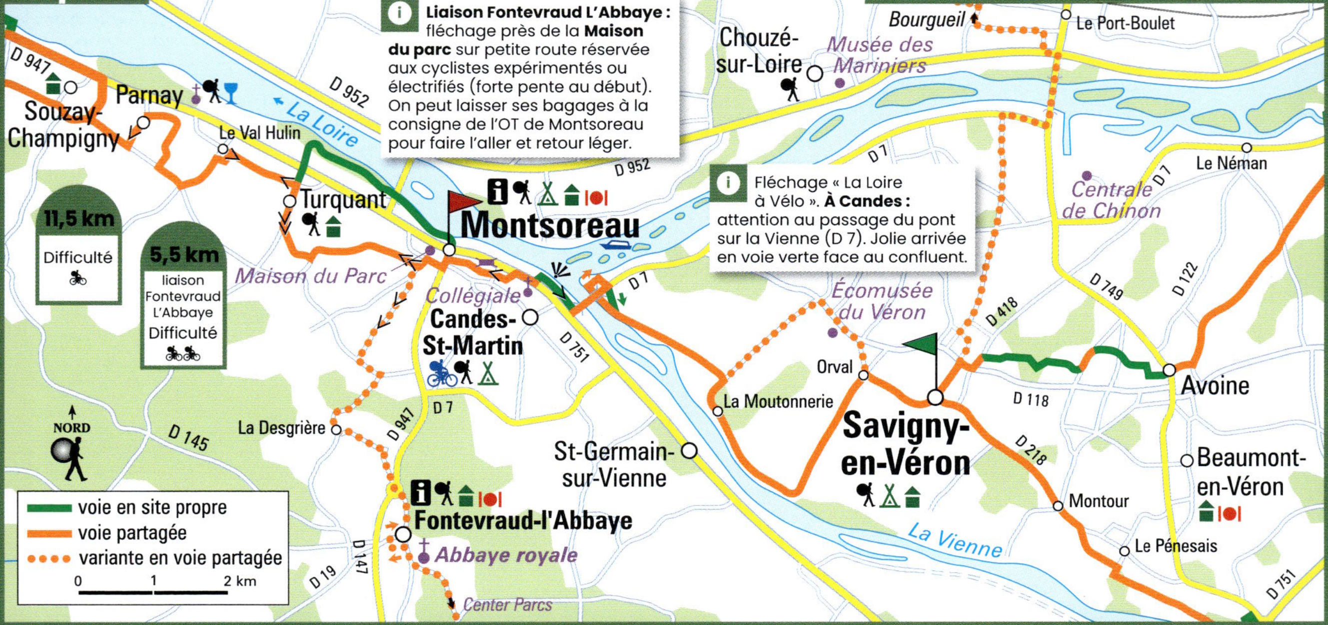
Liaison Fontevraud L'Abbaye : fléchage près de la Maison du parc sur petite route réservée aux cyclistes expérimentés ou électrifiés (forte pente au début). On peut laisser ses bagages à la consigne de l'OT de Montsoreau pour faire l'aller et retour léger.
Fléchage « La Loire à Vélo ». À Candes : attention au passage du pont sur la Vienne (D 7). Jolie arrivée en voie verte face au confluent.
11,5 km
Difficulté
5,5 km
liaison Fontevraud L'Abbaye
Difficulté
Souzay-Champigny
Parnay
Le Val Hulin
Turquant
Montsoreau
Maison du Parc
Collégiale
Candes-St-Martin
La Desgrière
Fontevraud-l'Abbaye
Abbaye royale
Center Parcs
St-Germain-sur-Vienne
La Moutonnerie
Orval
Écomusée du Véron
Savigny-en-Véron
Montour
Le Pénesais
Beaumont-en-Véron
Avoine
Le Néman
Centrale de Chinon
Le Port-Boulet
Bourgueil
Chouzé-sur-Loire
Musée des Mariniers
La Loire
La Vienne
D 947
D 952
D 7
D 751
D 145
D 19
D 147
D 418
D 118
D 218
D 749
D 122
NORD
voie en site propre
voie partagée
variante en voie partagée
0
1
2 km

Attention, merveilles en vue ! Voici l'une des plus séduisantes étapes de toute La Loire à Vélo, tant elle est ponctuée de pépites autour du splendide confluent de la Vienne.

⇛ CANDES-SAINT-MARTIN

À la confluence de la Vienne et de la Loire, Candes est à la fois un des « Plus Beaux Villages de France », et le plus occidental de Touraine. La collégiale et les maisons blotties à son pied forment un ensemble des plus harmonieux.

La collégiale Saint-Martin : élevée aux XIIe et XIIIe s à l'emplacement même de la maison où mourut saint Martin en 397, elle a été fortifiée au XVe s. Certains visages sculptés offrent encore, ici et là, des traits très expressifs.

Street Art Parc du château de Môh : *44 bis, rte de Compostelle, sur l'itinéraire. 07-55-85-25-04. • street-art-parc.com • En saison slt. Appeler avt.* Pas courant : des châtelains mettent leur parc à dispo de street-artistes accueillis en résidence ! Un mélange de genres aussi détonnant que réussi.

⇛ MONTSOREAU

Magnifique bourgade à la frontière de la Touraine et de l'Anjou, classée « Plus Beau Village de France » et « Petite Cité de Caractère ». Son château quasiment les pieds dans l'eau lui offre tout son cachet.

Office de tourisme : *15, av. de la Loire, dans la Maison du parc. ☎ 02-41-51-70-22. • ot-saumur.fr •* Fiches rando et vélo de la région. Consigne à bagages gratuite. Recharge VAE en libre-service, en face, à l'aire d'arrêt vélo. Vend livret du parcours balisé en boucle sur les traces des mariniers du XIXe s *(1 €).*

La Maison du parc (parc naturel régional Loire-Anjou-Touraine) : *☎ 02-41-38-38-88. • parc-loire-anjou-touraine.fr •* Expo sur l'évolution des paysages, les activités traditionnelles et les missions du parc. Également des expos temporaires et animations.

Le château-musée d'art contemporain : *☎ 02-41-67-12-60. • chateau-montsoreau.com • Mai-sept, tlj 10h-19h ; sinon, tlj 12h-18h (19h en avr). Entrée : 10,70 € ; réduc. Librairie.* Construit en 1450, il a fort belle allure, et annonce la transition de la forteresse médiévale vers le château d'agrément. Vue formidable depuis la terrasse. Abrite un musée d'art conceptuel du mouvement anglo-saxon Art & Language.

La champignonnière du Saut-aux-Loups : *av. de la Loire. ☎ 02-41-51-70-30. • troglo-sautauxloups.com •* *Voir aussi p. 152.* *De mi-fév à mi-nov, tlj 10h-18h (19h en été et j. fériés). Entrée : 8 € ; réduc. Prévoir une polaire.* Dans des habitations troglodytiques et des galeries du XVe s. Muséographie bien pensée.

⇛ ÉCHAPPÉE : FONTEVRAUD-L'ABBAYE

Probablement le plus grand ensemble monastique d'Europe, l'un des plus fascinants également par son histoire...

Office de tourisme : *pl. Saint-Michel. ☎ 02-41-51-79-45. • ot-saumur.fr •*

L'abbaye royale de Fontevraud : *☎ 02-41-51-73-52. • fontevraud.fr • Avr-oct, tlj 10h-19h (18h nov-janv, 20h juil-août). Visite libre : 13 € ; réduc. Visite audioguidée ou guidée 4,50 €.* Construite au XIIe s, elle procure une sensation d'harmonie et de plénitude. Nécropole royale, on y admire les gisants de Henri II Plantagenêt, Aliénor d'Aquitaine, sa femme, Richard Cœur de Lion, son fils... Visite passionnante. Musée d'art moderne, hôtel et restaurant gastronomique dans les murs.

Fléchage « La Loire à Vélo » – option par les côteaux. **À Montsoreau :** fléchage depuis la **Maison du Parc** sur petite route réservée aux cyclistes expérimentés ou électrifiés (forte pente au début, passage à 15 %). On peut aussi rester en bord de Loire jusqu'à Turquant et l'entrée de Saumur. **À Saumur :** par les coteaux, l'itinéraire fléché contourne le château par le nord (à gauche du parking) et descend par une voie très escarpée (pente à 15 %) vers la pl. Saint-Pierre. On peut traverser la cour du château **vélo à la main** (passerelle face au restaurant Le Terrier du château, fléchage piéton « accès château-centre-ville »).

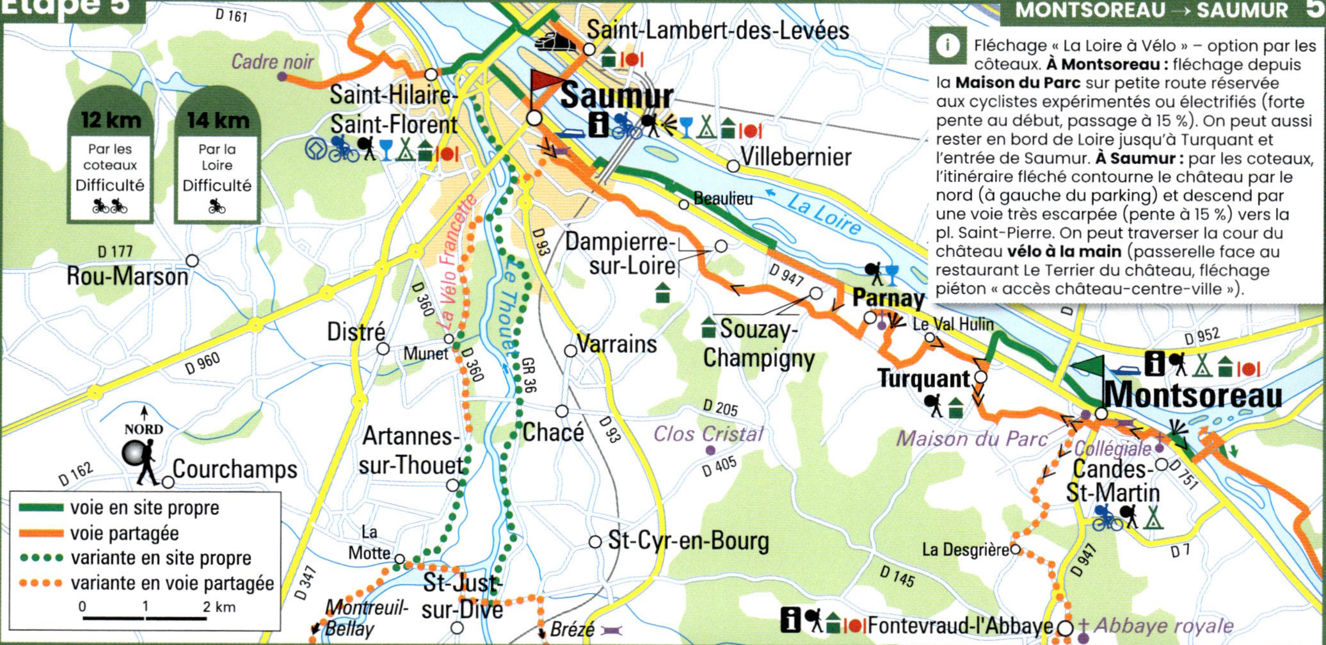

L'une des plus singulières séquences de notre voyage : l'arrivée à Saumur par les bords de Loire après avoir traversé les troglodytes de Souzay-Champigny ou par les coteaux au travers des vignobles jusqu'au château perché de Saumur.

⇛ TURQUANT

Ce joli village se distingue par ses cavités troglodytiques qui accueillent des artisans d'art dans leurs échoppes individuelles ou réunis à la *Boutique des métiers d'art*. Également des restaurants et hébergements au cadre original.

Balade dans le village : se procurer dans les échoppes ou à la mairie le plan ***« Turquant, village métiers d'art en troglo »***. Près du *Bistroglo*, une imposante passerelle métallique permet de gagner le haut de la falaise et de profiter de la vue. Également un sentier d'interprétation de 5 km, infos à demander à la mairie.

Les Pommes Tapées du Val de Loire : *11, rue des Ducs-d'Anjou. ☎ 02-41-51-48-30. • pommes-tapees.fr • De mi-fév à mi-avr, mer-dim 10h-18h ; de mi-avr à début nov, tlj 10h-18h. Tarif : 8,50 € ; réduc. Visite guidée. Prévoir une polaire.* Venez découvrir les « pommes tapées », très populaires au XIXe s pour pallier la disparition des vignes touchées par le phylloxéra. C'est désormais le dernier lieu de production de ces fruits déshydratés pendant plusieurs jours dans des fours en tuffeau. Ils peuvent être ensuite réhydratés grâce à un bon vieux vin de pays. Pour le conditionnement, ils sont aplatis (d'où le nom). Les marins en achetaient pour leurs longs voyages. La visite permet d'observer une ancienne habitation troglodytique et aborde l'extraction de la pierre avant de découvrir les fours à pommes, démonstration et dégustation à l'appui.

⇛ PARNAY

L'église Saint-Fiacre : émouvante église, posée au milieu du vignoble. Point de vue sur la Loire en contrebas.

AOC Saumur-Champigny

À Parnay et Champigny sont cultivées les vignes des Hospices de Saumur, selon une méthode développée par le « Père Cristal » au début du XXe s. Les plants s'alignent le long de murs. Les pieds sont plantés côté nord et bénéficient ainsi de l'humidité, les tiges traversent les murs par un trou pour que les grappes profitent du soleil, côté sud. Le raisin mûrit plus vite et la récolte a lieu plus tôt que dans les autres parcelles, limitant le risque de maladie en fin d'été.

Domaine Filliatreau : *rte de Montsoreau, Turquant. ☎ 02-41-52-90-84. • domaine-filliatreau.fr •*. C'est l'un des ensembles troglodytiques les plus remarquables de la vallée de la Loire, datant des XVe et XVIe s, adossé au coteau. Ancien logis seigneurial, aujourd'hui vitrine des vins en biodynamie ou en conversion bio du domaine Filliatreau : crémant, saumur-champigny, saumur.

Domaine des Amandiers : *11, rue Château-Gaillard, Turquant. ☎ 02-41-51-79-81. • domainedesamandiers-viticulteur.fr •*

Domaine de Rocheville : *les Hauts de Valbrun, Parnay. ☎ 02-41-38-10-00. • rocheville.net •*

Domaine de la Perruche : *29, rue de la Maumenière, Montsoreau. ☎ 02-41-51-73-36. • domainedelaperruche.fr •*

Balades en bateau de Denis Rétiveau, viticulteur et passionné de Loire (balades apéritives, repas, nuit possible...). *☎ 02-41-38-10-92 • loire-vins-aventure.fr •*

AZAY-LE-RIDEAU (37190)

Camping municipal du Sabot : *parc de loisirs du Sabot, 1, rue du Stade. ☎ 02-47-45-42-72. • onlycamp.fr • Ouv de mi-avr à nov. Forfaits pour 2 env 15-30 €.* Très bien situé, au calme, au bord de l'Indre, à 2 pas du château. Agréables emplacements, bien ombragés. À proximité, piscine chauffée gratuite pour les campeurs.

Hôtel de Biencourt : *7, rue Balzac. ☎ 02-47-45-20-75. • hoteldebiencourt.fr • Dans une rue semi-piétonne à 50 m du château. Doubles 88-105 €.* Cette pittoresque maison tourangelle du XVIIIe s, ancienne école napoléonienne, dissimule entre ses bâtiments un adorable patio fleuri sur lequel s'ouvrent quelques-unes des chambres, douillettes et rénovées avec goût.

Hôtel Troglododo : *rte des Granges. ☎ 02-47-45-31-25. • troglododo.fr • Doubles 160-180 €.* Situées en balcon au-dessus de la vallée de l'Indre, le long d'une allée fleurie jalonnée de terrasses (et accessible par ascenseur, la classe !), une dizaine de chambres troglodytiques pour la plupart et dans un style d'aujourd'hui des plus réussi. Rapport qualité-prix-accueil-charme exceptionnel !

Gîte L'Hermine : *3, route de Marnay. 06-37-03-79-22. • gite-hermine.fr •* *Hôtel Val de Loire :* ...

Hôtel Val de Loire : *50-52, rue Nationale. ☎ 02-47-45-28-29. • valdeloire-hotel.fr • Doubles 79-85 €.* Un hôtel sans surprise, moderne et fonctionnel, aux chambres bien entretenues et équipées de façon classique. Salon-bar avec terrasse agréable aux beaux jours.

Hôtel des Châteaux : *2, rte de Villandry. ☎ 02-47-45-68-00. • hoteldeschateaux.com • Doubles 85-120 €.*

Hôtel Le Grand Monarque : *3, pl. de la République. ☎ 02-47-45-40-08. • legrandmonarque.com • Doubles 180-230 €.*

BALLAN-MIRÉ (37510)

Camping Airotel La Mignardière : *22, av. des Aubépines. ☎ 02-47-73-31-00. • olela.fr • Forfait emplacement pour 2 pers 20-30 €.*

Chambres d'hôtes du château du Vau : *domaine du Vau. ☎ 02-47-67-84-04. • chateau-du-vau.com • Doubles 110-180 €. Cabane (sur résa par Internet seulement) 140 €.* Beau château classique du XVIIIe s qu'on découvre au bout d'une longue allée précédée d'une généreuse pelouse arborée. 5 vastes chambres d'hôtes, pleines de charme et de chaleur. On a aimé les parquets qui craquent, les lits en cuivre, les gravures et tableaux anciens, la vue sur l'immense parc à l'anglaise et le calme total. Pour les amateurs d'insolite, 2 cabanes perchées dans des arbres centenaires. Belle piscine. Pour manger : **La Ferme du château du Vau :** *☎ 02-47-53-20-83. Juste à côté du château du Vau ; Mar-sam 10h-12h30, 17h-19h30.* Édouard et Joëlle Clément vous accueillent dans leur exploitation de fabrication de foie gras. Excellents confits et rillettes, mais aussi plats cuisinés. Vente à emporter également.

Chambres d'hôtes La Closerie de la Fuye : *89, rte des Vallées, La Fuye. 06-63-95-40-07. • lacloseriedelafuye.fr • Doubles 125-210 €.*

BEAUMONT-EN-VÉRON (37420)

Manoir de la Giraudière : *15, rue de la Giraudière. ☎ 02-47-58-40-36. • giraudiere.com • Resto le soir seulement, tlj sauf ven et dim. Doubles 79-110 €.* Un hôtel aménagé dans un petit manoir du XVIIe s et ses dépendances, presque isolés, en pleine campagne. Chambres très différentes selon le prix : basiques (mais confortables) pour les moins onéreuses, charmantes avec cheminée d'époque par exemple, pour quelques euros de plus. Petit parc avec arbres séculaires et pigeonnier du XVIe s. Cuisine de tradition avec quelques idées d'aujourd'hui au resto. Ambiance familiale.

BOURGUEIL (37140)

Camping municipal Capitaine : *31, av. du Général-de-Gaulle. ☎ 02-47-97-85-62. • bourgueil.fr • Forfait cyclo-touristes : 15 € la nuit pour 2. Abri-cyclo compris.*

Hôtel Pylo'gis – Le Thouarsais : *10, pl. Hublin. ☎ 02-47-97-72-05. Doubles 64-68 €.* Très central mais sur une petite place calme. Hôtel tout simple mais bien tenu avec des chambres (plutôt spacieuses) réparties dans différents bâtiments entourant un jardin où est servi le petit déj aux beaux jours.

BRÉHÉMONT (37130)

Camping Loire et Châteaux : *lieu-dit le Stade. 07-72-23-41-24. • loireetchateaux.com • Forfait cyclistes : 15,50 € pour 1 pers ; 19,50-27 € pour 2.*

CANDES-SAINT-MARTIN (37500)

Camping Belle Rive : *2, rte de Chinon. ☎ 02-47-97-46-03. • camping-candes.fr • Ouv de mi-avr à fin sept. Forfait pour 2 pers, 18 €.* Un petit camping ombragé bien sympa, situé en contrebas de la route, au bord de la Vienne. Tout simple mais agréable.

CHINON (37500)

Camping de l'Île Auger : *quai Danton. ☎ 02-47-93-08-35. • camping-chinon.com • Forfait vélo pour 2 pers : 12,10-16,60 €.* Agréablement situé sur les berges de la Vienne, ombragé (sous des acacias !), correctement équipé et bien entretenu. Jolie vue sur la ville et le château. Plage, piscine et location de canoës et de vélos juste à côté.

Hôtel Le Plantagenêt : *12, pl. Jeanne-d'Arc. ☎ 02-47-93-36-92. • hotel-plantagenet.com • Doubles 75-125 €.* Chambres distribuées autour d'un petit jardin. Déco variant selon le style des bâtiments : alliance de classique et de moderne pour le 1er, contemporain coloré pour l'annexe, objets chinés pour la partie bourgeoise. Accueil tout sourire.

Hôtel Diderot : *4, rue Buffon. ☎ 02-47-93-18-87. • hoteldiderot.com • Doubles 75-116 €.* Dans une rue tranquille, derrière un haut portail et au fond d'une séduisante cour-jardin des plus fleurie, une très jolie maison du XVIIIe s, ancienne résidence d'un des chanoines de la collégiale. À l'intérieur, cheminée du XVe s, escalier du XVIIIe s et colombages : tout pour le plaisir des yeux. Chambres des plus charmantes, à la déco élégante. Joli choix (c'est une tradition !) de confitures maison au petit déj.

Hôtel Agnès Sorel : *4, quai Pasteur. ☎ 02-47-93-04-37. • hotel-agnes-sorel.com • Doubles 55-105 €.* De très jolies chambres, élégantes et cosy, réparties entre la maison principale et une petite annexe voisine. Certaines ont vue sur la rivière ou possèdent une grande terrasse, d'autres sont organisées autour d'une courette paisible. Plus qu'agréable.

Best Western Hôtel de France : *47, pl. du Général-de-Gaulle. ☎ 02-47-93-33-91. • bestwestern.fr • Doubles 89-198 €.* Dans un bel immeuble du XVIe s, chambres confortables, à la déco contemporaine, certaines avec balcon et vue sur le château. Agréable jardin dans la cour intérieure où l'on peut prendre son petit déj aux beaux jours.

Belle Époque : *14, av. Gambetta. ☎ 02-47-93-00-86. • hotelbelle-epoque.com • Doubles 72-77 €.*

Le Rive Sud : *19, rue du Raineau. ☎ 02-47-93-16-40. • hotelrivesud.com •*

Résidence hôtelière Odalys – Le Clos Saint-Michel : *1, rue du Pavé-Neuf. 06-84-19-31-32. • odalys-vacances.com • À partir de 439 € pour 4 pers.*

Chambres d'hôtes au Relais Saint-Maurice : *79, rue Haute-Saint-Maurice. ☎ 02-47-95-83-35. • hotelchinon.com • Doubles 65-140 €.*

Chambres d'hôtes aux Quatre Chemins : *8, rue des Quatre-Chemins. ☎ 02-47-95-91-57. • aux4chemins.fr • Double 70 €.*

COTEAUX-SUR-LOIRE (37130)

Château-Hôtel de Rochecotte : *43, rue Dorothée-de-Dino, Saint-Patrice. ☎ 02-47-96-16-16. • chateau-de-rochecotte.fr • Doubles 149-469 €. Formule déj en sem 35 €, menu 52 € ; carte env 69 €.* Le château est devenu un hôtel haut de gamme, en tout cas pour les prix. Cheminée, beaux meubles... et un superbe parc. La table compte parmi les meilleures de Touraine. Cuisine imaginative et pleine de saveurs, servie dans une imposante et élégante salle à colonnes grecques.

Hôtel Auberge de la bonde : *3, La bonde, Saint-Michel-sur-Loire. ☎ 02-47-96-83-13. • Aubergedelabonde.com • Doubles 68-76 €.*

Vincent Cuisinier de Campagne : *19, rue de la Galotière. ☎ 02-47-96-17-21. • vincent cuisinierdecampagne.blogspot.com •* Produits locaux, plats cuisinés à emporter, pique-nique chic ou restauration sur place.

DAMPIERRE-SUR-LOIRE (49400)

Chambres d'hôtes Le Petit Hureau : *540, rte de Montsoreau. ☎ 02-41-67-92-51. • petit hureau.com • Doubles 99-105 €.* Ce petit manoir du XVe s fut une ancienne dépendance de Marguerite d'Anjou. Chambres très spacieuses, décorées avec soin et pleines de caractère. Petit déjeuner en terrasse dans le jardin ou dans une cave troglo.

FONDETTES (37230)

Chambres d'hôtes La Huberdière : *rue Henri-Garih. ☎ 02-47-51-96-96. 06-61-35-18-91. • domainedelahuberdiere.com • Double 71 €.*

FONTEVRAUD-L'ABBAYE (49590)

Fontevraud L'Hôtel et Fontevraud Le Restaurant : *38, rue Saint-Jean-de-l'Habit. ☎ 02-46-46-10-10. • fontevraud.fr • Resto ouv le midi le w-e et j. fériés, plus ts les soirs. Doubles 160-270 €, petit déj inclus ; familiales en mezzanine. Menus 70-101 €.* Au sein même de l'abbaye, un ensemble hôtelier réparti en 2 bâtiments. Élégance et sobriété, s'appuyant sur les matières brutes et nobles. Un hôtel également branché environnement, zénitude et enfants. Même tonalité côté restaurant, dans le cadre exceptionnel du plus petit cloître de France. Haute cuisine raffinée mais sans esbroufe du chef étoilé et Bocuse d'Or Thibaut Ruggeri.

Hôtel de la Croix Blanche : *5, pl. des Plantagenêts. ☎ 02-41-51-71-11. • lacroix blanche.com • Doubles 75-125 € pour les moins chères.* ***Le Plantagenêt*** : *tlj. Menu 38 €.* C'est le bistrot de l'hôtel, à l'intérieur chic et chaleureux. Service élégant mais ambiance décontractée derrière de grandes baies donnant sur la place, face à l'abbaye. Aux murs, la famille des rois Plantagenêt au complet lorgne un peu sur la carte de salades, pâtes et plats régionaux pendant que vous consultez celle des vins.

Hôtel domaine de Mestré et savonnerie Martin de Candre : *lieu-dit Mestré. ☎ 02-41-51-72-32. • domaine-de-mestre.com • Doubles 80-179 € ; petit déj en sus. Menu du soir 33 € (buffet).* En pleine campagne, une vaste demeure familiale pleine de caractère, classée

Demeure historique. Elle propose des chambres élégantes (dont 2 sous une charpente exceptionnelle) ainsi que des repas à base de produits frais et naturels. Parc et salons de style accessibles aux hôtes. Piscine intérieure et spa. On y trouve également une (rare) savonnerie artisanale, une boutique ainsi qu'un musée d'affiches sur les savons *(3 €)*.

JOUÉ-LÈS-TOURS (37300)

Brit Hôtel Le Chéops : *75, bd Jean-Jaurès. ☎ 02-47-67-72-72. • hotel-tours.brithotel.fr • Double 59 €.*

Château de Beaulieu : *67, rue de Beaulieu. ☎ 02-47-53-20-26. • chateaudebeaulieu37.com • Doubles 105-197 €.*

Hôtel Kyriad : *4 et 8, rue Édouard-Branly. ☎ 02-47-53-60-00. • tours-joue-les-tours.kyriad.com •*

LANGEAIS (37130)

Langeais Camping et Loisirs : *rte de Tours, allée du Lac. 06-26-65-03-40. • langeais-camping-loisirs.fr •*

Chambres d'hôtes L'Ange est Rêveur : *5, pl. Pierre-de-Brosse. ☎ 02-47-96-55-97. 06-68-03-87-86. • langeaisreveur.fr • Au pied du château. Doubles 90-100 €.* De magnifiques chambres cosy à souhait, avec vue sur le château ou les toits de Langeais. L'esprit déco est poussé ici à son paroxysme. Petit déj mémorable, servi quand il fait beau dans l'adorable cour intérieure fleurie et paisible.

Chambres d'hôtes La Vie Voyage : *96, rue Anne-de-Bretagne. 07-72-32-95-24. • lavievoyage.com • Doubles 120-150 €.*

MONTSOREAU (49730)

Camping de l'Isle Verte : *av. de la Loire. ☎ 02-41-51-76-60. • campingisleverte.com • D'avr à mi-oct. Forfaits randonneur ou cycliste 9-13 €/pers, tentes bivouac : 27-37 €.105 empl.* Sur les bords de Loire, un camping très confortable (4 étoiles), aménagé selon une démarche environnementale, sur un terrain plat et ombragé. Atmosphère familiale et festive (soirées guinguette l'été). Piscine. Location de mobile homes et de cabanes de mariniers (écolodges) construites à partir d'arbres du terrain.

Hôtel Le Bussy – Restaurant Le Montsorelli : *4, rue Jehanne-d'Arc. ☎ 02-41-38-11-11. • hotel-lebussy.fr • Hôtel ouv de mi-fév à mi-déc ; resto ouv de mi-mars à mi-déc (mais fermé lun hors saison). Doubles env 98-165 €. Repas env 25-45 €.* Au bord d'une ruelle calme, une vieille demeure en tuffeau, des chambres impeccables, bien équipées, avec vue sur le château. Emplacement idéal ! Le restaurant profite d'une belle terrasse avec vue sur la Loire et toujours le château. Cuisine traditionnelle élaborée avec savoir-faire.

La Marine de Loire hôtel et spa : *9, av. de la Loire. ☎ 02-41-50-18-21. • hotel-lamarinedeloire.com • Doubles à partir de 140 €.* Meubles patinés et vastes chambres parfois en mezzanine, avec ciel étoilé, de style marinier, vendange, etc. On préfère celles situées à l'arrière, plus calmes. Tout confort : piscine extérieure chauffée, espace spa, bar-salon de thé, jardin abrité...

Restaurant Le Saut aux Loups : *av. de la Loire, face au pont. ☎ 02-41-51-70-30. À l'entrée de Montsoreau, attenant à la champignonnière (qui se visite). Ouv le midi tlj, plus certains soirs en été et ponts de printemps. Menus 21-23 € et carte.* Perché sur la falaise de tuffeau (parking en bas), on y arrive à pied par un escalier. Resto troglo, de la cave à l'assiette, spécialisé dans les originales spécialités de « galipettes ». Ce sont de très gros champignons de Paris, farcis et cuits au four. Le tout servi dans 2 salles toutes mignonnes en troglo ou en terrasse dominant la Loire.

RESTIGNÉ (37140)

Chambres d'hôtes La Dixmeresse : *12, Grande-Rue. ☎ 02-47-93-90-34. • la-dixmeresse-en-touraine.fr • Doubles 95-140 €. Table d'hôtes 29 €.* C'est l'adresse chic du secteur. Différents bâtiments soigneusement restaurés, dont une maison de maître de 1830 dédiée aux hôtes. À l'intérieur, des chambres très vastes, pleines de personnalité et tout confort. La plus romantique a même une salle de bains ouverte, avec baignoire sur pieds et vue sur les vignes !

RIGNY-USSÉ (37420)

Camping de la Blardière : *La Blardière, 51, rue Principale. ☎ 02-47-95-55-85. Compter 11 €.*

Domaine la Juranvillerie – Marco Polo (chambres d'hôtes) : *15-17, rue des Fougères. ☎ 02-47-95-57-85. • lajuranvillerie.com • Doubles 92-135 €.*

Hôtel Le Clos d'Ussé : *7, rue Principale. ☎ 02-47-95-55-47. • leclosdusse.fr • Doubles 80-135 €.*

RIVARENNES (37190)

Camping Les Terrasses de Rivarennes : *allée des Prés-Sillaults. ☎ 02-47-95-70-12. 📱 06-84-09-32-44. • camping-les-terrasses-de-rivarennes.com • Compter env 12 €/pers.*

RIVIÈRE (37500)

Chambres d'hôtes Ô Doux Matins : *24, rue de la Croix-Marie. 📱 06-32-51-78-08. • odouxmatins.com • Doubles 80-99 €. Table d'hôtes 20-24 €.*

SAINT-AVERTIN (37550)

Camping Onlycamp Tours Val de Loire : *61, rue de Rochepinard. ☎ 02-47-27-87-47. • onlycamp.fr • Compter 16,10 €.*

SAVIGNY-EN-VÉRON (37420)

Camping la Fritillaire : *rue Basse. ☎ 02-47-58-03-79. Compter 19-23 €.*

Chambres d'hôtes En passant : *3, rue de la Berthelonnière. ☎ 02-47-58-85-85. • chinonenpassant.com • Doubles 78-85 €.*

Chambres d'hôtes la Magnanerie : *La Magnanerie. ☎ 02-47-95-78-13. • la-magnanerie-en-touraine.com • Doubles 95-125 €.*

Gîte-étape Le Pas des Vignes : *pl. de l'Église. ☎ 02-47-58-81-12. • gite-etape-savigny.fr • Juin-sept : 30 €/pers.*

SAVONNIÈRES (37510)

Camping Onlycamp La Confluence : *rte du Bray. ☎ 02-47-50-00-25. • onlycamp.fr • Compter 15,80 € pour 2.*

Chambres d'hôtes La Grange : *Le Mitan Bray. ☎ 02-47-24-54-97. 📱 06-84-36-72-48. • lagrange-touraine.com • Sur les bords du Cher. Doubles 80-95 €.* Emplacement stratégique pour cette vieille grange pleine de cachet, située au calme face au Cher. Intérieur résolument contemporain, où les éléments design et anciens s'harmonisent avec bonheur. Les chambres sont belles, sobres et élégantes, et tout confort. Salon commun et, sur l'arrière, une terrasse en bois face aux champs.

À la Soupette de Mémère : *aire des Charmilles. 06-60-62-76-86. • alasoupettedememer.com • Tlj sauf lun de 11h à la tombée de la nuit. Carte : 12 €.* 2 petites cabanes posées non loin du Cher, face à une large étendue de gazon parsemée de tables. Impeccable pour reprendre des forces entre 2 balades, en picorant une galette, ou… une soupette, pardi ! Préparée avec des ingrédients locaux et frais, c'est bon et sain ! Fréquentes animations.

SOUZAY-CHAMPIGNY (49400)

Chambres d'hôtes La Ferme du port : *île de Souzay. ☎ 02-41-38-19-64. • lafermeduport.com • Double 70 €.*

TOURS (37000)

The People Hostel : *84, av. de Grammont. Sur l'itinéraire à la sortie sud de Tours. ☎ 02-36-43-50-74. 07-60-58-33-80. • thepeoplehostel.com • Chambres partagées : à partir de 19 €. Chambres privatives : à partir de 45 €. Chambres familiales : à partir de 89 €.* Un bel ensemble moderne et fonctionnel que cette nouvelle auberge de jeunesse à la déco au goût du jour et à la gloire du vélo. Accueil cool et international. Nombreux services dont le restaurant convivial Étape 84 et un café, ouverts à tous. Consigne à bagage, jardin, espace coworking. Et idéalement situé.

Hôtel du Théâtre : *57, rue de la Scellerie. ☎ 02-47-05-31-29. • hoteldutheatre-tours.com • Doubles 53-77 €.* En plein centre, à l'étage d'une vénérable maison du XVe s, un joli petit hôtel où les pans de bois et les poutres s'accommodent bien d'une plaisante décoration au goût du jour. Confort classique, mais l'ensemble ne manque pas d'atouts, malgré l'absence d'ascenseur.

Hôtel Ronsard : *2, rue Pimbert. ☎ 02-47-05-25-36. • hotel-ronsard.com • Doubles 73-81 €.* Une adresse conviviale, réunissant une vingtaine de chambres pimpantes, au style sobre et contemporain de bon goût, et surtout très confortables. Entretien parfait ! Excellent rapport qualité-prix.

Foyer des jeunes travailleurs : *association Jeunesse et Habitat, 16, rue Bernard-Palissy. ☎ 02-47-60-51-51. • asso-jeunesse-habitat.org • Resto tlj sauf sam soir-dim et j. fériés. Adhésion à l'association : 4 €. Nuitée 20 €/pers. Formule 8,85 €, en self-service.* Un foyer fonctionnel, propre, moderne et lumineux, qui abrite surtout des jeunes travailleurs, au mois. Il arrive que des places se libèrent de temps à autre, les chambres sont alors louées à la nuit. Tenter sa chance en réservant ou en se présentant entre 9h et 18h30. Une bonne solution pour les tout petits budgets.

Hôtel des Châteaux de la Loire : *12, rue Gambetta. ☎ 02-47-05-10-05. • hoteldeschateaux.fr • Doubles 50-115 €.* Un hôtel des plus classique qui propose des chambres simplement confortables, nickel (et accessibles par ascenseur !). Une adresse stable et sérieuse, stratégiquement située (mais au calme).

Hôtel du Manoir : *2, rue Traversière. ☎ 02-47-05-37-37. • hotel-du-manoir-tours.fr • Doubles 80-86 €.* Dans un hôtel particulier de la fin du XIXe s, des chambres bien tenues. Petit déj à base de produits bio, servi dans une cave voûtée. Calme assuré. Un bon 2-étoiles en somme.

Best Western Plus L'Artist Hôtel : *13, rue Frédéric-Joliot-Curie. ☎ 02-47-66-01-48. • bestwestern.fr • Doubles 75-157 €.* Bâtiment contemporain abrite des chambres dans l'air du temps avec des clins d'œil à l'univers du cinéma. Excellent confort général, calme absolu, bar, salle de remise en forme.

CARNET D'ADRESSES

Hôtel du Cygne : *6, rue du Cygne. ☎ 02-47-66-66-41. • hotel-cygne-tours.com • Doubles 65-89 €.*

Labe hotel : *12, pl. du Général-Leclerc. ☎ 02-46-23-26-65. • labe-hotel.com • Doubles 113-258 €.*

Le Grand Hôtel : *9, pl. du Général-Leclerc. ☎ 02-47-05-35-31. • legrandhoteltours.com • Doubles 69-199 €.*

Hôtel de Rosny : *19-21, rue Blaise-Pascal. ☎ 02-47-05-23-54. • hotelderosny.com • Doubles 65-108 €.*

Hôtel Rabelais : *24, pl. Rabelais. ☎ 02-47-37-04-64. • hotel-rabelais-tours.com • Doubles 55-78 €.*

Hôtel Kyriad Tours Centre : *65, av. Gramont. ☎ 02-47-64-71-78. • tours-centre.kyriad.com •*

Hôtel Mondial : *3, pl. de la Résistance. ☎ 02-47-05-62-68. • hotelmondialtours.com • Doubles 70-109 €.*

Novotel Tours Centre Gare : *15, rue Édouard-Vaillant. ☎ 02-47-31-12-12. • all.accor.com •*

Ibis Tours Centre Gare : *1, rue Maurice-Genest. ☎ 02-47-70-35-35. • all.accor.com •*

Ibis Styles Tours Centre : *4, pl. de la Liberté. ☎ 02-47-05-50-05. • all.accor.com •*

Hotel Oceania l'Univers Tours : *5, bd Heurteloup. ☎ 02-47-05-37-12. • oceaniahotels.com •*

Citotel Criden : *65, bd Heurteloup. ☎ 02-47-20-81-14. • criden-tours.com •*

Hôtel Castel Fleuri : *10, rue Groison. ☎ 02-47-54-50-99. • castel-fleuri-tours.com • Doubles 70-135 €.*

Château Belmont The Crest Collection : *57, rue Groison. ☎ 02-47-46-65-00. • chateaubelmont.com • Doubles 179-269 €.*

Hôtel Quick Palace : *9, rue Arthur-Rimbaud. ☎ 02-47-88-04-05. • hotel.quick-palace.com •*

Néméa Appart'hotel Quai Victor : *6, rue Marcel-Tribut. ☎ 02-47-70-78-00. • nemea-appart-hotel.com •*

Hôtel Ibis Tours Sud : *10, rue Michaël-Faraday, 37150 Chambray-lès-Tours. ☎ 02-47-28-25-28. • all.accor.com •*

Hôtel Ibis Style Tours Sud : *18, rue Michaël-Faraday, 37150 Chambray-lès-Tours. ☎ 02-47-80-18-10. • all.accor.com •*

Le Vieux Murier : *11, pl. Plumereau. ☎ 02-47-61-04-77. Tlj sauf lun (resto fermé le soir et le dim). Formule déj 18 € ; carte env 25 €.* Ce café au look vieille école est un must ! D'abord, parce que sa situation sur la place est imparable, ensuite, parce qu'on y sert le midi de bons plats de bistrot à base de produits f rais, et le soir des planches impeccables pour l'apéro.

Le Marché Gourmand : *27, rue du Grand-Marché. ☎ 02-47-64-50-38. Mar-dim 19h30-22h30 ; sam midi et dim midi 12h-13h30. Menu 31 €.* Derrière une façade rouge pétard, petites salles sur 3 niveaux. Savoureuse cuisine de marché, à base de produits locaux et de saison, servie dans une ambiance bistrot conviviale. Les charcutailles viennent de chez Hardouin, le must !

L'Atelier Gourmand : *37, rue Étienne-Marcel. ☎ 02-47-38-59-87. Ouv 12h-14h et 19h30-22h30 (23h ven et sam). Formule déj en sem 22 € ; menu unique 29 € ; carte 18-27 €.* Atelier où officient un chef, ancien de chez Bardet (l'ex-star locale de la cuisine) et son frère, au service. Salle tout en longueur, à la déco très design qui (d)étonne entre ces murs du XVe s. Courte sélection de savoureux plats, au fil du marché et d'une réelle créativité. Bons desserts, belle ardoise de vins au verre et prix serrés.

TURQUANT (49730)

La Turcane : *4, ruelle de la Cour-du-Puits. ☎ 02-41-38-37-44. • la-turcane.fr • Sur les hauteurs du village, en partant de l'église. Pâques-oct. Doubles 85-95 €.* À flanc de coteau, la maison d'hôtes est tenue par Paola, une hôtesse charmante et pleine d'attentions. Côté jardin, la chambre « troglo » de style rustique (poutres apparentes, terre cuite au sol) ne manque pas de caractère. C'est la plus belle des 2 chambres. Petit déj dans une annexe aux allures d'atelier de peintre, les fenêtres ouvertes sur le jardin.

Hôtel Demeure de la Vignole : *3, impasse Marguerite-d'Anjou. ☎ 02-41-53-67-00. • demeure-vignole.com • Doubles 98-147 €.*

Chambres d'hôtes Le Balcon Bleu : *2, rue des Martyrs. ☎ 02-41-38-10-31. • lebalconbleuturquant.com • Doubles 70-90 €.*

VILLANDRY (37510)

Hôtel Le Colombien : *2, rue de la Mairie. ☎ 02-47-50-07-27. • auberge-lecolombien.com • Double 95 €.*

Hôtel Le Haut des Lys : *Les Barrières-Blanches. ☎ 02-47-21-90-90. • lehautdeslys.com • Doubles 89-159 €.*

La Doulce Terrasse : *1, rue Principale. ☎ 02-47-50-02-10. À l'entrée du château. Tlj 9h-18h. Plat du jour 16 €. Compter 15-20 € à la carte.* Des sandwichs à emporter côté kiosque. Une grande terrasse côté resto : salade, quiches, tartines, hamburgers, pâtes à l'italienne… le tout à base de légumes et d'herbes des jardins du château.

L'Étape Gourmande : *La Giraudière. ☎ 02-47-50-08-60. Tlj (résa conseillée). Formule déj en sem 25,60 € ; puis formules et menus 27,90-53,10 €.* Authentique ferme du XVIIe s, ancienne dépendance du château, en pleine campagne et encore en activité (on y élève des chèvres). Rustiques salles avec cheminée ou terrasse ombragée sous les muriers pour une généreuse et savoureuse cuisine à base de produits fermiers accompagnés de vins du cru. Accueil et service d'une vraie gentillesse. Vente de fromages de chèvre, bien sûr, et visite de la chèvrerie et de la fromagerie.

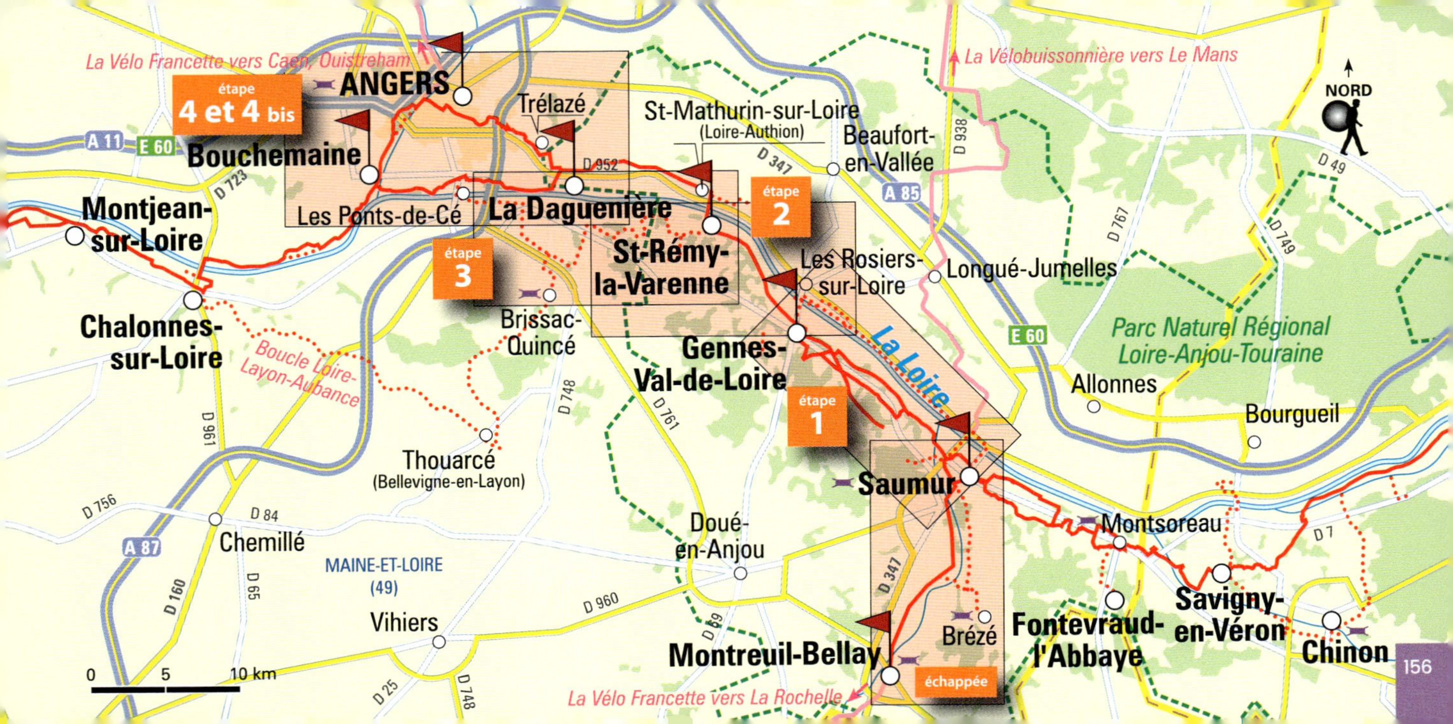
La Vélo Francette vers Caen, Ouistreham
étape 4 et 4 bis
ANGERS
Trélazé
St-Mathurin-sur-Loire
(Loire-Authion)
Beaufort-en-Vallée
La Vélobuissonnière vers Le Mans
NORD
A 11
E 60
Bouchemaine
D 952
D 347
A 85
D 938
D 49
D 723
Montjean-sur-Loire
Les Ponts-de-Cé
La Daguenière
étape 2
étape 3
St-Rémy-la-Varenne
Les Rosiers-sur-Loire
Longué-Jumelles
D 767
D 749
Chalonnes-sur-Loire
Brissac-Quincé
Gennes-Val-de-Loire
La Loire
E 60
Parc Naturel Régional Loire-Anjou-Touraine
Boucle Loire-Layon-Aubance
D 961
D 748
D 761
étape 1
Allonnes
Bourgueil
Thouarcé
(Bellevigne-en-Layon)
Saumur
D 756
D 84
Chemillé
A 87
Doué-en-Anjou
Montsoreau
D 7
MAINE-ET-LOIRE
(49)
D 160
D 65
D 960
D 347
D 69
Savigny-en-Véron
Fontevraud-l'Abbaye
Brézé
Vihiers
Chinon
Montreuil-Bellay
0
5
10 km
D 25
D 748
échappée
La Vélo Francette vers La Rochelle

89 km

Itinéraire 6

DE SAUMUR À ANGERS

Le Val de Loire en Anjou, de Saumur à Angers – labellisées chacune Ville d'Art et d'Histoire –, a tout pour plaire : villages de carte postale qui s'étalent nonchalamment au bord du fleuve sauvage, façades patinées de vieilles maisons fleuries, églises millénaires et paisibles petits ports à gabares. Autour, des jardins remarquables, des vignobles réputés, des haras d'exception et des sites troglodytiques. On goûte à la douceur angevine, qui loin d'être un mythe, se cultive avec lenteur et délectation. La région regorge de sites passionnants à découvrir autour de ***La Loire à Vélo.*** Un parcours facile, qui alterne voies vertes au bord de l'eau et petites routes avec de rares côtes.

SAUMUR

De loin, le château coiffant les belles demeures aristocratiques des quais constitue l'un des plus beaux tableaux que l'on connaisse, encore plus émouvant au coucher de soleil. Avec les caves de crémant de Saumur aux grands noms, les troglos et les curiosités de Saint-Hilaire-Saint-Florent à sa porte, Saumur promet une halte délicieuse.

Office de tourisme *: 8 bis, quai Carnot.* ☎ *02-41-40-20-60.* • *ot-saumur.fr* • Guide Saumur Val de Loire, consultation en photos des hébergements du Saumurois ***(résa payante)***, billetterie à tarifs réduits, consigne à bagages. Possibilité d'« Enquêtes dans le vignoble » (à vélo), appli « Baludik ».

– ***Sorties découverte*** *: dim mat, avec les Cyclotouristes saumurois.* ☎ *02-41-59-71-62.* Organise le 2ᵉ w-e d'oct la randonnée « Vins et Champignons », ouv aux cyclistes et marcheurs.

– ***Marché*** *: pl. Saint-Pierre, sam jusqu'à 13h.*

Cycl'O de Loire *: 1 av. du Gal-de-Gaulle.* ☎ *02-41-38-14-99.* • *cyclodeloire.fr* • Location, vente, réparation.

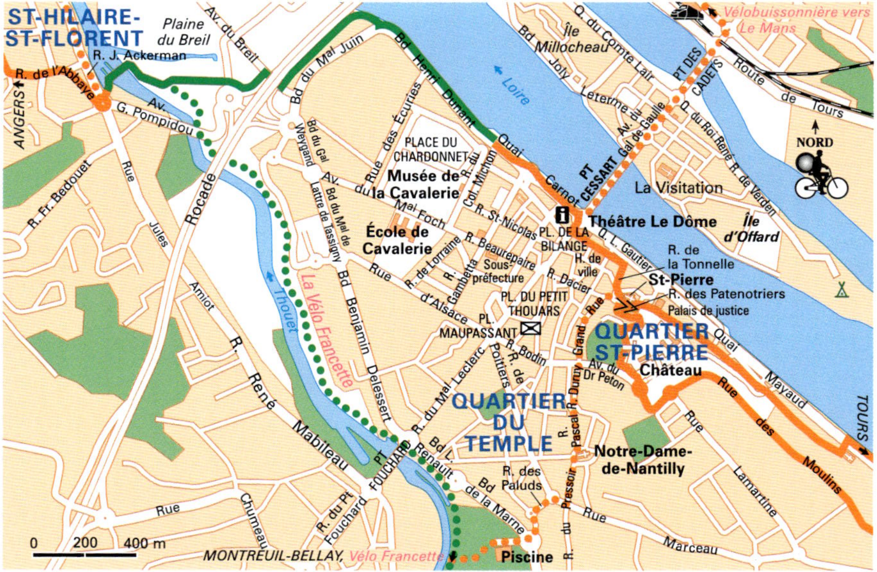

Cycle Obsession : *125, rue des Maréchaux. ☎ 09-83-87-26-90. • cycle-obsession.com* • Location, vente, réparation.

Vélospot : *51, quai Mayaud. ☎ 02-41-38-94-06.* Location et réparation.

Décathlon : *rue des Maréchaux . ☎ 02-41-53-79-79. • decathlon.fr* • Vente et réparation.

Le Saumur historique

Le château : *☎ 02-41-40-24-40. Accès à pied de la pl. Saint-Pierre, par la montée du Fort. Fermé lun sauf en juil-août : avr-sept, 10h-13h et 14h-18h (10h-19h en juil-août) ; oct-mars, 10h-13h et 14h-17h30. Entrée : env 8 € ; réduc. Accès au belvédère : guidé seulement, juin-sept, supplément de 3 €.* Ce majestueux exemple de château ***pré-Renaissance*** voit ses origines remonter au début du XIIIe s sous Philippe Auguste. Puis en 1360 Louis Ier, 1er duc d'Anjou, entreprend de l'améliorer, l'architecte s'appuyant sur les tours rondes pour élever des ***tours polygonales.*** Pendant la période protestante, le gouverneur ***Duplessis-Mornay*** (XVIIe s) le fit fortifier selon un système dont s'inspira Vauban. Sous Louis XIV, puis sous Napoléon Ier, le château servit de ***prison,*** et durant le reste du XIXe s, de dépôt de munitions. Acheté par la Ville en 1906, il n'eut de cesse d'être restauré depuis, jusqu'à cette impressionnante fleur de lys dorée qui culmine depuis 2015 au sommet d'une des tours.

La visite donne aujourd'hui accès à une riche ***collection d'arts décoratifs,*** meubles, tapisseries, émaux, faïences et porcelaine occupant le 1er étage des ailes nord et est. Une ***collection « cheval »*** rassemblant des objets de l'Antiquité au début du XXe s est exposée quant à elle dans l'ancienne abbatiale. Depuis les jardins, en accès libre, le panorama sur la Loire et la ville est superbe.

L'Orangeraie (restaurant, cour du Château) et ***Le Terrier du Château*** (bar à vins). Vue imprenable sur le château.

La distillerie Combier : *48, rue Beaurepaire. ☎ 02-41-40-23-02. • combier.fr • Rythme des visites : voir sur le site, mois par mois. Résa conseillée. Billet : 6 €.* On distille toujours de manière artisanale dans cette entreprise familiale depuis 1834. Les machines et les techniques sont inchangées depuis le XIXe s. Le maître-distillateur Jean-Baptiste Combier connut le succès en inventant le fameux « triple sec », liqueur à base d'écorces d'oranges douces et amères. Cette institution saumuroise a su, au fil des années, s'imposer dans le patrimoine français avec ses recettes signatures de liqueurs, sirops et spiritueux à partir de fruits et plantes méticuleusement sélectionnés. Autant de produits incontournables pour les barmans, baristas et grands chefs du monde entier.

Le théâtre Le Dôme : *sur la terrasse, soirées dégustation avec le Syndicat des vins de Saumur en juil-août (rens à l'OT).* Construit en 1864, de style néoclassique, avec ses colonnes monumentales et ses grandes arcades, il a fière allure au bord de la Loire. Remarquez les noms d'auteurs classiques et de musiciens sous la corniche du toit à l'italienne. Depuis 2015, le bâtiment a retrouvé tout son lustre et abrite Le Dôme, un pôle culturel et artistique ainsi qu'une terrasse au-dessus du monument avec vue imprenable sur la Loire.

Le quartier Saint-Pierre, entre Loire et château : la partie la plus jolie de la ville avec ses nombreuses demeures anciennes le long des rues et ruelles (certaines pavées) qui ont conservé leur tracé médiéval. ***Place Saint-Pierre,*** qui constituait l'axe marchand de la ville au Moyen Âge, jolies maisons à pans de bois, en particulier aux nos 3 bis, 5 et 6, et surtout une élégante

église Saint-Pierre (XIIe-XIIIe s) qui revient de loin. L'église abrite de remarquables stalles du XVe s.

Dans la ***Grand-Rue,*** ici et là, des portes cloutées avec heurtoir en forme de point d'exclamation ainsi que des montoirs (petites bornes évoquant l'époque des déplacements à cheval). C'est une véritable rue médiévale, étroite, sinueuse et autrefois pavée. Sur le chemin du château ***(montée du Fort),*** très belles maisons à tourelles, à l'instar de celle accueillant les Compagnons du devoir. Au n° 7, celle qui aurait servi de modèle à Balzac comme demeure du père Grandet.

Le quartier du Temple : cœur de la ville au XVIIe s, on y devine de nombreux hôtels particuliers cachés derrière de monumentales portes cochères, dans la *Grand-Rue*, la *rue du Temple* ou la *rue des Païens. Rue du Prêche* : anciennes tours de l'enceinte du XIVe s.

Entre le quartier Saint-Pierre et l'église Notre-Dame-des-Ardilliers, sur le ***quai Mayaud,*** tout au long de la Loire, quelques hôtels particuliers et hôtels tout court, des XVIIe, XVIIIe et XIXe s. témoignent de l'importance du commerce sur la Loire et de la prospérité qui en a découlé. Dans les rues à l'arrière s'étendait le ***quartier des patenôtriers,*** autrement dit ceux qui fabriquaient des chapelets (de *Pater Noster*). Rue Jean-Jaurès (parallèle à la Loire), on notera les arcatures des anciennes boutiques de ces fabricants.

L'église Notre-Dame-des-Ardilliers : *sur la rte de Montsoreau.* Au départ, en 1454, la banale trouvaille d'un paysan : une petite pietà en pierre découverte dans un champ argileux (ou *ardille*, à l'époque). Elle fit rapidement l'objet d'un pèlerinage, à tel point que son prestige devint pour les catholiques de la Contre-Réforme une arme de guerre contre les protestants. L'édifice fut construit à partir de 1655. Architecture classique d'inspiration italienne avec une imposante rotonde couronnée d'un dôme en ardoises et d'un lanternon. À l'intérieur, impression d'immensité digne de Rome. Les bâtiments jouxtant le chevet de l'église sont de la même époque. C'était le couvent des oratoriens administrateurs du pèlerinage, et le foyer de l'école de théologie concurrente de l'académie protestante.

L'église Notre-Dame-de-Nantilly : *pl. de Nantilly.* Église romane la plus ancienne de Saumur, du début du XIIe s. Façade-mur d'allure sévère, avec 4 énormes contreforts. À l'intérieur, l'une des plus belles nefs romanes d'Anjou avec ses voûtes en berceau légèrement brisé et sa coupole nervée. Dans le transept gauche, statue de Notre-Dame de Nantilly, du XIIe s, en bois peint.

Dans l'île d'Offard : *accès par le pont Cessart, qui date de 1756. Parcours de visite ludique avec appli « Baludik » (infos à l'office de tourisme).* De l'île d'Offard, la plus belle vue sur Saumur et son château. La ***maison de la Reine de Sicile*** est un fort bel édifice, à qui la maladie de la pierre donne un surcroît de charme pathétique. C'est là que vécut Yolande d'Aragon (1377-1442), mère du roi René.

Le Saumur équestre et militaire

Le musée de la Cavalerie : *École de cavalerie, pl. Charles-de-Foucauld. ☎ 02-41-83-69-23. • musee-cavalerie.fr • Juil-août, tlj 10h-18h ; sinon 10h-13h, 14h-18h, tlj sauf jeu-ven. Entrée : 8 € ; réduc.* Une galerie consacrée à l'histoire de la cavalerie française, installée dans les anciennes écuries du Cadre noir. On commence avec Charles VII, qui inventa l'armée de métier en 1445, et on galope dans le temps, en passant par les guerres napoléoniennes, « grand siècle » de la cavalerie française. L'École de cavalerie existe toujours mais n'a plus de rôle militaire depuis la Première Guerre mondiale.

Le musée des Blindés : *1043, rte de Fontevraud. ☎ 02-41-83-69-95. • museedesblindes.fr • ♿ (fauteuil à disposition). Juil-août, tlj 9h30-18h30 ; avr-juin, sept et vac scol de la Toussaint, tlj 10h-18h ; le reste de l'année, lun-ven 10h-17h, w-e et j. fériés 11h-18h. Entrée : 10 € ; réduc. Livret-jeux.* Un musée un peu hallucinant : sous d'immenses hangars s'alignent plus de 200 machines (sur les 900 de la collection !). De 1914-1918 à nos jours, c'est toute l'histoire du char d'assaut qui est présentée, sans frontières. Le Tigre Royal allemand vaut son pesant de 69 t, mais il lui faut toujours sa manivelle pour démarrer. Certains sont impressionnants de technologie, comme le char Leclerc de 1992. Parmi les curiosités, la voiture valise anglaise.

Promenades sur la Loire : *06-63-22-87-00 ou à l'OT. • croisieressaumurloire.fr •* Croisière découverte (50 mn) à bord du *Saumur-Loire* (60 passagers), croisière dînatoire, croisière apéritive, croisière coucher de soleil.

Également des ***sorties en gabare*** plus intimistes avec *Loire Évasion*, à bord de *La Nonchalante. 06-26-99-85-77. • loireevasion.com •*

Pôle nautique Saumur : *Base de loisirs de Millocheau, 1, rue Eric-Tabarly. ☎ 02-41-51-17-65. • polenautiquedesaumur.com •* Base canoë et voile sur place.

Les vins de Saumur

Le Saumurois est surtout connu pour sa production de vin à bulles, qui s'obtient à partir d'un cépage principal, le chenin. Le saumur blanc (un sec) s'étend quant à lui sur 38 communes. Le terroir calcaire du tuffeau en fait un vin léger, fruité, élégant, au délicat arôme floral, notamment autour de Brézé, Montreuil-Bellay et du Puy-Notre-Dame. Le saumur rouge se récolte sur une trentaine de communes. C'est un vin généreux, qui vieillit correctement. (Voir aussi à Saint-Hilaire-Saint-Florent p. 163).

Maison des vins d'Anjou et de Saumur : *quai Carnot, à côté de l'OT. ☎ 02-41-38-45-83. ♿ Dégustation gratuite.* Vitrine du vignoble des vins de Saumur et d'Anjou. Lieu idéal pour s'informer, déguster et acheter. Excellent accueil.

Également des caves bien sûr (voir aussi à Saint-Hilaire-Saint-Florent p. 163), comme :

Gratien & Meyer : *sur la rte de Montsoreau. ☎ 02-41-83-13-32. • gratienmeyer.com • Visites guidées sans résa ou avec audioguide et visite en giropode sur résa : avr-sept, tlj 9h30-18h (18h30 juil-août) ; le reste de l'année, tlj sauf lun janv-mars 10h-17h. Entrée : 3 € ; réduc.* Très beau panorama sur la Loire depuis cette maison créée en 1864. La visite, dans un réseau de galeries jalonnées de sculptures, de reconstitutions et de vidéos, retrace l'historique de la maison et plus largement l'aventure des vins de fines bulles du XIXe s à nos jours, de la nuit des caves (troglodytiques) à la dégustation.

Maison Louis de Grenelle : *839, rue Marceau. ☎ 02-41-50-23-21. • louisdegrenelle.fr • Ouv tte l'année. Avr-oct, visites tlj à 11h, 14h, 16h ; le reste de l'année, tlj sauf dim, visites à 11h et 16h.* Dans Saumur, les caves passant sous le centre-ville ; espaces ludiques pour les enfants. Boutique. Escape Game et visites guidées, tte l'année, sur résa.

SAINT-HILAIRE-SAINT-FLORENT

⇛ LA VILLE TROGLODYTIQUE

Les ***3 sites*** suivants sont contigus et travaillent ensemble. *Route de Gennes. Accès par la rue Ackerman (D 751), assez circulée mais sans côtes. Entrée pour chaque : 9 € ; réduc. Billets « duo » à 15 € et « trio » à 20 €.*

Le musée du Champignon : *☎ 02-41-50-31-55. • musee-du-champignon.com • Visite libre ou guidée sur résa de mi-fév à mi-nov, tlj 10h-19h (18h fév-mars et oct-nov).* Prévoir un bon pull (température constante de 15 °C). Depuis Louis XIV, les champignons de Paris prospéraient dans les carrières et les catacombes de la capitale. Avec la création du métro, ils furent indésirables (la moisissure entraîne la pourriture du bois). Voilà pourquoi on continua leur culture dans la région de Saumur, qui présente tous les avantages : des kilomètres de caves et des élevages de chevaux (pour le fumier !). La région de Saumur produit 85 % des champignons toujours appelés… de Paris. Intéressant parcours dans cette champignonnière qui produit toujours 12 t par an. Visite également d'une maison troglodytique, avec sa collection d'objets-champignons. Dégustation et vente de champignons frais.

Pierre et Lumière : *☎ 02-41-50-70-04. • pierre-et-lumiere.com • Visite libre ou guidée sur résa de mi-fév à mi-nov, tlj 10h-19h (18h fév-mars et oct-nov) ; vac Noël 14h-18h. Prévoir un pull.* Dans une ancienne carrière souterraine, un sculpteur breton autodidacte, Philippe Cormand, s'est lancé dans la reproduction miniature d'une vingtaine de sites du patrimoine local. Taillées à même la roche, ces rondes-bosses délicates ont nécessité des années de travail. Un petit chef-d'œuvre dans son genre, savamment mis en lumière.

Les Jardins du Puygirault : *à 100 m de Pierre et Lumière. ☎ 02-41-53-95-62. • jardins-du-puygirault.com • Avr-oct, tlj 10h-19h (18h oct).* De l'âge de la cueillette aux plantes d'Asie, du jardin médicinal à l'insularité, 14 espaces qui retracent l'évolution des potagers depuis que les hommes cultivent la terre. Ce jardin a trouvé naturellement sa place auprès d'un joli manoir de bord de Loire. Le dernier espace mène jusqu'à une source dans un troglo, un « jardin d'intérieur » plein de poésie, alimenté par les pensées sages de grands hommes.

⇛ LA VILLE ÉQUESTRE

C'est en 1771 que fut créée l'École royale de cavalerie, alors installée à Saumur. En 1825, un manège académique se développa au sein de l'école à l'intention des élèves officiers. Leur costume, veste noire rehaussée d'or, culotte noire, se distinguait de celui des instructeurs, qui était bleu. D'où l'appellation qui découla naturellement de « *Cadre noir de Saumur* ». Il forma des générations d'officiers de cavalerie jusqu'en 1972. À cette date, il fut rattaché au ministère de la Jeunesse et des Sports, et rejoignit l'École nationale d'équitation, située pas très loin, sur les hauteurs de Saint-Hilaire-Saint-Florent, à Terrefort. Il assure aujourd'hui l'enseignement au sein de cette école et continue à personnifier la grande tradition « le cheval calme, en avant, droit », cette légèreté exprimant l'harmonie parfaite qui doit régner entre le cheval et son cavalier. Un savoir-faire classé en 2011 par l'Unesco comme Patrimoine culturel immatériel de l'humanité.

Le Cadre noir de Saumur : *av. de l'École-Nationale-d'Équitation. ☎ 02-41-53-50-60. • ifce.fr/cadre-noir/ • Visites guidées vac de fév-début nov, sauf sam ap-m, dim, lun mat et j. fériés.*

En hte saison, 9 départs de visites guidées/j. 10h-16h. Durée : 1h. Entrée : 8 € ; réduc. Matinales du Cadre noir, grands galas et autres formules de visite (réserver à l'avance). La visite guidée, très intéressante, permet de bien cerner les missions de l'école et de découvrir les installations : le grand manège, les écuries ainsi que la sellerie d'honneur. Ici, les chevaux sont traités comme des coqs en pâte, et montés par l'élite de l'équitation française, formée par les fameux écuyers du Cadre noir de Saumur qui partagent aujourd'hui leur temps entre formation, sports et valorisation de l'équitation de tradition française, dont les fameux sauts d'école (la courbette, la croupade et la cabriole).

⇛ LA VILLE ŒNOLOGIQUE

Le crémant-de-loire, un « pétillant »

Saint-Hilaire-Saint-Florent concentre plusieurs grandes maisons de crémant-de-loire. Elles ont ouvert leurs caves à la visite (et à la dégustation). Chacune essaie de se démarquer des autres par la nature de son site et les animations organisées autour de sa production.

Ackerman : *19, rue Léopold-Palustre. ☎ 02-41-53-03-21. • ackerman.fr • Juin-sept, tlj 9h30-19h ; avr-mai, tlj 9h30-12h30, 14h-19h ; oct-mars, tlj 10h-12h30, 14h-18h30, dim 10h-12h30, 14h30-18h30. Visite libre avec tablette 6 €, ou visite guidée sur résa (1h) 8 € ; réduc.* En 1811, après un séjour en Champagne, Jean-Baptiste Ackerman fut le fondateur de la méthode traditionnelle – une forme de champanisation – à Saumur. On déambule aujourd'hui dans une partie des 7 km de superbes caves troglodytiques agrémentées d'étonnantes installations artistiques, régulièrement renouvelées. Outre l'ambiance « 20 000 lieues sous terre », la visite comprend une monumentale « verrière » (une sorte de cave cathédrale), des expos sur le thème du vin et toutes sortes de jeux traditionnels régionaux. Un parcours original pour petits et grands à la fois pédagogique et sensoriel.

Bouvet-Ladubay : *11, rue Jean-Ackerman. ☎ 02-41-83-83-83. • bouvet-ladubay.fr • Tlj 10h-18h. Visites à vélo (en troglo !) ou patrimoine, payantes et sur résa, 6-10 €.* Une maison fondée en 1851. À visiter pour la qualité des explications et pour son réseau de galeries truffées de surprises : la « cathédrale engloutie », 35 sculptures monumentales dans la roche, plus de 1 000 fûts en cave, un centre d'art contemporain installé en face.

Maison Langlois-Château : *3, rue Léopold-Palustre. ☎ 02-41-40-21-40. • langlois-chateau.fr •* Elle possède ses propres vignes. Élégante boutique *(d'avr à mi-oct, tlj 10h-12h30, 14h-18h30)* et visite sur rendez-vous *(5 € ; 1h30)* : exposé sur l'œnologie dans une salle de classe, vendangeoir, caves souterraines…

Veuve Amiot : *19, rue Jean-Ackerman. ☎ 02-41-83-14-14. • veuveamiot.fr •* On y passe au-dessus de la chaîne d'embouteillage *(visites payantes : « classique », « à la bougie », théâtralisée, sur résa).*

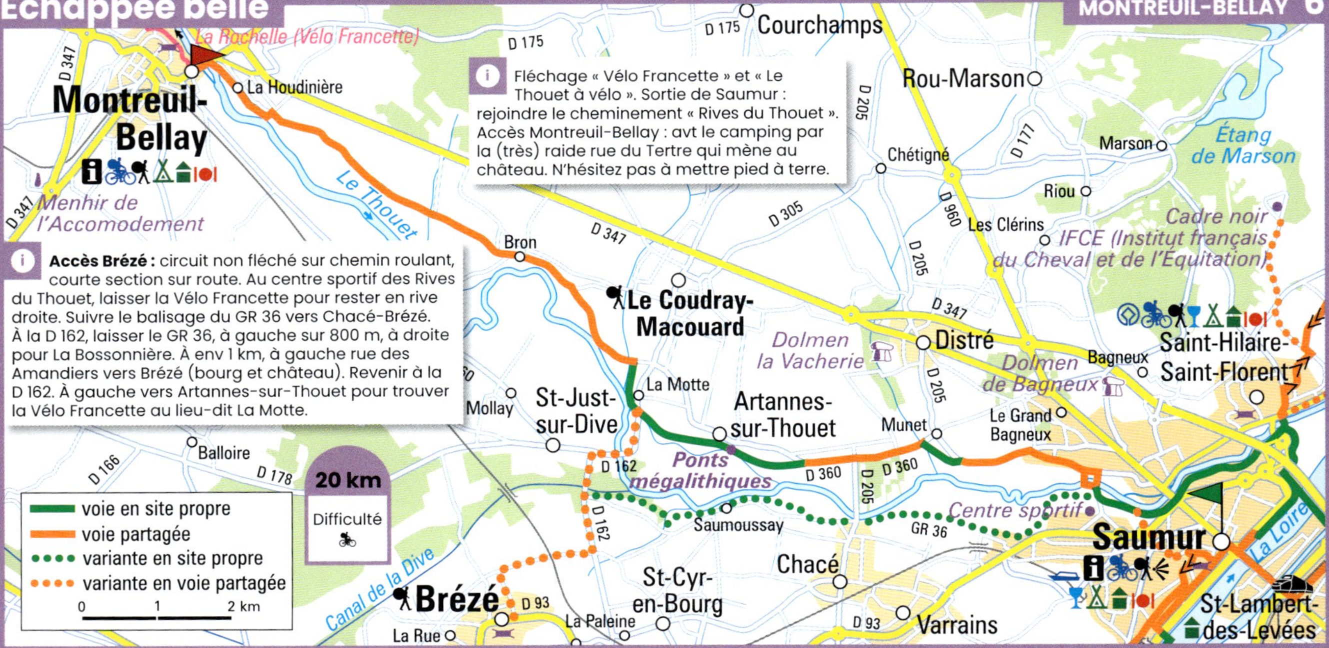
Fléchage « Vélo Francette » et « Le Thouet à vélo ». Sortie de Saumur : rejoindre le cheminement « Rives du Thouet ». Accès Montreuil-Bellay : avt le camping par la (très) raide rue du Tertre qui mène au château. N'hésitez pas à mettre pied à terre.
Accès Brézé : circuit non fléché sur chemin roulant, courte section sur route. Au centre sportif des Rives du Thouet, laisser la Vélo Francette pour rester en rive droite. Suivre le balisage du GR 36 vers Chacé-Brézé. À la D 162, laisser le GR 36, à gauche sur 800 m, à droite pour La Bossonnière. À env 1 km, à gauche rue des Amandiers vers Brézé (bourg et château). Revenir à la D 162. À gauche vers Artannes-sur-Thouet pour trouver la Vélo Francette au lieu-dit La Motte.
20 km
Difficulté
voie en site propre
voie partagée
variante en site propre
variante en voie partagée
0
1
2 km
La Rochelle (Vélo Francette)
Montreuil-Bellay
La Houdinière
Menhir de l'Accomodement
Le Thouet
Bron
Le Coudray-Macouard
La Motte
St-Just-sur-Dive
Mollay
Balloire
Artannes-sur-Thouet
Ponts mégalithiques
Saumoussay
Brézé
Canal de la Dive
La Rue
La Paleine
St-Cyr-en-Bourg
Chacé
Varrains
Courchamps
Rou-Marson
Chétigné
Marson
Étang de Marson
Riou
Les Clérins
Cadre noir
IFCE (Institut français du Cheval et de l'Équitation)
Dolmen la Vacherie
Distré
Dolmen de Bagneux
Bagneux
Saint-Hilaire-Saint-Florent
Le Grand Bagneux
Munet
Centre sportif
GR 36
Saumur
La Loire
St-Lambert-des-Levées
D 347
D 175
D 205
D 177
D 960
D 305
D 360
D 162
D 178
D 166
D 93

On quitte les bords de Loire pour de belles perspectives sur le parcours de la Vélo Francette qui s'enroule ici autour des méandres de la vallée du Thouet en direction de La Rochelle. Avec une spectaculaire arrivée au pied de la forteresse de Montreuil-Bellay ! Un vrai décor de cinéma !

⇛ LE COUDRAY-MACOUARD

Petite Cité de caractère et magnifique village fleuri, possédant des demeures des XVe et XVIIIe s. Geoffroy, comte d'Anjou et vainqueur du seigneur de Montreuil, fit construire la forteresse pour contrer le pouvoir de la cité rivale…

Atelier de girouetterie : *☎ 02-41-03-19-46. • girouette.com • Visite libre lun-ven 8h-12h, 13h-17h (16h30 ven).* Pour pénétrer les mystères des enseignes. Ludique et intéressant.

⇛ ÉCHAPPÉE : CHÂTEAU DE BRÉZÉ

Rens : *☎ 02-41-51-60-15. • chateaudebreze.com • Juil-août, tlj 10h-18h30 ; avr-sept et fév, tlj 10h-18h ; mars et oct-déc, tlj 10h-18h (appeler avant). Entrée : env 12,90 € ; réduc. Visite libre de 2 ailes sur 3 et des souterrains, guidée pour la 3e aile (6 € ; résa conseillée). Audioguide : 4 €.* Doté des ***douves sèches les plus profondes d'Europe,*** édifié au XVIe s, remanié au XIXe s, le château s'organise autour d'une jolie cour d'honneur Renaissance en U. Vue éblouissante. Le clou de la visite est la ***forteresse souterraine,*** véritable cité troglodytique militaire ! Parc à l'anglaise et caveau de vins de Loire dans les anciennes écuries.

⇛ MONTREUIL-BELLAY

Charmante Petite Cité de caractère, qui a quasiment conservé son aspect d'antan : une partie des murailles et des portes de ville ainsi que son superbe château. Un charme intemporel.

Office de tourisme : *41, pl. du Marché. ☎ 02-41-52-32-39.* • *ot-saumur.fr* • Brochure gratuite ***Circuit découverte du patrimoine.***

Le château : *☎ 02-41-52-33-06. • chateau-de-montreuil-bellay.fr • Juil-août, tlj 10h-13h, 14h-18h30 ; avr-juin et sept, tlj sauf mar 10h30-12h, 14h-18h ; d'oct à mi-nov, tlj sauf mar 14h-18h. Entrée : à partir de 12 € ; réduc.* Un vrai décor de cinéma ! De l'époque médiévale (XIe s) subsistent des remparts, douves, barbacane et cuisine médiévale impressionnante. Dans le *petit château* (XVe s), logis des chanoines. La dernière partie, le *château neuf,* date du XVe s. Élégante bâtisse avec tours octogonales édifiées sur une cave dotée de belles voûtes en ogive. Chambre de la duchesse de Longueville – elle y amena son amant, La Rochefoucauld. Le château produit, par ailleurs, d'excellents AOP saumur.

La collégiale Notre-Dame : *ancienne chapelle du château (XVe s), juste à côté de celui-ci.* Pas de clocher, une simple petite flèche et de puissants contreforts. À l'intérieur, volume imposant, grandes fenêtres flamboyantes, élégantes voûtes Plantagenêt. Bandeau noir tout autour, rappelant le caractère funéraire de la chapelle originelle (pour la famille d'Harcourt).

Boucle Saumuroise : de Montreuil-Bellay, on peut aussi revenir à Saumur en empruntant ce circuit, qui musarde via ***Le-Puy-Notre-Dame,*** première commune viticole du Saumurois (belles dégustations). Le trajet passe aussi par ***Doué-La-Fontaine,*** ville de troglodytes et de carrières souterraines creusées dans le falun, et… capitale européenne de la rose ! À découvrir à travers le ***Bioparc,*** zoo troglo-écolo, le ***parc des Chemins de la Rose*** et les ***Mystères des Faluns aux Perrières.***

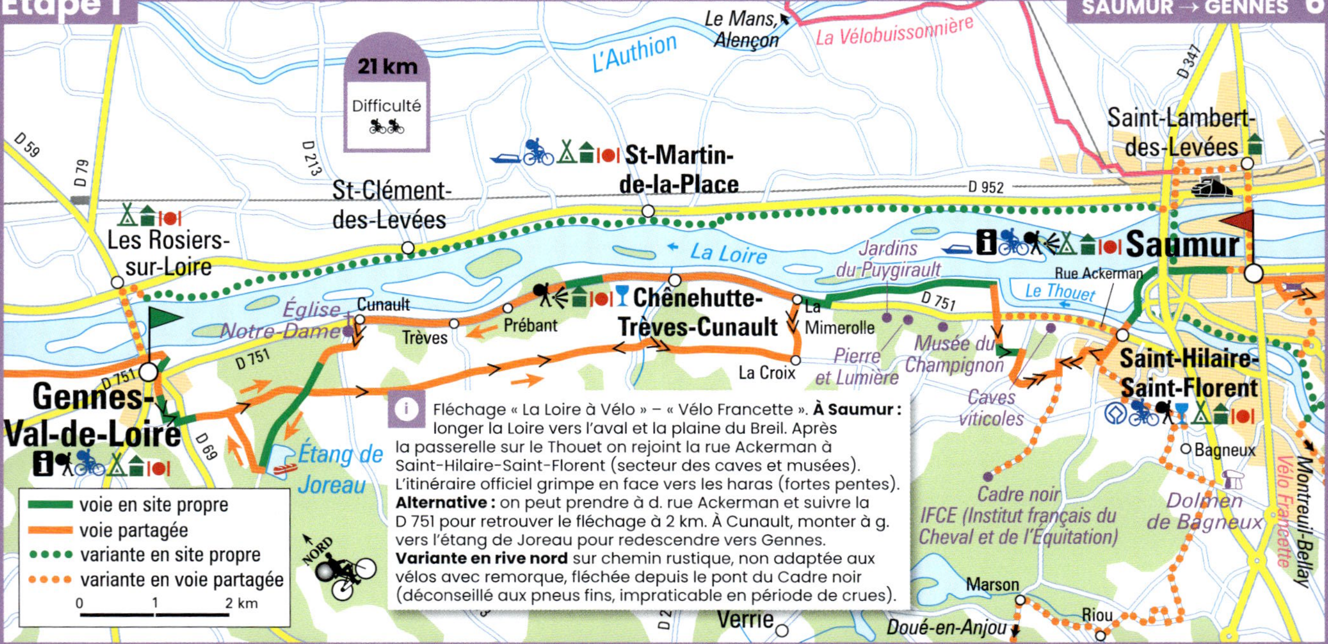

Fléchage « La Loire à Vélo » – « Vélo Francette ». **À Saumur :** longer la Loire vers l'aval et la plaine du Breil. Après la passerelle sur le Thouet on rejoint la rue Ackerman à Saint-Hilaire-Saint-Florent (secteur des caves et musées). L'itinéraire officiel grimpe en face vers les haras (fortes pentes). **Alternative :** on peut prendre à d. rue Ackerman et suivre la D 751 pour retrouver le fléchage à 2 km. À Cunault, monter à g. vers l'étang de Joreau pour redescendre vers Gennes. **Variante en rive nord** sur chemin rustique, non adaptée aux vélos avec remorque, fléchée depuis le pont du Cadre noir (déconseillé aux pneus fins, impraticable en période de crues).

La Loire angevine a sorti ici le grand jeu, avec les caves prestigieuses de Saint-Hilaire-Saint-Florent. Le parcours officiel grimpe d'emblée à travers les collines où se nichent les haras du Cadre noir. On longe ensuite le fleuve où s'étirent parmi les plus anciens villages de toute la vallée.

⇛ CHÊNEHUTTE-TRÈVES-CUNAULT

Cette commune, labellisée Petite Cité de caractère, regroupe 3 anciens villages. Renommé pour sa magnifique église romane, Cunault était au Moyen Âge un port, lieu de foire et de pèlerinage très important. Avec ses maisons en tuffeau toutes plus ravissantes les unes que les autres, le village mérite vraiment une petite balade. Au cimetière sur les hauteurs, vous verrez une plaque à la mémoire d'un Angevin, Hervé Bazin.

L'église Notre-Dame : *messe avec chants grégoriens les dim et fêtes à 11h15.* Considérée comme ***la plus grande église romane de France*** sans transept, elle fut édifiée au long des XIe-XVe s. À l'intérieur, du haut des 9 marches du porche apparaît l'immense ***vaisseau*** lumineux avec effet de perspective, accentué par la surélévation du chœur, très beau avec déambulatoire, chapelles rayonnantes et vestiges de fresques. Peu de décoration, peu de statues, c'est dépouillé et sobre. Mais la merveille de Cunault, ce sont ses ***fresques*** et ses ***chapiteaux*** (plus de 220, au riche décor).

Le logis du Prieur : *en face de l'église, visible quand le portail est laissé ouvert.* Construit au XVIe s en style Renaissance, il revêt l'allure d'un château ! Fenêtres à meneaux et lucarnes joliment décorées.

Trèves : Ne pas manquer l'imposante tour à côté de l'église Saint-Aubin (XIe-XIIIe s).

Chênehutte-les-Tuffeaux : Charmante église Notre-Dame, datant du XIIe s.

⇛ SAINT-MARTIN-DE-LA-PLACE

Canoës d'Anjou : *3, rue Dupetit-Thouars, sur la rive droite. 06-69-41-27-04. • canoes.fr •* De la courte descente à la randonnée de 1 ou 2 jours avec bivouac sur des canoës de type canadien. *Stand-up paddle* également. Buvette et aire de pique-nique.

⇛ GENNES-VAL-DE-LOIRE

Aimable bourgade dominée par l'église Saint-Eusèbe, perchée sur la colline (vue extraordinaire sur la Loire en été depuis le clocher, si c'est ouvert). Ancien site religieux gallo-romain avec un authentique amphithéâtre de 5 000 places *(pour accéder à l'amphithéâtre, contacter la mairie au ☎ 02-41-51-80-04).*

Office de tourisme : *pl. de l'Étoile. ☎ 02-41-51-09-10. • ot-saumur.fr •* Attenant à l'aire d'arrêt vélos avec douches et consignes. Recharge électrique en libre service.

Cycle Obsession : *14, rue de Saumur. ☎ 02-41-40-74-41. • cycle-obsession.com •* Location, vente, réparation.

Mémorial des cadets de Saumur : *adossé au mur de l'église Saint-Eusèbe.* En juin 1940, surmontant un rapport de forces très défavorable, les 800 élèves de l'École de cavalerie de Saumur (appelés les cadets de Saumur), démunis de matériel militaire, arrivèrent à contenir l'avancée allemande plusieurs jours pour les empêcher de traverser la Loire, au prix de nombreuses pertes humaines. Les Allemands eux-mêmes furent impressionnés par une telle résistance.

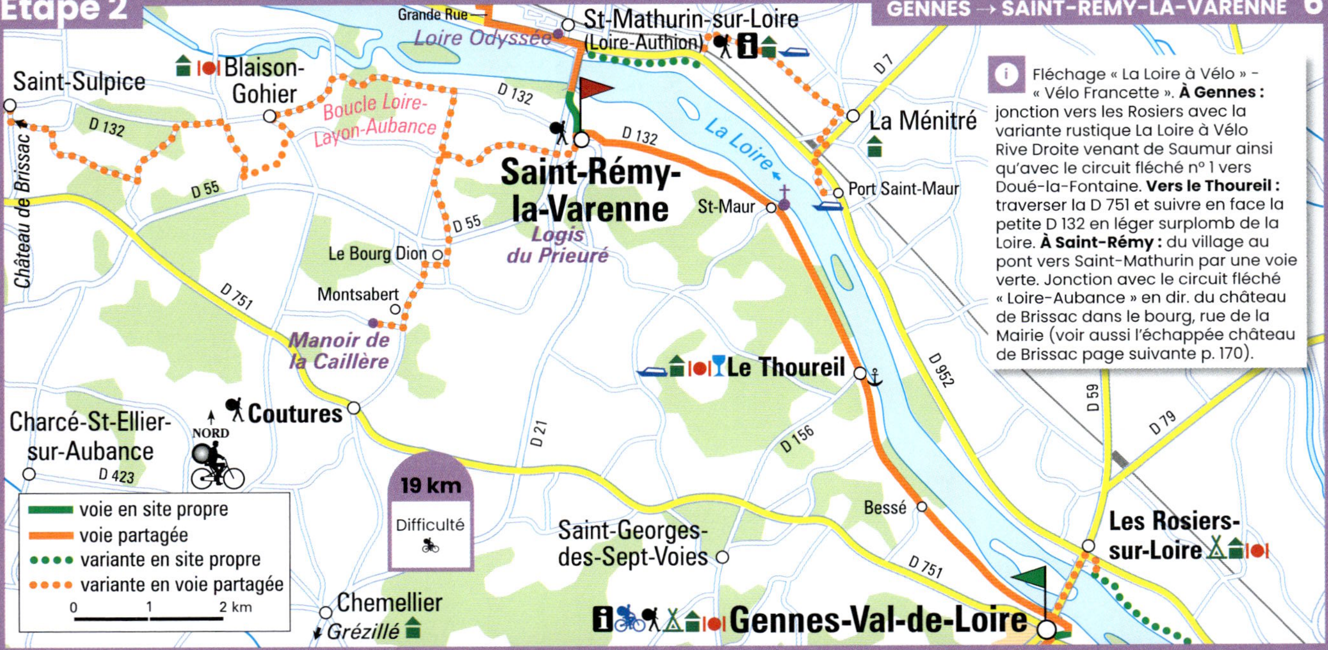

Fléchage « La Loire à Vélo » – « Vélo Francette ». **À Gennes :** jonction vers les Rosiers avec la variante rustique La Loire à Vélo Rive Droite venant de Saumur ainsi qu'avec le circuit fléché n° 1 vers Doué-la-Fontaine. **Vers le Thoureil :** traverser la D 751 et suivre en face la petite D 132 en léger surplomb de la Loire. **À Saint-Rémy :** du village au pont vers Saint-Mathurin par une voie verte. Jonction avec le circuit fléché « Loire-Aubance » en dir. du château de Brissac dans le bourg, rue de la Mairie (voir aussi l'échappée château de Brissac page suivante p. 170).

Travelings sur de paisibles villages de tuffeau étalés au bord de l'eau, placettes fleuries serties d'églises millénaires et attachants petits ports abritant des embarcations traditionnelles.

⇛ LES ROSIERS-SUR-LOIRE

En rive droite, relié à Gennes et à la rive sud par 2 ponts suspendus. Paisible village de caractère. Église coiffée d'un beau clocher panoramique à galerie (1538). *Se rens à l'OT de Gennes-Val-de-Loire pour l'accès au clocher.*

⇛ LE THOUREIL

C'est l'un des plus attachants villages de la région, blotti autour de son église au curieux clocher (un des rares exemples de clocher-peigne en Anjou). Elle abrite des vitraux dessinés par Tahar Ben Jalloun. Quelques belles demeures des XVe, XVIe et XVIIe s en bord de Loire et sur le versant du coteau. La Loire prend ici un caractère particulièrement romantique avec ses îlots et rives boisées, son quai alangui et des effets de lumière si séduisants.

Balades en bateau **:** *avec Rêves de Loire et d'Ailleurs, Alain Gillot, 17, quai des Mariniers. 07-86-18-52-10. • revesdeloire.fr •* Sur 2 toues sablières traditionnelles (6-12 pers). Sorties de 1h30 à 7h *(compter 20-70 €/pers)* voire de plusieurs jours avec bivouac. Prestations de qualité et personnalisées, au départ du Thoureil ou de Saint-Martin-de-la-Place, incluant la fascinante levée de voile.

⇛ SAINT-RÉMY-LA-VARENNE

En face de Saint-Mathurin-sur-Loire, sur la rive gauche de la Loire, voici un village paisible niché dans la verdure. Balade à pied intéressante sur le sentier d'interprétation du parc naturel régional, sur le thème des crues de la Loire, sujet sensible par ici.

Voir l'***église,*** avec sa nef du XIIe s. Chapelle du XIIIe s avec d'élégantes voûtes angevines. À l'extérieur, clocher octogonal du XIXe s.

Le prieuré bénédictin **:** *juste à côté de l'église. ☎ 02-41-57-32-32. • prieure-saint-remy.fr • Mai-sept, tlj sauf lun-mar 10h-12h30, 14h-18h. Entrée : 6 € ; réduc. Visite guidée sur résa.* Ce discret prieuré, ancien domaine rural dépendant d'une abbaye angevine, fut fondé au Xe s et remanié au fil des siècles. Remarquez d'emblée, en passant sous le porche (XVIe-XVIIe s), le lion sculpté, mais aussi le petit singe enchaîné à un tronc d'arbre, signe de servitude… Le logis du XVIe s avec fenêtres à meneaux abrite une spectaculaire cheminée Renaissance sculptée et colorée, une charpente en chêne du XIVe s dans l'ancien grenier, une cave… Voir enfin les fresques de la fin du XIe s d'une étonnante fraîcheur dans la sobre salle capitulaire, où ont lieu les mariages civils !

⇛ ECHAPPÉE CRÉATIVE AU SUD

Le manoir de la Caillère **:** *à **Coutures,** à env 5 km au S-O de St-Rémy, en partie par la boucle fléchée Loire-Aubance jusqu'à Chauvigné. 06-52-84-43-46. • richard-rak.com • Juste avt Montsabert, prendre la petite route à gauche (indiqué). Mai-sept, mer-dim 14h-19h ; oct-avr, uniquement sur rdv. Entrée : 6 € ; réduc.* Un grand souffle de liberté dans un troglo souterrain à l'éclairage travaillé : bienvenue dans la ***galerie de Richard Rak,*** un artiste attachant dont les créations insolites, constituées d'objets de récup détournés, sont autant d'invitations au voyage dans l'imaginaire !

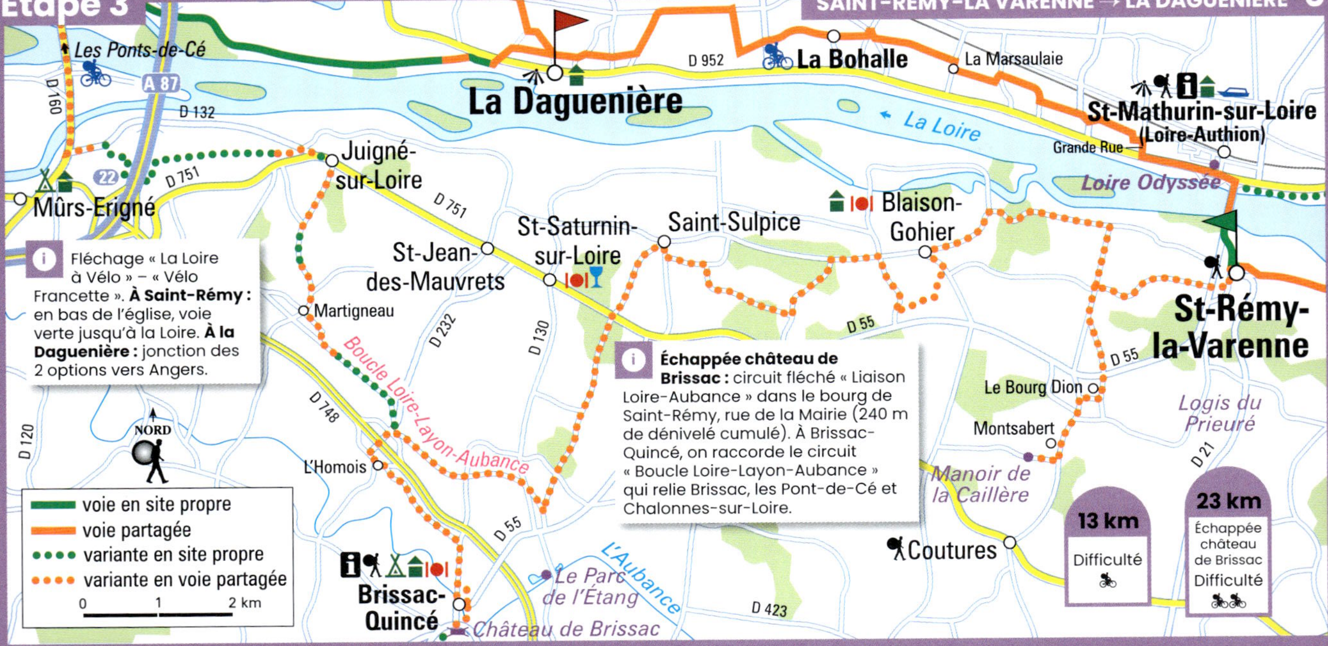

Fléchage « La Loire à Vélo » – « Vélo Francette ». **À Saint-Rémy :** en bas de l'église, voie verte jusqu'à la Loire. **À la Daguenière :** jonction des 2 options vers Angers.

Échappée château de Brissac : circuit fléché « Liaison Loire-Aubance » dans le bourg de Saint-Rémy, rue de la Mairie (240 m de dénivelé cumulé). À Brissac-Quincé, on raccorde le circuit « Boucle Loire-Layon-Aubance » qui relie Brissac, les Pont-de-Cé et Chalonnes-sur-Loire.

De la sortie de Saint-Mathurin à La Daguenière, La Loire à Vélo s'écarte du fleuve. L'échappée vers le château de Brissac furète au travers de coteaux viticoles ensoleillés, nichés entre la Loire et son petit affluent l'Aubance, où l'on produit un fameux vin blanc moelleux à la robe dorée.

⇛ LA BOHALLE (LOIRE-AUTHION)

Loire Elec Bike : *9, Grande-Rue. ☎ 06-09-72-28-34. • loire-elec-bike.fr •*

⇛ SAINT-MATHURIN-SUR-LOIRE (LOIRE-AUTHION)

Un village d'une belle homogénéité, situé en rive nord de la Loire, le long de la grande levée d'Anjou occupée par la très passante D 952. Maisons de tuffeau blanc et toits en ardoises dominés par l'église de style néo-grec propre aux bords de Loire. C'est de l'autre côté du pont que l'on en a la plus belle vision. Plusieurs options pour faire une pause, dont la librairie-salon de thé *L'Atelier* sur le quai *(☎ 02-41-80-05-87).*

Bureau d'information touristique Loire-Authion et Loire Odyssée : *20, levée du Roi-René (à l'entrée, côté Angers). ☎ 02-41-57-37-55. • angers-tourisme.com •* Box à vélos, consigne à bagages. Brochure sur le circuit découverte de St-Mathurin.

Loire Odyssée : *20, levée du Roi-René (à l'office de tourisme ; mêmes horaires). ☎ 02-41-57-37-55. • loire-odyssee.fr • Visite seule : 4 € ; croisière 9 € ; apéro croisière 11 € ; réduc.* Parcours immersif et ludique invitant à la découverte de la Loire, la biodiversité et l'influence de l'homme – on est en zone ornithologique remarquable. Croisière découverte de 1h ou à thème sur le bateau *Loire de Lumière* au départ de Port Saint-Maur (La Ménitré). Voir carte p. 168.

⇛ ÉCHAPPÉE : BRISSAC-QUINCÉ (BRISSAC-LOIRE-AUBANCE)

Un château dans toute sa splendeur, l'Aubance sinuant parmi les vignes entre schiste angevin et calcaire saumurois, et une agréable douceur de vivre : un bon résumé de l'Anjou.

Office de tourisme Anjou Vignoble et Villages : ☎ 02-41-78-26-21. • anjou-vignoble-villages.com • Consigne à bagages gratuite.

Le château de Brissac : *☎ 02-41-91-22-21. • brissac.net • (parc). Juil-août, tlj 10h-18h ; avr-juin et sept, tlj sauf mar 10h-13h, 14h-18h ; d'oct à mi-nov, tlj sauf mar 10h30-13h, 14h-17h30. Entrée : 11 € ; réduc. Visites libres et guidées en juil-août, visite guidée seulement le reste de l'année (1h15 env).* L'un des plus beaux de France. Construit à la fin du XVe s, reconstruit au XVIIe s : la façade est donc un hybride du style médiéval et du style Renaissance – évoluant vers le classique. ***7 niveaux,*** dont 2 de caves en font ***le plus haut château de France :*** 50 m. Dans la famille, 4 maréchaux de France, les grands-parents Schneider et Say (le sucre), la veuve Clicquot, ainsi que l'extravagante duchesse d'Uzès, 1re femme à avoir obtenu le permis de conduire en 1897 ! Admirer le vestibule, le grand salon et ses plafonds dorés à la feuille, la salle à manger au ravissant plafond peint des XVIIe-XVIIIe s... Dans l'immense salle des gardes, poutres peintes (au moins 100 personnages et paysages). Surprenant théâtre (XIXe s). Au château s'ajoutent 1 000 ha de forêts et 28 ha de vignes. Dans le parc de 70 ha, 5 balades thématiques.

Fléchage « La Loire à Vélo » – « Vélo Francette ». **À La Daguenière :** traverser la D 952 pour la levée de Belle Poule jusqu'aux **Ponts-de-Cé.** On y rejoint l'itinéraire « Loire-Aubance » : Brissac-Quincé (13 km) vers la boucle « Loire-Layon-Aubance ». **Accès à l'île du château :** à g. sur le pont (D 160) et 1re à d. vers le camping. Retour en arrière pour la passerelle et la digue de l'Authion vers Ste-Gemmes. **À Bouchemaine :** à d. après le pont, fléchage vers Angers via le lac de Maine. **Alternative** (plus court) : rester sur la digue de la Maine. Tt droit vers la cale de la Savatte pour une pause photo. D'ici vers le château d'Angers par le pont de la Basse-Chaîne (plan d'Angers p. 186).

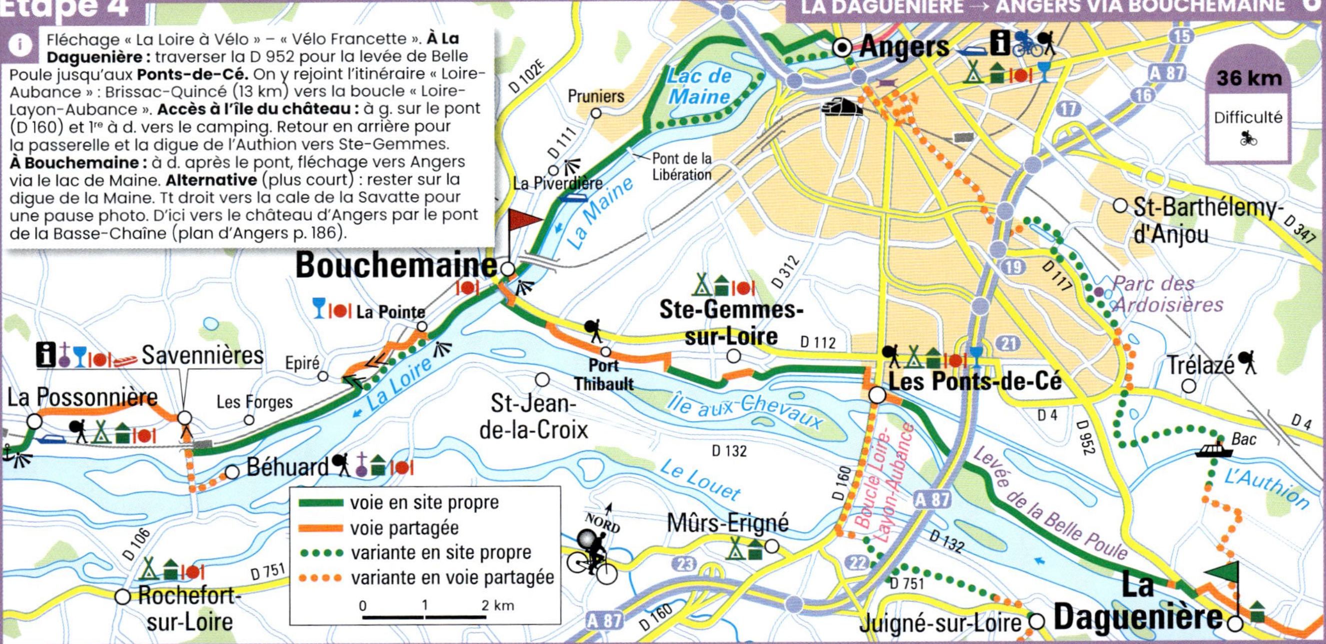

Choix cornélien entre suivre le fil de la Loire jusqu'à la Maine ou couper à travers les ardoisières. On aime ce premier choix, pour la beauté romantique de sites chargés d'histoire, agrémentés de jardins et de guinguettes. Une option idéale en famille car presque toute en voie verte.

⇛ LES PONTS-DE-CÉ

Sur une île entourée d'îles, point stratégique déjà utilisé par les Romains, longtemps doté de l'unique pont sur la Loire entre Saumur et Nantes. Il ne reste de la première forteresse que *le donjon*, qui accueille le *musée des coiffes*, et le superbe vieux *pont Dumnacus* qui enjambe dignement la Loire. Agréable petit détour par l'île du Château et le port des Noues avec ses bonnes tables, sa guinguette *En rouge et Loire*, son camping et son espace de baignade en bord de Loire.

Le musée des Coiffes : *château-musée, 4, rue Charles-de-Gaulle (D 160). ☎ 02-41-79-75-79. Ouv 14h-18h : juil-août, tlj ; avr-juin et sept-oct, sam, dim et j. fériés. Entrée : 5 € ; réduc.* Belle exposition de couvre-chefs de l'Anjou et du monde (plus de 400) ainsi qu'une évocation des traditions locales. Expos temporaires en lien avec les collections permanentes et la création contemporaine.

⇛ SAINTE-GEMMES-SUR-LOIRE

Très belles maisons en tuffeau et petits châteaux – résidences secondaires des notables angevins – qui jettent leurs luxuriantes terrasses vers les bancs de sable de la Loire face à l'île aux Chevaux. Ne pas manquer le détour par le bourg pour sa belle église du XIIe s et l'adorable jardin du presbytère. Plus loin un surprenant jardin méditerranéen, ancien enclos à vignes et arbres fruitiers, qui bénéficie d'un micro-climat.

Port-Thibault : ancien village de mariniers. Faites une pause à la guinguette de Port-Thibault, à la vue imprenable (voir carnet d'adresses) !

⇛ BOUCHEMAINE

Un village de carte postale avec ses demeures cossues les pieds dans l'eau et ses petits restaurants aux terrasses panoramiques entre l'ancienne abbaye et les berges de la Maine (le *Chanteclair*, la *Crêperie de l'Abbaye* et le bistrot *Le Noé*). Un peu plus loin, vers Chalonnes, l'ancien village de mariniers de ***La Pointe,*** où les eaux de la Maine rejoignent celles de la Loire. Paisible et superbe. Jolie placette pavée avec d'agréables terrasses (*Les Pipelettes, Le Monkey Bar…*).

⇛ LE LAC DE MAINE

Véritable poumon vert d'Angers, ce lac de 110 ha, noyé dans un écrin de verdure, gagné sur d'anciennes zones inondables, constitue un site à la biodiversité exceptionnelle. Outre sa base de loisirs où l'on vient se baigner, flâner, naviguer, faire du sport, c'est en grande partie un espace naturel préservé constitué de saulaies. De la voie verte et sur la digue séparant le lac de la Maine, on observe quelques-unes des 235 espèces d'oiseaux qui fréquentent le site. Du belvédère de La Piverdière (près de l'ancien pont de la Libération), on profite d'une vue unique à 360° sur la Maine et la Loire.

Étape 4 bis

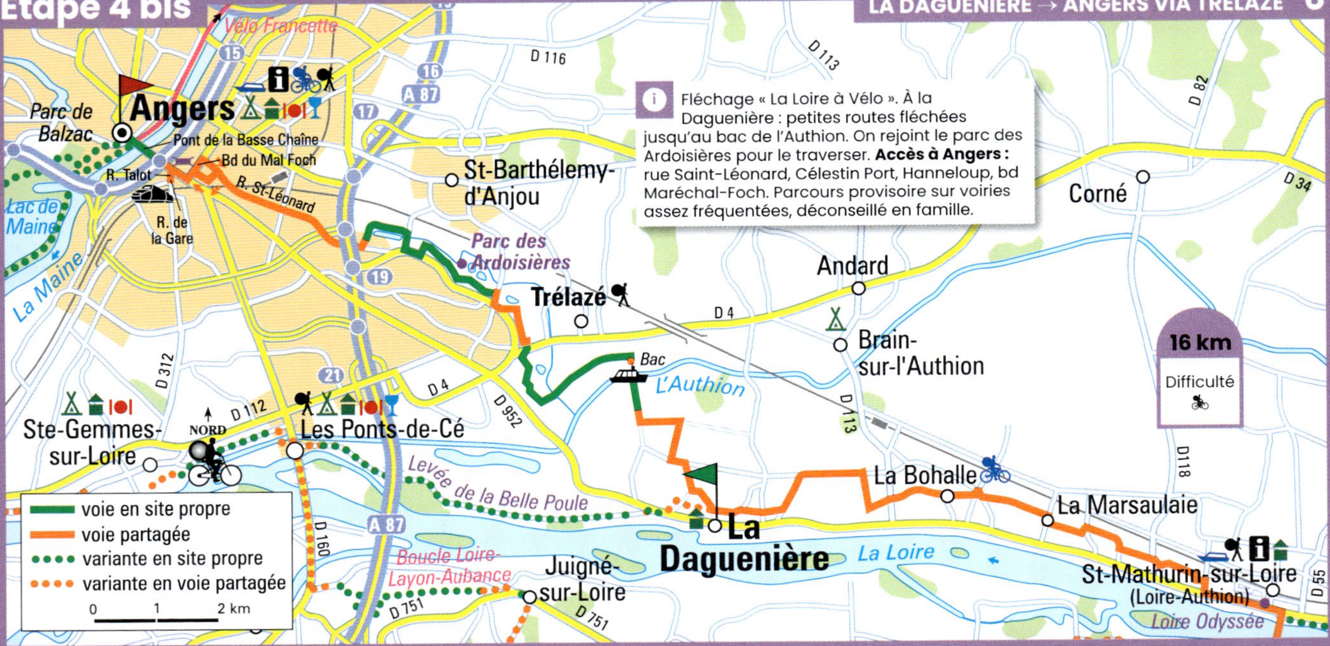

Fléchage « La Loire à Vélo ». À la Daguenière : petites routes fléchées jusqu'au bac de l'Authion. On rejoint le parc des Ardoisières pour le traverser. **Accès à Angers :** rue Saint-Léonard, Célestin Port, Hanneloup, bd Maréchal-Foch. Parcours provisoire sur voiries assez fréquentées, déconseillé en famille.

Cette seconde option via Trélazé, plus courte, ravira les amateurs de patrimoine industriel. Car Trélazé fut le théâtre d'une industrie locale qui a porté haut et fort le nom d'Angers sur les toits du monde entier. Après la traversée de l'Authion, des voies vertes serpentent à travers le parc des Ardoisières avant la traversée des faubourgs d'Angers.

⇛ LE BAC SUR L'AUTHION

Pour franchir la rivière Authion entre Trélazé et La Daguenière *(avr-oct, gratuit)*.

En période de fermeture, prendre l'itinéraire de déviation. Prudence lors de la traversée du pont sur l'Authion sur la D 952.

⇛ TRÉLAZÉ

La capitale de l'ardoise a produit jusqu'en 2013 un schiste de qualité et de renommée mondiale qui a couvert les plus prestigieux édifices. Sous les rudes coups de la concurrence étrangère, les derniers mineurs d'ardoise de France ont dû cesser leur activité, alors qu'ils étaient 3 000 entre 1911 et 1927, au plus fort de l'activité, et extrayaient 175 000 t par an.

Le musée de l'Ardoise : *32, chemin de la Maraîchère. ☎ 02-41-69-04-71. • lemuseedelardoise.fr • ♿ (4 handicaps). Juil-août, mar-ven et l'ap-m des w-e et j. fériés 9h-12h, 14h30-18h30 (fermé lun) ; de mi-nov à fin fév, mar-ven 9h-12h, 14h-17h (fermé sam-lun) ; mars-fin juin et sept-15 nov, mar-ven 9h-12h, 14h-17h, plus w-e et j. fériés 14h30-18h30. Démonstration de fente d'ardoise à 16h tlj en juil-août, le w-e autrement. Entrée : 8 € ; réduc. Entrée salles seules (ouv à partir de 2 adultes) : 4,80 €.*

– ***Le musée :*** géologie, méthodes d'extraction du schiste ardoisier, vie autour de la mine, syndicalisme, travail des femmes, immigration bretonne, puis portugaise, marocaine, tunisienne… Également des œuvres de compagnons-couvreurs, les techniques de couvertures des toits, etc. Surprenante maquette du château d'Angers qui demanda 5 ans de travail.

– ***La fabrication d'ardoises :*** *compter 1h.* Le clou de la visite ! Un fendeur perpétue, par des anecdotes pleines de verve et un impressionnant savoir-faire, la mémoire ardoisière de l'Anjou. Il détaille les techniques anciennes de fabrication de ces ardoises épaisses d'à peine 3 mm, à partir d'un bloc de 5 t. Une occasion unique de découvrir des outils et un métier aujourd'hui disparus.

– ***3 circuits*** de 4 ou 11 km à vélo ou à pied sur le site ardoisier et dans la ville minière. L'occasion d'observer les 8 chevalements qui ponctuent le paysage, notamment du haut du terril principal, près de la salle Arena Loire. *Plan disponible à l'accueil.*

BLAISON-SAINT-SULPICE (49320)

Chambres d'hôtes *Le manoir de Jouralem* : *1, rue de Jouralem. 06-59-49-33-93. • manoirdejouralem.com • Doubles 155-175 €.*

***Le Petit Blaison* :** *6, rue de la Grange-aux-Dîmes. ☎ 02-41-54-85-70. Fermé lun-mar, ainsi que mer-jeu soir en basse saison. Carte 28-35 €.* Ce café-épicerie-resto-salon de thé a plus d'un tour dans son sac pour maintenir de la vie dans ce petit bourg plein de charme. On y est reçu simplement, comme à la maison. Cuisine locale rustique sans tralala.

BOUCHEMAINE (49080)

***Le Noé* :** *1, rue du Bac. ☎ 02-41-77-11-13. Fermé lun. Carte env 25 €.* Agréable resto avec une verrière extérieure envahie par le tronc noueux d'une généreuse glycine... Propose une cuisine bistrotière, franche et sincère à prix sages.

***Auberge de Chanteclair* :** *quai de la Noë. ☎ 02-41-77-16-98. Fermé mer, plus dim soir et mar soir. Formule déj en sem env 19 € ; menu 35 €.* On y élabore une cuisine goûteuse et créative, basée sur le marché et les saisons. Plats joliment présentés. Belle vue depuis la terrasse couverte.

Le Monkey Bar* :** *2, pl. Ruzebouc, pointe de Bouchemaine. ☎ 02-41-17-96-22. Tlj. Formules déj en sem 19-24 € ; menus 28-37 €.* Ambiance Anjou Plage pour une invitation au voyage. Est-ce l'effet des vins locaux, des tapas ou de la cuisine du monde ? Toujours est-il qu'enfoncé dans les poufs sur la placette ou depuis la salle vitrée tournée vers la confluence Maine-Loire l'esprit vagabonde aisément du Mékong au Niger. Et si c'est plein, on recommande aussi le ***Café des Piplettes *(☎ 02-41-77-17-46).*

BRISSAC-QUINCÉ (BRISSAC-LOIRE-AUBANCE) (49320)

***Camping de l'Étang* :** *rte de Saint-Mathurin. ☎ 02-41-91-70-61. • campingetang.com • De fin avr à mi-sept. Forfait Loire à Vélo 10-15 € pour 1 pers. 150 empl.* Camping à taille humaine sur un terrain de 8 ha, calme, vert et moyennement ombragé (petits arbres). Parc de loisirs attenant et tout ce qu'il faut pour occuper les enfants. Piscines. Sur place, vente de vins d'Anjou et dégustation.

***Hôtel Le Castel* :** *1, rue Louis-Moron. ☎ 02-41-91-24-74. 06-69-20-15-16. • hotel-lecastel.com • Doubles 72-125 €.* Face au château de Brissac, un bâtiment récent aux chambres confortables et à la déco classique. Elles donnent sur un jardin fleuri. Livres à disposition et restaurant pour les pensionnaires, où l'on sert une cuisine soignée inspirée du terroir.

***Aux 2 Terrasses* :** *8, pl. du Tertre. ☎ 02-41-68-49-87. Dans un virage, face au château. Fermé dim soir et mer-jeu. Compter 25-30 €.* Une maisonnette mignonnette et un intérieur tendance bistrot moderne pour une cuisine appétissante. Produits frais maison, bio ou issus de l'agriculture raisonnée, et ça se sent au palais. Belle sélection de vins locaux.

CHÊNEHUTTE-TRÈVES-CUNAULT (49350)

***Manoir de Beauregard* :** *22, rue Beauregard. 06-43-22-94-87. • beauregard-cunault.com • Doubles 70-110 €.*

***Troglo d'hôtes des bateliers* :** *28, rue Beauregard. ☎ 02-41-67-94-49. Doubles 66-90 €.*

***À Contre-Courant* :** *36, rue de Beauregard, à Cunault. ☎ 02-41-03-02-17. Près de l'église. Fermé le midi sauf le dim, plus le jeu soir. Menus 23-28 €.* Les mariniers d'autrefois auraient certainement plébiscité – comme nous aujourd'hui – ce restaurant-guinguette de bord de Loire pour sa terrasse perchée au-dessus du fleuve et pour sa carte sur laquelle soufflent des vents d'ailleurs. Le menu unique, familial, change plusieurs fois par semaine. Ancré dans le terroir, il s'évade en un coup de voile vers les Antilles ou d'autres cieux épicés.

Le Prieuré : *rte du Comte-de-Castellane, à Chênehutte. ☎ 02-41-67-90-14. Resto fermé lun-mar hors saison. Menus 35 € (midi en sem), puis 50-75 €. Forfaits apéro également.* Ancien prieuré du XVIe s transformé en luxueux hôtel-resto. Oublions vite la déco antico-kitsch pour tourner notre regard vers la Loire qui, elle, se livre sans artifice. La plus belle vue plongeante de toute la vallée, saisissante en terrasse ou derrière les larges baies. Restaurant gastronomique nettement plus abordable le midi. Mais on peut simplement profiter de ce lieu privilégié à l'heure du thé ou de l'apéritif.

GENNES-VAL-DE-LOIRE (49350)

Camping Au Bord de Loire : *1, pl. du 19-Mars. ☎ 02-41-38-04-67. • camping-auborddeloire.com • Mai-fin sept. Forfait Loire à Vélo 13-21 € pour 2 pers. 135 empl.* Accueillant petit camping familial sur un terrain plat et verdoyant, pieds dans l'eau, comme son nom l'indique (enfin… hors saison !). Location de bivouacs et de tentes meublées pour 4 à 6 personnes. Piscine municipale à 100 m (tarif préférentiel pour les campeurs).

Logis La Longue Vue : *18, rue de la Croix-de-Mission. ☎ 02-41-51-81-88. • lalonguevue.fr • Doubles 78-85 €.*

Chambres d'hôtes Domaine de Joreau : *La Croix de Joreau. 06-18-35-17-21. • domainedejoreau.fr • Doubles 95-120 €.* Du charme et un confort indéniables dans cette ancienne dépendance d'un château de 1902, dotée d'un grand parc. Vastes chambres sur le thème du vin, dont une belle suite familiale avec poutres. Également un duplex et 2 gîtes pour 4 personnes (plus un grand gîte de 15 places à Cunault).

L'Aubergade : *7, av. des Cadets-de-Saumur. ☎ 02-41-51-81-07. Tt près du pont. Fermé mar-mer. Formule déj en sem 22 € ; menus 39-58 €.* La table chic et gastronomique du secteur avec un menu « Coup de cœur » le midi, qui est devenu le nôtre. Les produits sont locaux et les plats aussi créatifs que goûteux. Une halte raffinée.

Auberge du Moulin de Sarré : *06-36-00-49-49. • auberge.moulin-de-sarre.fr • Juil-août, ouv mar-dim midi (fermé dim soir-lun). Menus 23-28 €, verre de vin compris.* C'est le dernier des 9 moulins du petit ruisseau Avort à fonctionner encore. L'auberge, installée dans les dépendances, propose des menus de fouées (petits pains fourrés) sur résa, faites bien sûr avec la farine maison. Profitez-en pour visiter le moulin *(visites guidées, à heures fixes, gratuites avec le repas, sinon compter 4,50 €/pers).* Chaque jour, 6 à 10 t de farine de meule (blé, épeautre, seigle…) sortent d'ici, en conventionnel ou en bio, sans compter les farines spéciales (pain d'épice, maïs, châtaigne…).

GRÉZILLÉ (GENNES-VAL-DE-LOIRE) (49350)

Chambres d'hôtes La Cotinière : *Aligny. 07-86-38-59-84. • la-cotiniere.com • Doubles 82-98 €. Table d'hôtes : 28 €. Également 1 gîte.* 4 petites chambres et 2 gîtes, dont un côté troglo avec un bain nordique privé. Un site troglo charmant, de l'espace, une déco soignée et un jardin. Repas à base de produits locaux, de saison et du potager, explications sur les vins de Loire compris. Proche d'une forêt idéale pour les balades à vélo ou à pied.

LA DAGUENIÈRE (LOIRE-AUTHION) (49250)

Chambres d'hôtes Balade au jardin : _19, rue de la Grange. 06-22-47-60-07. • chambres-hotes.fr • Double 45 €._ Dans sa charmante maison de campagne, Annie propose une chambre double avec un lit d'appoint dans le salon, soit une capacité de 4 personnes. Coin micro-ondes et frigo. Sinon, possibilité de se restaurer avec des bocaux locaux.

LA MÉNITRÉ (49250)

Chambres d'hôtes Le Logis de la Biocyclette : _21, lieu-dit la Malterie. 06-86-06-34-49. Double 65 €._

LE THOUREIL (49350)

Chambres d'hôtes Chez Éliane et François : _8, chemin du Grand Clos. ☎ 02-41-57-93-67. • gelifra.wixsite.com/eliane-et-francois • Doubles 70-80 €._

Au Coin du Fleuve : _2, pl. de l'Église. ☎ 09-52-25-18-61. Ouv le midi slt, tlj sauf lun. Compter 20-25 €._ Jolie trouvaille que ce bistrot-resto-bouquinerie avec sa terrasse face au fleuve. Une cuisine simple mais créative à base de produits locaux et de saison. Idéal aussi pour prendre un verre à toute heure en rêvassant les yeux posés sur les îles de Loire.

La Route du Sel : _55, quai des Mariniers. ☎ 02-41-45-75-31. Tlj en juil-août ; sinon, ouv le midi mar-dim et le soir ven-sam. Formules déj en sem 21,50-25,50 € ; menu 36,50 € ; carte._ Charmante maison en tuffeau, en surplomb de la Loire avec une agréable terrasse dans le jardin pour les soirées estivales. Marie et son équipe règnent sur les fourneaux où elles concoctent une savoureuse cuisine, basée sur les produits locaux et travaillée avec soin. Grand choix de vins naturels et bio. Petite friture de Loire en saison, légumes bio, anguille de Loire fumée, excellents desserts…

LES PONTS-DE-CÉ (49130)

Slow village Loire Vallée : _av. de la Boire-Salée. ☎ 02-85-35-97-47. • slow-village.fr/loire-vallee • Avr-début nov. Forfait Loire à Vélo 8,60-13,60 €/pers. 100 empl._ Agréablement situé en bord de Loire, un camping très ombragé et bien équipé. Aqualand et terrains de tennis. Épicerie et snack-bar. **_Guinguette_** bien sympa à côté du camping _(planches et fish & chips 8-10 €)._ Idéal pour les familles, les pieds quasi dans le sable de la Loire.

Les 3 Lieux : _10, port des Noues. ☎ 02-14-03-03-53. • les3lieux.com • Doubles 100-152 €. Restauration rapide le midi lun-ven : formules 12-18 €. Resto gastro mar soir et mer soir-dim midi : menus 45-75 €._ Cette adresse de charme les pieds dans la Loire (rare !) a investi les murs d'une ancienne usine d'hameçons. Entre maison de maître en tuffeau du XIXe s et déco contemporaine des créateurs voisins, toute la douceur angevine s'exprime ici jusque dans les chambres modernes et avec vue pour certaines. Formules bistrot goûteuses et en principe ludiques à base de bocaux. À côté, une honorable table plus gastro. Dans tous les cas, on profite d'une vue privilégiée sur le fleuve sauvage. Galerie d'artistes dans les bâtiments attenants, Rive d'Arts.

Hôtel Kyriad Angers Sud : _allée de la Bergerie. ☎ 02-41-44-92-44. • kyriad.com •_

Hôtel Le Bosquet : _2, rue Maurice-Berne. ☎ 02-41-57-72-42. • le-bosquet.com • Double 81 €._

LES-ROSIERS-SUR-LOIRE (49350)

Camping Les Voiles d'Anjou : *6, rue Sainte-Baudruche. ☎ 02-41-51-94-33. • camping-voilesdanjou.com • Avr-sept. Compter 16-36 €/nuit pour 2. 112 empl.* Un camping 4 étoiles, familial et ombragé. En haute saison, activités pour petits et grands. 2 piscines chauffées, dont une couverte.

Chambres d'hôtes Domaine de l'Oie Rouge : *8, rue Nationale. ☎ 02-41-53-65-65. 06-79-45-45-75. • domaine-oie-rouge.com • Doubles 87-112 €. Table d'hôtes 33 €.* Quasi face à la mairie toute fleurie, on repère aisément cette demeure bourgeoise cossue du XIXe s, au cœur d'un petit parc arboré. On y découvre des chambres charmantes, cosy et spacieuses à la fois. Mention spéciale pour celles offrant une belle vue sur la Loire. Petit déj et dîner soignés jusque dans les pâtisseries maison.

Rouge Bistro : *2, quai de la Loire. ☎ 02-41-51-28-86. Ouv le midi lun-ven, plus le soir jeu-sam. Fermé dim. Formule déj 13,50 € ; carte 25-30 €.* Un genre d'élégant bistrot parisien greffé en Anjou, avec ses larges fenêtres donnant sur les coteaux de la Loire. Cuisine classique du terroir, bien préparée, et à prix doux, arrosée d'un petit chinon.

MONTREUIL-BELLAY (49260)

Camping Les Nobis d'Anjou : *rue Georges-Girouy. ☎ 02-41-52-33-66. • campinglesnobis.com • Avr-fin sept. Forfaits tente env 20-36 € pour 2. 115 empl.* Camping convivial, idéalement situé au pied du château, sur un beau terrain au bord de la rivière. Mobile homes et tentes kiwi. Soirées jeux et animations pour les enfants. Restaurant. Piscine couverte et chauffée.

Hôtel Le Relais du Bellay : *96, rue Nationale. ☎ 02-41-53-10-10. • hotelrelaisdubellay.com • Près du château. Doubles env 82-109 €.* Cet ancien relais de poste du XVIIe s a dû en voir passer, des voyageurs. Un bâtiment cossu où l'on trouve aujourd'hui des chambres claires et classiques avec vue sur la cour ou sur le château (les plus chères). Emplacement idéal et confort assuré. Espace détente avec spa, jacuzzi et piscine chauffée.

Auberge des Isles : *312, rue du Boëlle. ☎ 02-41-50-37-37. Fermé lun, plus mar hors saison. Formules déj en sem 19-22 € ; menus 25-39 €.* Située au pied de la colline du château, dans un site verdoyant avec une terrasse ombragée au bord de la rivière Thouet. Une auberge qui propose une cuisine de terroir, à base de produits issus de l'agriculture durable dans la mesure du possible, suivant le rythme des saisons. Jolie carte des vins locaux.

MÛRS-ÉRIGNÉ (49610)

Camping les Varennes : *parc des Varennes. ☎ 02-41-57-82-15. • camping-varennes.com • Compter 7 € pour 1 pers, 11 € pour 2 à vélo.*

SAINT-HILAIRE-SAINT-FLORENT (49400)

Camping Huttopia Saumur : *à La Croix, route de Chantepie. ☎ 02-41-67-95-34. • europe.huttopia.com • D'avr à mi-oct. Forfaits env 22-60 €/nuit pour 2. 86 empl.* Un 4-étoiles de charme, situé sur un plateau offrant un superbe point de vue panoramique. Les parties communes occupent des bâtiments de ferme restaurés (épicerie, baby room), tandis que les emplacements se dispersent sur un terrain ombragé agréable. Mobile homes, chalets et tentes-lodges en location. Animations. Piscine extérieure chauffée.

Hôtel Le Canter : *1, pl. de la Sénatorerie. ☎ 02-41-50-37-88. • hotel-lecanter.fr • Doubles 62-87 €. Réception ouv 7h30-11h30 et 16h-21h30 (20h sam). Fermé dim ap-m.* Un hôtel-bar-petit déj, offrant un bon rapport qualité-prix. Chambres 2 étoiles, toutes décorées de manière différente. Noter la vitrine du bottier à côté (classée Entreprise du patrimoine vivant), un métier bien rare de nos jours !

Hôtel et spa Les terrasses de Saumur : *2, rue des Lilas. ☎ 02-41-67-28-48. • lesterrassesdesaumur.fr • Doubles 80-135 €.*

Chambres d'hôtes Le clos du bois Brard : *2, rue de Terrefort. ☎ 02-41-50-54-32. • closduboisbrard.fr • Doubles 90-140 €.*

Vino Valley : *29-31, rue Jean-Ackerman. ☎ 02-41-03-31-65. Fermé dim-mar hors saison. Planches 9,50 €.* Un espace idéal que cet ancien chai du XIXe s pour accueillir une cave XXL et un bar à vins 100 % de Loire, aux côtés d'un restaurant étonnant. Celui-ci se trouve au cœur d'une cave troglo et de son puits de lumière central. À la carte, des fouées avec des garnitures traditionnelles ou plus tendance, également en version burger pour les enfants (!), de quoi en tout cas ripailler en famille.

SAINT-LAMBERT-DES-LEVÉES (49400)

Chambres d'hôtes La Croix de la Voulte : *476, rue de Boumois. ☎ 02-41-38-46-66. • lacroixdelavoulte.com • Mai-oct. Doubles 105-115 €.* Bien cachée en contrebas de la route, cette magnifique demeure des XVe et XVIIe s prend ses aises dans un parc de 3 ha. Les chambres tout confort occupent une belle dépendance : déco de caractère, ameublement et tissus de style. Les chambres « Anjou » et « Touraine » possèdent même une très grande cheminée du XVe s et un lit à baldaquin. Belle piscine bordée par un kiosque où l'on sert le petit déj aux beaux jours.

Chambres d'hôtes La Bouère Salée : *80, rue Grange-Couronne. ☎ 02-41-67-38-85. • laboueresalee.com • Également des gîtes. Doubles 95-110 €.*

SAINT-MARTIN-DE-LA-PLACE (49160)

Camping Terre d'Entente : *rte de la Croix-Rouge. ☎ 09-72-30-31-72. 07-70-07-69-37. • terre-dentente.fr • Fin avr-début oct. Accueil vélo 7,50-10 €/pers. 84 empl.* Sur les berges de la Loire, en contrebas de la route, voici un vaste camping ombragé, dans un environnement verdoyant et calme. Propose aussi des tentes prêtes à dormir, des caravanes, des bungalows toilés et un mobile home. Restauration en été avec journées à thème en été, massages et soins esthétiques. Base nautique (canoë, paddle) à côté.

Domaine de la Blairie Miléade : *5, rue de la Mairie. ☎ 02-41-38-42-98. • mileade.com • Resto ouv le soir, plus dim midi en saison. Doubles à partir de 76 €. Repas env 30 €.* Le logis principal de ce charmant hôtel tout en tuffeau, aménagé dans le style contemporain, abrite des chambres fonctionnelles et de bon confort, donnant sur le parc verdoyant. Cuisine soignée, piscine.

SAINT-MATHURIN-SUR-LOIRE (LOIRE-AUTHION) (49250)

Chambres d'hôtes Casa Mila : *118, levée du Roi-René. 06-79-85-85-48. • casamilaloire.com • Doubles 120-180 €.* Pour la proximité avec la Loire, on ne peut guère faire mieux dans cette maison de maître du XIXe s : il n'y a que la départementale à traverser. Les 5 chambres, toutes élégantes, spacieuses et de caractère, offrent plus ou moins une vue sur le fleuve. Également 2 gîtes (2 et 6 personnes) dans une dépendance, sans vue mais tout confort. Grand jardin, piscine couverte et chauffée et un petit sauna infrarouge. Une adresse au charme tout ligérien, malgré des prix certes un peu élevés.

SAINT-SATURNIN-SUR-LOIRE (49320)

Le Bistrot de Saint-Sat' : *2, rte de Saumur. ☎ 09-67-72-48-97. Fermé dim-lun. Menu midi en sem env 13 € ; plats env 15-20 €.* Un brin vintage, ce bistrot-là ne se prend pas au sérieux avec sa déco et son mobilier de bric et de broc. Terrasse décontract' en surplomb de la route, certes passante, mais on se plonge avec plaisir dans la carte des vins locaux tandis que la séduisante ardoise est raccord, pas compliquée et bien vue. Jeux, soirées à thème, vente de fruits et légumes…

SAINTE-GEMMES-SUR-LOIRE (49130)

Guinguette de Port-Thibault : *Port-Thibault. ☎ 02-41-57-35-14. Fermé le soir dim-jeu hors saison. Compter 30-45 €.* Un amour de guinguette installée dans une ancienne demeure de batelier du XIXe s, transformée en café en 1910. Véranda et chaises multicolores qui s'alignent à l'extérieur sous de vénérables cèdres. Ravi et l'œil rivé sur la Loire et ses bancs de sable, on déguste burgers, anguilles, rillauds maison ou salade angevine. Belle sélection de vins de Loire. Après un petit tour dans le jardin méditerranéen attenant, les batteries sont définitivement rechargées. Concerts et animation musicale le dimanche après-midi.

Crêperie Les Petites Écuries : *pl. Bel-Air. ☎ 02-41-66-25-50. Ouv le midi lun-ven. Fermé le w-e et 3 sem en juil-août. Menus du jour 10-14 € ; carte 10-20 €.* Attachante ville de bord de Loire où d'anciennes écuries abritent une crêperie gérée avec des personnes handicapées. Au choix : galettes, crêpes ou plat et dessert du jour. Accueil soigné, cuisine délicieuse, service efficace et tarifs modérés. Belle balade jusqu'à la Loire pour la digestion, en passant par-derrière l'église.

SAUMUR (49400)

Flower Camping Île d'Offard : *bd de Verden. ☎ 02-41-40-30-00. • saumur-camping.com • Sur la pointe de l'île d'Offard. De mi-mars à mi-oct. Tentes 20-38 €/nuit pour 2. 167 empl.* Fleuri et verdoyant, ce vaste camping jouit d'un emplacement idéal, au bord de la Loire, avec le château de Saumur pour décor. Nombreuses activités, piscine. Location de bungalows toilés et de mobile homes.

Hôtel Le Volney : *1, rue Volney. ☎ 02-41-51-25-41. • levolney.com • Doubles 50-75 €.* Dans une rue calme du centre, un excellent et modeste hôtel à taille humaine et au rapport qualité-prix imbattable. Chambres simples, pas bien grandes mais bien tenues.

CARNET D'ADRESSES

Hôtel Cristal : *12, pl. de la République. ☎ 02-41-51-09-54. • cristal-hotel.fr • Doubles 62-71 €.* Situation on ne peut plus centrale et des chambres pimpantes pour ce Logis de France à l'intérieur chaleureux, face à la Loire. Le bâtiment historique en tuffeau date du XIXe s et présente un certain cachet, mais il n'y a pas d'ascenseur (autant le savoir). Petit déj à la hauteur.

Hôtel Kyriad : *23, rue Daillé. ☎ 02-41-51-05-78. • kyriad.com • Doubles env 74-94 €.* Dans une petite rue au calme, en plein centre, un hôtel de chaîne, moderne et fonctionnel, qui a néanmoins gardé intact son caractère : chambres agréables et confortables, certaines dotées de poutres ou meublées d'ancien.

Hôtel du Parc : *169, av. des Fusillés. ☎ 02-41-67-17-18. • hotelduparc.fr • ♿ Doubles 65-129 €.* Un hôtel moderne ayant reçu l'Écolabel européen pour son engagement environnemental. Une quarantaine de chambres design, confortables. Restaurant. Piscine.

Hôtel Anne d'Anjou : *32, quai Mayaud. ☎ 02-41-67-30-30. • hotel-anneanjou.com • Au pied du château, en bord de Loire. Doubles standard 82-130 €.* Élégante demeure du XVIIIe s, pleine de charme, avec cour intérieure fleurie. Superbe escalier intérieur classé. Chambres climatisées bien arrangées, alliant tradition et confort, toutes avec mobilier ancien, dont une de pur style Empire. Piscine. Resto sur place ***L'Essentiel :*** *11-13, rue Raspail. ☎ 02-41-67-71-10. Fermé dim-lun. Formule déj en sem 24 € ; menus 36-54 €.* Cadre rustique, charpente originale et tuffeau apparent au fond d'une jolie cour fleurie, voilà un très joli décor pour savourer une cuisine de marché, dans un esprit bistronomique.

Le Londres Hôtel : *48, rue d'Orléans. ☎ 02-41-51-23-98. • lelondres.com • ♿ Doubles 75-127 €.* Une très bonne adresse en ville, particulièrement bien située. Les chambres confortables et soignées, la salle de petit déj charmante dans l'ancien jardin d'hiver de structure Eiffel, les terrasses privatives, le restaurant *Le Carré du Londres* où l'on sert des bocaux frais et locaux, le salon de thé, l'institut de soins et de massages… Tout concourt à pousser la porte à un moment ou à un autre.

Hôtel Saint-Pierre : *8, rue Haute-Saint-Pierre. ☎ 02-41-50-33-00. • saintpierresaumur.com • ♿ Doubles 70-190 €.* Caché derrière l'église Saint-Pierre, cet hôtel 4 étoiles se distingue par son élégance et sa discrétion. Escalier à vis en tuffeau, poutres d'époque, cheminées, meubles patinés… Chambres très confortables et ambiance chaleureuse, un peu dans le style *B & B* chic britannique. D'ailleurs, on y trouve aussi un bar à whiskies. Plein de bons conseils sur la ville.

Chambres d'hôtes Le Patio : *31, quai Mayaud. ☎ 02-41-51-20-22. 📱 06-09-94-84-55. • lepatiosaumur.fr • Doubles et suites 90-100 €.* Le patio de cette superbe demeure du XVIIe s, à l'ambiance presque méditerranéenne, accueillait autrefois les chevaux d'un relais de poste. Les chambres, suites et appartements n'ont rien perdu du caractère historique des murs tandis que l'accueil tout en douceur et le spa ajoutent de l'élégance et du charme au séjour.

Best Western Adagio : *94, av. du Général-de-Gaulle. ☎ 02-41-67-45-30. • hoteladagio.com •*

Ibis Styles Saumur gare Centre : *15, av. David-d'Angers. ☎ 02-41-67-31-01. • all.accor.com •*

Campanile : *186, rue du Pont-Fouchard, rond-point de Bournan. ☎ 02-41-40-46-46. • campanile.com •*

Mercure Bords de Loire : *1, rue du Vieux-Pont. ☎ 02-41-67-22-42. • all.accor.com •*

Chambres d'hôtes Beaulieu la Source : *13, rue de Beaulieu. 06-60-94-02-39. • beaulieulasource.fr • Doubles 107-117 €.*

Chambres d'hôtes Le Lamartine : *483, rue Lamartine. ☎ 02-41-50-92-63. 06-67-69-18-68. • chambre-hote-lelamartine-saumur.fr • Doubles 67-90 €.*

Bistrot de la Place : *16, pl. Saint-Pierre. ☎ 02-41-51-13-27. Fermé dim. Formules 19,30-24,50 € ; carte 30-40 €.* Sur la mignonne place Saint-Pierre où les tables jouent des coudes aux beaux jours, un bistrot gourmand, également bar à vins (dans la cave !), très intéressant pour qui veut découvrir les vignobles du coin. Cuisine bistronomique, donc, dans une ambiance conviviale, à l'image des soirées dégustation et des concerts organisés régulièrement.

Sur les Quais : *quai Lucien-Gautier. 06-98-65-83-32. Juin-fin sept, tlj sauf lun ; le reste de l'année, jeu-dim.* Clin d'œil aux bateaux-lavoirs qui jalonnaient les quais de Loire autrefois. Celui-ci héberge aujourd'hui un bar on ne peut mieux situé avec la Loire et le château en fond de tableau. Génial pour les couchers de soleil !

L'Alchimiste : *6, rue de Lorraine. ☎ 02-41-67-65-18. Fermé dim-lun. Menus env 30 € (midi en sem)-40 €. L'Alchimiste* est assurément un grand sorcier. Le chef talentueux compose des plats qui sont un véritable spectacle, autant pour les yeux que pour les papilles. Il choisit avec intelligence des produits simples pour servir une cuisine élaborée et savoureuse. Un vrai plaisir, renforcé par le cadre contemporain tout à fait dans l'air du temps. Petite terrasse.

L'Aromate : *42, rue du Maréchal-Leclerc. ☎ 02-41-51-31-45. Fermé dim-lun. Menus 18-21 € (midi en sem), carte env 40 €.* Ambiance « bistronomique » chez ce maître restaurateur qui a baroudé avant de revenir au pays. La fine équipe s'affaire derrière la vitre et propose une cuisine inventive, aux couleurs de saison, s'appuyant sur la délicate alchimie des herbes aromatiques et des épices. Cuisine dynamique tout en fraîcheur, pâtisseries subtiles et sélection de vins régionaux rigoureuse. Tout cela à prix doux.

L'Escargot : *30, rue du Maréchal-Leclerc. ☎ 02-41-51-20-88. Fermé dim-lun. Menus 21-25 € (midi en sem), carte env 40 €.* Le chef, maître restaurateur très sérieux, ne fait pas d'esbroufe et travaille ses beaux produits dans les règles de l'art. On se régale d'une cuisine traditionnelle de haute volée.

La Vélodyssée vers Redon
Riaillé
D 33
Le Louroux-Béconnais
La Vélo Francette vers Caen, Ouistreham
La Vallée du Loir à Vélo vers La Flèche, Chartres
ANGERS
D 963
LOIRE-ATLANTIQUE (44)
Nort-sur-Erdre
D 164
D 178
Ligné
Varades (Loireauxence)
Ingrandes (Le Fresne-sur-Loire)
A 11
E 60
D 723
Bouchemaine
Les Ponts-de-Cé
étape 1
étape 2
étape 3
étape 4
étape 5
étape 6
étape 7
Ancenis-St-Géréon
St-Florent-le-Vieil
Montjean-sur-Loire
Chalonnes-sur-Loire
La Chapelle-sur-Erdre
L'Erdre
N 137
Oudon
Le Cellier
Liré
Champtoceaux (Orée d'Anjou)
Carquefou
Orvault
A 844
Mauves-sur-Loire
La Loire
NANTES
Le Loroux-Bottereau
D 17
D 763
Montrevault
Beaupréau
D 756
D 961
Boucle Loire-Layon-Aubance
MAINE-ET-LOIRE (49)
D 84
NORD
Chemillé
A 87
D 160
D 65
0 5 10 km
D 752
Vallet
N 249
Vertou
A 83
Rezé
Aéroport Nantes Atlantique

Montjean-sur-Loire

103 km

Itinéraire 7

D'ANGERS À NANTES

Ici ***La Loire à Vélo*** ne manque pas de sel. Pas plus nature, sauvage et poétique, que cette partie du fleuve qui s'écoule de l'Anjou à la Loire-Atlantique, du magnifique confluent de la Maine aux portes d'Angers, à la cité des ducs de Bretagne. Bordée de vignobles parmi les plus réputés de la vallée, hérissée de cités médiévales perchées sur des balcons rocheux, et bientôt mâtinée d'influences maritimes, cette route alterne d'une rive à l'autre avant finalement de s'emparer des deux côtés de Loire pour une arrivée en douceur à Nantes. Un parcours facile, qui alterne petites routes et voies vertes, surtout en rive nord.

ANGERS

La fameuse douceur angevine n'est pas une légende : la vie semble ici couler comme un long fleuve tranquille, sur les bords de la Maine qui rejoint la Loire. Mais « douceur » ne rime pas nécessairement avec « torpeur ». Angers est une ville jeune, estudiantine et cosmopolite grâce à ses 2 universités et ses grandes écoles. C'est aussi une ville de culture, classée Ville d'art et d'histoire, avec notamment cet impressionnant château bicolore aux 17 tours qui abrite la fabuleuse tapisserie de ***l'Apocalypse.*** Angers se distingue aussi pour son grand nombre de parcs et jardins. Pas étonnant car, déjà au XVe s, le roi René Ier (1409-1480), duc d'Anjou, acclimatait dans le coin de nombreuses espèces méditerranéennes et autres plantes aromatiques. Une tradition horticole qui perdure avec l'exceptionnel parc ***Terra Botanica.*** Dans cet agréable paysage, le vélo prend aujourd'hui naturellement toute sa place. On conseille cependant de poser son bicycle le temps de flâner à pied, tête en l'air, à travers les ruelles du centre historique.

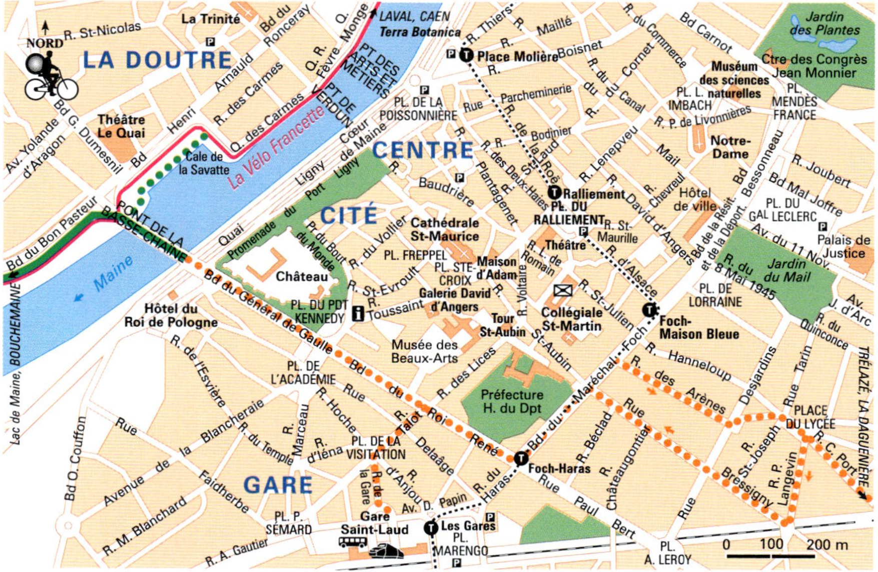

Destination Angers : *7, pl. Kennedy.* ☎ *02-41-23-50-00.* • *destination-angers.com* • Animations estivales et visites thématiques, séjours clé en main.

Très avantageux ***City Pass,*** valable 24h, 48h ou 72h *(19, 28, 40 €)*, donne la gratuité dans 25 sites de l'agglomération dont *Terra Botanica,* et de nombreux avantages. Il existe aussi un pass pour tous les musées et le château (gratuits pour - de 26 ans). Conciergerie vélo et sacoches (box sécurisés) 3 €, idéal pour visiter la ville à pied.

Art de Roue : *69, rue Bressigny.* ☎ *02-41-86-35-94.* • *artderoue.fr* • Réparation.

Cycles Cesbron : *12, rue A.-Gautier .* ☎ *02-41-95-49-80.* • *cyclescesbron.fr* • Belle boutique et réparation très pro, y compris dépannage. Location vélo, VAE avec restitution possible au magasin de Saumur (résa par tél).

Dans le centre

Avant d'entrer dans le château, aller jusqu'au bout de la ***promenade du Bout-du-Monde.*** Vue panoramique sur la Maine et le quartier de la Doutre. Au pied du promontoire (une sacrée falaise !), la promenade Jean-Turc. Jeux pour enfants.

Le Domaine national du château d'Angers : *2, prom. du Bout-du-Monde.* ☎ *02-41-86-48-77.* • *chateau-angers.fr* • *(partiel). Début mai-début sept, tlj 10h-18h30 ; début sept-fin avr, tlj 10h-17h30 ; dernier accès 45 mn avt fermeture. Entrée : 11 € ; réduc. Possibilité de billet jumelé avec le musée Jean-Lurçat et de la Tapisserie contemporaine 13 €. Tarif comprenant, si on le désire, des visites commentées (env 1h15). Également des visites thématiques. Audioguides. Expos temporaires.* Construit au début du XIIIe s sur les ordres de Blanche de Castille, mère de Saint Louis, le château faisait figure de poste avancé du royaume de France face au duc de Bretagne. Il se caractérise par son enceinte de forme pentagonale, longue de 800 m et hérissée de 17 tours massives. Superbe bichromie de pierres (matériaux de la région : calcaire, grès et schiste ardoisier). Larges fossés taillés dans le roc, mais il n'y eut jamais d'eau dans les douves. Aux XIVe et XVe s, la forteresse, devint le théâtre d'une vie de cour raffinée sous la houlette des ducs d'Anjou, notamment pendant le règne du fameux roi René, né au château en 1409.

– À droite du porche d'entrée (en pénétrant dans l'enceinte), possibilité d'accéder au ***chemin de ronde*** par la tour du Moulin pour une vue panoramique (si l'accès à la terrasse est possible).

– ***La chapelle,*** édifiée au début du XVe s se caractérise par sa largeur et son ampleur. Au fond, à droite, l'oratoire seigneurial permettait au duc Louis II d'Anjou de suivre les offices sans être vu, et de rester bien au chaud grâce à la cheminée.

– ***Le logis royal*** *(1435-1440)* **:** lieu de vie du duc d'Anjou (1er étage) et de la duchesse (2e étage).

– Côté place Kennedy s'élève le ***logis du gouverneur,*** édifié aux XVe et XVIIIe s. L'impressionnante ***porte des Champs*** possède toujours sa herse. Dans les tours, les *4 chandeliers d'Angers,* œuvre du plasticien contemporain Sarkis.

La tapisserie de l'Apocalypse : exposée dans la grande galerie *(visite guidée tlj à 14h15).* Incroyable destinée que celle de cette immense tapisserie vieille de plus de 600 ans, mesurant actuellement 103 m de long sur 4,5 m de haut en moyenne, composée de ***67 scènes rectangulaires*** racontant les visions reçues par saint Jean. C'est un défi d'interprétation, car il s'agit du récit le plus symbolique du Nouveau Testament.

La cathédrale Saint-Maurice : *pl. Monseigneur-Chappouilie.* Construite au XIIe s pour la nef et au XIIIe s pour le chœur et les transepts. La nef fut la 1re vraie réalisation de l'art gothique

Plantagenêt. Avec une première : une voûte unique sans bas-côtés de 16,40 m de large ! 2 flèches de 74 m ne reposant que sur le seul mur de façade.

Quand on observe la ***façade*** dans sa globalité, on est fasciné par son dépouillement et la fantastique verticalité des lignes, le rythme et le jeu équilibré des colonnettes et arcatures. Superbe portail à la très riche statuaire polychrome (en travaux). ***À l'intérieur,*** une galerie en fer forgé court le long de la nef. Fascinants, les quelque 240 modillons qui la soutiennent : visages grimaçants, postures acrobatiques, monstres. ***Voûtes angevines,*** ça va de soi. Et autre ***merveille de la cathédrale*** : les ***vitraux.***

La galerie David-d'Angers : *33 bis, rue Toussaint. ☎ 02-41-05-38-90. • musees.angers.fr • ♿ Mar-dim 10h-18h. Fermé lun et certains j. fériés. Entrée : env 4 € ; réduc. Gratuit 17h-18h.* L'abbatiale Toussaint (XIIIe s) abrite un fascinant musée de la sculpture, la collection de David d'Angers. Les volumes, l'espace et la luminosité formidable de l'édifice en font un cadre digne de l'œuvre de ***Pierre-Jean David*** (1788-1856). Fils d'un sculpteur, il se vit attribuer par la municipalité une bourse pour étudier aux Beaux-Arts à Paris. Reconnaissant envers sa ville, il prit son nom. Profondément républicain (il fut député du Maine-et-Loire), il dut s'exiler après le coup d'État du 2 décembre 1851. Il fut à la fois un sculpteur d'histoire et un portraitiste reconnu.

Le musée des Beaux-Arts : *14, rue du Musée. ☎ 02-41-05-38-00. • musees.angers.fr • ♿ À proximité du musée précédent, mais entrée par la pl. Saint-Éloi ou le jardin des Beaux-Arts. Mar-dim 10h-18h. Fermé lun et certains j. fériés. Entrée : 6 € ; réduc. Audioguide gratuit. Expos temporaires, visites innovantes, animations.* Installé depuis 1801 dans les murs du logis Barrault, mêlant les styles gothique et Renaissance, repensé de façon fluide et moderne pour lier les différentes collections. Pari plus que réussi qui, du même coup, redonne du panache à la place Saint-Éloi, bordée de la tour Saint-Aubin et de l'église réformée installée dans une église du XIIe s (remarquer la galerie qui permet de passer de l'église au musée). Avec la galerie David-d'Angers voisine, les jardins et le cloître Toussaint, l'ensemble présente un vrai cachet. Statue de Niki de Saint Phalle sur la terrasse qui relie le musée au jardin. Une petite section sur l'histoire d'Angers d'une part et les différents courants artistiques européens du XIVe au XXe s d'autre part.

RU (Repaire Urbain) : *jardin des Beaux-Arts, 35, bd du Roi-René. ☎ 02-41-05-59-65. Mar-sam 13h-18h.* Ce nouveau lieu culturel comprend un centre d'interprétation du patrimoine et de l'architecture, qui permet à la fois de comprendre l'environnement historique et de découvrir la création contemporaine.

Le Muséum des sciences naturelles : *43, rue Jules-Guitton. ☎ 02-41-05-48-50. • musees.angers.fr • Mar-dim 10h-18h. Fermé lun. Entrée : 4 € ; réduc. Expos temporaires.* Installé dans une superbe demeure construite sous le Consulat, l'hôtel Demarie est spécialisé dans les espèces menacées ou déjà disparues. Jardin sur un vestige des remparts.

De l'autre côté de la Maine

Face au château, se trouve le quartier paisible de ***la Doutre*** (« d'outre-Maine »), qui s'est développé à partir du XIe s autour de l'abbaye du Ronceray. Grimpette possible (ascenseur panoramique) jusque sur le toit du théâtre Le Quai : vue exceptionnelle.

Le musée Jean-Lurçat et de la Tapisserie contemporaine : *4, bd Arago. ☎ 02-41-24-18-48. • musees.angers.fr • Au bout du pont de la Haute-Chaîne. Mar-dim 10h-18h. Fermé lun* *et certains j. fériés. Entrée : 6 € ; réduc. Gratuit 17h-18h. Audioguide compris.* Installé dans l'ancien hôpital Saint-Jean, le plus ancien de France (1175), remarquable exemple de l'art gothique de l'ouest de la France. Immense ***salle des malades*** (60 m de long, 22,50 m de large, 12 m de haut) présentant une triple nef voûtée à l'angevine et une intéressante série de vitraux bleutés (créés par Pierre Prunet en 1988). Voir à l'entrée l'***apothicairerie*** du XVIIe s. La salle abrite les tapisseries du ***Chant du monde*** de Jean Lurçat, écho contemporain de l'Apocalypse médiévale. Entre 1957 et 1966, il fit exécuter à Aubusson sa « réponse », gigantesque tapisserie de 80 m de long sur 4,40 m, en 10 panneaux composant 2 parties : d'abord ***l'horreur,*** puis l'***espoir.*** Guide explicatif.

– À côté de la salle des malades, le vaste ***musée de la Tapisserie contemporaine*** propose des expos temporaires, des visites commentées et des ateliers. On conseille d'ailleurs de commencer par là.

L'île Saint-Aubin : *accessible du printemps à l'automne, en fonction du niveau de l'eau ; le reste de l'année, l'île est inondée. Horaires sur • tourisme.destination-angers.com •* Quel bonheur d'arriver sur cette île emblématique des basses vallées angevines, en compagnie du passeur ! Après un moment de détente à la guinguette *(☎ 02-41-39-85-29),* aller faire un tour sur le ***sentier d'interprétation à travers*** les 600 ha de prairies. En repartant, ne pas oublier de filer la main (voire la pièce) au passeur…

Terra Botanica : *rte d'Épinard. ☎ 02-41-25-00-00. • terrabotanica.fr • Avr-oct (selon calendrier d'ouverture), tlj 10h-18h ou 19h ; fermeture des attractions 30 mn avt. Entrée : 24 € ; réduc. Animations et visites guidées. Resto et snacks sur place. Aire de pique-nique.* Un parc sur le thème du monde du végétal, à la fois ludique et instructif. Il s'étend sur 12 ha jalonnés de différents jardins, serres, rivière, lacs, vignes, roseraie, mais aussi de jeux et d'animations. Les enfants s'amusent comme des fous dans des aires de jeux géantes, se prennent pour des paléobotanistes en herbe, voyagent en coquille de noix au sommet des arbres et découvrent l'histoire de plantes emblématiques de l'Anjou à bord d'une barque… Montgolfière arrimée au sol qui monte à 150 m, si le ciel le permet (compter 3 € en plus).

Maison de l'environnement : *av. du Lac-de-Maine. ☎ 02-41-05-33-60. • angers.fr • De mi-fév à mi-nov. Tlj sauf sam, 14h-18h.* Un chouette lieu qui répond à bien des questions, en particulier pratiques, des recettes-recyclages de restes aux circuits de l'eau jusqu'au robinet, et propose des tas d'activités. On aime particulièrement le jardin bio de 4 000 m², qui abrite 400 variétés végétales. 800 kg de fruits, légumes et aromatiques y sont récoltés chaque année au profit d'un restaurant solidaire !

Vins angevins

L'Anjou compte 32 AOP, à base de 2 principaux ***cépages*** : le ***chenin*** pour les blancs et le ***cabernet franc*** pour les rouges et les rosés. L'Anjou produit 40 % de rosés, 25 % de rouges, 20 % de blancs et 15 % de vins à bulles.

Maison des vins d'Anjou et Saumur : *5 bis, pl. du Président-Kennedy. 07-86-12-95-77. • tourisme.destination-angers.com • GRATUIT.* Dans un cadre design et lumineux, découverte et dégustation de toute la gamme des vins d'Anjou et de Saumur.

Domaine Delaunay : *24, rue du Daudet, Montjean-sur-Loire. ☎ 02-41-39-08-39. • domaine-delaunay.com •* Une gamme de production assez représentative de la région.

Fléchage « La Loire à Vélo ». Voir la carte précédente (p. 172) pour la partie entre Angers et Bouchemaine. **Sortie d'Angers :** par le pont de la Basse-Chaîne. **À d. juste après le pont** vers le théâtre Le Quai et la cale de la Savatte (port). On longe la Maine pour retrouver le fléchage de l'itinéraire officiel. Alternative : suivre le chemin de halage le long de la Maine. À Bouchemaine passer sous le pont routier, suivre jusqu'à La Pointe. **Pour éviter les côtes :** on peut laisser le fléchage et suivre la piste en bord de Loire. Bonne grimpette pour Savennières. Ici, avant de passer sous la voie ferrée, fléchage pour Béhuard à g. sur route. **Accès à l'île de Chalonnes :** voir carte suivante (p. 192).

29 km
Difficulté

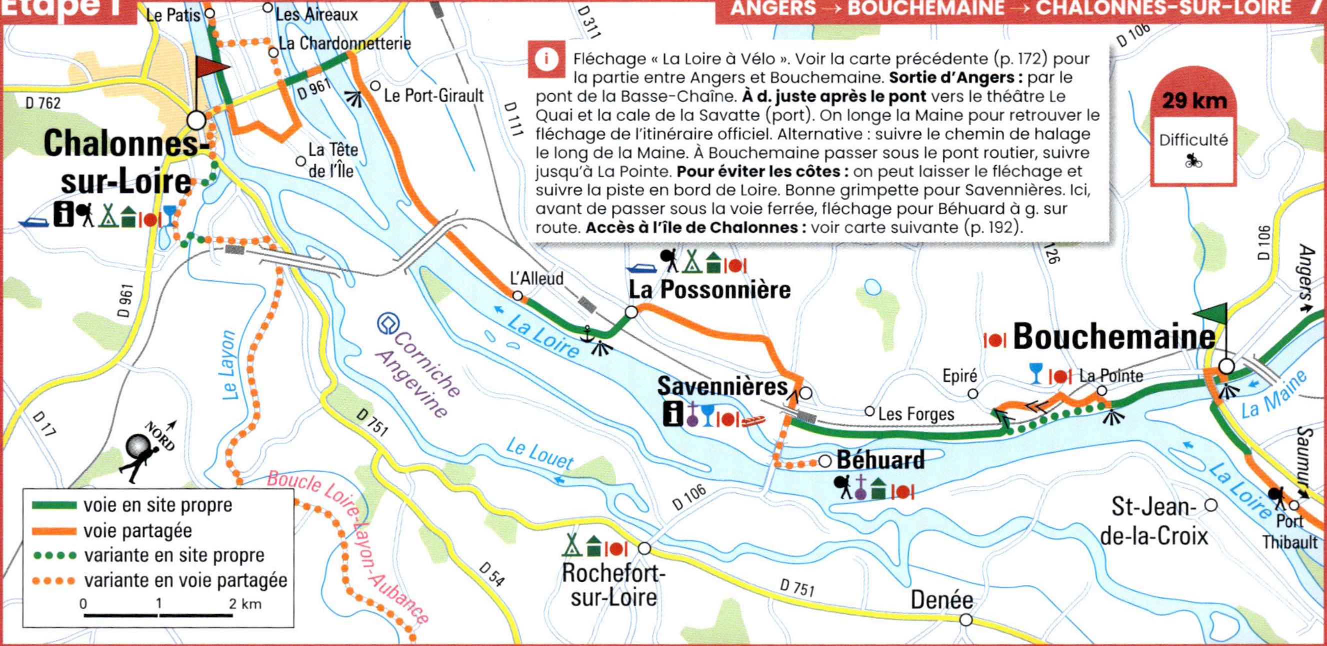

Une superbe étape avec le passage du mythique petit port de La Pointe et du confluent avec la Maine, avant de grimper vers les vignobles prestigieux de Savennières, soulignés de vieux murs de pierre. Et une possible échappée jusqu'à l'adorable petite île de Béhuard.

⇛ SAVENNIÈRES

Élégant village viticole, Petite Cité de caractère posé sur un coteau ensoleillé. Outre son appellation réputée on y trouve *l'une des plus vieilles églises d'Anjou* : façade en petit appareil de pierre et brique typiquement carolingien (IXe s). Abside et clocher du XIIe s.

Bureau d'information touristique : *5, rue de la Mairie. ☎ 02-41-81-12-45. • destination-angers.com •*

Saveurs, épicerie coopérative : *Place-du-Mail (derrière l'église). ☎ 02-41-19-28-11. • savennieres.fr • Lun-sam 9h-12h30, 15h30-19h15 et dim mat.* Belle épicerie détenue par les habitants du village. Bons produits locaux à prix raisonnables. Idéal pour pique-niquer sur les bords de Loire.

⇛ L'ÎLE DE BÉHUARD

Île presque secrète, village de charme, labellisé Petite Cité de caractère, atmosphère sereine en dehors du temps. L'île fut longtemps le but d'un fameux pèlerinage, à l'époque où la Loire impétueuse et dangereuse donnait souvent l'occasion aux marins d'avoir recours à *Notre-Dame de Béhuard.*

Notre-Dame de Béhuard : adorable petite église incrustée sur un rocher (la seule partie de l'île non inondable !). Elle serait le remerciement d'un vœu de Louis XI rescapé d'une noyade. À l'intérieur, plafond en bois en forme de carène de navire renversée, ex-votos, fers de galériens…

Balade à pied possible autour de l'île (2h40, 8,5 km, indiquée en mauve).

Pour se restaurer, viser l'enseigne bistronomique ***L'Audacieuse*** *(☎ 02-41-31-49-62).* La guinguette ***La Croisette*** *(☎ 02-41-23-19-53)* permet quant à elle de se poser quasiment sur la plage, en bord de Loire.

⇛ LA POSSONNIÈRE

Beau panorama très zen sur la Loire depuis ce petit port où mouillent quelques toues. Un camping et une guinguette dans un cadre idyllique, *Les Tourbillons* (voir carnet d'adresses).

Terre et Loire : *port de la Possonnière. 06-30-05-55-40. Sur résa.* Balades commentées à bord de bateaux traditionnels (de 1h30 à… la carte), animations nature, sorties thématiques et aller-retour pour le marché de Chalonnes mardi et samedi l'été *(à partir de 20 €/pers).* Également des hébergements insolites.

Le Jardin des Kangourous : *D 311, rte de Savennières. ☎ 02-41-72-65-50. • lejardindeskangourous.com • En été, tlj 14h-19h ; mai-juin, l'ap-m des mer, w-e, j. fériés et vac scol ; sept, seulement dim ap-m. Entrée : env 7 € ; 6 € 3-11 ans.* On se promène au milieu d'une centaine d'animaux (en fait des wallabies), en liberté. Juste à côté, minigolf géant au parc de l'Arche *(• parcdelarche.fr •).*

À déguster

AOC Savennières

Le *savennières* est l'un des grands crus angevins. C'est un vin blanc sec et corsé, à goûter par exemple au ***Château des Vaults.*** – ***Domaine de Closel :*** *☎ 02-41-72-81-00. • savennieres-closel.com •*

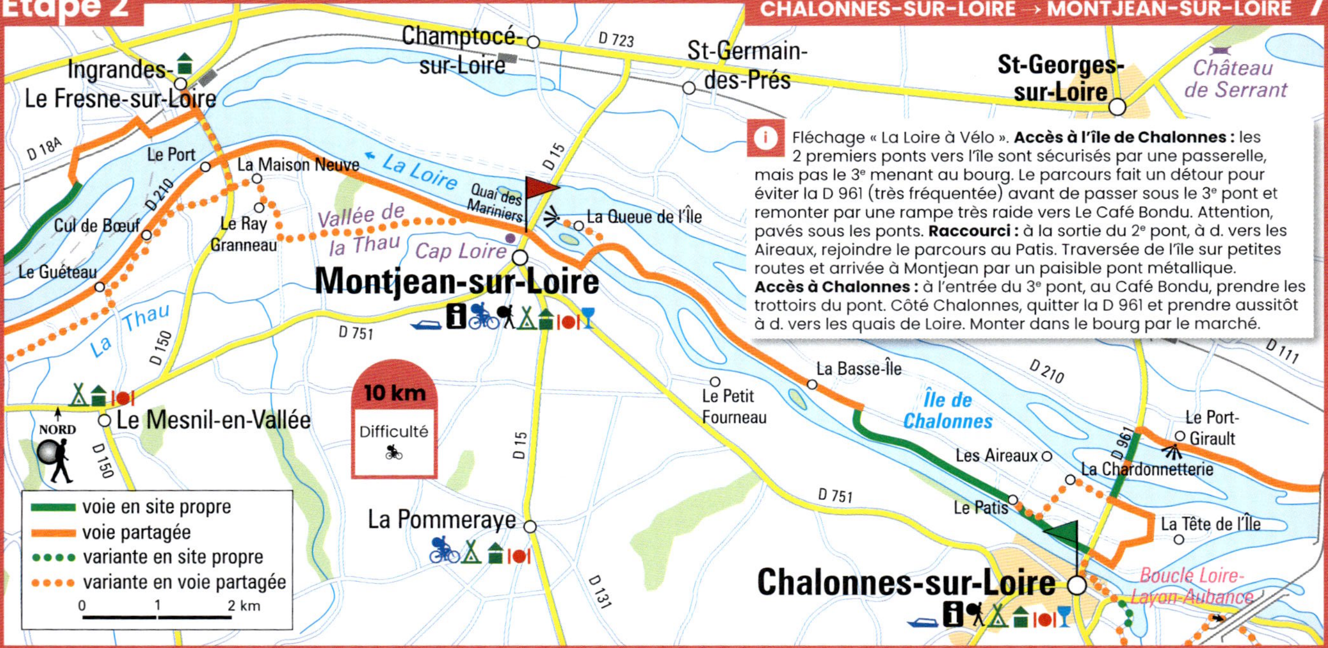

Fléchage « La Loire à Vélo ». **Accès à l'île de Chalonnes :** les 2 premiers ponts vers l'île sont sécurisés par une passerelle, mais pas le 3e menant au bourg. Le parcours fait un détour pour éviter la D 961 (très fréquentée) avant de passer sous le 3e pont et remonter par une rampe très raide vers Le Café Bondu. Attention, pavés sous les ponts. **Raccourci :** à la sortie du 2e pont, à d. vers les Aireaux, rejoindre le parcours au Patis. Traversée de l'île sur petites routes et arrivée à Montjean par un paisible pont métallique. **Accès à Chalonnes :** à l'entrée du 3e pont, au Café Bondu, prendre les trottoirs du pont. Côté Chalonnes, quitter la D 961 et prendre aussitôt à d. vers les quais de Loire. Monter dans le bourg par le marché.

Une traversée de la paisible île de Chalonnes, la plus grande du cours de la Loire (14 km), où l'on cultivait autrefois le chanvre et le tabac. On peut faire le petit détour jusqu'à La Queue de l'île dont la vieille cale offre une belle vue sur le port de Montjean.

⇛ CHALONNES-SUR-LOIRE

Une halte, à la confluence du Layon, du Louet et de la Loire, appréciée pour son ambiance d'ancien port et de village agricole actif.

Office de tourisme Anjou Vignoble et Villages : *pl. de l'Hôtel-de-Ville. ☎ 02-41-78-26-21. • anjou-vignoble-villages.com •* Consigne à bagages gratuite.

Île de Chalonnes : c'est tout plat et peu fréquenté par les voitures. De jolies vues sur un bras alangui de la Loire.

Le Gabarot de Loire : *pl. de la Serrerie. ☎ 02-41-78-26-21. • chalandoux-loire.com • Balades commentées avr-oct. Résa à l'OT.* Du chantier de l'association « Les Chalandoux du 5e vent » sur les quais est sorti un fringant gabarot de Loire de 18 m de long. Expo sur les bateaux de Loire à l'aide de passionnantes maquettes.

⇛ MONTJEAN-SUR-LOIRE

Une agréable petite ville qui vit au rythme du fleuve, autrefois port marinier important grâce à son emplacement protégé. Elle connut son apogée à la fin du XIXe s, autour de la production de charbon et de chaux, dont on voit au passage les impressionnantes installations. Une cité à l'âme créative aussi : ne pas manquer les sculptures qui ornent les bords de Loire !

Office de tourisme ôsezMauges : *pl. Constant-Le-Breton (au pied du pont). ☎ 02-41-39-07-07. • osezmauges.fr • Circuit de découverte illustré intéressant, qui peut se faire à vélo, mais ça grimpe vers le panorama de l'église Saint-Symphorien !*

AnjouVeloc : *☎ 02-41-77-89-56. • Anjouveloc.fr •* Loc, réparation (voir *Camping La Guyonnière*, p. 208).

Cycles Lefrançois : *rue d'Anjou, entre Cap Loire et l'église. ☎ 02-41-47-00-90. • osezmauges.fr •* Belle boutique, location et dépannage.

Parcours de sculptures monumentales : Des œuvres étonnantes, un peu partout en ville, certaines issues du *Symposium des Sculptures* qui se tient chaque année en juillet durant lequel les artistes travaillent à ciel ouvert.

Le parc de découverte Cap Loire : *20, rue d'Anjou. ☎ 02-41-39-07-10. • caploire.fr • Avr-nov. Entrée : 8 € ; réduc. Animations.* Un site dédié à la culture et à l'histoire de la Loire. On y trouve, une expo ludique et un joli parc aménagé en 3 jardins thématiques accueillant 2 bateaux emblématiques de Loire : le *Cap Vert* (visitable) et la *Montjeannaise*.

Sorties en bateau sur la Loire : avec ***La Ligériade II,*** *☎ 02-41-72-81-28 ; • bateau-ligeriade-loire.fr • ; billet 14 €, réduc.* Croisière commentée avec Jean-Patrick Denieul, ancien pêcheur professionnel d'anguille et de lamproie qui connaît le fleuve comme sa poche.

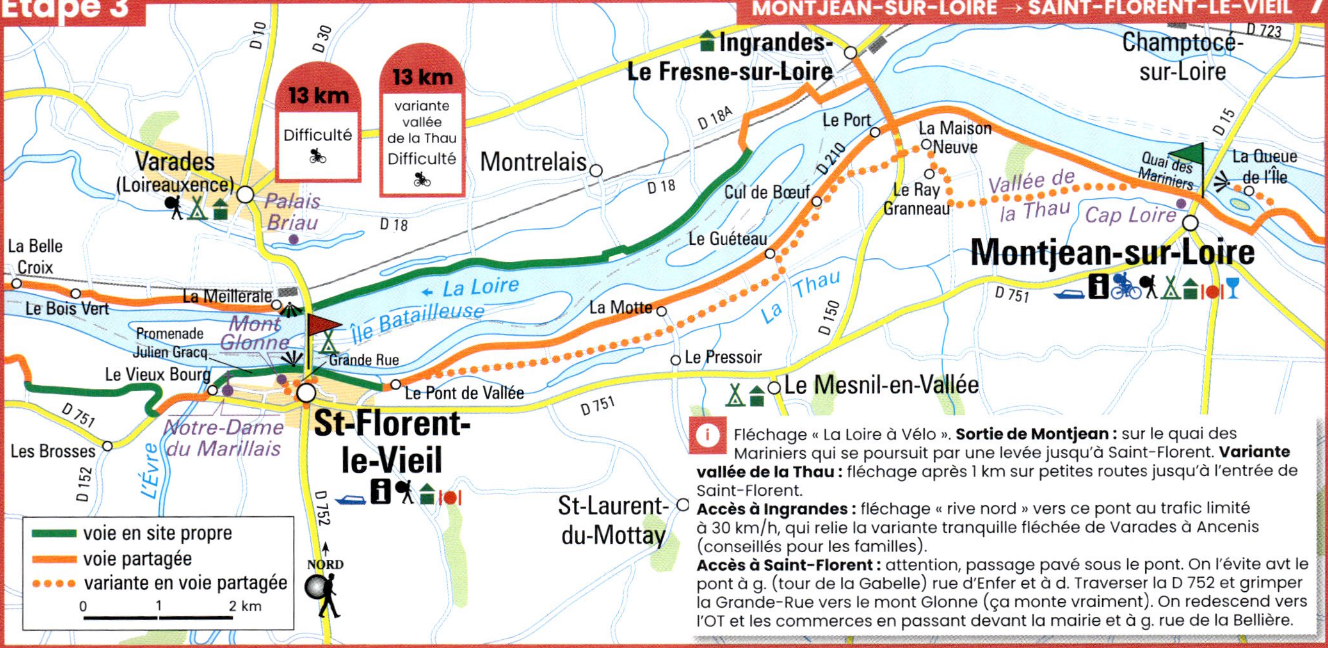

Fléchage « La Loire à Vélo ». **Sortie de Montjean :** sur le quai des Mariniers qui se poursuit par une levée jusqu'à Saint-Florent. **Variante vallée de la Thau :** fléchage après 1 km sur petites routes jusqu'à l'entrée de Saint-Florent.

Accès à Ingrandes : fléchage « rive nord » vers ce pont au trafic limité à 30 km/h, qui relie la variante tranquille fléchée de Varades à Ancenis (conseillés pour les familles).

Accès à Saint-Florent : attention, passage pavé sous le pont. On l'évite avt le pont à g. (tour de la Gabelle) rue d'Enfer et à d. Traverser la D 752 et grimper la Grande-Rue vers le mont Glonne (ça monte vraiment). On redescend vers l'OT et les commerces en passant devant la mairie et à g. rue de la Bellière.

Les rives de Loire sont ici truffées d'îles sauvages à peine détachées de la terre ferme et de petites citées perchées sur de lointaines résurgences du massif armoricain. On suit les levées agrémentées de sculptures ou une paisible variante par la vallée de la Thau.

⇛ INGRANDES-SUR-LOIRE

Cet ancien haut lieu de contrebande de sel est aujourd'hui un agréable village en bord de Loire, qui offre, de l'autre côté de son joli pont de 1867, une piscine naturelle sur la Loire, ainsi qu'un beau point de vue. Services.

⇛ SAINT-FLORENT-LE-VIEIL

On repère de loin son abbatiale délicatement déposée sur le sommet escarpé du mont Glonne. Nul ne pouvait mieux décrire la séduction des lieux que Julien Gracq, écrivain-géographe, qui naquit en 1910 dans cette Petite Cité de caractère, y passa son enfance et y vécut jusqu'à la fin de ses jours, en 2007. On admire ce mélange de fierté hautaine de l'église et de désordre bucolique, lorsque la forêt dégringole dans la Loire. La cité fut un haut lieu des guerres de Vendée à l'époque révolutionnaire.

Office de tourisme ôsezMauges : 4, pl. de la Févrière.* ☎ *02-41-72-62-32.* • *osezmauges.fr • Intéressant parcours de découverte du patrimoine. Boucles cyclables et boutique de produits du terroir.

ParChemins : ***1, rue Charles-de-Renéville, à la suite de la Grande-Rue. ☎ 02-41-42-92-14. Fermé lun et jeu. • librairieparchemins.blogspot.com*** • La librairie-goûter, halte conviviale sur le chemin du mont Glonne, terrasse et belle étendue littéraire sur la Loire et ailleurs.

Vent d'Soulair : *06-81-94-13-63. • loire-en-bateau.fr • 12 passagers max. Ouv avr-déc.* Sorties thématiques à bord d'une toue cabanée avec Matthieu Perraud, l'un des derniers pêcheurs pros de Loire.

L'église abbatiale : construite en grande partie au début du XVIIIe s. Au-dessus du portail principal, ***vitrail figurant Charlemagne,*** majestueux avec sa cote de mailles et sa barbe. Tombeau du général Bonchamps par le sculpteur David d'Angers. Dans le chœur, vitraux racontant la guerre de Vendée. À l'entrée du cloître, petit terrain de jeu de Boule de sable, spécialité locale.

De l'esplanade plantée devant l'église, magnifique ***panorama sur la Loire,*** le Palais Briau à Varades, l'île Bataillleuse – ce coin de Louisiane ou d'Amazonie aux yeux de Julien Gracq enfant – et les environs.

La maison Julien-Gracq : *1-3, rue du Grenier-à-Sel. ☎ 02-41-19-73-55. • maisonjuliengracq.fr • Visites guidées de la maison mer et sam à 15h (durée : 1h ; 6 €, réduc). Visite gratuite de la chambre des cartes et des expos mer-sam 10h-12h, 14h-17h30.* Louis Poirier (Julien Gracq est son nom d'auteur) se fait connaître du grand public par son ouvrage *Le Rivage des Syrtes*. En 1951, il reçoit le prix Goncourt, qu'il refuse. En 1970, il se retire dans sa maison natale, qu'il lègue à sa ville à sa mort, ainsi que l'ancien grenier à sel situés en bordure de Loire, dans le but d'y proposer un « séjour temporaire de repos et de travail destiné à des écrivains ». Si la maison reste une résidence pour les auteurs, l'ancien grenier à sel est ouvert au public pour des conférences, lectures, concerts… Sa tombe se trouve au cimetière du village.

Fléchage « La Loire à Vélo ». Sortie de Saint-Florent : joli passage en bord de Loire par la promenade Julien Gracq. Au Vieux-Bourg, après l'église N.D. du Marillais, traversée de l'Èvre sur route. À la Boire Ste-Catherine : jeux pour enfants et aire d'arrêt. **Accès à Varades :** pont réservé aux cyclistes expérimentés. En famille, traverser la Loire à Ingrandes (cf. également p. 194) et suivre le tracé au nord entre Ingrandes et Nantes. **Accès à Ancenis :** En rive nord, prudence au rond-point. Monter tt droit vers le château pour la ville. Attention : en rive sud (Le Fourneau) accès au pont très délicat. Passage du pont sur le trottoir avec garde-corps.

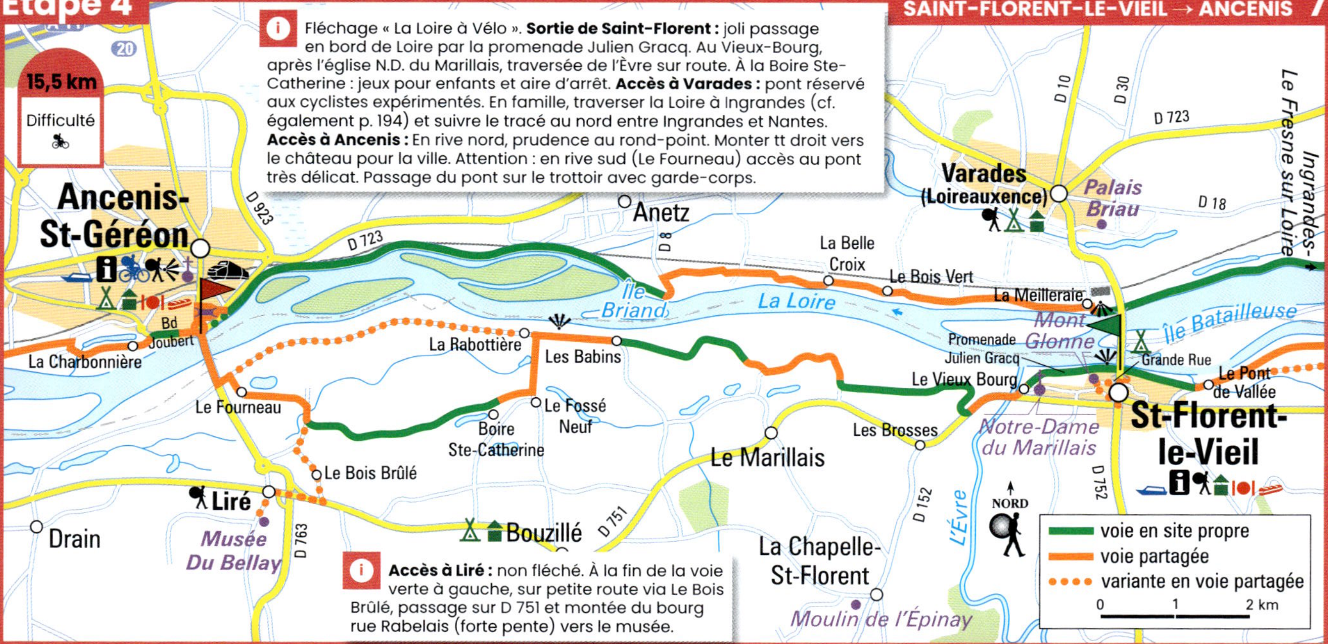

Accès à Liré : non fléché. À la fin de la voie verte à gauche, sur petite route via Le Bois Brûlé, passage sur D 751 et montée du bourg rue Rabelais (forte pente) vers le musée.

La Loire à Vélo s'éloigne ici du fleuve à travers un joli bocage pour mieux le retrouver à Ancenis, avec son chapelet d'îles sauvages. En famille on préférera la rive nord afin d'éviter le passage des ponts.

⇛ VARADES (LOIREAUXENCE)

Le palais Briau **:** *rue de la Madelaine. ☎ 02-40-83-45-00. • palais-briau.com • Fermé jusqu'à août 2025 en travaux.* Au cœur d'un joli parc à l'italienne au-dessus de la Loire, cette demeure particulière de François Briau, ingénieur qui fit fortune dans les chemins de fer sous Napoléon III, regorge d'innovations : réseau hydraulique, orangerie de béton armé produisant de l'électricité, etc. Le palais propose des ***chambres d'hôtes.***

⇛ ANCENIS-SAINT-GÉRÉON

Élégante petite ville, autrefois cité fortifiée et port de première importance pour le commerce du vin et du sel entre le Val de Loire et la Bretagne. On apprécie ses vastes espaces verts, ses quais et les élégantes bâtisses du centre historique. En face, Liré, cher à Joachim Du Bellay, dont la statue trône sur la rive, près du pont, le regard tourné vers son village.

Office de tourisme du pays d'Ancenis : *103, rue des Douves (face au château). ☎ 02-40-83-07-44. • pays-ancenis-tourisme.fr •* Un hub moderne pour préparer son séjour avec salon (livres locaux en consultation, carte du territoire XXL…), expos temporaires, patio, boutique de producteurs et créateurs locaux. Parcours découverte de la ville, boucles cyclables, cartes sympa « Nos coins préférés », réalisées par des locaux. Consigne.

Les Halles : *pl. Alsace-Lorraine. Aux belles halles Napoléon III rénovées :* ***Oh ! la Bonne boulangerie*** *(petite terrasse).*

Piscine de la Charbonnière : *bd Joubert. ☎ 02-51-14-36-77. Juin-sept.* Agréable bassin en plein-air et en bord de Loire.

Loire Escale Nautique : *06-89-81-81-49.* Balades en bateau au départ d'Ancenis.

Le château : *ouv à l'occasion des expos temporaires (programme à l'office de tourisme). GRATUIT.* Il ne reste qu'un tiers du château du Xe s. De l'hôtel de ville, une ruelle descend à l'entrée de l'espace vert central, offrant une jolie vue sur la Loire. Un des côtés de ces jardins est bordé par la façade Renaissance du Grand Logis (1530), flanquée d'une tourelle sous laquelle apparaît la salamandre de François Ier. À l'intérieur, expositions temporaires et collection de harpes anciennes.

La chapelle des Ursulines : *mer-dim si ouv.* Classée aux Monuments historiques, c'est un lieu d'exposition d'art contemporain.

⇛ ÉCHAPPÉE : LIRÉ (ORÉE-D'ANJOU)

Musée Joachim-Du-Bellay : *1, rue Ronsard. Face à l'église. ☎ 02-40-09-04-13. • museejoachimdubellay.com • Juil-août, mar-ven 10h30-12h30, 14h-18h ; vac de fév-juin et sept-vac de la Toussaint, mar-ven 14h-17h30. Entrée : 5 € ; réduc.* Dans une belle demeure Renaissance à tourelles, un hommage au poète (1523-1560) ami de Ronsard avec qui il fonda le mouvement littéraire de La Pléiade. Il naquit au château de la Turmelière, dont les ruines se découvrent à 2 km de Liré.

Fléchage « La Loire à Vélo ». **Sortie d'Ancenis :** bd Joubert au début sur la route puis sur piste cyclable. On peut aussi longer la Loire vers l'aval depuis le pont à travers le jardin de l'Éperon vers la piscine de la Charbonnière, pour retrouver l'itinéraire entre le camping et les terrains de sport. **Accès à Oudon :** passé le plan d'eau du Chêne, à d. à la supérette et monter la rue de la Loire vers le carrefour. En face, rue A. Fouschard vers la tour du château, et à g., rue de la Lavanderie vers le port. **Pour Mauves-sur-Loire :** parcours aménagé sur la rive sud. Suivre D 751C, traverser le pont, passage délicat, puis fléchage « La Loire à Vélo ». **Variante en rive nord :** sur chemin (tracé non officiel). **Pour Champtoceaux :** après le pont, route escarpée en lacets réservée aux cyclistes expérimentés (+ 70 m de dénivelée).

Le fleuve sauvage, désormais subtilement soumis aux marées, se charge de douces senteurs iodées portées par les vents d'ouest. Alors que le lit de la vallée s'élargit au sud pour faire place aux cultures maraichères, on découvre d'attachantes petites cités.

⇛ OUDON

On aime bien cette mignonne petite ville, avec l'iconique tour de son château médiéval surgissant d'un rocher dominant le fleuve. On explore les ruelles aux noms évoquant son passé marinier, les bords du Hâvre avec sa passerelle et l'agréable petit port.

Office de tourisme du pays d'Ancenis : *11, rue du Pont-Levis.* ☎ *02-40-83-07-44.* • *pays-ancenis-tourisme.fr* • *À l'entrée du **château**.* Location de barques et canoës sur la vallée du Hâvre. Carte des voies cyclables autour de la Loire.

Plan d'eau du Chêne : *chemin du Rio, sur l'itinéraire.* Agréable baignade *(surveillée juil-août mar-dim ap-m)*.

Le château médiéval : *11, rue du Pont-Levis.* ☎ *02-40-83-07-44. Avr-Toussaint, se rens.* Avec celui d'Ancenis, ce château du XIe s, reconstruit à la fin du XIVe s, verrouillait les marches de Bretagne. Imposantes, les murailles enserrent une formidable tour octogonale de construction originale. Haute de 40 m, c'est un condensé des matériaux du coin : schiste, tuffeau angevin et granit.

Parcours de sculptures monumentales : *plan à l'OT.* Une trentaine de sculptures, certaines étonnantes, issues du symposium de sculpture biennal.

⇛ CHAMPTOCEAUX

Bâtie sur un à-pic de 70 m au-dessus de la rive sud de la Loire, l'importante cité médiévale marquait autrefois la frontière entre l'Anjou et la Bretagne. Du belvédère, panorama exceptionnel sur la vallée.

Office de tourisme ôsezMauges : *derrière l'église.* ☎ *02-40-83-57-49.* • *Osezmauges.fr* • Maquette de Champtoceaux en 1420, expos artistiques. Plan de balades du village. Infos sur les croisières sur la Loire et jusqu'au marché d'Ancenis ***(jeu mat en juil-août)***.

De l'OT on rejoint la ***promenade du Champalud*** pour le panorama, qui se prolonge jusqu'à la coulée de la Luce et les bords de Loire. Intéressant parcours médiéval (à pied uniquement).

Bateau-promenade La Luce : *embarcadère, Le Cul-du-Moulin.* ☎ *02-40-83-60-00.* • *bateaulaluce.fr* • *45 passagers max. Tarif : 14 €.* Ouvert, donc idéal pour apprécier les paysages.

L.A. Kayak : *à l'embarcadère, Le Cul-du-Moulin.* *06-85-39-59-42.* • *location kayak-loire.com* • Balade en autonomie en canoë-kayak, ou descente crépusculaire accompagnée sur la Loire. Possibilité de séjour itinérant vélo-kayak ou de *paddle* avec bivouac.

Fléchage « La Loire à Vélo ». **Rive sud :** passage très délicat sur D 751C et sur le pont. Parcours agréable ensuite jusqu'au pont de Mauves. Voie verte au pied de la levée de la Divatte jusqu'au pont de Bellevue. **Variante en rive nord :** fléchage « Mauves-sur-Loire » rue de la Gare à Oudon sur petites routes et chemins entre Loire et voie ferrée. Des passages étroits (attention aux remorques), mais l'ensemble est agréable et facile en famille, avec de belles vues sur la Loire (tracé non officiel de La Loire à Vélo).

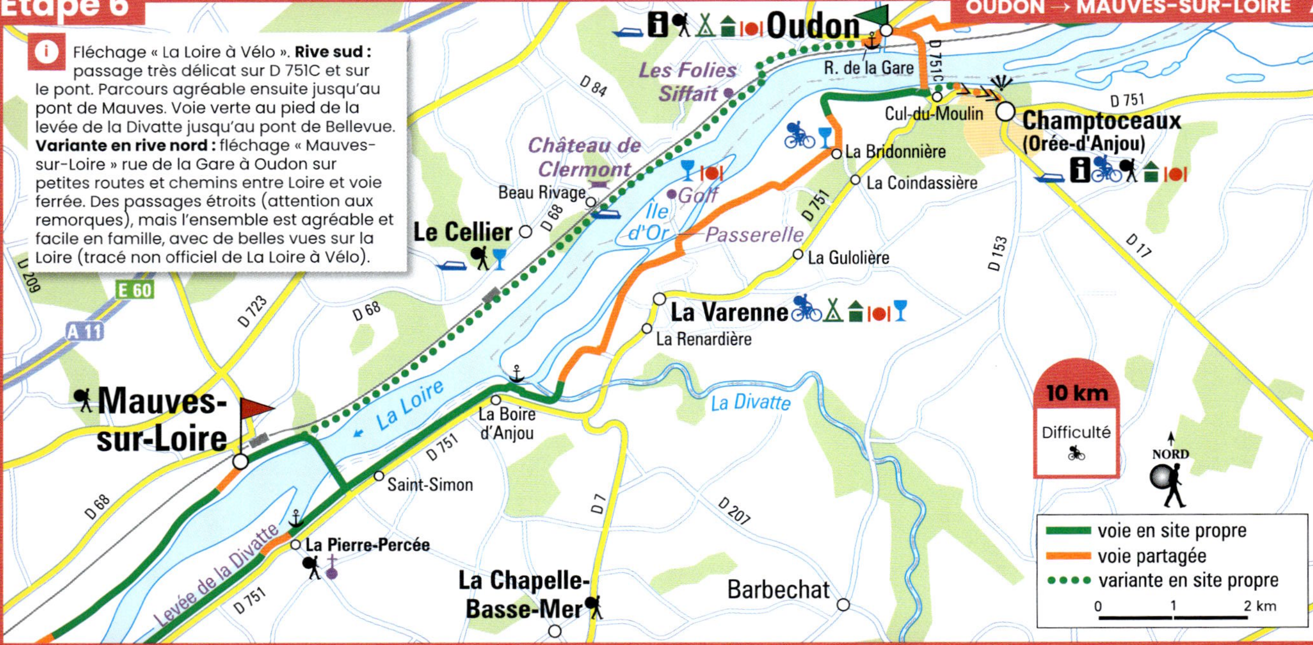

Aux coteaux d'Ancenis ensoleillés de la rive nord, dont les vignes descendent en pente douce jusqu'au fleuve, répondent les larges étendues maraichères de la rive sud qui s'étalent jusqu'au pied du vignoble du muscadet Nantais. Avec un lacis d'îles et de boires sauvages, traversées de passerelles et de ponts.

⇛ LE CELLIER

***Les Folies Siffait** : en travaux jusqu'en 2028.* Étranges ruines que l'on aperçoit depuis le chemin de halage en bord de Loire. Les pavillons, les kiosques, les tourelles gothiques, les murs crénelés construits par un employé des douanes, Maximilien Siffait, au XIXe s ont inspiré Stendhal et Turner.

***Le château de Clermont** : en haut du coteau, accès le par port de Beau-Rivage (très forte pente).* Bel édifice Renaissance, en appareillage de briques orangées et blanches en surplomb de la Loire que Louis de Funès acheta avec les droits de la Grande Vadrouille *(privé, ne se visite pas)*. C'est en rive sud, au niveau de l'île d'Or, que l'on distingue le mieux cette imposante bâtisse. Au cimetière, tombe de ce grand monsieur du cinéma.

***Détours en Loire** : Beau-Rivage, sur l'itinéraire. 06-70-30-84-89. • detoursenloire.fr • À partir de 20 €.* C'est à bord d'une toue cabanée tout en bois que le bien nommé Giovanni Marino, pêcheur expérimenté, embarque ses hôtes (12 max) pour des balades à la carte.

AOC de la rive nord de la Loire

Muscadet sur lie, gamay coteaux-d'ancenis, mais aussi malvoisie et « Belle Folie », particulièrement gouleyants, sont produits ici.

***Domaine des Génaudières** : Les Génaudières. ☎ 02-40-25-40-27. • domaine-genaudieres.fr •* Domaine familial viticole datant de 1635 (l'un des plus anciens des bords de Loire), dont les vignes descendent en terrasses jusqu'au fleuve. Les spécialités : muscadet, gamay-coteaux-d'ancenis et un rare malvoisie.

⇛ LA VARENNE

***Hors la Loire** : La Bridonnière, à 2 km à l'ouest du pont d'Oudon. 06-73-61-10-25. Participation libre.* Dans un joli hameau, atelier de réparation autogéré en libre accès, et guinguette en saison, animés par des néo-ruraux engagés.

⇛ LA-CHAPELLE-BASSE-MER

À la Pierre percée, un chouette petit port, des restaurants à l'année et food-truck en saison.

***Les Rives de Loire** : sur l'itinéraire.* Autour d'un plan d'eau, une aire de jeux, de pique-nique et de pêche, sentiers pédestres. Baignade interdite.

***La chapelle Saint-Simon** : juste avt le pont de Mauve.* Édifiée au XVIe s, restaurée au XVIIIe s, elle doit son nom au saint patron des mariniers.

⇛ MAUVES-SUR-LOIRE

***Mauves Balnéaire** : • levoyageanantes.fr •* En été, l'ancienne grève retrouve des airs de station balnéaire du siècle dernier. Un collectif d'architectes l'habille de cabines de bain colorées, jeux de sable et autres installations destinées à la pêche ou au simple repos sous un parasol. Bien agréable.

***La grotte des Faux-Monnayeurs** : au-dessus de la voie ferrée et du chemin de halage.* Au XVIe s, les frères Malestroit, propriétaires du château d'Oudon, y fabriquaient de fausses pièces d'or, avant d'être arrêtés et décapités en 1526 à Nantes.

Fléchage « La Loire à Vélo ». **Rive nord :** parcours agréable et sécurisé avec de belles vues sur la Loire. Piste cyclable vers le superbe pont à haubans Éric Tabarly et continue jusqu'au centre-ville (voir le plan de Nantes, p.214). **Pour le centre historique :** suivre dir. Gare sud et rejoindre la tour LU. Juste à côté, prendre av. Carnot et le pont de la Rotonde vers le château. **Rive sud :** jolie piste cyclable au pied de la levée de la Divatte, de La Varenne au pont de Bellevue. Ensuite routes tranquilles le long du périphérique, puis pistes cyclables de Saint-Sébastien à Rezé dir. Nantes sud.

16 km
Difficulté

Pour traverser la Loire :
Pont de Mauves : aménagé avec des voies pour les cyclistes.
Pont de Thouaré : non aménagé mais se passe bien en dehors des heures de pointe.
Pont de Bellevue : piste sécurisée, le long du périphérique.

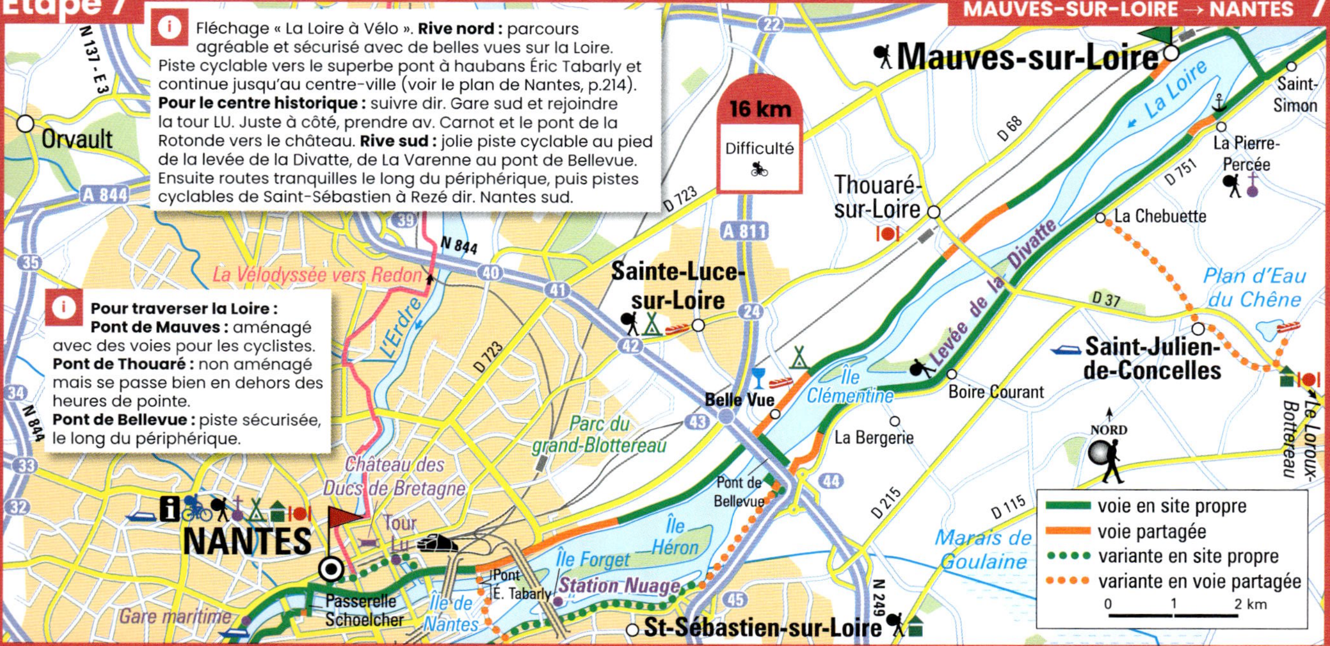

Rive nord ou rive sud ? Les deux mon capitaine ! La Loire à Vélo est ici aménagée et fléchée des deux côtés. Au nord, une succession de parcs bucoliques et de pistes, le plus souvent abritées du vent, qui offrent un accès direct au centre de Nantes. Au sud, agréable levée de la Divatte jusqu'au pont de Bellevue puis voies urbaines.

⇛ SAINTE-LUCE-SUR-LOIRE

La Pêcherie de Bellevue : *67, promenade de Bellevue, sur l'itinéraire. Boutique tlj 10h-12h, 14h-19h. Ces pêcheurs de Loire proposent poisson frais, conserves et rillettes en bocaux (alose, anguille, lamproie, brochet).*

La Sablière : *sur l'itinéraire, à Bellevue.* Agréable aire de détente en bord de Loire. Boissons en journée et resto circuit court.

L'île Clémentine : un lieu bucolique, où quelques maisons anciennes ponctuent les chemins bordés d'arbres pour cyclistes et piétons. Parfait pour un pique-nique aux aires aménagées.

⇛ RIVE SUD : SAINT-JULIEN-DE-CONCELLES

Base de loisirs Cap Sport et nature : *plan d'eau du Chêne, 1, rte du lac. À côté du bourg, à env 4 km de la Loire à La Chebuette par la D 274. ☎ 02-40-36-85-79. • capsn.org •* Paddle, balades en VTT, location de canoë-kayak, course d'orientation, initiation à la voile…

⇛ RIVE SUD : LA LEVÉE DE LA DIVATTE

Nom d'une rivière qui se jette dans la Loire juste en aval de La Varenne, au charmant petit port de la boire d'Anjou. C'est aussi celui de la levée qui borde un bout de la Loire, entre Nantes et La Varenne. Après qu'une ordonnance royale de 1846 déclara la levée de la Divatte d'utilité publique, 9 ans de travaux furent nécessaires pour voir naître cet ouvrage long de 16 km et haut de 3 m. À la fin du XIXe s, la chaussée qui fut construite dessus devint route nationale.

Mais, en 1910, ce fut la catastrophe : la Loire, trop puissante, fit craquer cette « digue » sur des centaines de mètres. Malgré d'importantes inondations, les Nantais ne lui en tinrent pas trop rigueur, et revinrent aux beaux jours à la Divatte et à ses guinguettes. À l'image des bords de Marne à la même époque, on y venait le dimanche pour pêcher, jouer aux boules et aux palets, et, à coup sûr, s'envoyer un p'tit muscadet. On y inventa d'ailleurs le beurre blanc ! L'endroit conserve sa notoriété, grâce aux bonnes tables qui le jalonnent encore aujourd'hui.

⇛ RIVE SUD : SAINT-SÉBASTIEN

Station Nuage : *sur l'île Forget. • station-nuage.fr •* Une originale guinguette-œuvre d'art, idéale pour un moment dépaysant et convivial, dans une ambiance typiquement nantaise.

ANCENIS-SAINT-GÉRÉON (44150)

Camping de l'Île Mouchet : *impasse de l'Île-Mouchet, La Charbonnière. ☎ 02-40-83-08-43. 06-62-54-24-73. • camping-estivance.com • Forfaits pour 2 env 16-18 €.* Bel accueil pour ce camping très bien géré à 2 pas du centre-ville et joliment situé au bord de la Loire. Petite plage à proximité, pêche, piscine avec toboggan 3 descentes. Campétoiles. Snack et animations en été.

Appart'hôtel Loire-Escale : *ruelle des Trois-Marchands. 06-89-81-81-49. • loire-escale.com • Au centre, dans une venelle face au château. Doubles env 76-85 € ou formule gîte jusqu'à 7 pers.* Cette adresse cache bien son jeu. En plein centre, l'ancienne grange a été métamorphosée en hébergement design, au luxe discret. Côté rue, un duplex dispose d'un espace de vie lumineux et cosy (belle cuisine) et d'un couchage en mezzanine. Sur l'arrière, une chambre à la déco soignée donne sur le jardinet (avec accès à une kitchenette).

Chambres d'hôtes Castel Magnolia : *100, impasse Barême. 06-87-23-75-89. • castelmagnolia44@gmail.com • Au centre. Double 80 €.* Quelle surprise que de découvrir, perdu au bout d'une impasse, un élégant hôtel particulier du XIXe s entouré d'un adorable petit jardin ! L'intérieur ne déçoit pas non plus : les chambres, de belle taille, sont cosy à souhait et pleines de personnalité, dans un esprit très déco. Petit déj servi, quand le temps le permet, dans l'orangerie.

Hôtel de la Loire : *Le Jarrier d'Ancenis (RD 723). ☎ 02-40-96-00-03. • hotel-loire.net • Doubles 80-85 €.*

La Cerise sur le Gâteau : *48, rue d'Anjou. ☎ 02-40-09-59-59. En plein centre. Mar-sam 10h-18h30 (16h30 mar, 17h30 sam). Fermé dim-lun. Formules env 12-16 €.* Restaurant bio, salon de thé, salle d'expo... On se sent comme à la maison dans ce petit resto de tous les gourmands et tous les moments de la journée. Cuisine de qualité, maison et sans chichis, dans un cadre rétro où règne un esprit « zéro déchet ».

La Maison des Vins : *28-34, pl. du Millénaire, sur les quais. ☎ 02-40-96-14-92. Boutique, cave et bar à vins ouv 9h-21h (22h ven-sam). Resto ouv le midi en sem.* Un bar à vins au cadre cosy où l'on s'installe douillettement parmi les pierres apparentes d'une bâtisse du XVe s ou sur son agréable terrasse des bords de Loire. Plus de 500 références de vins, bières, rhums, whiskies, des coteaux d'Ancenis et d'ailleurs, à consommer sur place où à emporter... Fait aussi restaurant où Jessica concocte des produits frais de saison ; tapas, plats chauds... à manger sur place ou à emporter tout au long de l'année.

Monsieur Marcel : *pl. du Millénaire, sur les quais. ☎ 02-40-96-35-60. Fermé mar-mer. Formule déj en sem env 20 €, le soir compter env 35 €.* Monsieur Marcel fait bien les choses : ses plats de bistrot sont bien réalisés et goûteux, et il y a même des salades gourmandes et des grillades cuites dans la cheminée pour les amateurs. Le tout servi en terrasse, ou dans une salle moderne prolongée par une véranda.

La Table du Pêcheur : *11, bd Léon-Séché. ☎ 02-40-83-11-36. Sur le quai face à la Loire, à 500 m du pont, à l'angle de la rue qui descend de l'église. Fermé dim soir en nov-mars. Formules 24-30 € ; plats 17-23 €.* L'intérieur d'un bateau a inspiré la déco, et l'équipe de matelots au service virevolte avec efficacité et amabilité. En terrasse, ce n'est pas le vent du large qui chatouille les oreilles, mais plutôt la circulation, dommage. En tout cas, le rapport qualité-prix fait plaisir. Quelques bonnes spécialités locales (poisson de Loire, volaille d'Ancenis...), au coude à coude avec des plats terre et mer classiques, de grosses salades et des plateaux de fruits de mer.

ANGERS (49000)

Camping d'Angers – Lac de Maine (Citykamp-Huttopia) : *av. du Lac-de-Maine. ☎ 02-41-81-97-37. • campingangers.com • Ouv avr-début nov. Forfaits env 21-32 € pour 2, avec électricité. 140 empl.* Parmi les campings les mieux équipés de la région (piscine, laverie, salle de jeux...), au bord d'un lac tranquille. Plein d'activités dans le parc de loisirs (kayak, entre autres). Bar-snack en saison. Accès au GR 3 et au centre-ville à pied, en site propre.

Éthic Étapes Lac de Maine : *49, av. du Lac-de-Maine. ☎ 02-41-22-32-10. • ethic-etapes-angers.fr • Nuitée env 28 €/pers en dortoir ; double avec lavabo et douche env 62 €. Compter env 15 € pour un repas de cafétéria (fermée le soir et le w-e). Réseau Group'AVélo. • groupavelo.fr •* Au bord d'un parc et d'un lac. Une auberge de jeunesse et familiale, bien équipée et spacieuse. Doubles fonctionnelles et tout équipées pour la plupart, ainsi que des dortoirs (3-5 lits, avec douche et lavabo). Nombreuses activités sportives possibles : piscine, terrain de volley...

Hôtel de l'Europe : *3, rue Châteaugontier. ☎ 02-41-88-67-45. • hoteldeleurope-angers.com • À l'angle de la rue Bressigny. Doubles 90-140 €.* Situé dans une rue commerçante, animée et jeune, ce petit hôtel est tenu avec un grand soin : il a reçu notamment l'Écolabel européen. Chambres calmes et claires ouvrant sur la cour intérieure ou donnant sur la rue (double vitrage). Toit-terrasse.

Grand Hôtel de la Gare : *5, pl. de la Gare. ☎ 02-41-88-40-69. • grandhoteldelagare-angers.com • Doubles standard 68-140 €.* En face de la gare, un hôtel moderne qui a bénéficié de travaux complets récemment. Ascenseur à partir du 1er étage. Chambres confortables, cosy et insonorisées. Très bon accueil et brasserie sympa comme tout au rez-de-chaussée, la ***Brasserie de la Gare*** : *(☎ 02-41-88-48-57 ; tlj ; formules midi en sem 18-21 € et carte).* La belle affaire dans une ambiance Belle Époque, avec un service animé à la parisienne. À la carte, un peu de tout, des plats du terroir dont la Gouline, spécialité angevine, mais aussi des poissons et des fruits de mer (moules bio), l'autre spécialité de la maison. Terrasse aux beaux jours donnant sur le rond-point de la gare.

Hôtel Le Continental : *14, rue Louis-de-Romain. ☎ 02-41-86-94-94. • hotellecontinental.com • Doubles env 60-145 €.* L'enseigne en mosaïque Art déco et la jolie façade donnent le ton à l'ensemble. Au calme, tout en étant dans le centre, cet hôtel a reçu l'Écolabel européen. Chambres confortables et toutes différentes, déco gaie et chaleureuse. Petit déj avec produits locaux, bio ou équitables.

Hôtel de Champagne : *34, av. Denis-Papin. ☎ 02-41-25-78-78. • hoteldechampagne.com • Face à la gare. Doubles 72-114 €.* Petit hôtel moderne, bien situé face à la gare. Il abrite des chambres impeccables et de bon confort avec une couleur pour chacune. Petit déj bio, l'hôtel a d'ailleurs reçu l'Écolabel européen.

CARNET D'ADRESSES

Best Western Plus Hôtel d'Anjou : *1, bd du Maréchal-Foch. ☎ 02-41-21-12-11. • hoteldanjou.fr • Doubles à partir de 110 €.* En 1857, on ouvrait une auberge... devenue aujourd'hui un hôtel historique et haut de gamme qui a vu passer nombre d'artistes. Les parties communes sont superbes, dans un style Art déco avec décor de mosaïques signé Odorico tandis que l'emblème royal de François Ier, une belle salamandre, figure sur le vitrail de la réception.

Hôtel de France : *8, pl. de la Gare. ☎ 02-41-88-49-42. • hoteldefrance-angers.com • Doubles env 165-380 €, petit déj bio env 20 €.* Face à la gare, on repère la façade haussmannienne de cet établissement resté dans la même famille depuis ses débuts au XIXe s. Grande époque et confort au goût du jour caractérisent cet hôtel ayant reçu l'Écolabel européen.

Hôtel Le Progrès : *26, av. Denis-Papin. ☎ 02-41-88-10-14. • hotelleprogres.com • Doubles 70-100 €.*

Hôtel Iéna : *27, rue Marceau. ☎ 02-41-87-52-40. • hotel-iena-angers.com • Doubles 61-69 €.*

Hôtel le Royalty : *21, bd Ayrault. ☎ 02-41-43-78-76. • hotel-leroyalty.com • Doubles 69-72 €.*

Mercure Angers Centre de Congrès : *1, pl. Mendès-France. ☎ 02-41-60-34-81. • all.accor.com •*

Chambres d'hôtes les chambres de Mathilde : *27, rue Hanneloup. ☎ 06-11-71-18-50. • chambres-de-mathilde.com • Doubles 83-90 €.*

Chambres d'hôtes Madeleine et cie : *135, rue de la Madeleine. ☎ 06-64-39-41-18. • angerschambresdhotes.com • Doubles 85-90 €.*

L'Angevine Maison d'hôtes : *21, bd de Strasbourg. ☎ 02-41-87-15-81. • langevinemaisonhotes.fr • Doubles 80-90 €.*

Le Cercle Rouge : *4, rue des Deux-Haies. ☎ 02-41-87-49-66. Mar-sam 18h-2h. Fermé dim-lun.* Le cadre chaleureux de ce bar à vins est une vraie invitation à la dégustation. *Le Cercle Rouge* (titre d'un film de Jean-Pierre Melville) est devenu le point de ralliement des « vignerons éthiques » de la région, qui s'engagent dans une démarche « nature ». Pour accompagner le tout, des assiettes mixtes fort appétissantes. Entrez dans le cercle, vous découvrirez plus qu'un bar et plus que du vin !

Les Casse-croûte de Suzy : *3, rue de Lespine. ☎ 02-41-19-68-82. Lun-ven, le midi seulement. Formule env 15 €.* L'idéal pour grignoter vite, bio et pas cher. Sandwichs, quiches, salades et desserts, le tout fait maison et frais, à déguster dans 2 salles mignonnes où chacun trouve un recoin, de part et d'autre d'une ruelle tranquille.

Restaurant VF : *21, bd du Maréchal-Foch. ☎ 02-41-42-91-29. Tlj 11h30-22h30 (23h ven-dim). Formules env 13-17 €.* Une sorte de fast-food version française (d'où le nom) qui se traduit par des wraps, burgers, salades, poêlées de légumes... frais et savoureux. Cadre agréable avec véranda et jardin.

Le Bistrot des Ducs : *6, rue des Deux-Haies. ☎ 02-41-86-88-68. Fermé dim-lun. Formules déj en sem 14-17 € ; menu 29 €.* Salles chics dans les tons crème – un brin sombres toutefois –, terrasse, étage. La carte traditionnelle revisitée connaît un vrai succès.

Chez Rémi : *5, rue des Deux-Haies. ☎ 02-41-24-95-44. Fermé sam, dim et lun. Résa indispensable. Formules déj env 21-27 € ; le soir, env 30-36 €.* Ambiance cosy avec des salles sur différents niveaux et déco de récup. Rémi a fait ses gammes chez Paul Bocuse ; ce sympathique chef élabore avec doigté une belle cuisine de marché, à base de produits issus du potager bio qu'il entretient amoureusement. Judicieux choix de vins régionaux.

La Ferme : *2, pl. Freppel. ☎ 02-41-87-09-90. Fermé dim-lun. Formules déj en sem 18-22 € ; menus 29-35 €.* Au pied de la cathédrale. Cuisine de terroir servie dans une salle champêtre au goût du jour. Aux beaux jours, visez la terrasse, un œil sur les gargouilles, l'autre sur l'ardoise. Parmi les spécialités, filet de sandre, volailles et crémet d'Anjou.

Le Lucullus : *5, rue Hoche. ☎ 02-41-87-00-44. 06-83-56-13-29. Fermé dim-lun. Formule déj en sem env 17 € ; menus 26-60 €.* 2 ambiances mais le chef est le même. Le restaurant occupe des caves voûtées en tuffeau du XVe s, et le bistrot – réservé aux déjeuners – les salles au rez-de-chaussée. Service impeccable pour une cuisine régionale et de saison soignée.

BASSE-GOULAINE (44115)

Villa Mon Rêve : *2, levée de la Divatte. ☎ 02-40-03-55-50. Sur la D 75. Fermé dim soir et lun-mar. Menus 36-80 €.* C'est d'abord une élégante maison de maître, dotée d'une ravissante terrasse fleurie en été et d'une salle joyeusement rénovée au goût de l'époque. Et c'est surtout une bonne table, où le chef élabore une belle cuisine de région et de tradition qui laisse de la place pour l'innovation. Très large (et judicieux) choix de muscadets.

BOUZILLÉ (ORÉE-D'ANJOU) (49270)

Camping Les Babins : *Les Babins. 06-47-24-33-58. • camping-babins.fr • Ouv mai-sept. Compter 15 € pour 2. 37 empl.* Un environnement agréable en bord de Loire pour ce camping à l'ambiance bohème-guinguette déconnectante. Emplacements spacieux, caravanes à louer, et surtout des cabanes en bois et toile (écolodges), sympa comme tout, avec leurs pilotis. Bar d'été et restauration rapide. Animations gratuites (ouvertes à tous) le vendredi en juillet-août.

Chambre d'hôtes La Guichetière : *la Guichetière. ☎ 02-40-09-61-68. • gite-loire-guichetiere.fr • Compter 23-32 €/pers en gîte d'étape, 70 € pour 2 en chambre d'hôtes.*

CHALONNES-SUR-LOIRE (49290)

Maison d'hôtes Au Bout du Quai : *sur le quai. 06-87-24-73-52 ou 06-78-56-84-21. • contact@aubout-duquai.fr • Doubles 80-90 €.* Dans cette élégante demeure réhabilitée, la Loire vous tend les bras au petit déj, depuis la salle à manger ou la terrasse. 4 chambres joliment décorées, tout confort et chaleureuses.

Chambres d'hôtes Beausoleil : *64, quai Saint-Maurille. ☎ 02-41-77-95-67. • chambres-beausoleil-chalonnes.com • Double 70 €.*

CARNET D'ADRESSES

Chambres d'hôtes Les Orkys de Loire : *31, rue Félix-Faure. 06-78-66-30-62. • chambres-hotes.fr • Compter 70-110 € (pour 4 pers).*

Chambres d'hôtes Le Logis des mariniers : *35, quai Victor-Hugo. ☎ 06-09-37-48-36. • lelogisdesmariniers.fr • Doubles 90-100 €.*

Café Bondu : *chemin de L'Asnerie. Sur l'itinéraire. 06-21-94-54-41. À l'entrée du pont, côté nord. Fermé lun et mar hors saison. Plat env 20 €.* Casse-croûte, burgers, frites maison, bar... Chacun trouve son compte ici dans une joyeuse ambiance, à l'intérieur ou en terrasse abritée de la route. On navigue entre la guinguette et le bistrot, impec en tout cas pour déjeuner rapide et sain le midi.

CHAMPTOCEAUX (ORÉE-D'ANJOU) (49270)

Hôtel Le Champalud : *1, pl. du Chanoine-Bricard. ☎ 02-40-83-50-09. • lechampalud.com • Doubles env 80-125 €. Formules et menus 18 € (brasserie), puis 28-69 € (resto).* Sur la place de l'église, un hôtel-resto classique dans une maison en pierre, au centre du village. Chambres tout confort et bien aménagées (grands lits), dans le bâtiment principal ou dans l'annexe. Fait aussi brasserie (La Cohue), avec une formule économique intéressante, et restaurant semi-gastronomique (La Citadelle).

DRAIN (ORÉE-D'ANJOU) (49270)

Camping municipal Orée des Boires : *rue des Pêcheurs, Beauregret. ☎ 02-40-98-20-30. • oreedanjou.fr • Mai-sept. Tente env 15 €. 45 empl.* Petit camping 2 étoiles bien ombragé, tranquille, situé sur un terrain agréable déroulé le long d'un bras oublié de la Loire. Belle herbe grasse et emplacements bien délimités. Un chalet en location.

Chambres d'hôtes Bed Loire : *20, Les Brevets. 06-62-30-34-27. • chambres-hotes.fr • Double 70 €.*

INGRANDES-LE-FRESNE-SUR-LOIRE (49123)

Hôtel-restaurant le Lion d'or : *26, rue du Pont. ☎ 02-41-87-67-21. • leliondor49.fr • Double 63 €.*

Chambres d'hôtes l'Amour de la Loire : *5, rue de l'Église. ☎ 02-41-39-81-34. • lamourdelaloire.com • Double 85 €.*

LA POMMERAYE (MAUGES-SUR-LOIRE) (49620)

Camping à la ferme La Guyonnière : *allée de la Guyonnière. ☎ 02-41-77-89-56. • campinglaguyonniere.fr • Avr-sept. 42 empl. Compter 16-22 € pour 2.* Une ferme toujours en activité, généreuse de nature, où l'on ne manque pas d'espace ni d'arbres pour l'ombre, tandis que les animaux raviront les enfants. Ambiance extra-calme. Propose cabanes bivouac, chalets, mobile homes et roulotte en location. Petite piscine extérieure. Produits locaux en vente.

Hôtel-restaurant Les Jardins de l'Anjou : *9, chemin du Vaujou. ☎ 02-41-35-11-00. • jardinsdelanjou.fr • Doubles 105-125 €. Réseau Group'AVélo. • groupavelo.fr •*

LA POSSONNIÈRE (49170)

Camping du Port : *le port. 06-71-78-51-73. ☎ 02-41-72-20-75. Ouv mai-août. Forfait tente 2 pers : 13,50 €.*

Guinguette Les Tourbillons : *le port. ☎ 02-41-72-66-66. Juin-août, tlj sauf lun et mar midi. Avr, mai et sept, ven-dim. Repas 25-30 €.* Cette guinguette profite d'une terrasse géniale en bord de Loire. À la carte, des plats simples préparés avec des produits régionaux frais. Le tout arrosé de vins locaux, et dans le coin on sait de quoi on parle ! On peut d'ailleurs se contenter d'y boire un verre.

LA VARENNE (ORÉE-D'ANJOU) (49270)

Camping Les Grenettes : *les Grenettes. 06-72-02-95-27. • oreedanjou.fr • Ouv fin juin-fin sept. Forfait tente : 9 €.*

En Bord de Loire : *6, L'Aireau. 06-06-43-44-77. • yourtes-chambres-bords-loire.fr • Avr-sept. Hébergement en yourtes : double 70 €/pers, petit dej compris.* Une adresse insolite. D'un côté, un gîte dans une ancienne maison en pierre, entourée d'un jardin clos. De l'autre, 2 yourtes nature (allez, on ose la blague !). Sauna et ambiance déconnexion pour tout le monde.

L'île d'Or : *☎ 02-40-98-13-40 Tlj 9h-19h, service du midi jusqu'à 15h. Compter 19-22,50 €.* À la cale de la Luce, une passerelle mène au golf de l'île d'Or. Son clubhouse intègre un agréable restaurant-bar avec terrasse, ouvert à tous.

LE LOROUX-BOTTERAU (44430)

Maison d'hôtes Il était une fois chez moi : *10, rte de Nantes. 06-51-02-09-91. • iletaitunefoischezmoi.fr • Double 85 €.*

LE MESNIL-EN-VALLÉE (MAUGES-SUR-LOIRE) (49620)

Hôtel-restaurant Au poisson d'argent : *Le port. ☎ 02-41-78-96-12. • aupoissondargent.com • Doubles à partir de 82 €.*

LIRÉ (ORÉE D'ANJOU) (49530)

Château de la Turmelière : *☎ 02-40-09-15-16. • turmeliere.org • Réseau Group'À Vélo. • groupavelo.fr • Compter 35 €/pers.*

MONTJEAN-SUR-LOIRE (MAUGES-SUR-LOIRE) (49570)

Camping de la Promenade : *La Promenade. ☎ 02-41-39-02-68. • campinglapromenade.com • Près de la Loire. Avr-fin sept. Compter 18-27 € pour 2. 150 empl.* Abrité sous les peupliers et autres grands arbres. Pour les cyclistes, coin équipé avec kitchenette et cabanes pour abriter les vélos. Sinon, location de tentes, roulottes et mobile homes. Piscines, snack-bar. En prime, jolie vue sur l'église.

Chambres d'hôtes, yourtes et guinguette Au Bout de l'Île : *La Queue-de-l'Île. 06-75-12-80-63. • auboutdelile.fr • Double 88 € en chambre d'hôtes ou en yourte.* Ferme restaurée abritant de belles chambres donnant sur le jardin et ses animaux. Possibilité de

CARNET D'ADRESSES

dormir dans 3 yourtes chaleureuses avec cuisine à disposition dans une étable aménagée. Excellent accueil dans ce petit bout du monde qui compte également une guinguette. *Plats 15-25 €.*

Auberge de la Loire : *2, quai des Mariniers, au niveau du pont. ☎ 02-41-39-80-20. • aubergedelaloire.com • Doubles 98-120 €. Menu midi en sem 23 €, sinon 45 € et carte.* Charmante auberge de village sur les bords de Loire proposant une cuisine raffinée de produits locaux et frais. Les plats ont belle allure mais l'addition monte vite, et pour les plats express du midi en semaine, on n'a le droit qu'au jardin à l'arrière. En revanche, panorama sur la Loire pour certaines chambres.

OUDON (44521)

Camping de la Tour : *La Gare. ☎ 02-40-83-80-22. • oudon.fr • Forfait cycliste : 7,80 €.*

Chambres d'hôtes La Ramonière : *81, La Ramonière. ☎ 02-40-83-64-58. 07-68-09-50-94. Doubles à partir de 56 €.*

Chambres d'hôtes Au pied de la Tour : *29, rue du Château. ☎ 02-40-83-60-78. Double 60 €.*

Le Café du Hâvre : *230, rue Alphonse-Fouschard. ☎ 02-40-09-57-25. Fermé lun et mar midi (ouv tlj juil-août). Planches et tartines autour de 12 €.* Installé au pied du château et en surplomb du Hâvre, ce petit café jeune et relax ne pouvait rêver meilleur emplacement ! L'été, on investit les terrasses pour picorer parmi les planches de charcut' et de fromage en regardant couler la rivière. Dès que le temps se rafraîchit, direction la salle avec sa cheminée en bonne place, ses banquettes et son carrelage vintage. Bonne ambiance.

Le Hâvre de Paix : *74, rue de la Gare. 06-67-94-96-34. Fermé mar et mer soir. Menu midi 27 €.* Un resto bistronomique sans chichi avec une grande véranda-terrasse face au petit port. Bien aussi pour un verre en journée.

Villa Saint-Germain : *170, rue Alphonse-Fouschard. ☎ 02-51-14-10-04. Au pied du petit pont, au centre-ville. Fermé dim et lun. Formules 16-24 € le midi mer-ven ; menu 38 € le soir.* On vient de Nantes pour découvrir la surprenante cuisine de Marie Le Calvez ! En perpétuelle invention, influencée par ses (grands) maîtres autant que par ses voyages en Asie, elle cuisine d'instinct et étonne à chaque plat. Un coup de cœur.

ROCHEFORT-SUR-LOIRE (49190)

Camping Seasonova Les plages de Loire : *rte de Savennières. ☎ 02-41-68-55-91. • camping-lesplagesdeloire.com • Également : loc de canoë-kayak et vélos. Forfait randonneur : 11-16 € pour 1 pers.*

Moulin géant, chambres d'hôtes : *Moulin géant. ☎ 02-41-78-84-93. • moulin-geant.com • Double 105 €.*

SAINT-FLORENT-LE-VIEIL (MAUGES-SUR-LOIRE) (49410)

Hostellerie de la Gabelle : *10, quai de la Loire. ☎ 02-41-72-50-19. • lagabelle.com • Doubles 85-90 €.*

Chambres d'hôtes Les 3 vallées : *35, chemin Saint-Nicolas. 06-70-16-09-29. • chambres-d-hotes-saint-florent-le-vieil.fr • Doubles 68-80 €.*

SAINT-JULIEN-DE-CONCELLES (44450)

Camping du Chêne Seasonova : *1, rte du Lac. ☎ 02-40-54-12-00. • vacances-seasonova.com • Ouv d'avr à mi-oct (tte l'année pour les loc). Forfait pour 2 env 15-20 €. 101 empl.* Au bord de l'étang du Chêne, dans un joli espace arboré bien plat et calme. Piscine, jeux pour enfants, tennis, location d'embarcations à pédales et de barques. Point d'information touristique et petit kiosque faisant snack au bord de l'étang. Dépôt de pain et viennoiseries en saison.

SAINT-SÉBASTIEN-SUR-LOIRE (44230)

Centre régional technique de la ligue de football des Pays de Loire : *170, bd des Pas-Enchantés. ☎ 02-40-80-75-50. Compter env 35 € par pers et par nuit, 50 € la demi-pension, 61 € la pension complète. Fait partie de Group'AVelo (hébergements collectifs). • groupavelo.fr •*

Chambres d'hôtes Au détour des pas enchantés : *41, rue du Génétay. ☎ 02-40-34-82-79. • gites-enchantes.fr • Doubles 85-95 €.*

SAINTE-LUCE-SUR-LOIRE (44980)

Camping Belle Rivière : *rte des Perrières. ☎ 02-40-25-85-81. • camping-belleriviere.com • Forfaits pour 2 env 19-25 €. 100 empl.* Emplacements calmes, suffisamment espacés et bien ombragés, mobile homes à l'écart. Son cadre et son confort justifient le détour. Bord de la Loire directement accessible.

SAVENNIÈRES (49170)

Le Chenin : *1, pl. Simone Veil. ☎ 02-44-01-84-51. Juin-sept, tlj ; oct-mai, ts les midis, plus le soir mar et ven-sam. Menu du jour midi en sem 25 € ; carte 38-60 €.* En face de la mairie et de l'église de ce village vigneron, cette maison de bourg abrite un adorable bistrot de village qui fait aussi caviste et traiteur. Cuisine locale simple et fraîche selon arrivage et l'inspiration du chef. Agréable terrasse pour admirer l'église.

THOUARÉ-SUR-LOIRE (44470)

L'Envol : *85, rue des Mauves. ☎ 02-40-68-07-21. Fermé dim-lun et le soir mar-mer et jeu. Formules déj en sem 24-28 € ; menus 32-48 €.* Derrière cette façade moderne pimpante se cache un super petit resto. On sert ici, à prix serrés, une cuisine traditionnelle fraîche et inventive, qui évolue au gré de la marée, du marché et de l'inspiration du chef. Service en salle (déco contemporaine et agréable) ou, mieux, en terrasse dans un petit jardin, à l'arrière, dès les beaux jours.

VARADES (44370)

Camping Écoloire : *sur l'île Batailleuse, en face du palais Briau. ☎ 02-40-96-70-20. De mi-avr à fin sept. Forfait pour 2 env 15 € ; tente saharienne et bivouac également. 100 empl.* Simple et agréable avec des emplacements ombragés. Bloc sanitaire convenable. Accès à la piscine municipale.

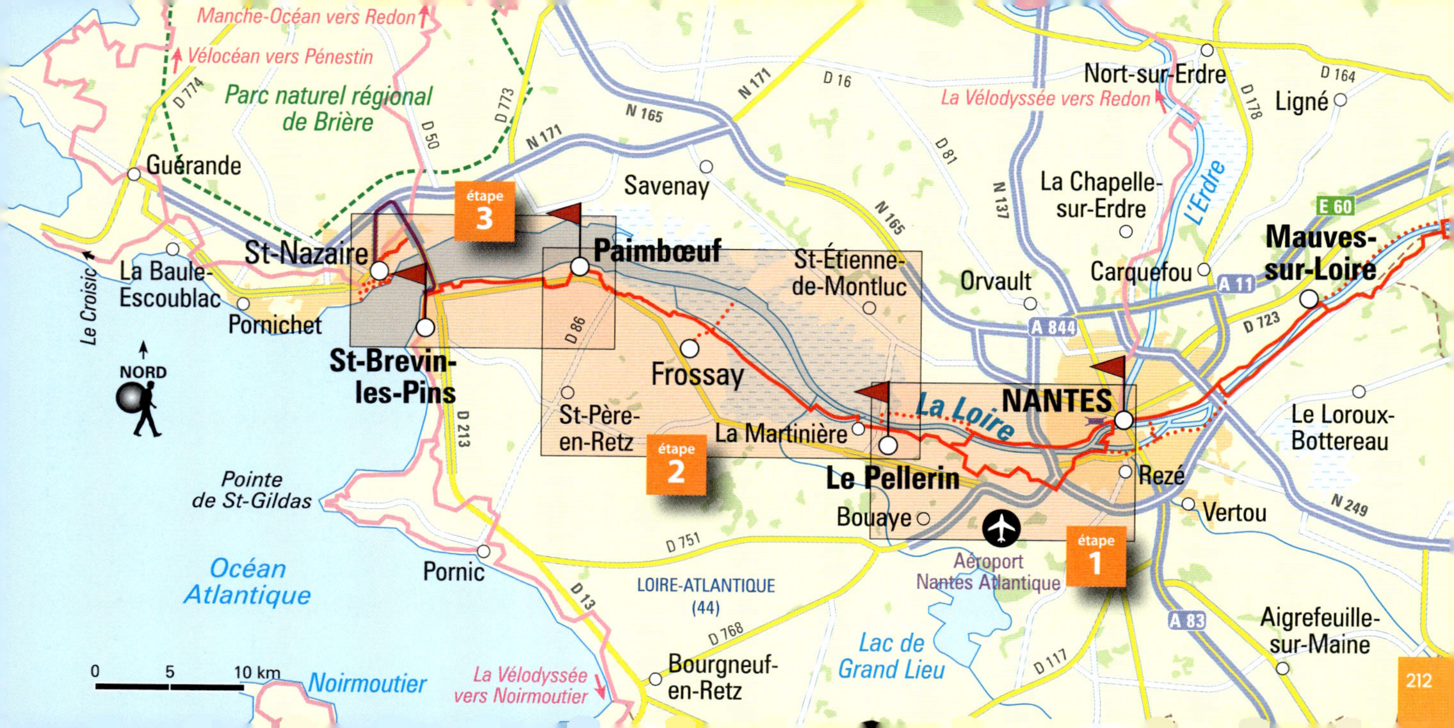
Manche-Océan vers Redon
Vélocéan vers Pénestin
Parc naturel régional de Brière
D 774
D 773
D 50
N 171
N 165
D 16
D 81
N 137
Nort-sur-Erdre
D 164
D 178
Ligné
La Vélodyssée vers Redon
Guérande
Savenay
La Chapelle-sur-Erdre
L'Erdre
E 60
Mauves-sur-Loire
étape 3
St-Nazaire
Paimbœuf
St-Étienne-de-Montluc
Orvault
Carquefou
A 11
La Baule-Escoublac
Le Croisic
Pornichet
St-Brevin-les-Pins
D 86
A 844
D 723
Frossay
NORD
NANTES
La Loire
Le Loroux-Bottereau
St-Père-en-Retz
La Martinière
étape 2
D 213
Le Pellerin
Rezé
Vertou
N 249
Pointe de St-Gildas
Bouaye
D 751
étape 1
Aéroport Nantes Atlantique
Océan Atlantique
Pornic
LOIRE-ATLANTIQUE (44)
D 13
D 768
Lac de Grand Lieu
A 83
Aigrefeuille-sur-Maine
D 117
0
5
10 km
Noirmoutier
La Vélodyssée vers Noirmoutier
Bourgneuf-en-Retz

64 km

Itinéraire 8

DE NANTES À L'OCÉAN

De Nantes à l'océan, ***La Loire à Vélo*** fait route avec ***La Vélodyssée***. Passée l'effervescence de la métropole, ce sont d'anciens ports d'estuaire et le paisible canal de la Martinière. Sous une lumière exceptionnelle, un camaïeu de bleus purs et de gris variant à l'infini, qui baigne des espaces naturels et un florilège d'œuvres d'art ***Estuaire***. Enfin, ce sont les longues plages de sable fin de l'Atlantique, où sommeille le pacifique ***Serpent d'océan***, au pied de Saint-Brevin-les-Pins. Et pour un dernier choc culturel, direction Saint-Nazaire et son port au format XXL. Un parcours assez facile, qui alterne voies vertes et petites routes avec de rares côtes.

NANTES

Arrimée aux berges de la Loire, à quelques encablures de la côte Atlantique, Nantes a conservé de son histoire une culture du voyage solidement ancrée. N'est-elle pas la ville natale du prolifique Jules Verne ? Ses anciens chantiers navals, qui abritent les fabuleuses Machines de l'île, et les très scéniques Anneaux de Buren sont devenus les emblèmes du Voyage à Nantes. Son port fut longtemps le théâtre d'une intense activité fluvio-maritime, lorsque voiliers hauturiers et caboteurs y accostaient, autant que chalands de Loire. Puis, il devint le berceau d'ingénieuses industries, avec des fleurons comme les biscuiteries LU. Aujourd'hui véritable laboratoire culturel et urbanistique, la ville de Nantes est parvenue à mettre en valeur ses quais, devenus espaces verts au bord de l'eau, où les amoureux aiment à se bécoter et où l'on vient pique-niquer et jouer de la musique. Il règne ici une douceur de vivre sublimée par une profusion d'œuvres d'art et d'évènements culturels. Truffée de pépites, l'effervescente capitale des Pays de la Loire se découvre idéalement à vélo…

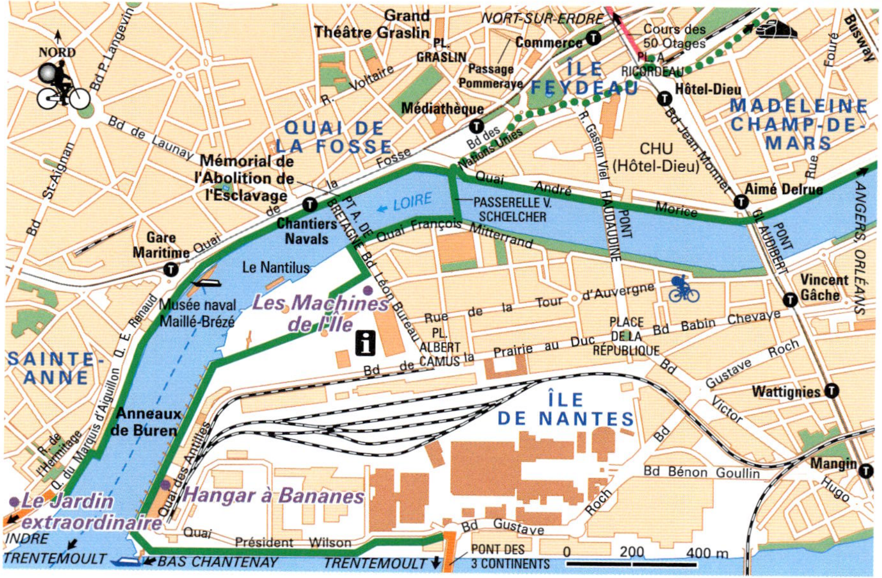

Accueil des visiteurs – Le Voyage à Nantes : *9, rue des États.* ☎ *0892-464-044 (0,35 €/mn + prix d'appel).* ● *levoyageanantes.fr* ● Visites guidées et thématiques.

– **Pass Nantes :** forfaits de 24h, 48h ou 72h (respectivement à 27, 37, 45 et 85 €). Accès illimité à la Galerie des Machines ou au Carrousel des mondes marins, à tous les musées, sites touristiques, promenades fluviales sur l'Erdre avec les *Bateaux Nantais*, visites guidées, au petit train de Nantes, à l'ensemble du réseau de transport (Citytour), à Escal'Atlantic à Saint-Nazaire (p. 225) sans compter des réductions.

Avec ● *geovelo.nantesmetropole.fr* ●, calculez vos itinéraire et temps de parcours. Pratique !

Bike'ntour Nantes : *19, rue Jean-Jaurès.* *06-52-62-94-64.* ● *bikentour.com* ● Location, visites guidées et animées.

L'atelier du Poupoupidou : *21, quai Ernest-Renaud.* *06-79-35-83-89.* ● *lepoupoupidou.fr* ● Réparation.

Cyclable : *25, quai de Versailles, au bord de l'Erdre.* ☎ *02-28-24-54-03.* ● *nantes.cyclable.com* ● Vente, réparation et dépannage.

Détours de Loire : *quai Malakoff.* ☎ *02-55-10-11-74.* ● *detoursdeloire.com* ● Location.

Ecox : *4, allée du Port-Maillard, près du château.* ☎ *02-28-29-69-45.* ● *ecox.fr* ● *Spécialiste VAE.* Loc à la journée, w-e et sem, tarif dégressif. Dépannage.

Sardines à Vélo : *3, rue la Tour-d'Auvergne, sur l'île de Nantes.* ☎ *09-81-67-30-60.* ● *sardinesavelo.com* ● Vente et réparation sur RDV.

– **Marché de Talensac :** *rue de Talensac. Sous les halles (inauguré en 1937) et autour. Tlj sauf lun 8h-13h (13h30 sam-dim).* Le « grand » marché couvert de Nantes.

Navibus : ● *naolib.fr* ● 2 liaisons bateau pour traverser la Loire : l'une relie Trentemoult à la gare maritime en 10 mn. L'autre relie le Hangar à Bananes au Bas-Chantenay en 6 mn. *Navette ttes les 20 mn env, jusqu'à 0h10 ven-sam en été.*

Le Voyage à Nantes : ● *levoyageanantes.fr* ● Une ***ligne verte,*** matérialisée au sol, sillonne la ville sur **20 km** pour suivre le parcours du Voyage à Nantes, ses étapes culturelles avec une cinquantaine d'oeuvres d'art, et les principaux sites de la ville. Chaque été, ce parcours s'enrichit d'installations contemporaines, de mobilier urbain et d'aires de jeu originales.

Vieille ville et quartier du Bouffay

Du jardin des Plantes au quartier du Bouffay : du musée d'Arts à la cathédrale vers le Château, on pénètre dans le cœur médiéval de la cité à l'animation permanente avec ses bars étudiants et petits restos bon marché qui occupent les rues piétonnes.

Le jardin des Plantes : *entrée principale face à la gare Nord.* ☎ *02-40-41-65-09.* ● *jardins.nantes.fr* ● *Ouv mars-oct, tlj 13h30-17h. Visites guidées gratuites des serres. Agréable restaurant-salon de thé Le Café de l'Orangerie.* ☎ *02-28-44-27-08.* Un jardin enchanteur de 7 ha, havre de paix en pleine ville, qui trouve son origine au XVIIIe s quand les capitaines de navires rapportaient des plantes exotiques dans leurs cales. Superbes serres classées, beaucoup d'oiseaux et pas mal d'œuvres d'art tombées dans la verdure.

Musée d'arts : *10, rue Georges-Clemenceau (entre le jardin des Plantes et la cathédrale).* ☎ *02-51-17-45-00.* ● *museedartsdenantes.nantesmetropole.fr* ● *Ouv tlj 11h-19h (21h jeu). Fermé mar et j. fériés. Entrée 9 € ; réduc. Consignes, librairie-boutique et Le Café du musée.* ☎ *02-51-12-93-09.* Un musée ouvert à tous les arts du XIIIe au XXIe s. La nouvelle extension, le Cube de 2 000 m², accueille la collection d'arts contemporains, l'une des plus importantes en France.

Le château des ducs de Bretagne : *☎ 0811-46-46-44. • chateaunantes.fr • Extérieurs tlj 8h30-19h (20h juil-août). Musée tlj sauf lun 10h-18h (tlj 10h-19h juil-août). Visite libre 8 €, visite guidée 12 € ; réduc. Audioguide et visioguide : 2 €. Téléchargement gratuit des parcours de visites. Glacier La Fraiseraie dans la cour.* Autrefois défensif, surveillant la route de Paris et la navigation sur la Loire, ce château devint aux XVIe et XVIIe s le logis breton des rois de France. Le ***circuit des remparts*** permet d'en prendre la mesure. Une fois passées les rudes murailles en bloc de granit, on découvre côté cour l'élégante résidence ducale en pierre de tuffeau d'inspiration Renaissance, resplendissante avec les façades du Grand Logis et du Grand Gouvernement.

L'intérieur du château accueille le ***musée d'Histoire de Nantes.*** Passionnant parcours, à la fois chronologique et thématique.

L'île de Versailles : *tlj 8h30-18h30 (20h mars-oct, 17h30 de mi-nov à mi-janv).* Île artificielle aménagée en superbe jardin japonais. Loc de petits bateaux électriques canoës-kayaks, jeux enfants, coins pour pique-niquer.

Quartier Graslin et autour

La place Royale : construite à la fin du XVIIIe s par Crucy. Au centre, fontaine de granit bleu et bronze représentant la Loire (sous la forme d'Amphitrite, fille de Neptune) et ses affluents, surmontée de la Ville de Nantes.

Le passage Pommeraye : *8h-20h (passage privé).* Ouvert en 1843, il fut créé pour relier de manière monumentale la Bourse et le quartier Graslin où siégeaient les banques et les assurances. Devenu le symbole même de la ville, cet étonnant passage couvert tient son originalité de son escalier central, compensant la dénivelée de 9,40 m entre les 2 extrémités du passage. Bordé de belles boutiques, le passage est toujours très animé.

La place Graslin et le Grand Théâtre : le Grand Théâtre (1788) fut construit dans un style purement néoclassique. La place piétonne est joliment mise en lumière la nuit par de beaux lampadaires de l'artiste Nicolas Fedorenko. Au nº 4, brasserie *La Cigale*, splendide établissement inauguré en 1895, véritable délire décoratif.

Le quai de la Fosse : superbes immeubles d'armateurs du XVIIIe s témoins de l'époque florissante du commerce maritime à Nantes.

Le Mémorial de l'abolition de l'esclavage : *quai de la Fosse, entre le pont Anne-de-Bretagne et la passerelle Victor-Schœlcher. • memorial.nantes.fr • Tlj 9h-18h (20h de mi-mai à mi-sept). GRATUIT.* Signé Krzysztof Wodiczko et Julian Bonder. Le quai de la Fosse constituait le point de départ et d'arrivée des navires négriers dans le cadre du commerce triangulaire. Ce parcours méditatif, sur la traite atlantique puis le combat pour l'abolition de l'esclavage, emprunte une promenade souterraine, sous les quais de la Loire. Le parcours se termine symboliquement à la lumière du jour avec la Déclaration universelle des Droits de l'homme de 1948.

Le musée de l'Imprimerie : *24, quai de la Fosse. ☎ 02-40-73-26-55. • musee-imprimerie.com • Lun-sam 10h-12h, 14h-17h30 (fermé dim et j. fériés, plus sam en été). Excellente visite guidée à 14h30. Entrée : 8 € ; réduc.* Les différentes techniques de l'imprimerie y sont présentées avec intelligence et pédagogie. Une plongée atypique dans un monde d'engrenages, de lettres, d'encres et de papier.

L'île de Nantes (entre 2 bras de la Loire)

La passerelle Victor-Schœlcher, montée sur vérins, suit le rythme de la marée. À son extrémité, le **palais de justice** conçu par Jean Nouvel – derrière, le Bâtiment Manny, en brindilles métalliques (IDM) et ses 2 oeuvres dont l'une est sonore.

L'île de Nantes est parsemée d'oeuvres du Voyage à Nantes et propose un parcours architectural innovant et créatif. Ses quais sont bordés de restaurants et de bars branchés.

Le quai François-Mitterrand et autour : depuis la passerelle Victor-Schœlcher, on peut parcourir les bords de Loire par une promenade aménagée. Au programme, les piles du pont **transbordeur, La Fabrique** (espace de création et expérimentation culturelles ; ● *lesfabriques.nantes.fr* ●, le site des **Machines de l'Île,** les **cales sèches** des chantiers navals transformées en jardin pour enfants, les anciennes **grues Titan,** différentes œuvres **Estuaire** dont **Les Anneaux** de Buren et Bouchain *(● estuaire.info ●),* et le **Hangar à bananes** *(☎ 02-40-71-08-79)* – qui inclut un espace dédié à l'art contemporain, la **HAB Galerie** *(☎ 02-28-08-77-28).*

Les Machines de l'île : *bd Léon-Bureau. ☎ 0810-12-12-25 (0,05 €/mn + prix d'appel). ● lesmachines-nantes.fr ● Juil-août, tlj 10h-20h ; avr-fin juin et sept-oct, tlj sauf lun 10h-17h (18h sam-dim et tlj pdt vac scol) ; de mi-fév à début avr et nov-déc, tlj sauf lun 14h-18h (19h w-e et vac scol). Voyage en Éléphant (durée env 30 mn), vente de billets en continu pour le j. même. Visite de la Galerie des Machines ou Voyage en Éléphant : 8,50 € ; réduc. Carrousel des mondes marins : « mode découverte » 6,90 €, réduc ; « mode forain » 8,50 €, réduc.* **Les Machines de l'Île** se sont installées dans les hangars des anciens chantiers navals. Dans la **Galerie des Machines,** on exhibe le processus de création et le fonctionnement d'improbables machines à la croisée des mondes de Jules Verne et des automates de Léonard de Vinci: le **Grand Éléphant** est devenu l'un des porte-drapeaux de la ville, et le **Carrousel des Mondes marins** fait rêver petits et grands !

Promenade-découverte en toue cabanée : *avec La Toue de Nantes, 06-81-87-64-49. ● latouedenantes.fr ●* Sur l'Erdre ou la Loire.

Croisières Estuaire entre Nantes et Saint-Nazaire : *avec Marine et Loire Croisières. ☎ 02-40-69-40-40. ● marineetloire.fr ●*

Butte Sainte-Anne et Bas-Chantenay

En quittant Nantes par la rive droite, grimper la rue de l'Hermitage vers le musée Jules-Verne, le Planétarium et de nombreux ateliers d'artistes avant de redescendre vers le Bas-Chantenay, un quartier autrefois industriel en pleine mutation.

Le Belvédère de l'Hermitage : *fléché, à côté du musée Jules-Verne.* Une œuvre de Tadashi Kawamata, vertigineuse passerelle de bois jetée au-dessus de la falaise. Un point de vue unique sur la ville, la Loire et le port.

Le Jardin extraordinaire : *bd de Cardiff, fléché en contrebas du Belvédère.* Abrité au creux des falaises de granit de l'ancienne carrière Miséry, d'où jaillit une impressionnante cascade, ce jardin inspiré de l'univers féérique des *Voyages Extraordinaires* de Jules Verne voit s'épanouir fougères arborescentes, bananiers, papyrus, lotus et autres gunnéras. C'est ici que s'installe l'Arbre aux hérons, le plus fou des projets culturels de Nantes et en face la Cité de l'imaginaire.

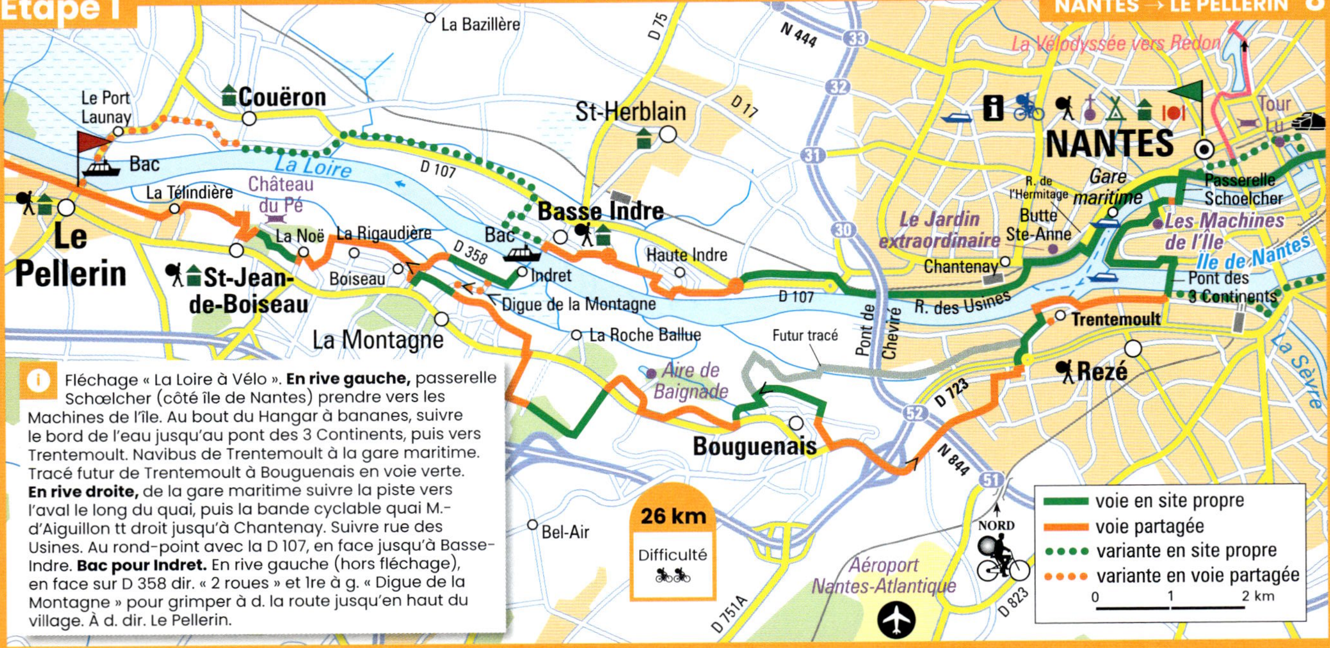

Fléchage « La Loire à Vélo ». **En rive gauche,** passerelle Schœlcher (côté île de Nantes) prendre vers les Machines de l'île. Au bout du Hangar à bananes, suivre le bord de l'eau jusqu'au pont des 3 Continents, puis vers Trentemoult. Navibus de Trentemoult à la gare maritime. Tracé futur de Trentemoult à Bouguenais en voie verte. **En rive droite,** de la gare maritime suivre la piste vers l'aval le long du quai, puis la bande cyclable quai M.-d'Aiguillon tt droit jusqu'à Chantenay. Suivre rue des Usines. Au rond-point avec la D 107, en face jusqu'à Basse-Indre. **Bac pour Indret.** En rive gauche (hors fléchage), en face sur D 358 dir. « 2 roues » et 1re à g. « Digue de la Montagne » pour grimper à d. la route jusqu'en haut du village. À d. dir. Le Pellerin.

Un itinéraire possible sur les 2 rives du fleuve, pour prendre la mesure de la vaste zone portuaire, berceau de l'ingénieuse industrie nantaise. En bonus, des minicroisières sur la Loire, avec des escales pimentées d'une myriade d'œuvres Estuaire !

⇛ TRENTEMOULT-REZÉ

L'ancien village de pêcheurs a été, dans la 2de moitié du XIXe s, un lieu de résidence pour des capitaines cap-horniers qui se firent construire des maisons bourgeoises, repérables aux palmiers qu'ils plantèrent, dit-on, en souvenir de leurs voyages. Ce petit port pittoresque, aux ruelles tortueuses, est devenu un quartier branché prisé des artistes, avec ses cafés et restos qui s'étalent en bord de Loire. On s'y rend aussi en Navibus (voir p. 215).

Le Chronographe **:** *21, rue Saint-Lupien, Rezé. ☎ 02-52-10-83-20. • lechronographe.nantesmetropole.fr • Juil-août, mar-dim 14h-19h ; fermé lun. Sept-juin, mer-dim 14h-18h ; fermé lun-mar et certains j. fériés. Entrée : 3 € ; réduc. Expos temporaires.* Cette structure se dresse au cœur même de l'antique port de la Gaule romaine Ratatium. Du belvédère, vue d'ensemble du site. Table d'orientation en réalité augmentée pour se représenter le port aux Ier-IIIe s. Dans le bâtiment, parcours à la découverte du travail de l'archéologue. Attractif et pédagogique.

Pendule de Roman Signer **:** œuvre *Estuaire*, un grand balancier de 7 m de haut, accroché à une ancienne centrale à béton. Le site des anciens abattoirs accueille une curieuse cité évolutive, *Transfert*, où l'art s'exprime à ciel ouvert.

La Maison radieuse de Le Corbusier **:** *à Rezé, derrière l'hôtel de ville. ☎ 02-40-84-43-60. • maisonradieuse.org • Visite guidée seulement, sur rdv, mer à 16h et sam à 11h (appeler avant). Billetterie à l'accueil de la mairie. Entrée : 5 € ; réduc.* À son époque, Le Corbusier a bouleversé la façon d'envisager l'urbanisme. La visite guidée de l'appartement témoin, le n° 601, remeublé au goût des années 1950, permet de mieux le comprendre.

⇛ BOUGUENAIS

– *The Settlers* : promenade près du chantier naval. 3 grands arbres sont « colonisés » par des sculptures, créant des rencontres improbables.

⇛ INDRE

La commune se divise entre la rive sud (Indret) et la rive nord (Basse-Indre). Depuis celle-ci on aperçoit la ***Serpentine Rouge*** de Jimmie Durham qui surgit du fleuve. Un bac permet le passage *(vélos acceptés ; ttes les 15 mn, 5h30-22h30. Fermé le 1er mai. Gratuit. Info à la Maison des bacs, Basse-Indre : ☎ 02-40-86-01-29).*

⇛ SAINT-JEAN-DE-BOISEAU

Chapelle de Bethléem **:** pour la restauration de cette petite chapelle du XVe s, un sculpteur local s'est inspiré du cinéma fantastique hollywoodien et de la culture manga. Résultat : des chimères qui ont les traits de Goldorak, des Gremlins ou de la créature d'Alien !

⇛ LE PELLERIN/COUËRON

Le bac du Pellerin **:** *• inforoutes.loire-atlantique.fr • Vélos acceptés. Ttes les 20 mn, 6h20-20h20 (21h20 dim et j. fériés de mi-juin à mi-sept). Fermé le 1er mai. Gratuit.*

« Misconceivable » ou le « bateau mou » **:** *écluse de **La Martinière**, à 2 km du Pellerin.* Drôle de bateau en arrêt dans l'espace, une quille et une hélice dans le vide. Installation d'Erwin Wurm, du parcours artistique *Estuaire* (prévoir le pique-nique).

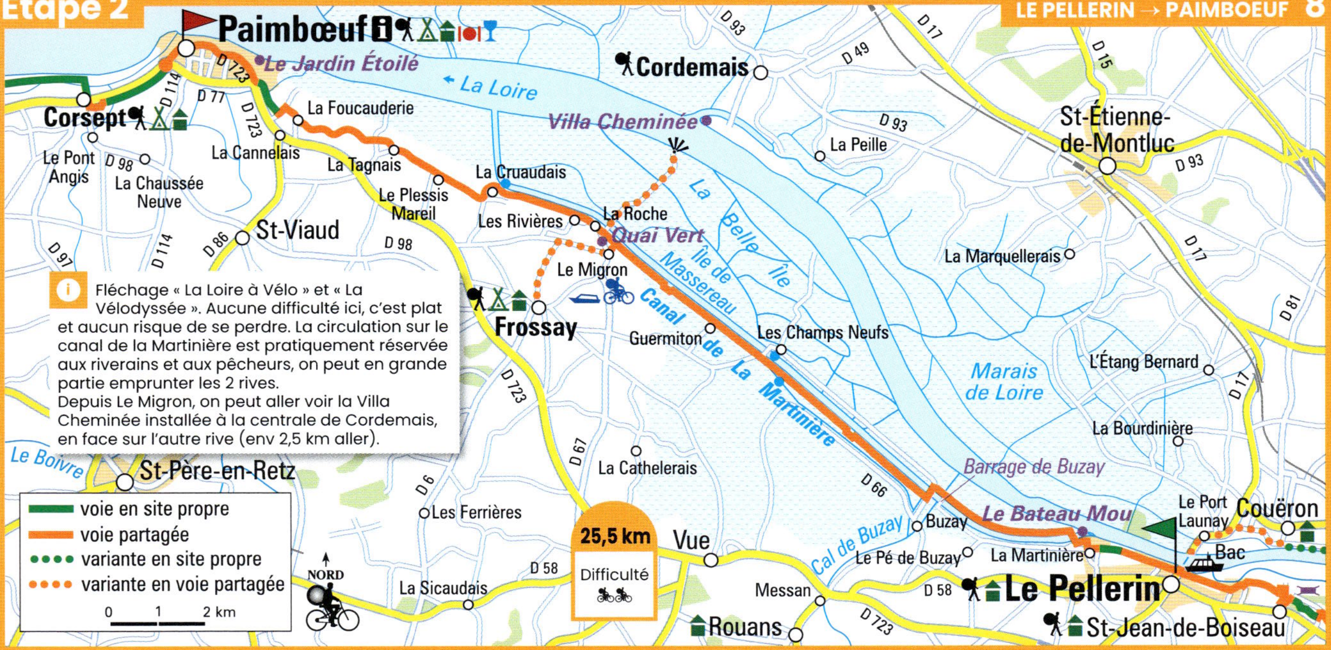

Fléchage « La Loire à Vélo » et « La Vélodyssée ». Aucune difficulté ici, c'est plat et aucun risque de se perdre. La circulation sur le canal de la Martinière est pratiquement réservée aux riverains et aux pêcheurs, on peut en grande partie emprunter les 2 rives.
Depuis Le Migron, on peut aller voir la Villa Cheminée installée à la centrale de Cordemais, en face sur l'autre rive (env 2,5 km aller).

Voici le cœur de l'estuaire, un paradis pour les oiseaux, où fleuve et océan commencent à se confondre. Avec une sublime arrivée au Jardin étoilé avant de glisser jusqu'aux façades colorées de Paimbœuf.

LE CANAL MARITIME DE LA BASSE LOIRE

Un véritable havre de paix, à l'ombre de saules et de peupliers. Le *canal de la Martinière*, (son autre nom) court sur 15 km, du village de La Martinière au Carnet. Il est fermé à chaque extrémité par une écluse.

Au XIXe s, l'ensablement progressif de la Loire empêchait les bateaux de remonter l'estuaire jusqu'à Nantes. On créa alors un canal entre Le Pellerin et Paimbœuf. Mais le dragage de la Loire, devenu possible, autorisa les grands navires à reprendre leur ancienne route, rendant le canal aux riverains et aux plaisanciers depuis les années 1960. En chemin, maisons anciennes et écluse de grande navigation. À La Martinière et aux ***Champs-Neufs***, barrage et écluse avec sa machinerie remise en état *(ACCAM, 06-71-89-25-09 ou 06-33-08-77-90 ; • canal-maritime-basse-loire.fr • ; visite juil-août seulement, jeu ap-m et sam-dim ; 2 €).*

FROSSAY

***Quai Vert :** au bord du canal de la Martinière, au Migron. ☎ 02-28-53-51-62. • quai-vert.com • Avr-oct, tlj 10h-19h ; autrement appeler.* Activités culturelles, loc d'embarcations à pédales, paddles, canoës, kayaks.

***La Villa Cheminée :** à Cordemais, face au Migron.* Une œuvre *Estuaire*, un pavillon des années 1970 installé par l'artiste Tatzu Nishi sur la reproduction d'une tour de la centrale thermique de Cordemais !

***Legendia Parc :** La Poitevinière. ☎ 02-40-39-75-06. • legendiaparc.com • De mi-fév à mi-nov, tlj 10h-18h ou 19h selon période. Entrée : 15-25 € ; réduc.* Un lieu atypique qui mêle l'univers des contes à celui d'un parc animalier. 33 ha de circuits scénographiés, plus de 400 animaux.

***Défi Nature :** parc du château de la Rousselière. ☎ 02-40-39-79-59. • definature.com • Juil-août, tlj 10h-19h ; avr-juin et sept, w-e et ponts 11h-19h ; vac scol Pâques, tlj 14h-17h30. Compter 13-45 €.* Accrobranche, paintball, laser-game, courses d'orientation…

PAIMBŒUF

Ce qui n'était qu'un petit port modeste au début du XVIIe s connut une époque prospère durant plus de 2 siècles. En effet, l'ensablement de la Loire contraignait les navires à décharger leurs marchandises à Paimbœuf : elle devint alors l'avant-port de Nantes. Cependant, au milieu du XIXe s, son activité portuaire diminua progressivement avec l'approfondissement du chenal de la Loire et le développement de Saint-Nazaire.

***Office de tourisme :** quai Sadi-Carnot, le « hangar ». ☎ 02-40-27-53-82. • saint-brevin.com •* Parcours d'interprétation du patrimoine et Parcours Nature.

***Le Jardin étoilé de Kinya Maruyama :** quai Edmond-Libert. Parcours Estuaire. Au bord du fleuve, en amont de l'OT (qui propose une notice explicative).* Un jardin en flèches de bois. L'artiste japonais trouvait une ressemblance entre la Loire et la rivière Mogami.

L'église Saint-Louis : de style néobyzantin, unique en Loire-Atlantique. L'autel baroque en différents marbres est classé aux Monuments historiques.

Fléchage « La Loire à Vélo » et « La Vélodyssée ». Dès la sortie de Paimbœuf, une voie verte aménagée derrière la digue mène directement sous le pont de Saint-Nazaire. Suivre tt droit jusqu'à Mindin. La traversée à vélo du pont de Saint-Nazaire (3,5 km de long à 68 m au-dessus de la Loire) sans voie cyclable sécurisée, est fortement déconseillée. Voir les alternatives possibles p. 225.

Le fleuve se fond ici définitivement dans l'océan sous des ciels formant des camaïeux de gris, rose et bleu variant à l'infini au gré des marées. Au bout de la piste qui borde l'estuaire, le pacifique Serpent d'océan nous attend, posé sur le sable fin de Saint-Brevin.

⇛ CORSEPT

Le Sentier découverte de l'estuaire **:** au départ de l'ancien petit port de la Maison verte, il longe les bords de Loire sur 6 km permettant de découvrir la faune et la flore locales, les pêcheries ainsi qu'un belvédère d'observation. 3 autres sentiers pédestres, dont un mégalithique.

⇛ SAINT-BREVIN-LES-PINS

Les pins maritimes, plantés dans les années 1860 pour lutter contre l'avancée des dunes, transformèrent le lieu en destination mondaine très appréciée. Aujourd'hui, c'est un semis de petites maisons de villégiature, réparties en 4 quartiers distincts : Mindin au nord (où se trouvent le musée et le pont de Saint-Nazaire), les Pins au centre (paradis des familles), l'Océan et l'Ermitage tout au sud (la partie la plus jeune, avec sa plage et son spot de kitesurf). Petites histoires : la ville tiendrait son nom de Brewing, archevêque de Canterbury au VIIIe s, à qui l'église est dédiée. Et c'est de Mindin que Bougainville a pris la mer à bord de la *Boudeuse* (construite aux chantiers d'Indret) en 1766 pour réaliser ce qui fut le tout 1er tour du monde français à la voile.

Office de tourisme des Pins **:** *10, rue de l'Église. ☎ 02-40-27-24-32.* • *saint-brevin.com* • Billets et tarifs préférentiels pour certains sites touristiques. Fiches de rando et circuits VTC aux alentours. ***Office de tourisme de l'Océan*** **:** *pl. René-Guy-Cadou, quartier de l'Océan.*

Proxi **:** *25, av. de Mindin. 📱 06-86-13-94-96.* • *proxilocationvelos-stbrevinlespins.fr* • *Tte l'année.* Loc, réparation, épicerie.

Atelier Vélo 44 **:** *7, av. Maréchal-Foch. ☎ 02-40-39-75-27.* • *ateliervelo44.com* • Entretien, révision, réparation tous types de vélos, location.

Aire d'arrêt vélo **:** *pl. Bougainville. ☎ 02-40-27-24-32. Stationnement vélos extérieur et couvert, tables de pique-nique, w-c, point d'eau.*

Le musée de la Marine **:** *pl. Bougainville (au pied du pont de Saint-Nazaire). ☎ 02-40-27-00-64.* • *museemarinemindin.fr* • *Juin-sept, tlj sauf lun 14h30-18h30 ; horaires restreints hors saison. Dernier billet 30 mn avt fermeture. Entrée : 7 € ; réduc.* Situé dans le fort de Mindin défendu par un pont-levis et un canon récupéré sur Le Juste, navire coulé pendant la bataille des Cardinaux (1759), ce petit musée abrite environ 65 maquettes de navires, dont des répliques de plus de 1 m du France, du Normandie ou du porte-avions Foch ou encore celle du superpétrolier Batilus.

À l'extérieur, un ponton avançant sur l'estuaire offre une extraordinaire vue sur le pont de Saint-Nazaire et sur l'étonnante sculpture du ***Serpent d'océan de Huang Yong Ping*** (parcours *Estuaire*) : un squelette d'aluminium long de 130 m qui ne laisse dépasser que sa gueule ouverte à marée haute. Magique.

Les mégalithes de Saint-Brevin **:** *rens auprès de l'OT.* L'ensemble de la commune est parsemé de vestiges mégalithiques.

Plage de l'Océan **:** grande plage de sable fin, idéale pour la baignade et les sports nautiques.

FOCUS : SAINT-NAZAIRE

Renversante ville de Saint-Nazaire, cité portuaire aux mille facettes, qui recèle une sacrée atmosphère. Elle a opéré en quelques années une incroyable métamorphose, renversant son image de ville ouvrière et portuaire un peu tristounette, en celle d'un pôle touristique créatif et passionnant tourné vers l'estuaire et la mer. La ville surfe sur ses pépites industrielles pour nous offrir une plongée au format XXL dans son univers portuaire, avec ses docks graphiques en diable, soulignés d'énormes portiques rouges et blancs, sa base sous-marine convertie en musées, ses gigantesques paquebots de croisière en construction et ses œuvres d'art ***Estuaire***. Ce sont aussi de belles plages de sable au départ de la place du Commando, avec ses bars et petits restos animés et une pléiade d'activités à l'adresse des enfants. Saint-Nazaire ouvre la porte de la côte d'Amour qui s'étire vers Pornichet, La Baule, Piriac et Penestin, avec des criques sauvages offertes aux baigneurs et l'iconique plage de Monsieur Hulot. Et à l'arrière, la Brière, un parc naturel régional qui invite à la contemplation d'un paisible marais sauvage, véritable paradis des oiseaux.

Office de tourisme : *3, bd de la Légion-d'Honneur, base sous-marine. ☎ 02-40-22-40-65.* • *saint-nazaire-tourisme.com* • *Plan des parcours cyclables de l'agglo (avec une piste qui rejoint la Brière) et du parcours Vélocéan.*

Espace vélYcéo : *6, pl. Pierre-Sémard, sur le parvis de la gare. ☎ 02-40-00-75-75.* • *velyceo.com* • Location de vélos de ville et VAE. Infos sur les itinéraires de l'agglo.

Le pont de Saint-Nazaire : Majestueux, il domine l'estuaire. Long de 3 556 m, haut de 61 m, c'est l'un des plus grands ponts à haubans d'Europe. Élégant, avec ses poteaux distinctifs rouge et blanc, son tracé ondule tel un serpent d'océan entre Saint-Brevin et Saint-Nazaire. Il est superbement éclairé la nuit. Sa pente fait tout de même 5,6 % et il est ***franchement déconseillé aux cyclistes*** à cause du vent et surtout du trafic routier.

Traversée du pont de Saint-Nazaire :

Aleop : • *aleop.paysdelaloire.fr* • ***Ligne 317 :*** Saint-Nazaire (gare SNCF) – Saint-Brevin (pôle de Bresse). Env 6-8 navettes/j. (3 dim). Résa obligatoire min la veille avt 18h. 8 vélos max *(☎ 09-63-39-14-14 ; résa fermée sam-dim).* ***Navette départementale spéciale vélo Saint-Nazaire – Saint-Brevin :*** entre le bd des Apprentis à Saint-Nazaire, au pied du pont, et la pl. Bougainville à Saint-Brevin ; fin juin-début sept, env 9 A/R par j., 9h-19h *(☎ 02-51-82-62-62). Gratuit.*

Saint-Brevin Taxi : monospace avec remorque pour 5 vélos max. Résa conseillée 48h à l'avance *(☎ 02-40-27-23-07).* 25 € la traversée (30 € de nuit, dim et j. fériés).

Radio-taxi Saint-Nazaire : *☎ 02-40-66-02-62.*

Croisières découvertes Saint-Nazaire : *☎ 02-28-54-06-40.* • *saint-nazaire-tourisme.com* •

Les visites de « Saint-Nazaire Renversante »

– ***Horaires et billetterie centrale :*** *Escal'Atlantic, le sous-marin Espadon, le Centre éolien EOL et l'Écomusée de Saint-Nazaire, ont la même billetterie centrale et les mêmes horaires d'ouverture (voir site internet). Tarifs d'entrée variables selon les sites ; PassPort 4 visites (Escal'Atlantic, sous-marin Espadon, Écomusée, Centre éolien) à 25 €, réduc. On y prend également ses billets pour les visites guidées des chantiers de l'Atlantique, d'Airbus Saint-Nazaire et du Grand Port maritime Nantes Saint-Nazaire, ainsi que pour les croisières découverte sur le littoral. Billetterie juste à côté de l'OT. Visites sur créneau horaire : rens et résas obligatoires pour ttes les visites.* • *saint-nazaire-tourisme.com* • C'est de la base sous-marine, où se trouvent ***Escal'Atlantic*** et la billetterie centrale des lieux de visite qui composent ***Saint-Nazaire Renversante,*** que l'on embarque pour les différents sites. L'alvéole 14 abrite le ***LIFE*** (Lieu international des formes émergentes) et ***Le V.I.P.*** (scène des musiques actuelles), 2 lieux de création artistique.

Escal'Atlantic : *dans l'ancienne base sous-marine. Entrée : 14 € ; réduc.* Une expérience originale, un voyage interactif captivant qui plonge les visiteurs dans l'univers formidable des géants des mers. Le pied à peine posé sur la passerelle conduisant au hall d'embarquement inspiré du Normandie (panneaux de laque d'origine), on prend la mesure de cette reconstitution géniale sur 3 700 m². On découvre les cabines, la timonerie, la salle des machines, les chambres froides, les salons… le tout agrémenté de films d'archives et décoré de mobiliers et d'objets authentiques provenant de navires célèbres, comme la vaisselle du Normandie.

La base sous-marine et son toit : *accès par une rampe piétonne ou par l'ascenseur situé derrière la billetterie centrale ; tlj 9h-22h juin-août. Résa slt pour visite guidée dim à 17h avr-oct (tlj en juil-août).* Beau point de vue depuis les terrasses. L'entrée du port apparaît, avec l'écluse fortifiée, les chantiers navals, le pont au loin, l'estuaire, le début de l'océan… Aux environs immédiats : le bassin de la ***forme-écluse Joubert,*** aux dimensions impressionnantes : 350 m de long sur 53 m de large et 16,50 m de profondeur. Tout proche, le ***pont Levant.***

Œuvre Estuaire : le ***Jardin du Tiers-Paysage*** de Gilles Clément est un espace en triptyque qui tire parti des 3 dispositifs de l'architecture en place, à savoir les chambres d'éclatement des bombes, les travées non recouvertes et la fosse. Les feuilles des 107 trembles qui surgissent du béton brillent à la lumière et s'agitent au moindre souffle de vent.

Le sous-marin Espadon : *entrée 11 € ; réduc. Attention, en travaux, réouverture en juil 2021. Tarif : 13 € (sous-marin + écluse fortifiée).* C'est une rare occasion de visiter un sous-marin à flot. Ce bâtiment, en mission de 1960 à 1985, parcourut l'équivalent de 17 fois le tour de la Terre, et fut le 1er à naviguer sous la banquise… En pénétrant dans ce boyau large d'à peine 50 cm par endroits, unique voie de circulation reliant les postes de combat et les espaces de vie, on découvre les conditions de vie des 65 hommes d'équipage pendant 45 jours en mer. Visite immersive et inclusive. Visite audioguidée conçue spécialement pour le jeune public. Dispositifs spécifiques innovants pour les publics empêchés.

L'écluse fortifiée : la plus vieille écluse de Saint-Nazaire, bâtie en 1856 pour donner accès au bassin en eau profonde où mouillaient les 1ers paquebots. ***Terrasse panoramique :*** point de vue à 360° agrémenté de 4 tables de lecture du paysage. Œuvres *Estuaire* : ***Suite de triangles,*** à partir d'un point de vue sur le toit de la terrasse. Felice Varini a matérialisé une « ligne horizontale rouge » qui embrasse le paysage du port. En dessous, ***EOL, Centre éolien de Saint-Nazaire :*** *mêmes horaires que le sous-marin. Tarif : 6 € ; réduc.* 1er site de visite en France consacré à l'éolien en mer et aux énergies marines renouvelables. Un lieu interactif pour découvrir les secrets du vent.

L'Écomusée de Saint-Nazaire : *av. Saint-Hubert, près de l'écluse fortifiée. Horaires et infos : voir plus haut. Durée : env 45 mn. Entrée : 5 € ; réduc. Plan fourni à l'entrée. Animations : Agenda patrimoine.* Un beau musée pour comprendre le destin hors norme d'une ville construite 2 fois en 1 siècle. Explications sur les origines d'un 1er port avérées dès le Néolithique. C'est l'envasement du fleuve limitant la navigation vers Nantes qui nécessita la création d'un avant-port, et favorisa son développement rapide pour s'adapter à la taille croissante des navires. Commence alors l'époque des voyages transatlantiques et de la construction maritime. Belles maquettes retraçant l'histoire des fameux chantiers navals, dont le célèbre France (1962), dernier transatlantique français. Partie intéressante sur les hydravions, Saint-Nazaire ayant été un pionnier de l'aéronautique. À l'étage, on s'intéresse à cette industrie (toujours florissante avec Airbus !), avant d'évoquer l'âge sombre de la ville avec la 2de guerre mondiale. Très pédagogique.

Les Chantiers de l'Atlantique : *départ en bus depuis la billetterie centrale. Visite guidée selon programmation. Résa obligatoire (voir plus haut). Entrée : 17 € ; réduc. La découverte complète du site peut se combiner (en forfait) avec la visite d'Escal' Atlantic.* Depuis 1864, ce sont plus de 600 navires qui sont sortis des chantiers navals, du paquebot (dont Le France) au cargo, en passant par les pétroliers et les méthaniers ! Aujourd'hui, l'entreprise construit avant tout des paquebots de croisière, domaine dont elle est l'un des leaders mondiaux, et participe à la recherche dans le domaine des énergies marines renouvelables. La visite, passionnante, permet de pénétrer dans un site gigantesque de 110 ha au plus près des chantiers.

L'usine Airbus Saint-Nazaire : *départ en car de la base sous-marine. Visite guidée selon programmation. Résa obligatoire (voir plus haut), inscriptions closes sur Internet 21 j. avant la date. Passeport ou carte d'identité obligatoire le j. de la visite. Compter 2h de visite. Peut se combiner (en forfait) avec la visite d'Escal' Atlantic. Entrée : 17 € ; réduc.* Site industriel qui fait partie d'un réseau complexe où les pièces sont fabriquées et assemblées dans plusieurs usines à l'échelle européenne. Saint-Nazaire est le 2e site de production d'Airbus en France après Toulouse, avec plus de 2 400 salariés. On y assemble et équipe certaines parties de fuselage. Impressionnant.

Nantes Saint-Nazaire Port : *Départ en car de la base sous-marine. Visite guidée de 2h selon programmation. Résa obligatoire au moins 48h à l'avance (voir plus haut). Passeport ou carte d'identité obligatoire à partir de 16 ans le j. de la visite. Entrée : 17 € ; réduc.* 1er port de la façade atlantique française, c'est un acteur économique majeur dans la région, accueillant près de 3 000 navires par an. Grâce aux explications du guide, le chargement ou le déchargement de navires très spécifiques, la manutention des conteneurs, un chargement de pales d'éoliennes ou le départ de tronçons d'Airbus sont replacés dans le contexte de l'économie maritime.

Les vignettes Tintin : la ville et les docks sont jalonnés par 6 vignettes évoquant l'album d'Hergé *Les Sept Boules de cristal*, l'un des rares albums qui localise clairement la ville où se déroule l'intrigue *(plan à l'office de tourisme)*. Table d'orientation indiquant les points de chute du reporter dans ses différents périples, sur le port, près du Vieux Môle.

La plage de M. Hulot : *Saint-Marc, à 4 km du centre-ville, vers Pornichet.* C'est ici que Jacques Tati a tourné en 1951 le film mythique *Les Vacances de M. Hulot* (1953). Si l'*Hôtel-restaurant de la Plage* est toujours là, la pipe de la belle statue de l'acteur-réalisateur qui contemple la mer est régulièrement volée…

Vélocéan : parcours fléché pour une envolée iodée à l'arrière de la façade littorale de la Loire-Atlantique via Pornichet, La Baule, Guérande, Piriac et Penestin et une antenne vers Le Croisic. Environ 140 km au total et des connexions faciles avec le train jusqu'au Croisic. • *francevelotourisme.com/velocean* •

Traversée moderne d'un Vieux Pays : un nouvel itinéraire enthousiasmant de près de 400 km qui permet de relier à vélo Nantes à l'abbaye du Mont-Saint-Michel, en 5 parcours passant par Saint-Nazaire et la Brière puis Redon, Rennes et Saint-Malo. • *voyage-en-bretagne.com* •

CORSEPT (44560)

Manoir de l'Espérance : *L'Espérance. ☎ 02-40-39-60-89. • manoirdelesperance.fr • Forfait randonneur : 12-16 € pour 1 pers. Chambres d'hôtes : doubles 75-99 €.*

COUËRON (44220)

Chambres d'hôtes La Trémière : *5, rue des Sternes. 06-70-07-60-97. • chambre-hote-latremiere.com • Doubles 80-96 €.*

Meublé le Trèfle : *Mme Lisa Crowley. 1, rue Jean-Jacques-Audubon. • rodgebee@yahoo.ie • 06-32-68-87-59.*

FROSSAY (44320)

Chambres d'hôtes de la Roche : *17, rte de la Roche. 06-63-26-48-16. • chambres-hotes-de-la-roche.com • Doubles env 85-90 €. CB refusées. Enfants de moins de 10 ans refusés.* 2 chambres dignes d'un magazine de déco. Grandes, organisées en duplex et décorées discrètement sur le thème de l'Asie, elles sont cosy à souhait ! Ajoutez différents recoins dans le jardin pour se relaxer et vous obtenez un point de chute idéal à 200 m du canal.

LE PELLERIN (44640)

Chambres d'hôtes La Hôte Vague : *37, rue Aristide-Bertreux. 06-63-29-91-48. • lahotevague.fr • Double 90 € (2 nuits min).*

NANTES (44000)

Nantes Camping : *21, bd du Petit-Port. ☎ 02-40-74-47-94. • nantes-camping.fr • Pas d'emplacements tente nov-avr. Tentes 22-37 €. 150 empl. Écolabel européen.* Terrain au bord d'un ruisseau, dans le coin des universités. Fort bien équipé et très pratique (à 10 mn du centre-ville en tramway). Très arboré. Bar-resto, jardin, aire de jeux, pétanque, ping-pong, bar-resto et épicerie, et un minigolf insolite inspiré de l'univers de Jules Verne. Piscine juste en face, gratuite pour les clients du camping.

Hôtel Duquesne : *12, allée Duquesne (cours des Cinquante-Otages). ☎ 02-40-47-57-24. • hotel-duquesne-nantes.com • Doubles 75-104 €.* Hôtel classique et familial, au calme, même si certaines chambres donnent sur le cours des Cinquante-Otages. De bon confort (double vitrage, ascenseur…), elles sont coquettes et sobres à la fois.

Hôtel Voltaire Opéra : *10, rue Gresset. ☎ 02-40-73-31-04. • hotelvoltaireoperanantes.com • Doubles standard 70-135 €.* Dans un immeuble ancien doté d'une jolie façade décorée, des chambres confortables, à la déco sobre et élégante, personnalisées et tranquilles. La rue n'est pas des plus fréquentée.

Best Western Hôtel Graslin : *1, rue Piron. ☎ 02-40-69-72-91. • hotel-graslin.com • Doubles 89-179 €.* Chambres modernes, plus ou moins spacieuses. Très agréable lounge-bar avec de généreux fauteuils.

L'Hôtel : *6, rue Henri-IV. ☎ 02-40-29-30-31. • nanteshotel.com • À 300 m de la gare. Chambres standard (vue arrière) ou supérieures* *(vue château ou jardins) 89-169 €.* Un 3-étoiles confortable, idéalement situé à l'arrière du château, sur lequel donnent certaines chambres. Hall élégant. Déco résolument moderne, jouant avec le blanc et les tonalités sourdes. Conception tendance également, avec des salles de bains ouvertes sur la chambre (pour certaines). Pas très spacieuses, mais agréablement meublées.

Hôtel Saint-Yves : *154, rue du Général-Buat. ☎ 02-40-74-48-42. • hotel-saintyves.fr • Doubles 73-83 €.* Bien qu'un peu excentré, en bus on n'est qu'à 10 petites minutes du centre. Chaque chambre est personnalisée, décorée avec un goût sûr. Et puis, au fond, un beau petit bout de jardin complète élégamment ce petit nid d'amour. Tout cela à des prix vraiment très démocratiques.

Hôtel Saint-Patrick : *7, rue Saint-Nicolas. ☎ 02-40-48-48-80. • hotel-saintpatrick.com • Réception au 3e étage, 17h-20h30. Doubles avec w-c sur le palier ou privés 50-70 €.* En plein centre-ville, cet hôtel étroit mais qui monte haut (4 étages sans ascenseur) est une vraie aubaine pour les petits budgets. C'est nickel et avec double vitrage. Un ensemble fort convenable et une ambiance routarde très sympa, à l'image de la fresque murale dans les escaliers ou de la sculpture en façade.

Hôtel du Château : *5, pl. de la Duchesse-Anne. ☎ 09-74-56-12-18. • hotel-du-chateau-nantes.fr • Accès au fond d'un couloir et réception au 1er étage (ouv 7h30-9h le w-e – 13h30, 17h30-22h). Doubles 59-83 €.* Une adresse assez rare dans son genre, au rapport qualité-prix-emplacement franchement compétitif. Ce petit hôtel, tout en escalier, propose une douzaine de chambres simples, claires, personnalisées, relookées façon maison de famille, aux couleurs douces et fraîches. Les portes sont joliment décorées de textes sur des personnes ayant appartenu à la cour d'Anne de Bretagne. Salles d'eau minimalistes mais double vitrage efficace. Accueil prévenant.

Hôtel Châteaubriand : *2 bis, rue Chateaubriand. ☎ 02-40-20-22-38. • hotel-chateaubriand-nantes.fr • Doubles 50-100 €.*

Hôtel Cœur de Loire : *3, rue Anatole-le-Braz. ☎ 02-40-74-35-61. • cœurdeloirehotel.com • Doubles 80-110 €.*

Hôtel Astoria : *4, allée du Commandant-Charcot. ☎ 02-40-74-39-90. • hotelastorianantes.com • Doubles 89-99 €.*

The Originals Novella Nantes Centre Gare : *38, rue de Richebourg. ☎ 02-40-74-17-25. • novella-nantes-centre.com • Doubles à partir de 75 €.*

Hôtel Mercure Nantes centre : *4, rue du Couëdic. ☎ 02-51-82-10-00. • all.accor.com •*

Résid'home Les berges de Loire : *3, allée Jacques-Berque. ☎ 02-40-99-07-07. • residhome.com •*

Seven Urban Suites Nantes centre : *10, rue Konrad-Adenauer. ☎ 02-51-72-97-00. • 7urbansuites.fr •*

Manger dans la vieille ville et à proximité

La Cuillère en Coin : *21, rue de Strasbourg (à l'angle de la rue Beau-Soleil). ☎ 02-40-89-*

16-93. Seulement lun-ven 12h-15h30. Formules env 12-16 €. Un petit bout d'adresse vert pomme, qui distille avec fraîcheur de bien belles soupes, salades, quiches et toujours un plat mijoté. Rien que du frais, rien que du bon, toujours de saison, et ça ne troue pas le porte-monnaie. Sur place ou à emporter.

Dubrown Burger : *12, rue Saint-Léonard. Ouv 12h-15h, 19h-23h. Fermé dim-lun. Burgers env 10-15 €.* Ici, fast-food rime avec *good*. Viande bovine française et pain boulanger constituent la base de recettes pour certaines vraiment originales. Frites délicieuses.

Dînette : *12, rue du Château. ☎ 02-51-82-79-13. Tlj sauf mar 12h-18h30. Compter 10-20 €.* Il a du style ce petit salon de thé gourmand qui propose des formules épatantes au déj. Salades composées de produits frais, soupes, tartes salées onctueuses et pâtisseries maison. Fait salon de thé l'après-midi.

Chop Chop : *11, rue Saint-Léonard. ☎ 02-40-12-10-60. Lun-sam 9h-18h. Petits plats 7-15 €.* Sur place, mais surtout à emporter, la touche un brin british de ce *coffee shop* enthousiasme les gens du quartier avides d'authenticité et de simplicité. Avec le café, tartes salées, *sausage rolls, carrot cakes* et verrines… à accompagner d'une bière bio.

Le Coin des Crêpes : *2, rue Armand-Brossard. ☎ 02-40-35-39-36. Fermé dim-lun. Menu midi mar-ven 13 € ; repas env 20-25 €.* Dans le top 5 des crêperies, avec une sélection de produits locaux et bio de préférence, et des réalisations irréprochables. Les 2 salles – dont 1 à l'étage, aménagées dans le goût de l'époque, et la large terrasse sur voie semi-piétonne dès les beaux jours offrent un cadre de dégustation des plus plaisant. Coin épicerie.

Le Reflet : *4, rue des Trois-Croissants. ☎ 02-40-20-33-86. Fermé sam midi et dim-lun. Formules déj env 20 € ; dîner 33-37 €.* Un restaurant extraordinaire comme l'indique la carte, à la fois comme les autres tout en étant différent. Car ici ce sont des jeunes en situation de handicap, qui se relaient pour servir une cuisine de marché fine, fraîche et contemporaine, avec une carte renouvelée tous les 15 jours. Ici, tout a été conçu pour faciliter le service : on tamponne les plats sélectionnés sur une carte, les assiettes ont été fabriquées spécialement, le mobilier adapté en cuisine. Quant au décor, il est à la fois beau et original, grâce aux toiles abstraites au plafond, créées avec les jeunes. L'ambiance est tout simplement au sourire, à la bienveillance, à l'humour et à la gourmandise.

Le Bouchon : *7, rue Bossuet. ☎ 02-40-20-08-44. Fermé sam midi et dim-lun. Formule déj en sem env 24 € ; menu 37 €.* Dans une jolie maison à pans de bois avec un beau jardin, une cuisine innovante et surprenante à tendance gastro, où se mêlent parfums et saveurs d'ailleurs. Part belle faite aux légumes, « frais pour de vrai » comme affiché.

Sur l'île de Nantes

Ti Lichous : *12, rue Grande-Biesse. ☎ 02-40-35-44-60. Ouv le midi seulement, lun-ven.*

Compter 10-25 €. Traduction : « La Maison des Gourmands »... et des bons mangeurs, serait-on tenté d'ajouter. Car ici on ne mégote pas sur le contenu de l'assiette. Du breton, rien que du breton et pas que de la galette. La cuisine traditionnelle y est à l'honneur, avec entre autres un kig ha farz d'anthologie. Cadre coloré.

Le 1 : *1, rue Olympe-de-Gouges. ☎ 02-40-08-28-00. Tlj ; service continu 12h-23h. Formules 17 € (midi en sem), puis 24-34 €.* Un bel espace vitré en bord de Loire, un mobilier contemporain boisé, coloré et confortable qui font écho aux œuvres du parcours Estuaire, et un chef que l'on voit s'activer dans sa cuisine ouverte : voilà Le 1. Aux menus, de beaux produits régionaux travaillés avec soin (brochets, anguilles, écrevisses, canard...), rehaussés à la carte de touches plus originales. L'appel du grand large se fait aussi sentir : saveurs indiennes, charcuterie ibérique ou délicatesses japonaises à la carte.

PAIMBŒUF (44560)

Camping l'Estuaire : *quai Éole. ☎ 02-40-27-84-53. • campinglestuaire.fr • Ouv Pâques-Toussaint. Forfaits pour 2 env 20-32 € en été.* Un camping bien ombragé par de grands pins. Posé en bord de Loire à l'écart du village, du genre tranquille. Piscine chauffée : grand bassin couvert et bassin enfant. Snack-bar.

Chambres d'hôtes Le Moulin de Bruc : *21, rue du Morbihan. 06-85-85-24-32. • fleursdesoleil.fr • Doubles 65-75 €.*

Café de la Loire : *4, quai Boulay-Paty. ☎ 02-28-53-71-24. • cafedelaloire.com • Tlj sauf lun et mar 10h-14h, 17h30-22h (plus tard parfois).* Ce petit rade, resté dans son jus depuis des lustres, se revendique le café le plus à l'ouest de la Loire. Faut dire que Vincent mène son petit « cabinet de poésie générale » tambour battant en organisant des expos et des concerts. On y vient causer alternatif et décroissance autour d'un verre de vin (ou de jus) bio, tandis qu'en été l'endroit prend des allures de guinguette. Aussi de quoi calmer l'estomac.

REZÉ (44400)

Gîte des Bretons Nantais : *famille Breton Dantec. 22, rue Joseph-Turbel. ☎ 02-40-84-06-26. 06-88-94-27-15. • gite-breton-nantais.com • Double 70 € (2 nuits min).*

ROUANS (44640)

Chambres d'hôtes L'Atelier 88 : *1, rue du Lavoir, Launay. ☎ 02-40-64-22-85. 06-64-83-61-42. • latelier88.fr • Double 80 €.*

SAINT-BREVIN-LES-PINS (44250)

Camping le Pas du Gû : *28, le Pas-du-Gû.*

☎ 02-40-27-07-22. • campingpasdugu.net • De mi-juin à mi-sept. Compter env 15 € pour 2.

Hôtel Spa du Béryl : *55, bd de l'Océan. ☎ 02-28-53-20-00. • hotel-stbrevinlocean.com •*

Chambres d'hôtes La Fleur de sel : *4, av. de Vila. ☎ 02-40-27-67-80. • fleurdesel.pages perso-orange.fr • Double 120 €.*

Le Pacôme les Autres : *55, av. du Président-Roosevelt, quartier de l'Océan. ☎ 09-86-23-41-86. Tlj sauf lun, plus mar-mer hors saison. Menus 29-52 €.* Petit resto qualitatif proposant une cuisine bistrotière majoritairement orientée mer, bien ficelée et à base de produits frais. Pensez à réserver si vous souhaitez déjeuner en terrasse.

SAINT-HERBLAIN (44800)

Hôtel-restaurant de la Marine : *allée Prosper-Mérimée, esplanade de la Bégraisière. ☎ 02-40-95-26-66. • hotel-marine.fr • Doubles 60-70 €.*

SAINT-JEAN-DE-BOISEAU (44640)

Chambres d'hôtes Château du Pé : *rue de l'Égalité. 06-38-44-49-98. • chateaudupe.fr • Doubles 95-120 €.*

SAINT-NAZAIRE (44600)

Hôtel La Belle Étoile : *45, rue Jean-Jaurès. ☎ 02-40-22-55-93. • hotellabelle etoile44.fr • Doubles 58-64 €.* En plein centre-ville, un hôtel de poche à la gestion familiale qui offre une dizaine de chambres pimpantes et colorées, dont 1 toute petite pour le voyageur solitaire.

Chambres d'hôtes La Tête sur l'Oreiller : *17 bis, av. du Général-de-Gaulle. 06-59-51-83-45. Doubles 70-80 €.* Ancienne monitrice de voile désormais amarrée dans la ville des paquebots de croisière, Agnès tient bon le cap. Chambres à la fois sobres, lumineuses et sans télé. Cuisine à dispo de ses hôtes, on se sent vraiment chez soi.

Maison d'hôtes La Compagnie des 5 Mondes : *8, rue de Trignac. 06-98-03-42-11. • lacom pagniedes5mondes.fr • Doubles à partir de 60 € ; aussi des gîtes.* Veillée par le portique des chantiers navals, une adresse anti-mouron, peu banale et moderne, avec ses couleurs pleines de soleil qui ont littéralement métamorphosé cet ancien bar de quartier. Déco contemporaine et très soignée, agrémentée de jolies références marines pour la chambre individuelle et les 4 studios agencés autour d'une courette-patio. Accueil extra de Géraldine.

Hotel de l'Europe : *2, pl. des Martyrs-de-la-Résistance. ☎ 02-40-22-49-87. • hoteleurope-saintnazaire.com •*

Les Abeilles : *3, rue de l'Écluse. 06-42-01-22-73. • facebook.com/lesabeilles44 • Nuitée 40-50 €.*

Sous les Palmiers, la Plage : *8, bd de Verdun (pl. du Commando). ☎ 02-40-22-13-97. Fermé lun. Résa obligatoire. Compter 15-20 €.* Ce petit bar-resto à la fibre alternative propose chaque jour de la semaine un vrai plat végétarien élaboré avec des produits bio. Une aubaine pour les herbivores !

Le Roule Casquette : *36, rue du Croisic. ☎ 02-40-19-11-09. Ouv tlj sauf dim-lun 17h-23h (minuit sam).* Un bar à vins qui se revendique adepte du bio, voire de la biodynamie, et qui propose des tapas du même acabit. Bref, de quoi contenter les fines gueules qui prennent soin de leur santé. En plus, on peut goûter avant de se décider et repartir avec sa bouteille. Programmation musicale certains soirs (voir le compte Facebook).

Tic & Toque : *10, av. du Général-de-Gaulle. ☎ 02-40-22-59-58. Fermé dim-lun. Formules 19-22 € le midi en sem, compter 30 € le soir.* Dans un décor assez banal, prolongé aux beaux jours par une petite terrasse, une assiette goûteuse d'un bon rapport qualité-prix. Cuisine française de terre ou de mer concoctée avec élégance à base de produits frais.

Rand Alep : *23, bd René-Coty. ☎ 09-54-59-95-58. Fermé dim-lun. Plats 15-20 €.* Accueillis à Saint-Nazaire avec une quarantaine de réfugiés syriens en 2016, Reem et Mahmoud ont baptisé leur restaurant en souvenir de leur petite fille Rand, décédée dans des conditions tragiques pendant leur exil. Grâce à leur énergie et leur générosité, appuyés par des Nazairiens, ils ont ouvert ce restaurant où l'on mange « comme à la maison ». *Mezzés, fallafels, kebbeh* (boulettes de boulgour au bœuf), chawarma et en dessert l'une des délicieuses pâtisseries concoctées par Reem. Un vrai voyage gustatif au pays du Levant.

Le Sabayon : *7, rue de la Paix-et-des-Arts. ☎ 02-40-01-88-21. Fermé dim-lun. Menus 23-55 € ; carte env 30-35 €.* Petit resto discret au cadre passe-partout, qui régale le palais d'une cuisine recherchée et élaborée avec soin. Ici, la mer est dans l'assiette (pêche du jour), mais les amateurs de viande ne seront pas en reste. Impossible d'échapper au dessert, vrai dilemme pour les amateurs de chocolat (Valrhona, s'il vous plaît !). Et si vous êtes plus de 6, demandez le salon, très agréable.

Le 16 : *16, bd de Verdun. ☎ 02-40-15-41-89. Tlj sauf dim. Formule déj en sem 18 € ; menu env 40 € ; carte 30-40 €.* La façade bretonnisante avec ses murs de granit abrite un intérieur contemporain dans les tons gris. L'ardoise semble d'ailleurs la meilleure amie de ce maître restaurateur qui élabore ses menus en fonction du marché dans un style traditionnel revisité. Petite terrasse en front de mer en été.

val de loire
FRANCE

Vivez intensément le Val de Loire

www.valdeloire-france.com

Région Centre-Val de Loire

Région PAYS DE LA LOIRE

ACCUEIL VÉLO

Accueil Vélo **marque nationale** pour les hébergements, loueurs et réparateurs de vélo, sites de visite et de loisirs, Offices de Tourisme et restaurants.

•

Accueil Vélo garantit **un accueil et des services de qualité** situés à moins de 5 km de l'itinéraire cyclable (abri vélo sécurisé, kit de réparation, recharge VAE...).

•

Plus de 750 professionnels Accueil Vélo sur La Loire à Vélo à retrouver sur : www.loireavelo.fr/la-marque-accueil-velo/

velo.enpaysdelaloire.com

3 000 KM DE BONHEUR CYCLABLE !

DES ITINÉRAIRES CYCLABLES BALISÉS ET SÉCURISÉS

Région PAYS de la LOIRE

Vivre une parenthèse hors du temps en Centre-Val de Loire...

Pédaler sans difficulté

Bouger au grand air

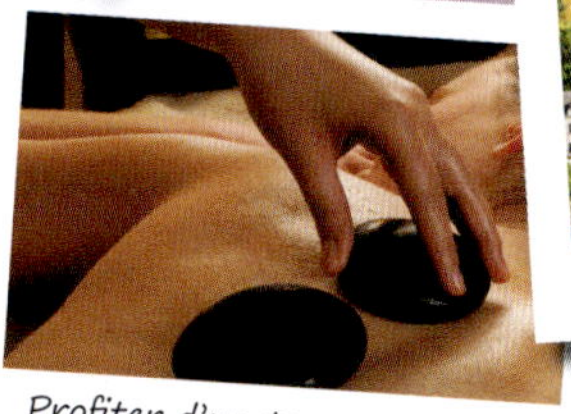

Profiter d'un temps pour soi

Trinquer et bien manger

enrouelibre-centrevaldeloire.com

...en roue libre
CENTRE - VAL DE LOIRE

Crédits photographiques :
AD2T du Cher, Arnaud-Lombard, CRT Centre-Val de Loire : D.Darrault, T. Martrou

*Les **Routards** parlent aux **Routards***

Faites-nous part de vos expériences, de vos découvertes, de vos tuyaux.
Indiquez-nous les renseignements périmés. Aidez-nous à remettre l'ouvrage à jour. Faites profiter les autres de vos adresses nouvelles, combines géniales… On adresse un exemplaire gratuit de la prochaine édition à ceux qui nous envoient les lettres les meilleures, pour la qualité et la pertinence des informations. Quelques conseils cependant :
– Envoyez-nous votre courrier le plus tôt possible afin que l'on puisse insérer vos tuyaux sur la prochaine édition.
– N'oubliez pas de préciser l'ouvrage que vous désirez recevoir, ainsi que votre adresse postale.
– Vérifiez que vos remarques concernent l'édition en cours et notez les pages du guide concernées par vos observations.
– Quand vous indiquez des hôtels ou des restaurants, pensez à signaler leur adresse précise. Si vous le pouvez, joignez la carte de visite de l'hôtel ou du resto décrit.
En tout état de cause, merci pour vos nombreux mails.

122, rue du Moulin-des-Prés, 75013 Paris
• *guide@routard.com* • *routard.com* •

Cet ouvrage est imprimé sur un papier issu de forêts gérées.

Édité par Hachette Livre
(58, rue Jean-Bleuzen, CS 70007, 92178 Vanves Cedex, France)
Photogravure par Chromostyle
Imprimé par Drukarnia Dimograf SP ZOO
Pologne
Achevé d'imprimer en juin 2024
Collection n° 27 - Édition n° 03
21/6506/7
I.S.B.N. 978-2-01-713062-8
Dépôt légal : mai 2021

PAPIER CERTIFIÉ